Raymond & Monique Watgen
La propriété immobilière

Raymond & Monique Watgen

La propriété immobilière

EDITIONS
promo*culture*

Des mêmes auteurs:
SUCCESSIONS et DONATIONS
éditions Promoculture

Le plus grand soin a été apporté à la rédaction de cet ouvrage. Toutefois, l'éditeur et les auteurs déclinent toute responsabilité concernant les informations qui y sont contenues ou omises.

Dépot légal: 3041

© by Editions Promoculture Luxembourg 1999

Editions Promoculture S.à.r.l.
14, rue Duchscher, boîte postale 1142
L-1011 Luxembourg-Ville
e-mail: promoculture@ibm.net

Couverture: encre de Chine par Robert Brandy

Mise en page: fototype sa, luxembourg

Imprimé en France sur les presses de l'Imprimerie Sagim Metz sur du papier sans acide et permanent.

Tous droits de traduction, d'adaptation et de reproduction par tous procédés, réservés pour tous pays.

Toute reproduction d'un extrait quelconque de cet ouvrage, par quelque procédé que ce soit, et notammment par photocopie, est strictement interdite.

ISBN: 2-87974-032-0

Table des matières

INTRODUCTION GÉNÉRALE 19

1ère PARTIE
LE DROIT DE PROPRIÉTÉ

LES DROITS RÉELS
Droits réels et droits de créance 23
Les prérogatives du droit réel 23
Subdivision des droits réels 24
Enumération des droits réels principaux 24
Limation des droits réels immobiliers 25

LE DROIT DE PROPRIÉTÉ
Historique du droit de propriété 26
Le droit de propriété dans le Code civil 27
La réforme du 2 juillet 1987 28
La propriété collective 28
La propriété intellectuelle 29

La distinction entre biens immeubles et meubles 29
   Conséquences juridiques de cette distinction 30

Les biens immeubles 31
  1. Les immeubles par nature 31
  2. Les immeubles par destination 32
  3. Les immeubles par l'objet auquel ils s'appliquent 33

Les biens meubles 34

Le caractère absolu du droit de propriété 34

Le contenu du droit de propriété 34

Les attributs du droit de propriété 35

L'étendue du droit de propriété – le droit d'accession 37
Propriété du dessus et du dessous 38

Droit d'accession sur ce qui s'incorpore à la chose 41

I. Accession naturelle au profit d'un immeuble 41
    Choses mobilières inanimées 41
    Animaux 41
    Accroissements résultant de l'effet des cours d'eau 42

II. Accession artificielle 43
Investissements avec du matériel d'autrui 44
Constructions ou plantations sur le sol d'autrui 45
Investissements faits par une personne de mauvaise foi 45
La bonne foi de l'investisseur 46
Régime d'indemnisation applicable au réalisateur de bonne foi 47
Personnes concernées par l'article 555 47
Relations juridiques dans lesquelles l'article 555 s'applique 48
Cas dans lesquels l'article 555 ne s'applique pas 50
Constructions qui empiètent sur le fonds d'autrui 52

LA PROPRIÉTÉ ET L'USAGE DES EAUX

Les eaux de pluie 55
Les sources 56
L'eau des étangs et des lacs 58
Les cours d'eau 59

LES RESTRICTIONS AU CARACTÈRE ABSOLU DU DROIT DE PROPRIÉTÉ

Les restrictions commandées par l'intérêt de la propriété voisine 62

I. Servitudes qui dérivent de la situation des lieux 63

   1. Le bornage 63
     Immeubles susceptibles d'un bornage 64
     Opérations en cas de bornage judiciaire 66

   2. Le droit de se clore 66
     Restrictions au droit de se clore 67
     L'obligation de se clore visée par l'article 663 67

II. Servitudes établies par la loi 69

Les distances à respecter en matière de plantation d'arbres et d'arbustes 69
Ancienne réglementation 69
La réforme 69

Des jours et vues sur le fonds voisin 72
Régime des vues et jours 73
Naissance d'une servitude 74

Le droit de passage en cas d'enclave 75
Assiette du droit de passage 76
Changement de l'assiette et éventuellement du mode d'exercice
   du droit de passage 77
Cessation du droit de passage 78
***Les restrictions au caractère absolu du droit de propriété établies
   dans l'intérêt de la collectivité*** 79
Les servitudes d'utilité publique 79
Nature juridique des servitudes d'utilité publique 83
Indemnisation du propriétaire dont le fonds est affecté d'une
   servitude d'utilité publique 84
Limitation du droit de propriété dans l'intérêt public 85
***Limitation du droit de propriété dans le domaine
   des exploitations agricoles*** 93
La loi successorale agricole 93
Le remembrement des biens ruraux 94

LA PROPRIÉTÉ COLLECTIVE
L'indivision 99
Biens des personnes morales privé et de droit public 100
La propriété collective sans indivision et sans personne morale 103
Propriété commune relative à des fonds voisins 103
La mitoyenneté des clôtures 104
Acquisition de la mitoyenneté 104
Conditions requises pour l'acquisition de la mitoyenneté 106
Qui peut demander la cession de la mitoyenneté? 106
Preuve de la mitoyenneté 109
Présomption de mitoyenneté 110
Marques de non-mitoyenneté 110
Hiérarchie des modes de preuve 110

LA COPROPRIÉTÉ PAR APPARTEMENTS
LA STRUCTURE DE LA COPROPRIÉTÉ 115
Domaine d'application de la loi du 16 mai 1975 115
La division de l'immeuble en lots 117
Les parties privatives 120
Les parties communes 120

Les organes de la copropriété 122
Le syndicat des copropriétaires 122
L'Assemblée générale des copropriétaires........................125
La compétence de l'assemblée générale 127
La convocation à l'assemblée générale 128
La tenue de l'assemblée générale 130
Le procès-verbal de la réunion et les recours 131

Le syndic 133
La nomination du syndic 134
Les pouvoirs du syndic 135
La responsabilité du syndic 136
La révocation du syndic 137

Le conseil syndical 138
La nomination du conseil 138
Ses attributions 140
La révocation des membres du conseil syndical 141

LES RÈGLES GOUVERNANT LE FONCTIONNEMENT
  DE LA COPROPRIÉTÉ 142

*Les droits d'usage, d'administration et de disposition
  de chaque copropriétaire sur les parties communes et privatives* . .142
Les droits du copropriétaire sur les parties communes 145
Le droit de disposition 145
Le droit de jouissance et d'usage 146

La prise des décisions au sein de la copropriété 147
Décisions à prendre à la majorité simple 147
Décisions à prendre à la majorité absolue 148
Décisions à prendre à la majorité des copropriétaires,
  représentant au moins les trois quarts de la totalité des voix 149
Décisions à prendre à l'unanimité des copropriétaires 150

La répartition des charges communes entre les copropriétaires 152
La notion de charges communes 152
Qui est tenu au paiement des charges communes? 153
La répartition des charges communes entre les copropriétaires 153

Le cadastre vertical 156
Division de l'immeuble en lots intervenue avant le 1er avril 1989 . . .157
Division de l'immeuble en lots intervenue après le 1er avril 1989 . . .159

LE CARACTÈRE PERPÉTUEL DU DROIT DE PROPRIÉTÉ
La perte du droit de propriété 160
Disparition de la chose 161
Renonciation au droit de propriété 162
Perte du droit de propriété en vertu de la loi 164

L'EXPROPRIATION POUR CAUSE D'UTILITÉ PUBLIQUE
Procédures de l'expropriation 166
La phase administrative 166
Recours contre l'arrêté grand-ducal décrétant l'expropriation . . . .
La phase judiciaire 168
Procédure devant le tribunal 169
Effets du jugement 169

L'indemnité d'expropriation 172
Autres procédures d'expropriation 175

MODALITÉS DU DROIT DE PROPRIÉTÉ
Le démembrement de la propriété 176
La propriété conditionnelle 177
La condition suspensive ou résolutoire affectant la propriété 178
La rétroactivité de la condition 178
La propriété apparente 180
Apparence résultant d'une simulation 181
Apparence de propriété résultant de l'erreur commune 182
Conditions de validité des actes passés par le propriétaire apparent 184
    a) La bonne foi . . . .
    b) L'erreur commune . . . .
Règlement de comptes entre le propriétaire véritable et
le propriétaire apparent 185
La propriété inaliénable 185
Clauses contractuelles d'aliénation 186
Effets de la clause d'inaliénabilité 187

LA VENTE DES IMMEUBLES À CONSTRUIRE
Objet de la nouvelle réglementation 190
Le domaine d'application de la loi du 28 décembre 1976 191
La vente à terme 192
Formalités à accomplir pour constater l'achèvement de l'immeuble 193
La vente en l'état futur d'achèvement 195
Distinction avec la vente à terme 196
    1. Quant au transfert de propriété 196
    2. Quant au paiement du prix de vente 197
Les mesures protectrices prévues par la loi 199
Le contrat de réservation 199
Le contrat de vente définitif 203
L'obtention des autorisations administratives 203
Mentions obligatoires de l'acte de vente 204
Les annexes obligatoires à l'acte de vente 207
Le constat de parfait achèvement 209
La garantie d'achèvement et la garantie de remboursement 210
La garantie d'achèvement 211
Forme de la garantie d'achèvement 211
Exécution pratique de la garantie d'achèvement 212
La garantie de remboursement 213

Forme de la garantie de remboursement 213
Exécution pratique de la garantie de remboursement 214

La garantie légale contre les vices de construction 216

La garantie due par le vendeur pour les défauts de conformité
   de la construction livrée 217
La garantie due par le vendeur du chef des vices
   de construction apparents 218
La garantie due par le vendeur du chef des vices cachés 221

LA POSSESSION
Raisons de la protection légale de la possession 226
Le possesseur est également propriétaire 226
Le possesseur n'est pas propriétaire 226
Caractéristiques et objet de la possession 227
Eléments qui constituent la possession 228
Acquisition de la possession 229
Perte de la possession 230

La détention précaire 231

Qui est détenteur précaire? 231
Effets de la détention précaire 232
Preuve de la possession et de la détention précaire 232
Interversion du titre 233
Les vices de la possession 235
Les effets de la possession 236
Effets spéciaux de la possession de bonne foi 237

Les actions possessoires 240

Justification des actions possessoires 240
Domaines des actions possessoires 240
Caractéristiques et conditions d'ouverture des actions possessoires 241
Les différentes actions possessoires et leur cause d'ouverture 242
La complainte 242
La dénonciation de nouvel oeuvre 243
La réintégrande 243

Les personnes protégées par les actions possessoires 244

Procédure judiciaire applicable aux actions possessoires 245
Capacité requise 245
Le non-cumul du possessoire et du pétitoire 245

LA PRESCRIPTION ACQUISITIVE (USUCAPION)
Le fondement de la prescription acquisitive 249
Mode d'acquisition de la propriété 249
Justification de la prescription acquisitive 249
La prescription acquisitive est un mode de preuve de la propriété ..250

Les deux sortes de prescription acquisitive 251

Interruption et suspension de la prescription .254
L'interruption naturelle 254
L'interruption civile 255
La suspension de la prescription 256
Causes de la suspension 256

La jonction des possessions 257
    Ayants cause à titre universel 257
    Ayants cause à titre particulier 258
Effets de la prescription 258
Rétroactivité de la prescription 259
Caractère facultatif de la prescription 259
Renonciation à la prescription 260
Forme de la renonciation 260

Exigences spécifiques pour la prescription acquisitive abrégée 260
Le juste titre 261
La bonne foi 262
Délai de la prescription abrégée 262

LA PROPRIÉTÉ MOBILIÈRE

La double signification de la règle prévue par l'article 2279 266
Mode d'acquisition de la propriété mobilière 266
La fonction probatoire de la règle 267
A quels meubles s'applique l'article 2279? 268
    La possession utile 268
    La bonne foi 270
Non-exigence d'un titre 270
Conditions de la revendication par le vrai propriétaire 271

ACQUISITION DE LA PROPRIÉTÉ IMMOBILIÈRE PAR CONVENTION

La liberté contractuelle des parties 276

La validité et la preuve du contrat portant transfert de la propriété 277

Principe du transfert instantané de la propriété 282
Portée de cette règle 283
Conséquence de cette règle 283
Conditions d'application de cette règle 284

LA TRANSCRIPTION DES DROITS RÉELS IMMOBILIERS

Portée de la notion "droits réels immobiliers" 288

TRANSCRIPTION D'AUTRES ACTES JURIDIQUES ET DE CERTAINS JUGEMENTS

A. Actes juridiques spéciaux 289
Les actes de partage de biens immeubles 289
Les actes équipollents au partage 290
Les actes constitutifs d'antichrèse 290
Les baux d'une durée de plus de neuf ans 290
Les actes constatant quittance ou cession d'une somme équivalente à 3 années au moins de loyers ou de fermages non échus 291

B. Les jugements soumis à transcription 291
Les jugements tenant lieu de conventions ou d'actes assujettis à transcription 291
Les décisions judiciaires rendues au profit d'un époux portant interdiction provisoire d'aliéner un immeuble ou de l'hypothéquer ...292

C. Autres actes non prévus par la loi modifiée du 25 septembre 1905 292
Forme des actes à soumettre à la transcription 296
Comment se fait la transcription? 296
Délai de la transcription 297
Effets de la transcription 299
Personnes protégées par la transcription 299
La transcription des donations 302

LA PROTECTION ET LA PREUVE DU DROIT DE PROPRIÉTÉ
Troubles causés par des particuliers au droit de propriété 304

L'action en revendication 305
Domaine de l'action en revendication 305
La procédure 306
Effets de la revendication immobilière 307

LA PREUVE DU DROIT DE PROPRIÉTÉ 309
Objet de la preuve 310
La charge de la preuve 310
Modes de preuve 310
Les conflits entre les modes de preuve 312
Conflits de propriété en droit luxembourgeois 313

2ÈME PARTIE
LES DÉMEMBREMENTS DE LA PROPRIÉTÉ

L'USUFRUIT
Définition et caractères 320
Relations juridiques entre l'usufruitier et le nu-propriétaire 322

Biens susceptibles d'usufruit 323
Le quasi-usufruit 323
La constitution de l'usufruit 324
L'usufruit légal 324
L'usufruit constitué par la volonté de l'homme 324
L'usufruit né par la prescription acquisitive 325
La situation de l'usufruitier 325
Situation de l'usufruitier avant l'ouverture de l'usufruit 325
Obligations de l'usufruitier avant son entrée en jouissance 326
Inventaire des meubles et état des immeubles 326
Fourniture d'une caution 327
Situation de l'usufruitier au cours de l'usufruit 328
Nature des relations avec le nu-propriétaire 328
Les droits de l'usufruitier 329
Usage de la chose 329
Jouissance 329
Perception des fruits naturels et industriels 331
Perception des fruits civils 331
Modes de jouissance concédés à l'usufruitier 333
Les baux 333
Cession du droit d'usufruit 334
Actions en justice appartenant à l'usufruitier 334
Les obligations de l'usufruitier 335
La gestion en bon père de famille 336
Les charges usufructuaires 336
Contribution aux dettes grevant les biens soumis à usufruit 337
La situation du nu-propriétaire 338
Droits du nu-propriétaire 339
Obligations du nu-propriétaire 339
Fin de l'usufruit 340
Les causes de son extinction 340
Expiration normale de l'usufruit 340
Causes inhérentes à l'usufruit ou à l'objet sur lequel porte l'usufruit .341
Cause particulière de cessation de l'usufruit: l'abus de jouissance ..343
Conséquence de l'extinction de l'usufruit-réglement de comptes 344
Obligations à charge de l'usufruitier 344
Biens restituables en nature 344
Restitution de choses consomptibles 345
Absence d'indemnisation de l'usufruitier à la fin de l'usufruit 346
Tempéraments à cette règle 346

LE DROIT D'USAGE ET D'HABITATION
Contenu du droit d'usage 349
Contenu du droit d'habitation 350

LES SERVITUDES
Caractéristiques de la servitude 353
Nature juridique de la servitude 355
Utilité des servitudes 356

La classification des servitudes 357
Distinction suivant le mode d'établissement 357
Distinction suivant leur objet ou leur mode d'exercice 358
Classification des servitudes conventionnelles 358

Modes d'établissement des servitudes 360
Servitudes constituées par la loi 360
Servitudes établies par le fait de l'homme 361

Création des servitudes conventionnelles 364
L'acquisition par titre 364
L'acquisition par prescription acquisitive 365
Délai de la prescription 366
L'acquisition par destination du père de famille 367
Conditions requises pour sa naissance 367

L'exercice du droit de servitude 368
Situation du propriétaire du fonds dominant 368
Etendue de la servitude 368
Règles communes à l'exercice des diverses servitudes 369
Actions judiciaires appartenant au propriétaire du fonds dominant 371
Situation du propriétaire du fonds servant 372
Les droits et obligations du propriétaire du fonds servant 372
Déplacement de l'assiette de la servitude 373

Extinction des servitudes 373
Causes d'extinction ....
Impossibilité d'exercice 374
Perte de l'un des fonds 375
La confusion 375
Non-usage de la servitude 376

EMPHYTÉOSE ET DROIT DE SUPERFICIE

Le droit d'emphytéose 379
Droit de l'emphytéote 380
Obligations de l'emphytéote 381
Fin de l'emphytéose 381

Le droit de superficie 382
Durée du contrat 382
Droits et obligations du superficiaire 383

3ème PARTIE
LES PRIVILÈGES ET HYPOTHÈQUES

LES PRIVILÈGES
Traits caractéristiques des privilèges 389

Les privilèges mobiliers généraux 390
Enumération des privilèges mobiliers généraux 390
Les frais de justice 390
Les frais funéraires 391
Les frais de dernière maladie 391
Les salaires, traitements et indemnités 391
Les fournitures de substances faites au débiteur et à sa famille 392
Extension des privilèges mobiliers généraux aux immeubles 392

Privilèges mobiliers généraux créés postérieurement au Code civil originaire 393
Privilège du Trésor public 393
Privilège des organismes de la sécurité sociale
et des chambres professionnelles 394

Les privilèges spéciaux sur les meubles 395
Le privilège tenant à une constitution de gage expresse ou tacite 395
Le privilège basés sur la mise de la chose dans le patrimoine débiteur 395
Le privilège sur certaines créances du débiteur 396
Le privilège de l'assureur sur la chose assurée 396
Le classement des privilèges mobiliers 396
Hiérarchie des principaux privilèges, compte tenu des réformes 397

Les privilèges spéciaux sur les immeubles 399
Enumération des privilèges immobiliers 399

Le privilège du vendeur d'un immeuble 400
Objet du privilège 400
Créance garantie et durée du privilège 401
Rang du privilège 401

Le privilège des copartageants 402
Fondement de ce privilège 403
A qui appartient ce privilège? 403
Créances garanties par le privilège 403
Biens grevés du privilège 404

Le privilège des architectes, entrepreneurs, maçons et autres ouvriers sur la plus-value donnée à un immeuble par des travaux de construction 405
Formalités requises pour la constitution de ce privilège ....

Le privilège de la séparation des patrimoines .406
Bénéficiaires de ce privilège 407
Formalités requises pour la conservation du privilège 408
Privilèges immobiliers créés postérieurement au Code civil 408

LES HYPOTHÈQUES

Traits caractéristiques de l'hypothèque 411
Biens sur lesquels peut porter une hypothèque 412
Biens non susceptibles d'hypothèque 413
Immeubles ne pouvant pas être hypothéqués isolément 413
Immeubles pouvant être hypothéqués à titre principal 414
Impossibilité d'hypothéquer des meubles 415
Exceptions 415
Assiette de l'hypothèque 416
Hypothèque légale 416
Hypothèque conventionnelle 417

Les diverses espèces d'hypothèques

Les hypothèques légales 418
Hypothèque légale des mineurs et des interdits 419
Hypothèque légale de l'Etat
    et des établissements publics sur les biens de leurs comptables . .420
Hypothèque légale du légataire particulier .421
Hypothèque légale du Trésor public pour le recouvrement
    des impôts directs et de la taxe sur la valeur ajoutée 421
Hypothèque légale garantissant le paiement
    des droits de succession et des droits de mutation par décès 422
Hypothèque légale pour le recouvrement
    des droits d'accise sur les alcools 422
Hypothèque légale des institutions de la sécurité sociale 423
Hypothèque légale des diverses chambres professionnelles 424
Hypothèque légale du syndicat à l'encontre de chaque propriétaire
    d'un lot dans un immeuble à appartements 424
Hypothèque légale garantissant le remboursement
    de diverses aides ou prestations de l'Etat .424
Hypothèque légale de la masse sur les biens du failli 425

L'hypothèque judiciaire 425
Caractère de cette hypothèque 426
Utilité de l'hypothèque judiciaire 426
Décisions judiciaires emportant hypothèque judiciaire 427
La quasi-hypothèque judiciaire du Trésor public 428

L'hypothèque conventionnelle 428
Aliénation d'un immeuble hypothéqué 429
Création de nouvelles hypothèques 430

Conditions légales requises dans la personne du débiteur pour constituer une hypothèque 430
Le débiteur doit être propriétaire d'un immeuble 431
Le débiteur doit être capable d'aliéner 432

Forme du contrat d'hypothèque 434
Exceptions à la nécessité d'un acte notarié 434
Autres exigences quant à la forme de l'acte d'hypothèque 435

La spécialité de l'hypothèque
Champ d'application 435
Spécialité de la créance hypothécaire 436
Spécialité du gage hypothécaire 436
Interdiction d'hypothéquer les biens à venir .437

Procédure d'inscription des privilèges et hypothèques 438
Personnes pouvant requérir l'inscription d'une hypothèque ou d'un privilège 439
Documents à présenter pour procéder à l'inscription 439
Sauvegarde des intérêts par l'inscription hypothécaire 441
Jusqu'à quel moment peut-on encore inscrire une hypothèque? . . .442

Renouvellement décennal des inscriptions hypothécaires 444
But de la péremption d'hypothèque 444
Effets du non-renouvellement d'hypothèque dans le délai légal 444
Jusqu'à quand faut-il renouveler les inscriptions? 445

La radiation et la réduction des inscriptions hypothécaires 445
La radiation 446
Radiation volontaire 446
Radiation judiciaire 446
La réduction des inscriptions hypothécaires .447

Extinction des privilèges et hypothèques 448
Extinction par voie accessoire 448
Extinction par voie principale 448

Exercice de l'action hypothécaire 451
Le droit de préférence du créancier hypothécaire 451
La procédure de la voie parée 452
La procédure d'ordre 454

INDEX ALPHABÉTIQUE 457

Introduction générale

Le titre de cet ouvrage met en évidence deux concepts juridiques d'une grande importance dans le domaine du droit civil. Il s'agit, en premier lieu, de celui de *propriété* et, en second lieu, de celui *d'immeuble*.

Le droit de propriété, qui est l'un des droits fondamentaux de l'homme, ne soulève pas seulement des problèmes d'ordre juridique, mais également de profondes discussions économiques, sociales, voire morales, différant sensiblement suivant les époques de l'histoire et les divers systèmes politiques en application dans un pays. Le droit de propriété, suivant les époques, a impliqué alternativement une faible intervention du législateur (19e siècle) ou une plus forte réglementation (période après la seconde guerre mondiale).

La propriété immobilière s'oppose à la pro priété mobilière. L'importance de cette première était largement prépondérante lors de la rédaction du Code civil et jusqu'à la fin du 19e siècle. C'était la propriété immobilière, qui assurait la fortune de la famille noble et/ou bourgeoise. A cette époque, la propriété mobilière était de peu d'importance.

Cette situation a fondamentalement changé au 20e siècle, avec l'industrialisation en constante évolution. En effet, les biens industriels modernes ne consistent généralement pas tellement en des terrains et des bâtiments, mais en des équipements, des brevets, des noms commerciaux et des titres cotés en bourse, pour n'énumérer que les facteurs économiques les plus essentiels.

Néanmoins, du point de vue juridique, les immeubles continuent à faire l'objet de la réglementation la plus vaste et la plus complexe. Une des raisons essentielles en est que les biens mobiliers, de par leur nature, sont appelés à changer plus souvent de propriétaire et ont une durée de vie moins longue, de sorte qu'ils se détériorent plus rapidement. Ces échanges ne doivent pas être entravés par une réglementation trop compliquée. Cela vaut notamment pour les relations entre commerçants.

L'objet de notre ouvrage est donc le droit de propriété sur les immeubles. Néanmoins, étant donné que certaines règles juridiques sont communes aux biens meubles et immeubles, on ne saurait complètement passer sous silence le régime applicable aux meubles. Nous en examinerons donc les règles essentielles.

D'autre part, la propriété est susceptible de variations en ce qui concerne les droits conférés à une personne. Cela vaut spécialement, mais pas exclusivement, pour la propriété immobilière. On parle en ce sens de **démembrement du droit de propriété.** Sous cet aspect, nous étudierons l'usufruit, le droit d'usage et d'habitation, les servitudes, l'emphytéose et le droit de superficie.

Par ailleurs, il convient de distinguer entre le droit de propriété et la **possession**. Cette dernière est une situation de fait par rapport à un bien. Une personne, sans disposer de titre juridique, se met en possession d'un bien et se comporte comme si elle en était le propriétaire.

Nous verrons quelles suites utiles la possession peut avoir dans le domaine du droit de propriété.

Nous terminerons l'ouvrage par une analyse des **privilèges** et des **hypothèques**.

L'**hypothèque** est un droit réel créé sur les immeubles affectés à l'acquittement d'une obligation. Le **privilège** est un droit que la qualité de la créance donne à un créancier d'être préféré aux autres créanciers, même hypothécaires. A l'opposé de l'hypothèque, le privilège peut porter tant sur les meubles que sur les immeubles.

Par opposition aux autres droits réels mentionnés ci-dessus, qui sont des droits réels principaux, les privilèges et hypothèques sont seulement des droits réels accessoires. Ils sont l'accessoire d'un droit de créance, dont ils constituent une garantie.

1ᴇ̀ʀᴇ PARTIE
LE DROIT DE PROPRIÉTÉ

LES DROITS RÉELS   1

Avant d'analyser les prérogatives, conférées par la propriété immobilière, et les restrictions, auxquelles celle-ci peut être soumise, il convient de définir un certain nombre de concepts juridiques, qu'il faut connaître avant de pouvoir examiner les caractéristiques du droit de propriété, en général, et de la propriété immobilière, en particulier. Un de ces concepts est celui des droits réels.

DROITS RÉELS ET DROITS DE CRÉANCE

Le droit de propriété est un **droit réel**. Qu'est-ce à dire?

On distingue en droit civil entre les **droits réels** (latin: res) et les **droits de créance**.

Le droit réel est un droit, comportant un seul sujet, exerçant une prérogative sur une chose. Le droit réel le plus essentiel est le droit de propriété.

Le droit de créance a trait aux obligations juridiques, c'est à dire aux engagements naissant entre deux personnes qualifiées, respectivement, de créancier et de débiteur. Ces relations s'analysent en obligations de donner (vente, échange), obligations de faire (location, fourniture d'un bien ou d'un service) et obligations de ne pas faire (clauses de non-concurrence).

LES PRÉROGATIVES DU DROIT RÉEL   2

Le droit réel est un droit **absolu**, en ce sens que son titulaire peut opposer ce droit à tout tiers. Par contre, le droit de créance est relatif, ne pouvant être exercé, en principe, que par le créancier contre le débiteur.

Le droit réel emporte le **droit de suite**. Le titulaire de ce droit peut revendiquer son bien contre toute personne qui le détient, sans qu'elle dispose sur ce bien des prérogatives juridiques.

Le droit réel comporte également le **droit de préférence**. Son titulaire passe avant toute autre personne; il est notamment préféré aux créanciers.

Le droit de créance ne comporte ni droit de suite, ni droit de préférence. Ainsi, sauf exceptions, un créancier ne peut saisir que les biens, se trouvant entre les mains de son débiteur, et non ceux, qui en sont sortis.

3 SUBDIVISION DES DROITS RÉELS

Les droits réels sont susceptibles de subdivision. On distingue en effet entre **droits réels principaux et droits réels accessoires.**

Les premiers ont leur utilité en eux-mêmes, en ce sens que, pour vivre, l'homme doit se servir des choses et les consommer.

Le plus important des droits réels principaux est le droit de propriété.

Les droits réels accessoires, tout en portant, comme les droits réels principaux, sur une chose, n'ont pas pour but l'utilisation du bien par son titulaire. Ces droits réels secondaires sont l'accessoire d'un droit de créance, dont ils constituent une garantie.

Les droits réels accessoires les plus importants sont les privilèges et hypothèques.

4 ENUMÉRATION DES DROITS RÉELS PRINCIPAUX

A part le droit de propriété, qui comporte l'ensemble des prérogatives qu'on est susceptible d'exercer sur une chose, il convient de mentionner les autres droits réels principaux qui, par rapport au droit de propriété, confèrent moins de prérogatives. Citons à cet égard:

1. **L'usufruit** qui ne comporte que la jouissance et l'usage de la chose. A côté de l'usufruitier, titulaire des droits précités, une autre personne exerce conjointement un droit sur la même chose: c'est le nu-propriétaire, qui, à l'expiration de l'usufruit, survenant normalement lors du décès de l'usufruitier, devient plein propriétaire de cette chose.
2. **Le droit d'usage**: C'est un droit plus restreint que le droit d'usufruit. Son titulaire ne jouit du droit d'usage que dans les limites de ce qui est nécessaire pour lui-même et sa famille.
3. **Le droit d'habitation**: Il est plus limité encore que le droit d'usage, alors qu'il ne porte que sur l'usage personnel et familial d'une maison d'habitation.
4. **Les servitudes**: Une servitude confère au propriétaire d'un immeuble, appelé le fonds dominant, le droit de se servir de certaines utilités d'un autre fond, qualifié de fonds servant (exemples: servitude de passage, servitude de vue).

5. **L'emphytéose**: Elle consiste en un droit de jouissance consenti par un bailleur à un preneur, moyennant une redevance annuelle. En fait, il s'agit d'un bail de longue durée (de 27 à 99 ans). A la différence du bail normal, qui est un droit personnel, le bail emphytéotique, conférant plus de prérogatives à son titulaire, est un droit réel. Il est susceptible d'hypothèque et d'aliénation.

A l'exception du droit d'habitation, des servitudes et de l'emphytéose, qui s'appliquent uniquement aux immeubles, les autres droits réels mentionnés sous ce numéro peuvent porter tant sur les immeubles que sur des meubles.

LIMITATION DES DROITS RÉELS IMMOBILIERS 5

Pour les contrats, il n'existe pas d'énumération légale limitative. Les parties peuvent donc convenir entre elles de toutes espèces de conventions qu'elles désirent conclure, même non mentionnées par le Code civil (contrats innommés), pourvu que ces contrats ne soient pas contraires à l'ordre public et aux bonnes mœurs. En est-il de même des droits réels?-

Bien que cette question ait été discutée, en présence du fait qu'aucun texte légal n'interdit la création de droits réels non prévus par la loi, l'idée s'est néanmoins imposée qu'il n'est pas possible de créer de nouveaux droits réels, non prévus par le Code civil ou par une loi postérieure.

En effet, par opposition aux contrats, dont les effets se limitent, en principe, aux parties, les effets créés par des droits réels sont opposables aux tiers, dans la mesure du moins où ceux-ci doivent respecter les effets que comportent ces droits réels.

Les droits réels régissent le transfert des biens et assurent la sécurité des conventions. Ils intéressent donc l'ordre public. Or, les parties ne peuvent pas convenir entre elles de conventions, qui sont contraires à l'ordre public.

On comprendrait donc difficilement que les parties puissent créer des droits, qui seraient opposables à tous et risquent de causer une gêne pour la collectivité. On peut donc logiquement en conclure qu'il ne saurait exister d'autres droits réels que ceux formellement reconnus par la loi.

6   **LE DROIT DE PROPRIÉTE**

Généralités

Le droit de propriété est évidemment le droit réel le plus complet, dont une personne peut disposer. Il se rapporte tant aux immeubles qu'aux meubles. Souvent les règles régissant ces deux catégories de biens sont les mêmes, mais une grande partie de ces prescriptions sont spécialement conçues pour les immeubles.

Nous étudierons prioritairement la propriété de ces derniers et n'analyserons que dans la mesure du nécessaire, la propriété mobilière.

Le droit de propriété prend une grande place dans le Code civil. Les articles 544 à 577 lui sont consacrés exclusivement. D'autres textes épars dans le Code en parlent également. Il en est ainsi du Livre II, notamment les articles 516 à 710, qui traitent des biens et des différentes modifications de la propriété. Finalement, dans le Livre III du Code civil, sont examinées les différentes manières d'acquisition de la propriété.

Dans les numéros qui suivent, nous étudierons l'historique du droit de propriété, la définition de celui-ci et ses caractéristiques essentielles.

7   HISTORIQUE DU DROIT DE PROPRIÉTÉ

Le contenu de ce droit change avec l'évolution de la société humaine. La propriété n'avait guère de sens à l'époque où les hommes vivaient à l'état de nomades et se nourrissaient de la chasse, de la pêche et de la cueillette de fruits sauvages.

La propriété naît seulement quand les hommes deviennent sédentaires et commencent à pratiquer l'agriculture et l'élevage du bétail. La propriété privée ne se développera que peu à peu.

Une forme plus organisée de la propriété apparaît avec les Romains. Ils lui donnaient des caractéristiques, qui aujourd'hui encore font partie des caractères essentiels de celle-ci. La propriété est perpétuelle. Elle comporte le jus utendi, fruendi et abutendi (voir sous les points 20 et suivants).

Le régime féodal du Moyen Age met l'accent essentiellement sur la propriété immobilière, qui s'étend notamment sur les vastes étendues de terres que les grands seigneurs avaient réussi à accaparer par la guerre. Dans l'impossibilité de cultiver eux-mêmes ces larges domaines, ils en concédaient la jouissance à des tenanciers, qui leur payaient annuellement d'importantes redevances.

Sur base de ces données économiques se développe le régime de la féodalité, qui domine le Moyen Age, caractérisé par le droit de seigneurie.Le suzerain était le propriétaire de l'ensemble des terres de son royaume. Il en a eu le domaine éminent. Il en a cédé la jouissance (domaine utile) à un ou plusieurs vassaux en échange de différents services à son profit. Ces vassaux, se faisant à leur tour suzerain à un niveau plus bas, cédaient à d'autres vassaux la jouissance des terres. Ce système se répétait jusqu'à ce qu'on aboutissait finalement à quelqu'un disposé à cultiver effectivement ces terres.

Avec l'évolution du temps, ces conceptions attribuèrent au domaine utile les services essentiels de la chose, alors que le domaine éminent devenait un simple attribut de souveraineté et de seigneurie. Ainsi le domaine utile est-il devenu la véritable propriété dès la fin de l'ancien droit et avant le régime du Code civil. Les droits féodaux finirent par être considérés comme des atteintes intolérables à la propriété.

Le Code civil, promulgué en 1804, et reprenant, en partie, les idées de la Révolution française, faisait table rase de ces anciennes idées féodales sur le droit de propriété. Désormais, celui-ci est un droit individuel absolu et toute référence à une idée collective est réduite au strict minimum nécessaire pour la vie en société.

LE DROIT DE PROPRIÉTÉ DANS LE CODE CIVIL 8

La définition de ce droit est donnée par l'article 544[*] initial, libellé comme suit:

"La propriété est le droit de jouir et de disposer des choses de la manière la plus absolue, pourvu qu'on n'en fasse pas un usage prohibé par les lois et les règlements". (On remarquera l'expression "la plus absolue" qui, en soi, constitue un pléonasme, alors que le terme "absolu" est déjà un superlatif non susceptible de gradation).

---

[*] S'il n'en est autrement précisé, tout autre article cité sans référence se rapporte au Code civil.

Néanmoins, malgré la formulation si catégorique de l'article précité, jamais l'idée n'a prévalu que le droit de propriété comporte des pouvoirs illimités. L'article 544 sus-visé contient déjà une restriction à ce droit absolu, en parlant "d'usage prohibé par les lois et les règlements". D'ailleurs, l'expropriation pour cause d'utilité publique était possible, ce qui est une dérogation incisive au caractère absolu de ce droit.

D'autre part, le droit de propriété d'une personne peut entrer en conflit avec celui d'un autre propriétaire et notamment celui d'un voisin. C'est la fameuse question des relations de voisinage, qui a tant préoccupé la jurisprudence. Ainsi, la Cour Supérieure de Justice, par un arrêt du 2 juin 1963 (Pas. 19, page 71), a décidé que "les droits du propriétaire d'une construction nouvelle sont limités par le droit de propriété des voisins. Si par conséquent les inconvénients normaux qu'entraîne le voisinage, doivent être tolérés sans donner lieu à indemnisation, les inconvénients qui excèdent les limites de la tolérance réciproque entre voisins, obligent le propriétaire à réparer le dommage qu'il a causé par son fait".

Cette formule des "inconvénients qui excèdent les limites de la tolérance entre voisins" se retrouve dans quantités de jugements, qui ont statué sur les actions d'un propriétaire ayant des effets sur la propriété de son voisin.

9 LA RÉFORME DU 2 JUILLET 1987

La formule précitée est devenue tellement courante qu'elle se retrouve légèrement modifiée dans le nouvel article 544, tel qu'il a été réformé par la loi du 2 juillet 1987. Cet article a désormais la teneur suivante:

"La propriété est le droit de jouir et de disposer des choses, pourvu qu'on n'en fasse pas un usage prohibé par les lois ou par les règlements ou qu'on ne cause **un trouble excédant les inconvénients normaux du voisinage, rompant l'équilibre entre des droits équivalents**."

On notera que le nouveau texte ne qualifie plus la propriété comme étant le droit de jouir et de disposer de la façon la plus absolue d'une chose. La nouvelle formule reflète l'évolution économique et sociologique intervenue depuis la promulgation du Code civil dans le domaine de la propriété. Ce droit ne peut pas se prêter à l'exercice de prérogatives égoïstes, mais la propriété a aussi une fonction sociale servant au même titre les intérêts de la société, dont fait partie un propriétaire.

Aussi, voyons-nous une quantité de lois déroger à l'article 544 et porter des entraves assez importantes au caractère absolu du droit de propriété. Nous étudierons dans la suite ces nombreuses entraves au droit de propriété.

10 LA PROPRIÉTÉ COLLECTIVE

D'autre part, tout en écartant, par réaction contre l'ancien droit, la propriété collective, le Code civil de 1804 a néanmoins dû admettre certaines formes de propriété collective tant en matière immobilière (murs mitoyens) qu'en matière mobilière (parts sociales détenues par des sociétés)

De nos jours, la propriété collective a pris une relative extension pour satisfaire un certain nombre d'exigences de la vie moderne. On n'a qu'à songer à la copropriété des immeubles par appartements que nous étudierons sous les numéros 137 et suivants.

Rappelons pour mémoire que dans les pays à régime socialiste, qui ont disparu pratiquement, la propriété collective l'emportait largement sur la propriété individuelle.

LA PROPRIÉTÉ INTELLECTUELLE 11

Clôturons ce chapitre en mentionnant l'extension qu'a subi le droit de propriété depuis la promulgation du Code civil. Cette extension a trait notamment à la propriété mobilière, que le Code civil considérait comme quantité négligeable.Ainsi, de nos jours, la propriété littéraire et artistique joue un grand rôle, en faisant bénéficier les auteurs d'œuvres-d'art de droits d'auteur et en défendant à des tiers de reproduire, en tout ou en partie, une œuvre sans l'accord de l'auteur.

Le droit de propriété industriel protège les marques, dessins et modèles et fait bénéficier les inventeurs de brevets d'un certain nombre de prérogatives.

Les œuvres de l'esprit, que sont les œuvres-d'art, tout comme les marques, dessins et modèles, comportent une appropriation exclusive et opposable à tous, donc une sorte de propriété, soumise à un régime spécial quant à leur acquisition, leur durée ou leur transmission.

LA DISTINCTION ENTRE BIENS IMMEUBLES ET MEUBLES 12

Généralités

Le droit de propriété est dominé par la distinction entres immeubles et meubles.

Le Code civil dispose en son article 516: "Tous les biens sont meubles ou immeubles". Souvent le régime juridique, appliqué aux uns et aux autres, est le même. Il y a néanmoins beaucoup de cas où les immeubles, traités par le Code civil comme des biens méritant une protection supérieure, bénéficent d'un régime spécial.

Dans le présent ouvrage, nous nous limitons à préciser ce qu'il faut entendre par immeuble au sens du Code civil.

Avant d'analyser ces règles, il importe de savoir quelles sont les conséquences pratiques, qui se dégagent de la classification des biens en immeubles et en meubles.

13 CONSÉQUENCES JURIDIQUES DE CETTE DISTINCTION

Ces intérêts sont assez nombreux. Nous en citons ci-après les principaux.

1. Le tribunal compétent pour connaître d'une action judiciaire relative à un immeuble est le tribunal de la situation dudit immeuble. Quand une telle action concerne un meuble, le tribunal compétent est généralement celui du domicile du défendeur.

2. Le droit de propriété sur un immeuble est toujours sanctionné par une action en revendication (cf. numéros 355 et suivants). Pour les meubles, une revendication contre un propriétaire, qui n'a pas acquis ce meuble du vrai propriétaire, n'est guère possible, si son détenteur actuel est de bonne foi, cela en vertu du principe "en fait de meubles, la possession vaut titre."

3. Les immeubles sont susceptibles d'être hypothéqués. Un meuble ne l'est pas. Toutefois, le droit moderne a conçu, pour certains meubles d'un genre spécial tels que les avions et les navires, la possibilité de les grever d'une hypothèque.

4. La possession d'un immeuble est protégée par des actions possessoires accordées au possesseur, indépendamment de la question de savoir s'il est ou non propriétaire (cf. numéros 271 et suivants sur les actions possessoires). Un meuble n'est pas susceptible d'une telle action.

5. L'aliénation ou le partage d'un immeuble appartenant à un mineur ou à un incapable majeur est soumis à plus de formalités que les mêmes opérations se rapportant à un meuble.

6. Dans certains régimes matrimoniaux (par exemple, la communauté de meubles et d'acquêts), tous les meubles font partie de la communauté. Quant aux immeubles, sont communs uniquement ceux acquis à titre onéreux au cours du mariage, sauf dans le régime de la communauté universelle.

7. La saisie des immeubles exige une procédure plus compliquée (saisie immobilière) que la saisie des meubles.

8. En droit international privé, la succession des immeubles est régie par la loi du pays de la situation de ceux-ci. La succession des meubles est soumise à la loi du pays du domicile du défunt (cf. "Successions et Donations", numéros 176 à 178).

9. La législation postérieure au Code civil a organisé un régime spécial de preuve de l'aliénation d'un immeuble. Pour mieux organiser la preuve à l'égard de tiers, une publicité de ce transfert est organisée. Elle consiste dans la transcription de l'acte d'aliénation au Bureau des hypothèques (cf. numéros 332 et suivants). Une telle publicité n'existe pas pour les meubles, sauf pour ceux visés sous le point 3 ci-dessus.

LES BIENS IMMEUBLES　　　　　　　　　　　　　　　　　　　　　14

Le Code civil, dans son article 517, distingue entre trois catégories d'immeubles.:
1. Les immeubles par nature,
2. les immeubles par destination,
3. les immeubles par l'objet auxquels ils s'appliquent.

1. LES IMMEUBLES PAR NATURE　　　　　　　　　　　　　　　　15

L'article 518 dispose que les fonds de terre et les bâtiments sont immeubles par nature.

a) les fonds de terre

Ils représentent l'ensemble des immeubles non bâtis. On sait que la propriété du sol comporte celle de la surface du dessus et celle du dessous (cf. numéros 26 et suivants).

Sont aussi immeubles, les arbres et autres végétaux (herbes, céréales et plantes) qui tiennent au sol par leurs racines. Ces végétaux font partie du fonds aussi longtemps qu'ils adhèrent au sol. Ces éléments prennent par contre une individualité distincte et acquièrent le caractère de meubles, quand ils sont séparés du sol par la récolte.

Même non encore séparés du fonds sur lesquels ils poussent, les végétaux peuvent devenir meubles par anticipation dans les cas suivants:

– en cas de vente de récoltes sur pied ou de vente de bois sur pied,
– lorsque le fonds est cultivé par un fermier, qui a droit à ces récoltes,
– ces récoltes peuvent être saisies séparément du fonds et sont donc meubles, si cette récolte est faite dans les six semaines précédant la maturité des fruits ou plantes. On parle dans ce cas de saisie-brandon.

b) Les bâtiments

Ceux-ci ne deviennent immeubles que par leur incorporation au sol.

Parfois, ces bâtiments peuvent avoir une existence séparée du fonds dans le cas d'emphytéose ou de droit de superficie (cf. numéros 401 et suivants).

La notion de bâtiments couvre non seulement les constructions complètes, mais également les travaux de maçonnerie ou de fer, édifiés sur le sol ou dans le sol. Sont donc immeubles, un barrage, un tunnel, une digue, les tuyaux de conduite du gaz ou les fils destinés au transport de l'énergie électrique.

16 ## 2. LES IMMEUBLES PAR DESTINATION

On appelle ainsi les objets mobiliers, qui ont été attachés à un immeuble pour son service ou pour son exploitation par le propriétaire de cet immeuble (article 524). Il s'agit en l'occurrence d'immeubles fictifs, auxquels la loi fait perdre le caractère mobilier qu'ils tiennent par leur nature.

Le but de cette fiction est de fortifier le lien économique que le propriétaire a voulu établir entre les meubles et l'immeuble et empêcher ainsi qu'ils ne puissent en être séparés dans certaines hypothèses, comme dans le cas de saisie opérée indépendamment de celle de l'immeuble. Cette règle joue également en cas d'un legs mobilier, qui ferait passer des biens meubles à un autre héritier que celui ayant hérité de l'immeuble, auquel ils sont attachés. Elle peut trouver application aussi en matière de régime matrimonial comportant un régime de communauté. Ainsi, à titre d'exemple, l'article 524 déclare immeubles par destination, dans le cadre d'une exploitation agricole, entre autres, les animaux attachés à la culture et les ustensiles aratoires.

Aussi longtemps que ces éléments restent sur la ferme, ils ne sauraient être saisis indépendamment des immeubles constituant cette exploitation. Ils doivent donc être saisis dans le cadre d'une saisie immobilière. En cas de legs d'une exploitation agricole, ces éléments font partie de cette dernière. Quand des époux optent pour le régime de la communauté d'acquêts, les animaux attachés à la culture, ainsi que les ustensiles aratoires, qui sont la propriété de l'un des conjoints avant le mariage, ne tombent donc pas en communauté.

Les immeubles par destination jouent un rôle dans le cadre d'une exploitation agricole ou d'une entreprise industrielle ou artisanale. L'article 524 énumère les divers biens, entrant en ligne de compte à cet égard.

Les biens énumérés par l'article précité, dont la liste a été complétée par la jurisprudence, notamment pour adapter ce matériel à l'évolution économique, ne conservent le caractère immobilier qu'aussi longtemps qu'ils restent attachés à l'exploitation ou à l'entreprise qu'ils aident à faire fonctionner. Quand ils sont librement détachés par leur propriétaire de cette exploitation, ils redeviennent meubles, par exemple, quand un exploitant agricole vend des animaux attachés à la culture.

L'article 525 connaît encore une autre catégorie d'immeubles par destination. En ce cas, il s'agit plutôt d'une destination somptuaire, par opposition au caractère indispensable, ou du moins utile, prévu par l'article 524. L'article 525 vise une utilisation plutôt bourgeoise. La caractéristique de ces objets est qu'il s'agit d'ornements. Ledit article vise notamment "les glaces, tableaux et autres ornements". Ceux-ci doivent répondre à un double critère:
a) Il faut qu'ils aient été placés par le propriétaire avec une vue de perpétuité;
b) Il est exigé que lesdits ornements "soient scellés en plâtre ou à chaux ou en ciment ou lorsqu'ils ne peuvent être détachés sans être fracturés ou détériorés ou sans briser ou détériorer la partie du fonds à laquelle ils sont attachés".

3. LES IMMEUBLES PAR L'OBJET AUQUEL ILS S'APPLIQUENT: 17

Cette catégorie, énumérée par l'article 526, comprend les droits immobiliers. Entrent en ligne de compte:

a) les droits réels immobiliers,

b) les créances immobilières,

c) les actions immobilières.

a) Les droits réels immobiliers

On distingue à cet égard entre:

- Les **droits réels principaux** qui, outre le droit de propriété sont, l'usufruit sur un immeuble, le droit l'habitation, les servitudes, l'emphytéose et le droit de superficie,
- les **droits réels accessoires**, tels que l'hypothèque, le privilège et l'antichrèse (gage sur un immeuble).

b) Les créances immobilières

Celles-ci sont fort rares de nos jours. Contrairement à ce que l'on pourrait croire, l'obligation de livrer un immeuble n'est pas une créance immobilière, mais une obligation mobilière (obligation de faire). Il s'agirait cependant d'une créance immobilière dans le cas où l'immeuble à livrer n'est, lors de l'accord de volontés des parties, pas encore délimité quant à son étendue, par exemple, lorsque A vend à B 30 ares, à délimiter dans un terrain comprenant en tout un hectare.

c) Les actions immobilières

Sont considérées comme telles:

- les actions qui sont attachées aux droits réels immobiliers. Ce sont:

    1) l'action en revendication d'un immeuble par un propriétaire contre un usurpateur,

    2) l'action confessoire, permettant de réclamer un usufruit ou une servitude sur un immeuble,

    3) l'action du créancier hypothécaire contre le tiers possesseur de l'immeuble hypothéqué,

    4) les actions possessoires.

- les actions, qui ont pour objet de faire rentrer un immeuble dans le patrimoine du demandeur (action en rescision pour lésion, action en nullité ou en résolution).

18 *LES BIENS MEUBLES*

Tous les biens, ne rentrant pas dans l'une des trois catégories d'immeubles préexaminées, sont des meubles. Le Code civil les analyse dans les articles 527 à 536.

Les meubles ne faisant pas l'objet de notre ouvrage, nous n'examinons pas les dispositions correspondantes.

19 *LE CARACTÈRE ABSOLU DU DROIT DE PROPRIÉTÉ*

Généralités

Nous avons esquissé ci-dessus dans quelle mesure la propriété présente un caractère absolu. Nous avons constaté que ce caractère a été variable avec les différentes époques, qui ont apporté de plus ou moins grandes restrictions au droit du propriétaire.

Néanmoins, quelles que soient ces restrictions, on peut toujours affirmer les deux principes suivants:
– en matière de propriété, tout ce qui n'est pas défendu est permis. Le pouvoir du propriétaire est la règle, les restrictions légales à ce droit sont l'exception.
– seul le pouvoir législatif et, à un certain degré, le pouvoir réglementaire, dans la limite de son habitation par la loi, ont le pouvoir de restreindre l'exercice du droit de propriété.

Nous examinerons ci-après les différents aspects du droit de propriété. Dans un premier chapitre, nous analyserons le contenu du droit de propriété, dans un second chapitre, l'étendue de ce droit.

Les règles exposées s'appliquent tant à la propriété mobilière qu'à la propriété immobilière.

20 *LE CONTENU DU DROIT DE PROPRIÉTÉ*

Généralités

Le droit de propriété est le droit le plus complet qu'on puisse avoir sur une chose. Le propriétaire exerce sur elle une véritable souveraineté. Les attributs de ce droit, déjà dégagés par le droit romain, se définissent par les trois verbes latins uti, frui, abuti.

a) uti: le propriétaire peut user de la chose, donc s'en servir,
b) frui: le propriétaire peut jouir de son bien, c'est à dire percevoir et s'approprier tous les produits et fruits de la chose,
c) abuti: le propriétaire a le droit de détruire la chose ou d'en disposer.

Les trois prérogatives précitées consistent dans des actes matériels de jouissance ou d'usage. Le propriétaire a la faculté d'exploiter lui-même un bien et d'en percevoir les revenus. Il lui est loisible de détruire une chose hors d'usage ou qui ne lui plait plus.

Il peut poser des actes juridiques relatifs à sa chose. Ces actes sont classés en trois catégories:

1) les actes conservatoires (conclusion d'un contrat d'assurance),
2) les actes d'administration (conclusion d'un contrat de bail),
3) les actes de disposition (vente, échange, donation).

LES ATTRIBUTS DU DROIT DE PROPRIÉTÉ

1. Droit d'user de la chose   21

Le propriétaire est libre de faire usage de son bien ou de n'en pas faire usage. Il est par ailleurs indifférent si le propriétaire use de sa chose dans un but économique, ou pour son seul plaisir. Ainsi, il peut habiter sa maison, y exercer un commerce ou une industrie; il a aussi le droit de la laisser inhabitée.

2. Droit de percevoir les fruits et les produits de la chose   22

Le propriétaire d'un bien en perçoit les fruits et produits ou, d'après son bon plaisir, il laisse ces biens improductifs.

Il s'agit dans ce cadre de définir ce qu'on entend par "fruits" et par "produits".

a) Les fruits

On désigne sous ce concept tout ce que la chose produit périodiquement et sans altération de sa substance.

On distingue trois catégories de fruits (art. 547):

a) **Les fruits naturels**: ce sont ceux que la chose produit spontanément, sans le travail de l'homme, comme les fruits des arbres, le fourrage des prairies naturelles, le croît des animaux (naissance des jeunes animaux).
b) **Les fruits industriels**: ce sont ceux résultant du travail de l'homme, comme les récoltes des champs, des prairies artificielles, des jardins, des vignes, les coupes de bois taillis ou de futaies aménagées.

    Le propriétaire acquiert les fruits industriels, que les biens frugifères soient exploités par lui-même ou par des personnes à son service.
c) **Les fruits civils**: il s'agit des revenus périodiques dus par des tiers, auxquels le propriétaire a concédé la jouissance d'une chose, tels que les loyers ou fermages de biens loués, les intérêts de sommes prêtées et les dividendes des actions.

b) Les produits

Les produits se distinguent des fruits en ce sens qu'ils ne sont pas périodiques et qu'ils épuisent la substance d'un bien. Ainsi sont des produits: les coupes de bois dans les futaies non aménagées, les matériaux extraits des carrières non exploitées, les lots échéant à des valeurs mobilières, notamment à des actions.

Parfois, il dépend de la volonté du propriétaire que le revenu d'un bien est à considérer comme un fruit ou comme un produit. Cela dépend de l'aménagement qu'il a donné à son bien. Ainsi, les matériaux extraits d'une carrière non exploitée sont des produits, alors qu'il s'agit de fruits, si les matières proviennent d'une carrière en exploitation. De même, les arbres abattus dans une forêt sont des produits. Si, par contre, la forêt est aménagée et mise en coupe réglée, les arbres abattus constituent des fruits.

Signalons que la distinction faite ci-dessus entre fruits et produits n'est pas relevante en ce qui concerne le propriétaire lui-même. Il perçoit indistinctement tant les fruits que les produits. La distinction revêt toutefois une importance en cas de démembrement de la propriété, quand celle-ci est amputée du droit de jouissance, ce qui se produit en matière d'usufruit. L'usufruitier perçoit les fruits échus durant son usufruit, mais non les produits. Nous en reparlerons, en examinant les droits de l'usufruitier et du nu-propriétaire.

23 **3. Droit de disposer de la chose**

Ce droit se manifeste sous deux formes:
une disposition physique et une disposition juridique.

a) Disposition physique

Le propriétaire a le droit de faire tous les actes matériels sur son bien, non expressément interdits par une loi, conformément à l'usage auquel cette chose se prête. Il peut exécuter ou faire exécuter tous les travaux qu'il désire sur ses biens, avec ou sans altération de leur substance. Ainsi, il a faculté de transformer un immeuble ou de le démolir et de laisser le terrain à l'état nu. Il lui est loisible de détruire un bien mobilier et de le remplacer par un autre.

Cette prérogative différencie le propriétaire de tous les autres titulaires de droits réels, comme un usufruitier. Ce dernier peut jouir de façon plus ou moins complète des bien sur lesquels porte son usufruit, mais il doit toujours en conserver la substance, ainsi que l'exige l'article 578.

b) Disposition juridique

A part les actes purement matériels, le propriétaire a également le droit de passer, quant à sa propriété, tous les actes juridiques non expressément prohibés par la loi. Il peut ainsi restreindre ou démembrer cette propriété (par exemple, en cédant l'usufruit ou en consentant une servitude) et même anéantir son droit de propriété. Il a aussi la faculté de transférer, en totalité, sa propriété à un tiers par acte à titre onéreux (vente) ou par acte à titre gratuit (donation).Quand la propriété a trait à un meuble, le maître peut anéantir son droit, en détruisant l'objet en question (tuer un animal, démolir un meuble meublant).

Sans aller même jusqu'au transfert total ou à la destruction d'un bien, le propriétaire peut le laisser à l'abandon, sans qu'il passe entre les mains d'un autre propriétaire. Cette chose devient alors une res nullius, quand il s'agit d'un bien mobilier et que cet abandon a été total. Toutefois, le propriétaire garde le droit de reprendre sa chose, tant qu'un tiers ne se l'est pas approprié.

Ce régime concerne du moins les biens mobiliers. Il s'applique plus difficilement aux immeubles, ainsi que nous allons le voir sous le numéro 179.

L'ÉTENDUE DU DROIT DE PROPRIÉTÉ - LE DROIT D'ACCESSION

Généralités   **24**

Le droit de propriété ne s'applique pas seulement à la chose elle-même. Il s'étend également à ses accessoires. Cela résulte des dispositions de l'article 546, libellé comme suit: "La propriété d'une chose, soit mobilière, soit immobilière, donne droit sur tout ce qu'elle produit et sur ce qui s'y unit, soit naturellement, soit artificiellement. Ce droit s'appelle *droit d'accession*."

Le droit d'accession comporte un certain nombre d'applications, précisées par les articles 547 à 577 et qui sont les suivantes:

1. Le propriétaire a droit à tous les fruits et produits de la chose,
2. la propriété du sol emporte la propriété du dessus et du dessous, sauf disposition contractuelle contraire,
3. la propriété s'étend à tout ce qui s'incorpore à la chose,
4. le propriétaire a un droit sur les eaux, qui jaillissent ou coulent sur son sol.

Nous allons examiner ci-après les règles mentionnées ci-dessus. Nous verrons que ces prérogatives du droit de propriété sont néanmoins soumises à quelques restrictions.

D'autre part, dans certains cas, si les biens nouveaux, acquis au propriétaire par accession, proviennent d'un tiers, la loi oblige le propriétaire, qui profite de ces avantages, à payer une indemnité à ce tiers. Le fondement de cette indemnité est le principe de l'enrichissement sans cause. Personne ne doit s'enrichir aux dépens d'autrui, sans que cet enrichissement ne soit justifié par une raison équitable.

25 *Le droit d'accession aux fruits et produits*

Nous avons précisé au numéro 22 ci-dessus ce qu'il faut entendre par fruits et par produits. Nous avons également relevé qu'une distinction n'est pas à faire entre ces deux notions, tant que c'est le propriétaire lui-même, qui perçoit ces fruits et produits.

Il est possible que des améliorations aient été apportées à une chose par un possesseur qui, ni en vertu d'un contrat, ni en vertu de la loi, n'a droit à la jouissance de cette chose. Dans cette hypothèse, le Code civil distingue entre le possesseur de bonne foi et le possesseur de mauvaise foi.

Ce premier possesseur est celui qui a cru légitimement qu'il était le vrai propriétaire du bien frugifère. Le possesseur de mauvaise foi est, par opposition, celui qui avait conscience qu'il n'était pas le propriétaire légitime de la chose.

Le possesseur de mauvaise foi n'a pas droit aux fruits et produits de la chose qu'il possède illégalement. Si donc le vrai propriétaire exerce une action en revendication contre ce possesseur, ce dernier doit rendre, non seulement la chose elle-même, mais également les fruits et produits qu'il a perçus, ou même négligé de percevoir. Comme seule concession, l'article 548 accorde au possesseur de mauvaise foi le remboursement "des frais de labours, travaux et semences".

Le Code civil est toutefois muet sur la base d'évaluation de ces derniers frais, tout comme il ne dit rien sur la date qu'il faut prendre en considération pour évaluer les fruits et produits perçus par le possesseur de mauvaise foi et qu'il doit rendre au propriétaire effectif du bien. Nous rencontrerons cette même question quand nous examinerons les problèmes en rapport avec les constructions et plantations qu'une personne réalise sur un terrain, dont elle n'est pas propriétaire (cf. numéros 37 et suivants).

Quant au possesseur de bonne foi, il peut conserver les fruits perçus par lui. Il n'a toutefois pas droit aux produits. Nous examinerons au numéro 269 à quelles conditions un possesseur doit répondre pour qu'il puisse être considéré comme étant de bonne foi.

26 PROPRIÉTÉ DU DESSUS ET DU DESSOUS

L'article 552 prévoit que la propriété du sol emporte la propriété du dessus et celle du dessous.

A) La propriété du dessus

1. Celle-ci comporte le droit pour le propriétaire de faire, sur son sol, toutes plantations et constructions qu'il juge indiquées. Toutefois, cette règle générale renferme une série de restrictions d'ordre légal ou du moins d'ordre administratif. Ces dérogations s'appliquent avant tout au domaine de la construction. Nous en verrons les plus essentielles quand

nous étudierons les restrictions légales au droit de propriété (cf. numéros 87 et suivants).

2. La prérogative précitée permet également au propriétaire d'un fonds de s'opposer à tout passage ou à tout empiètement d'un tiers sur son terrain. Le propriétaire peut contraindre son voisin à couper les branches des arbres débordant au-dessus de son sol. Il est en droit de s'opposer à l'établissement de lignes de câbles au-dessus de son terrain. Nous verrons cependant que cette règle ne s'applique pas à l'égard de quelques administrations ou concessionnaires fournissant certaines énergies (électricité, gaz) ou faisant certaines prestations de services (téléphone).

3. Le propriétaire d'un fonds est présumé propriétaire de toutes les constructions et plantations, même faites par un tiers sur son terrain, sous réserve des dispositions prévues au point précédent, en ce qui concerne les administrations et concessionnaires y visés.

4. Le propriétaire sus-visé est de même propriétaire de l'espace se trouvant au-dessus de sa propriété, donc de la couche d'air se situant immédiatement au-dessus de son fonds. Sur cet espace, le propriétaire jouit d'un droit de propriété et peut s'opposer même à des atteintes qui ne lui causent pas de préjudice actuel ou virtuel, sous réserve évidemment des servitudes légales visées au point 2 ci-dessus.

Il n'est toutefois nulle part précisé jusqu'à quelle hauteur une personne est propriétaire de la couche d'air se situant immédiatement au-dessus de son fonds. Il semble néanmoins normal que ce droit ne soit conféré au propriétaire que pour l'usage normal de son bien.

Une restriction légale importante à ce droit résulte essentiellement de la réglementation sur la navigation aérienne. Un propriétaire ne saurait évidemment s'opposer au survol de sa propriété par des avions ou des hélicoptères.

Bien que la propriété du sol emporte la propriété du dessus, il est possible au propriétaire d'un fonds de détacher la propriété du dessus de ce fonds. Ainsi, il peut céder contractuellement à un tiers le droit de planter ou de construire sur sa propriété. On parle dans ce cas du droit de superficie. Ce droit, qui constitue un droit réel, sera examiné sous les numéros 441 et 442.

B) *La propriété du dessous*

27

La propriété ne porte pas seulement sur ce qui est au-dessus du sol, mais également sur ce qui se trouve dans le dessous d'un terrain. Jusqu'à quelle profondeur peut aller ce dessous? -On doit logiquement admettre que le droit de propriété sur le sous-sol n'existe que dans la mesure où celui-ci se prête effectivement à une utilisation pratique pour réaliser des fouilles ou faire des constructions souterraines.

Tout comme nous l'avons vu pour la propriété du dessus, celle du dessous peut être détachée, par convention, de la surface de la propriété (par exemple, pour faire des installations souterraines ou pour exploiter les richesses du sous-sol).

Il appartient à un tiers, non propriétaire du fonds, qui revendique la propriété du sous-sol, de prouver sa prétention. En effet, aux termes de l'article 552 alinéa 1er, "la propriété du sol emporte la propriété du dessus et celle du dessous". Le Code établit donc une présomption de propriété en faveur de la personne propriétaire d'un fonds. Néanmoins, la jurisprudence admet qu'il s'agit en l'occurrence d'une présomption simple, c'est à dire susceptible d'être renversée par la preuve contraire.

28 *Limite de la propriété du dessous*

De même que la propriété du dessus n'a pas un caractère absolu, celle du dessous est également soumise à des limites.

A cet égard, un certain nombre de lois, pour la plupart d'origine assez récente, sont venues soumettre la propriété du dessous à des restrictions.

Des considérations d'intérêt général ont entraîné des dérogations à la liberté du propriétaire de pratiquer des fouilles ou des excavations. S'y sont ajoutées, à une époque plus récente, des considérations d'environnement et de protection de la nature.

La première catégorie concerne les différentes lois, régissant l'exploitation *des mines, minières et carrières*. Il convient de mentionner à cet égard la loi du 21 avril 1810 concernant les mines, minières et les carrières. Cette loi a été modifiée à plusieurs reprises.

Jusqu'à une époque récente, les mines ont joué un grand rôle économique dans notre pays, alors que le minerai était la base de notre sidérurgie. Il existait donc une abondante législation à ce sujet, traitant notamment des droits et devoirs des propriétaires de terrains, sous lesquels se trouve ce minerai, ainsi que les redevances à payer par les sociétés devenues concessionnaires de ces mines. Aujourd'hui, les mines ne sont plus en exploitation. Nous nous dispensons en conséquence d'en analyser le régime juridique.

Les restrictions relevant du domaine de la *protection de la nature* ont trouvé leur expression essentiellement dans la loi modifiée du 11 août 1982 concernant la protection de la nature et des ressources naturelles.

Ainsi, l'article 4 de cette loi dispose que dans les zones vertes (zones non réservées à la construction ou à une activité industrielle, artisanale ou commerciale), l'ouverture de minières, sablières, carrières ou gravières est soumise à une autorisation du ministre ayant dans ses attributions l'Administration de l'environnement.

Ces mêmes installations sont, en règle générale, également assujetties au régime de la loi du 9 mai 1990 relative aux établissements dangereux, insalubres ou incommodes. Cette loi, en fonction de la classe de risques, dans laquelle figure un établissement, en fixe la compétence administrative (Ministre du travail et celui de l'environnement, ou administration communale). L'instance compétente fixe les conditions d'exploitation de ces installations.

Un règlement grand-ducal du 18 mai 1990, modifié par celui du 9 novembre 1993, énumère les divers établissements soumis au régime de cette loi et fixe les classes dans lesquelles ces établissements ou installations rangent.

LE DROIT D'ACCESSION SUR CE QUI S'INCORPORE À LA CHOSE

Les divers modes d'accession: **29**

Le propriétaire d'une chose acquiert la propriété de tout ce qui s'incorpore à cette chose.

Cette accession peut porter sur un meuble ou sur un immeuble. Elle est naturelle ou artificielle, suivant qu'elle se fait sans intervention de l'homme ou par son activité.

Dans la présente étude, nous nous limitons à l'accession immobilière, qui présente le plus d'intérêt.

I. ACCESSION NATURELLE AU PROFIT D'UN IMMEUBLE

L'accession, due au seul fait de la nature, fait acquérir au propriétaire d'un immeuble les biens suivants:

a) des choses mobilières inanimées,
b) quelques espèces animales,
c) des accroissements résultant de l'effet des cours d'eau.

a) Choses mobilières inanimées **30**

Cette espèce d'accession est peu importante. Elle a trait essentiellement au trésor découvert dans la propriété d'une personne.

Le régime de celui-ci est réglementé par l'article 716, aux termes duquel: "la propriété d'un trésor appartient à celui qui le trouve dans son propre fonds; si le trésor est trouvé dans le fonds d'autrui, il appartient pour moitié à celui qui l'a découvert et pour l'autre moitié au propriétaire du fonds. Le trésor est toute chose cachée ou enfouie sur laquelle personne ne peut justifier sa propriété et qui est découvert par le pur effet du hasard".

b) Animaux **31**

L'article 564 cite certains animaux demi-sauvages, qui, lorsqu'ils quittent un domaine pour un autre, deviennent la propriété du maître de ce dernier domaine. Cet article ne s'applique cependant pas, lorsque ces animaux ont été attirés par fraude ou artifice.

Quels sont les animaux qui, en changeant de fonds, changent également de propriétaire?

L'article sus-visé cite à cet égard *les lapins des garennes* (réserve où les lapins vivent en semi-liberté), *les pigeons des colombiers et les poissons des étangs*. La jurisprudence a étendu cette catégorie d'animaux au gibier sauvage, pour autant qu'il soit enfermé dans un enclos. Le gibier vivant à l'état libre est considéré comme res nullius, c'est à dire comme bien sans maître. Théoriquement, il appartient donc à celui qui s'en empare. Mais, pratiquement, l'appropriation du gibier est soumise à la législation sur la chasse, limitant le droit de s'approprier ces animaux. La même règle s'applique aux poissons vivant dans les eaux courantes. Ils sont aussi des biens sans maître, mais leur prise est régie par la législation sur la pêche.

L'article 564 ne s'applique pas non plus aux animaux de basse-cour (volailles et lapins). Lorsque ces animaux s'échappent, leur propriétaire peut les revendiquer à la personne, sur le fonds de laquelle ils se sont enfouis.

c) Accroissements résultant de l'effet des cours d'eau

A cet égard, il y a lieu de distinguer entre plusieurs phénomènes naturels: a) l'alluvion et le relais (avulsion); b) la formation d'une île; c) le changement de lit d'un cours d'eau. Ces phénomènes sont régis par les articles 556 à 563.

32 *Alluvions et relais*

On appelle *alluvions* les terrains qui se forment dans un cours d'eau. L'alluvion consiste en un dépôt de vases et de graviers le long des rives de ces cours. Les *relais* résultent du retrait des eaux d'un cours d'eau. Ce sont des parties de terrains que les eaux d'une rivière mettent à nu, en se portant de façon insensible d'une rive sur l'autre.

Les alluvions et relais appartiennent, en général, au propriétaire des fonds le long desquels ils se sont formés. La condition de cette acquisition est cependant que ces alluvions et relais se soient constitués progressivement, c'est à dire au cours d'une période prolongée. L'article 556 parle de "successivement et imperceptiblement".

Les articles 556 et 557 ne s'appliquent plus dans le cas d'un phénomène abrupte et brusque. L'article 559 prévoit que si un fleuve "enlève par une force subite une partie considérable et reconnaissable d'un champ riverain et la porte vers un champ inférieur ou sur la rive opposée, le propriétaire de la partie enlevée peut réclamer sa propriété, mais il est tenu de formuler sa demande dans l'année."

L'article 556 est applicable aux rivières navigables et flottables ou non. Qu'est ce à dire? Le Code civil, notamment l'article 538, classe les cours d'eau en rivières ou fleuves navigables et flottables et en rivières et fleuves non navigables, ni flottables. Les premiers appartiennent au domaine public et ne sont donc pas susceptibles d'appropriation privée. Nous en étudierons les effets sous le numéro 118. Signalons que, dans notre pays, les seules rivières navigables et flottables sont la Moselle, et en partie, la Sûre.

Les cours d'eaux non navigables et non flottables sont, dans une certaine mesure, susceptibles d'une appropriation privée.

On pourrait donc logiquement conclure de cette classification que l'acquisition des alluvions, prévues par l'article 556, ne s'opérerait pas dans les rivières navigables et flottables. Il n'en est cependant rien, alors que l'article précité ne fait pas de distinction entre les deux catégories de cours d'eau. Il oblige seulement les nouveaux propriétaires à laisser le marche-pied ou chemin de halage, conformément aux règlements, et ne présentant actuellement plus d'intérêt.

L'article 556 ne s'applique cependant pas aux lacs et étangs "dont le propriétaire conserve toujours le terrain que l'eau recouvre, quand elle est à la hauteur de la décharge de l'étang, encore que le volume de l'eau vienne à diminuer" (art. 558).

Formation d'îlots dans le lit d'un cours d'eau **33**

Si cette formation s'opère dans un cours d'eau navigable et flottable, les îlots nouvellement créés appartiennent à l'Etat (article 560).

Si ces îlots apparaissent dans des cours d'eau ni navigables, ni flottables, ils appartiennent aux propriétaires riverains du côté où l'île (îlot) s'est formée (article 561).

L'article 561 règle le partage de l'île ou de l'îlot entre les riverains des deux côtés, d'après le principe suivant: "on suppose une ligne tracée au milieu du cours d'eau. Si l'île (îlot) n'est pas traversée par cette ligne, elle (l'île) appartient exclusivement aux riverains du côté où elle s'est formée. Dans le cas contraire, elle se divise suivant la ligne tracée".

Si l'îlot s'est formé parce que le cours d'eau s'est créé un nouveau bras, le terrain ainsi entouré continue d'appartenir à son ancien propriétaire, qu'il s'agisse d'un cours d'eau navigable et flottable ou non (article 562).

Un cours d'eau abandonne son ancien lit **34**

Dans ce cas, les propriétaires des fonds nouvellement occupés par le cours d'eau prennent, à titre d'indemnité, l'ancien lit abandonné, chacun dans la proportion du terrain qui lui a été enlevé. Il n'y a pas à distinguer, dans l'hypothèse visée, entre cours d'eau navigables et flottables, et les autres cours d'eau (article 563).

II. ACCESSION ARTIFICIELLE **35**

Après avoir examiné les cas d'accession naturelle (choses mobilières et inanimées, animaux, cours d'eau), nous analysons les cas d'accession artificielle, c'est à dire celle qui se fait par le travail de l'homme.

Cette activité consiste dans des constructions ou des plantations. L'ouvrage ainsi réalisé appartient, dans tous les cas, au propriétaire du fonds, ceci en vertu du principe d'accession. Cette règle était déjà connue par le droit romain et s'exprimait par l'adage "superficies solo cedit", la construction accède au sol.

Normalement, le sol et le matériel de construction ou de plantation appartiennent au même propriétaire. Dans ce cas, aucun problème ne se pose.

Il en est autrement, si le sol et le matériel appartiennent à différentes personnes. Alors le propriétaire du sol devient maître également des constructions et des plantations, ceci en vertu du droit d'accession. Mais, dans certains cas, ce propriétaire doit indemniser la personne qui, à l'aide de son matériel, a fait les plantations ou érigé les constructions.

Quant aux constructions et plantations, l'article 553 a énoncé une double présomption fondée sur la pratique ou la réalité usuelle des faits.
1ère présomption:
Celui qui construit ou plante sur son terrain, est présumé être propriétaire du matériel de construction ou de plantation.

2e présomption:

Les constructions ou plantations réalisées sur un fonds sont présumées l'avoir été par le propriétaire du sol.

Il s'agit en l'occurrence de présomptions simples, c'est à dire susceptibles de preuve contraire. C'est à l'adversaire du propriétaire du sol de prouver que c'est lui qui a réalisé, à l'aide de son propre matériel, les investissements en question.

En ce qui concerne le problème des ouvrages précités, deux hypothèses doivent être distinguées:
1. Le propriétaire d'un fonds construit ou plante sur celui-ci avec du matériel appartenant à un tiers.
2. Un tiers construit ou plante, avec son propre matériel, sur le terrain d'autrui.

36 a. Investissements réalisés avec du matériel d'autrui

Le propriétaire du fonds, qui utilise le matériel de construction ou de plantation d'autrui, devient, par accession, propriétaire des constructions et plantations. Le propriétaire de ce matériel voit s'éteindre son droit de propriété sur celui-ci, parce qu'il a perdu son individualité et se trouve incorporé au sol.

Le droit d'accession au profit du propriétaire du sol joue même s'il a été de mauvaise foi, c'est à dire s'il savait que le matériel, qu'il a incorporé à son terrain, ne lui appartient pas.

Le propriétaire des matériaux investis dans le fonds d'autrui ne peut pas les enlever. D'ailleurs, cet enlèvement serait souvent une source de frais appréciables et ne serait pas d'un grand intérêt économique. Le propriétaire précité ne pourrait même pas revendiquer son matériel, si la construction érigée était démolie ultérieurement.

Ce dernier propriétaire ne peut-il pas faire valoir de droits contre le propriétaire du fonds, qui a construit avec son matériel?-

L'article 554 lui accorde le droit d'être remboursé du prix qu'il a payé pour se procurer le matériel en question. Le même article ajoute que le propriétaire du sol, dans lequel ces matériaux ont été incorporés, peut être condamné à des dommages-intérêts. Cela est le cas, si, à part le remboursement de son prix d'acquisition, il a subi un préjudice par le fait qu'il a été privé de son matériel utilisé par un tiers. Un tel dommage peut consister dans un renchérissement du coût de ce matériel depuis sa livraison ou dans le retard qu'a subi son propre investissement, destiné à se faire à l'aide des matériaux, dont il a été privé. L'allocation de dommages-intérêts est surtout justifiée si le propriétaire du fonds, sur lequel ces matériaux ont été incorporés, a été de mauvaise foi.

b. Constructions ou plantations sur le sol d'autrui 37

Généralités

A l'opposé du cas visé au numéro précédent, le propriétaire du matériel de construction ou de plantation réalise lui-même les investissements, mais il le fait sur un terrain, dont il n'est pas propriétaire. On pourrait penser que l'hypothèse n'est pas très réaliste, alors qu'un homme sensé ne va pas construire sur un terrain, dont il sait qu'il ne lui appartient pas.

Néanmoins l'article 555, qui règle la question, trouve une application régulière, même si elle n'est pas tellement fréquente. La raison en est que parfois une personne est convaincue d'être propriétaire d'un fonds, dont il s'avère ultérieurement qu'elle ne l'est pas.

Tel est le cas, si une personne a acquis le terrain en question d'un vendeur qu'elle croyait en être le propriétaire, alors qu'en réalité, un tiers l'était. Ou un légataire du terrain se voit confronté ultérieurement à un legs postérieur, qui a transmis le même terrain à un autre légataire, qui en devient donc propriétaire. Nous analyserons plus tard ces problèmes, en examinant les règles sur la possession (numéros 249 et suivants).

INVESTISSEMENTS FAITS PAR UNE PERSONNE DE MAUVAISE FOI 38

Nous examinons au présent numéro les relations juridiques entre le propriétaire des plantations ou constructions et le propriétaire du sol, sur lequel celles-ci ont été incorporées.

Le siège de la matière est l'article 555. Cet article distingue suivant que le réalisateur des constructions ou plantations a été de bonne ou de mauvaise foi, c'est à dire s'il savait ou ignorait sur quel fonds il allait faire ces ouvrages. Le choix du propriétaire du fonds, en ce qui concerne les réalisations en question, dépend de la bonne ou de la mauvaise foi du constructeur ou du planteur.

Si ce dernier est de mauvaise foi, l'article 555 offre au propriétaire du fonds une alternative: obliger l'investisseur à enlever ses ouvrages ou les garder et lui payer un prix, sur la fixation duquel nous parlerons ci-après.

Si le propriétaire du sol se décide pour l'enlèvement des constructions ou des plantations, celui-ci doit se faire aux frais de leur réalisateur. Ce dernier peut même être condamné à des dommages-intérêts au profit du propriétaire du fonds, qui a subi un préjudice du fait des investissements en question.

La seconde alternative au profit du propriétaire du fonds consiste à conserver les réalisations. Il s'y décide quand ceux-ci présentent pour lui une certaine utilité. Dans ce cas, il doit payer au réalisateur des constructions ou des plantations le prix du matériel de construction et de la main-d'œuvre, à fixer suivant leur valeur à l'époque où les ouvrages en question ont été réalisés. La plus-value procurée au terrain par ces investissements n'est pas considérée pour la fixation du prix à payer.

On a parfois reproché à ce système de permettre un chantage au propriétaire du terrain. Ce dernier peut être tenté d'offrir au réalisateur de l'ouvrage ou des plantations un prix largement inférieur à leur valeur effective, sous la menace de l'obliger à démolir tout ce qu'il a construit sur son terrain.

D'autre part, nous verrons que l'investisseur de mauvaise foi peut être traité de façon plus favorable que celui de bonne foi, chaque fois que le propriétaire du terrain se décide à conserver les réalisations.

39 LA BONNE FOI DE L'INVESTISSEUR

Avant d'analyser quel est le régime applicable au constructeur de bonne foi, il convient de savoir à quelles conditions ce dernier doit satisfaire pour être de bonne foi.

L'article 555 alinéa 3 répute être de bonne foi "le tiers évincé qui n'a pas été condamné à la restitution des fruits". Ledit alinéa renvoie, quant à cette question, à l'article 550, qui dispose que le possesseur est de bonne foi, quand il possède comme propriétaire en vertu d'un titre translatif, dont il ignore les vices. Nous examinerons plus en détail les prescriptions dudit article 550 quand nous analyserons les règles sur la possession. Il suffit de retenir dans le présent contexte l'idée que le réalisateur de constructions ou de plantations est de bonne foi, s'il possède le sol sur lequel il fait ces investissements, en croyant en être le propriétaire et si sa croyance erronée s'appuie sur un titre, qu'à tort, il a cru efficace.

RÉGIME D'INDEMNISATION APPLICABLE AU RÉALISATEUR DE BONNE FOI   **40**

Le propriétaire du terrain ne peut pas forcer le constructeur de bonne foi à enlever ses investissements. Il lui doit une indemnité pour pouvoir conserver ceux-ci. Quel est le niveau de cette indemnité?-
L'article 555 alinéa 3 laisse au propriétaire du terrain une alternative: soit payer le prix du matériel de construction ou de plantation et celui de la main-d'œuvre en rapport avec cet investissement, soit payer à ce tiers une indemnité, correspondant à la plus-value procurée à son fonds.

L'évaluation des deux espèces d'indemnités est à faire à l'époque de la réalisation des investissements. Cette évaluation est donc au désavantage de celui, qui a droit à cette indemnité, en présence d'une dévaluation assez régulière de la monnaie et de la hausse des prix de construction. Le constructeur de mauvaise foi, à qui le propriétaire offre le remboursement du prix du matériel utilisé pour la construction ou la plantation, est exposé au même risque. Malgré cet aléa et cette injustice, l'article 555 précité n'a pas subi de modification à ce jour.

Il en est autrement en France, où une loi du 17 mai 1960 a modifié ces règles d'évaluation, qui s'appliquent indifféremment au constructeur de bonne ou de mauvaise foi. Dans tous les cas, l'indemnisation à faire doit être calculée à la date du remboursement. La nouvelle loi française offre au propriétaire du terrain l'alternative de rembourser au tiers, à son choix, "une somme égale à celle dont le fonds a augmenté de valeur, ou le coût des matériaux et le prix de la main-d'œuvre, estimés à la date du remboursement, compte tenu de l'état dans lequel se trouvent lesdites constructions, plantations et ouvrages".

Cette solution est plus équitable, même si elle assimile le constructeur de bonne foi à celui de mauvaise foi. Quant à ce dernier, il serait erroné d'en faire, dans tous les cas, une personne malhonnête, dont le seul but aurait été de spolier de son droit le propriétaire d'un fonds.

Nous verrons au numéro 42 ci-après que le constructeur de mauvaise foi dispose souvent d'un titre juridique relatif au fonds, sur lequel il réalise des investissements, mais que ce titre est trop précaire pour lui conférer le droit d'utiliser, à sa guise, le fonds sur lequel il exerce certains droits.

PERSONNES CONCERNÉES PAR L'ARTICLE 555

Généralités   **41**

A lire le texte de l'article 555, on est tenté de l'appliquer uniquement à l'acquéreur "a non domino", c'est à dire à celui qui tient sa possession d'une personne non propriétaire de ce fonds. Le texte parle en effet à son alinéa 3 de constructions ou plantations faites par "un tiers évincé".

Aussi, certains courants jurisprudentiels appliquent-ils l'article 555 seulement au règlement de comptes à la suite de la revendication intentée par le propriétaire contre un tiers possesseur évincé.

Cette jurisprudence refuse donc l'application dudit article aux personnes liées par un rapport d'obligations, soit contractuelles, soit d'origine légale.

Néanmoins, la jurisprudence dominante donne une plus large interprétation à cet article. Elle part de l'hypothèse que l'idée résidant à la base de cet article est celle que nul ne doit s'enrichir injustement aux dépens d'autrui. Ce courant de jurisprudence admet donc que l'article 555 s'applique également entre personnes précédemment liées par un rapport juridique, contrat ou disposition légale.

RELATIONS JURIDIQUES DANS LESQUELLES L'ARTICLE 555 S'APPLIQUE

42 *Locataire ou fermier*

Il arrive que le locataire ou le fermier, ayant devant lui un bail assez long, érige sur l'immeuble loué une construction, en vue de faciliter l'exercice de son activité professionnelle. Cela arrive même assez fréquemment pour des baux commerciaux.

En règle normale, la jurisprudence applique l'article 555 dans les relations entre bailleur et locataire. Ce dernier est considéré comme un possesseur de mauvaise foi. En effet, le locataire ne dispose que d'un droit précaire, limité dans le temps, et il en a bien conscience.

Le propriétaire a donc l'option, soit d'imposer, à la fin du bail, au locataire l'obligation d'enlever les constructions, soit de les conserver, en lui payant le prix des matériaux et de la main-d'œuvre.

Toutefois, cette règle ne joue que si le locataire a fait des investissements sur le fond loué, en l'absence d'une stipulation du contrat de bail à ce sujet. Si un tel accord a été conclu entre parties, ces dispositions doivent être respectées à la fin du bail, quelques désavantages quelles puissent comporter pour l'une ou l'autre des parties.

N'est pas à assimiler à une clause du bail autorisant de telles constructions, le fait que celles-ci ont été érigées au vu et au su du propriétaire, sans que celui-ci ne s'y soit opposé (Civil 15 juin 1953, D. 1953 p. 613).

D'autre part, si le contrat de bail confère une telle autorisation au locataire, mais est muet sur les modalités de son indemnisation à la fin du bail, le juge, saisi de ce litige, peut appliquer, par analogie, l'article 555. Dans ce cas, rien n'empêche que le juge considère le locataire comme possesseur de bonne foi (Civil 7 mars 1955, D. 1955 p. 590).

L'accord du propriétaire avec des constructions à ériger par le locataire ne doit pas être exprès. Il peut résulter de son consentement et de sa participation financière (Civil 5 octobre 1966, D. 1967 p. 38).

Le fait que le propriétaire peut obliger le locataire à enlever des investissements, qu'il a faits durant son bail, est parfois critiqué. Cependant, il n'est pas toujours équitable que le propriétaire puisse être contraint d'indemniser le locataire pour des investissements, peut-être utiles à celui-ci, mais qui n'ont que peu d'intérêt pour le propriétaire. Il est donc difficile de légiférer dans un tel domaine. Aussi n'existe-il pas de dispositions légales spécifiques pour des investissements faits par le locataire durant son bail.

Un régime spécial a été prévu en matière de bail à ferme, régi par la loi du 18 juin 1982. Les investissements du fermier sont réglés aux articles 27 à 34 de cette loi.

L'article 27 accorde au preneur d'une ferme entière le droit de faire "les constructions, travaux et tous ouvrages nécessaires à l'habitabilité du bien loué ou utiles à l'exploitation du bien et conformes à sa destination".

Ces investissements sont à autoriser préalablement par le bailleur ou, à son refus, par le juge de paix. A la fin des travaux, il est obligatoirement procédé à une réception contradictoire de ceux-ci, et le coût de ces travaux doit être arrêté par les parties ou, en cas de dissension, par le juge de paix.

A la fin du bail, si les investissements ne sont pas encore à considérer comme amortis, et si cette fin de bail n'est pas due à une faute du fermier, le bailleur doit lui payer une indemnité, dont les modalités sont fixées par les articles 29 à 33 de la loi précitée.

Propriétaire sous condition résolutoire **43**

La jurisprudence applique également l'article 555 au propriétaire sous condition résolutoire, c'est à dire à une personne devenue propriétaire, mais dont le droit de propriété a été résolu rétroactivement par la réalisation d'une condition conventionnelle ou légale.

Comme condition conventionnelle, on peut citer celle stipulant la résolution de la vente, si l'acheteur d'un immeuble n'a pas payé, dans un délai fixé, le prix de vente.

Une résolution légale, opérant même en l'absence de convention des parties, joue notamment en matière de donations. Ainsi, une donation peut être anéantie par la survenance d'un enfant au donateur postérieurement à la donation (cf. notre ouvrage "Successions et donations", numéros 242 à 246).

Un acheteur ou un donataire, dont le droit de propriété a été effacé rétroactivement, et qui a fait des investissements sur l'immeuble acheté ou donné, est autorisé à faire application de l'article 555 à ces investissements. La jurisprudence assimile de telles personnes à des possesseurs de bonne foi. Elles ont donc, en toutes hypothèses, droit à une indemnité de la part du vendeur ou du donateur de l'immeuble, qui en reprend la propriété.

La jurisprudence assimile cependant un acheteur ou un donataire d'un immeuble à un possesseur de mauvaise foi, quand la résolution de son droit de propriété est imputable à sa faute.

44 *L'emphytéose*

L'emphytéose est régie dans notre pays par la loi du 10 janvier 1824.

Le régime des investissements faits par l'emphytéote (locataire à long terme) est régi par les articles 7 et 8 de cette loi. L'article 7 prévoit que l'emphytéote peut, à la fin de son bail, enlever les constructions et plantations par lui faites et auxquelles il n'était pas tenu par le contrat conclu entre parties, mais il doit réparer le dommage que cet enlèvement a causé au fonds. Le propriétaire de ce dernier a un droit de rétention sur ces investissements jusqu'au complet paiement du loyer.

L'article 8 de la loi sus-visée prévoit que le propriétaire ne peut pas être forcé par l'emphytéote à payer la valeur des bâtiments, ouvrages, constructions et plantations élevés par l'emphytéote et se trouvant, à la fin du bail, sur le fond du propriétaire.

CAS DANS LESQUELS L'ARTICLE 555 NE S'APPLIQUE PAS

45 *L'usufruit*

Suivant la jurisprudence, l'article 555 ne s'applique pas à l'usufruitier. Celui-ci est soumis à un régime spécial. En effet, l'article 599 alinéa 2 dispose que l'usufruitier ne peut, à la cessation de l'usufruit, réclamer aucune indemnité pour les *améliorations* qu'il prétendrait avoir faites sur la chose sur laquelle porte son usufruit, encore que la valeur de celle-ci en fut augmentée.

Suivant la Cour de Cassation française, l'expression "améliorations", employée par l'article 599 sus-visé, comprend les constructions et plantations.

Ce qui est plus grave encore pour l'usufruitier, c'est qu'il ne peut pas, à la fin de son usufruit, enlever les constructions et plantations. Cette conséquence se dégage indirectement de l'article 599 alinéa 3, qui permet à l'usufruitier ou à ses héritiers, d'enlever, lors de la cessation de l'usufruit, "les glaces, tableaux et autres ornements". Or, il est évident que les constructions et plantations ne rentrent dans aucune des catégories visées par ledit alinéa.

Mandat et gestion d'affaires

La jurisprudence n'applique pas l'article 555, lorsque les investissements y visés ont été réalisés par un mandataire ou par un gérant des affaires du propriétaire du fonds. Dans ce cas, ces relations sont régies par les règles sur le mandat ou sur la gestion d'affaires. Le propriétaire du sol ne sera donc tenu que dans la mesure où les travaux réalisés par son mandataire ou gérant d'affaires ont été utiles pour lui, ce qui implique que la valeur de son terrain a augmenté.

Droit de rétention du constructeur **46**

Dans un certain nombre de cas, l'investisseur sur le terrain d'autrui a droit à une indemnité de la part du propriétaire de ce terrain. La loi ne lui accorde cependant aucune faveur spéciale, comme, par exemple, un privilège pour obtenir le paiement de son indemnité. Il est donc soumis au droit commun, en ce qui concerne le paiement des créances.

La question se pose dès lors, si le constructeur dispose d'un droit de rétention jusqu'au paiement de son indemnité, en d'autres termes, s'il peut refuser au propriétaire du sol la remise du fonds, sur lequel lesdits investissements ont été faits, jusqu'à ce qu'il ait été payé?

Quant à un tel droit de rétention, la jurisprudence fait une distinction. L'investisseur de bonne foi se voit accorder ce droit, qui est cependant refusé au constructeur de mauvaise foi.

A quels travaux s'applique l'article 555 ? **47**

Le sens de cette question est de savoir si l'article 555 concerne uniquement des travaux neufs ou également des améliorations ou transformations à faire à des constructions préexistantes.

La jurisprudence est unanime pour appliquer cet article uniquement à des constructions neuves. Cette position exclut d'abord des travaux qui ne sauraient être séparés du sol, tels que dessèchement ou drainage. D'autre part, la jurisprudence écarte tous travaux consistant uniquement dans la transformation d'immeubles existants.

Aux constructions neuves, il convient d'assimiler l'extension des constructions existantes, donc l'adjonction à celles-ci de nouvelles annexes, à condition qu'il s'agisse de bâtiments distincts de ceux qui existent déjà.

Le propriétaire ne peut pas demander au possesseur du fonds la démolition des travaux d'amélioration ou de réparation faits par lui, même au cas où il aurait été de mauvaise foi.

Le transformateur d'immeubles existants sur le terrain d'autrui n'a-t-il donc droit à aucune indemnité de la part de ce propriétaire? Il serait inéquitable de refuser à cette personne tout droit à une indemnisation, sinon le propriétaire du terrain se serait enrichi sans cause au détriment du constructeur, ce que la jurisprudence refuse d'admettre. Ce transformateur d'immeubles sera donc indemnisé suivant les règles régissant l'enrichissement sans cause et, plus spécialement, suivant la théorie des *impenses*, telle qu'elle s'applique en cas de revendication.

Ce régime est défini à l'article 1381, aux termes duquel, "celui auquel la chose est restituée, doit tenir compte, même au possesseur de mauvaise foi, de toutes les dépenses nécessaires et utiles, qui ont été faites pour la conservation de la chose".

Les *dépenses nécessaires* sont celles sans l'exécution desquelles la chose n'aurait pas pu être conservée, par exemple, la réfection d'une toiture arrachée par un ouragan. De telles dépenses doivent être remboursées totalement par le propriétaire de la chose.

Les *dépenses utiles* sont celles qui ont amélioré l'état d'un bien, sans cependant avoir été indispensables pour sa conservation (par exemple, des améliorations hygiéniques et sanitaires dans une maison). Ces dépenses sont remboursées à leur auteur dans la mesure où elles ont procuré une plus-value à la chose.

Les *dépenses voluptuaires* sont celles de pure luxe ou de pur agrément (par exemple, la construction d'une fontaine d'eau dans un parc). Le propriétaire du bien ne doit aucune indemnité au réalisateur de tels investissements, car ils n'ont guère amélioré la valeur de son bien. L'auteur peut cependant enlever son ouvrage, si cela est techniquement possible.

48 CONSTRUCTIONS QUI EMPIÈTENT SUR LE FONDS D'AUTRUI

Il arrive qu'une personne, érigeant une construction sur son propre fonds, empiète sur le terrain de son voisin, de sorte qu'une partie généralement très faible de son immeuble, se trouve sur la propriété voisine.

En vertu du principe "superfecies solo cedit", cette partie de construction appartient à ce voisin.

Néanmoins, cette partie n'est pas d'une grande utilité pour ce dernier. Par ailleurs, étant donné qu'il n'y a pas indivision entre les deux propriétaires, aucun d'eux ne peut demander le partage.

Le propriétaire du sol impiété par la construction de son voisin cherche parfois à obtenir juridiquement la démolition de l'immeuble, dans la mesure où il est érigé sur son fonds! Peut-il réussir dans son action? Certainement, si le constructeur a été de mauvaise foi. Mais, si ce dernier a été de bonne foi, ce qui est généralement le cas, l'autre propriétaire peut-il le forcer à démolir? La jurisprudence s'est prononcée initialement contre une telle grave sanction à l'égard du constructeur. Elle est néanmoins arrivée à accorder cette faculté au propriétaire du sol impiété (Cour de Cassation française, 1er juillet 1965, D. 1965 p. 650). Cette jurisprudence se fonde sur l'article 545, aux termes duquel "nul ne peut être contraint de céder sa propriété, si ce n'est pour une cause d'utilité publique".

La jurisprudence luxembourgeoise a décidé dans le même sens. En effet, la Cour Supérieure de Justice, dans un arrêt du 24 avril 1963 (Pas. 19, page 173), a décidé que l'article 555 du Code civil ne vise que le cas où les constructions ont été érigées entièrement sur le terrain d'autrui. Lorsqu'il s'agit d'un simple empiètement, commis par un propriétaire voisin, l'article 555 du Code civil n'est pas applicable, de sorte que le constructeur peut être tenu de démolir les travaux sur l'héritage voisin, "sans qu'il y ait lieu de distinguer s'il est de bonne ou de mauvaise foi".

Cette attitude nous paraît grave pour le propriétaire de bonne foi, qui a empiété de quelques centimètres sur la propriété de son voisin, certainement dans l'ignorance de la limite exacte entre les deux fonds.

Nous signalons dans ce contexte que le droit allemand est moins strict à cet égard et plus équitable pour le constructeur de bonne foi. En effet, le paragraphe 912 du BGB dispose ce qui suit:

"Hat der Eigentümer eines Grundstücks bei der Einrichtung eines Gebäudes über die Grenze gebaut, ohne daß ihm Vorsatz oder grobe Fahrlässigkeit zur Last fällt, so hat der Nachbar den Überbau zu dulden, es sei denn, daß er vor oder sofort nach der Grenzüberschreitung Widerspruch erhoben hat.

Der Nachbar ist durch eine Geldrente zu entschädigen. Für die Höhe der Rente ist die Zeit der Grenzüberschreitung maßgebend".

LA PROPRIÉTÉ ET L'USAGE DES EAUX

49 Généralités

L'eau est un élément vital pour l'homme. Elle est nécessaire pour l'alimentation des hommes et du bétail. L'eau constitue un moyen de transport, une force motrice et sert au loisir. Elle est indispensable pour l'irrigation.

Le Code civil considère l'eau essentiellement sous deux aspects cités ci-dessus, celui de l'alimentation et celui de l'irrigation. Il y voit avant tout un intérêt particulier. L'eau sert les intérêts privés, sauf quelques restrictions dans l'intérêt général, s'appliquant avant tout aux cours d'eau plus importants, que le Code civil qualifie de cours d'eau navigables et flottables.

Sur ces derniers, les particuliers n'ont que peu de droits, ceux-ci étant réservés à la généralité des citoyens.

Sur les cours d'eau de moindre importance, les personnes privées peuvent exercer, selon le cas, un droit de propriété, sinon du moins un droit d'usage.

Il va sans dire que depuis la promulgation du Code civil, la législation sur le régime des eaux a subi un développement considérable. Cela s'est manifesté non pas dans le sens que la législation mise en application postérieurement au Code civil ait abrogé les articles 640 à 645, qui confèrent certains droits aux personnes, dont la propriété est traversée ou bordée par un cours d'eau, mais la nouvelle législation a souvent restreint ces droits, en soumettant l'activité des propriétaires précités sur ces cours d'eau à certaines restrictions et à des autorisations administratives.

Nous allons d'abord examiner les règles prévues par les articles 640 à 645. Dans un second chapitre, nous étudierons les restrictions que des lois postérieures au Code civil sont venues apporter aux droits des usagers sur l'eau.

LE CODE CIVIL ET LE RÉGIME DES EAUX

Le Code civil traite de l'eau sous les trois formes différentes, à savoir:
- les eaux de pluie
- les sources
- les cours d'eau

LES EAUX DE PLUIE

Celles-ci font l'objet de l'article 640. L'alinéa 1er de cet article prévoit que "les fonds inférieurs sont assujettis envers ceux plus élevés à recevoir les eaux qui en découlent naturellement sans que la main de l'homme y ait contribué". L'alinéa 2 ajoute que "le propriétaire inférieur ne peut point élever de digue qui empêche cet écoulement".

Ledit article crée donc une servitude légale active au profit du propriétaire du fonds situé plus haut. Celui-ci n'est pas obligé d'arrêter l'écoulement des eaux sur le fonds inférieur et ne saurait être condamné à des dommages-intérêts, si ces eaux de pluie, tombant en grandes quantités, causent un dommage au propriétaire du fonds situé plus bas.

Néanmoins, cette règle ne s'applique qu'à une condition. L'article 640 alinéa 1er parle des eaux de pluie, qui découlent "naturellement et sans que la main de l'homme y ait contribué". Il faut donc que les eaux suivent leur direction naturelle, sans qu'elles aient été déviées par le propriétaire du fonds supérieur.

Celui-ci ne peut donc pas, par l'orientation qu'il donne aux eaux de pluie tombant sur son terrain, aggraver la situation du fonds inférieur. Ainsi la servitude passive de ce fonds ne s'applique plus, si les eaux de pluie ont été rassemblées dans une gouttière, avant de s'écouler sur le terrain inférieur et y causent un dommage (Trib. Diekirch, 31 juillet 1934, Pas. 14, page 30). Il en est de même, si ces eaux de pluie ont été corrompues par des manipulations du propriétaire du fonds situé plus haut.

Ce propriétaire peut cependant user des eaux de pluie tombant sur son terrain, au lieu de les laisser couler suivant leur pente naturelle. Il peut les capter et les emmagasiner, par exemple, pour l'irrigation de son jardin. Bien qu'à l'opposé de la législation française (art. 641), la loi luxembourgeoise reste muette sur cette question, la jurisprudence (Trib. Diekirch, 20 mars 1929, Pas. 12, page 74) accorde ce droit audit propriétaire.

Cette solution est logique. L'eau de pluie est en effet une res nullius. Elle appartient finalement au propriétaire sur le sol duquel elle tombe, par occupation et non par accession, alors qu'elle ne s'incorpore pas au sol.

Le propriétaire supérieur perd cependant le droit à l'usage des eaux de pluie quand il a cédé cet usage au propriétaire habitant plus bas, ou quand ce dernier a acquis ce droit par prescription acquisitive.

En rapport avec les eaux de pluie, l'article 681 a établi une règle spéciale quant à *l'égout des toits*. Ledit article dispose que "tout propriétaire doit établir des toits de manière que les eaux pluviales s'écoulent sur son terrain ou sur la voie publique; il ne peut les faire verser sur le fonds de son voisin". Ce texte doit, suivant la jurisprudence, être interprêté en ce sens qu'il ne suffit pas que le propriétaire d'un immeuble bâti laisse s'égoutter les eaux de pluie sur son terrain, il faut encore qu'il prenne toutes les mesures requises pour éviter que les eaux de pluie tombant de son toit, ne causent des dommages au voisin.

Il est néanmoins permis, aux termes de l'article 681 sus-visé, que les eaux de pluie précitées s'écoulent sur la voie publique. Généralement, les autorités nationales ou locales ont aménagé une canalisation, permettant de recevoir ces eaux.

Il est admis également que, lorsque le terrain en bordure de la maison ou de ses annexes est commun à plusieurs propriétaires, chacun d'eux peut déverser les eaux pluviales découlant de son toit, sous réserve que cette façon d'agir ne soit pas contraire à la destination de la copropriété.

Finalement, l'article 681 ne s'applique pas, lorsque le propriétaire a acquis sur le fonds voisin une servitude de déversement des eaux de pluie.

51 LES SOURCES

Le régime des sources est réglé par les articles 641 et 642. L'article 641 dispose que "celui qui a une source dans son fonds peut en user à sa volonté, sauf le droit que le propriétaire du fonds inférieur pourrait avoir acquis par titre ou prescription".

Cet article accorde donc au propriétaire d'un fonds un droit de propriété sur la source jaillissant dans son fonds. Il s'agit d'un droit de propriété complet et non seulement d'un droit d'usage, ainsi qu'on pourrait le croire en lisant l'article 641. Ce propriétaire peut donc capter cette source pour son profit personnel, même s'il prive ainsi d'eau des propriétés adjacentes.

Le droit de propriété n'existe pas seulement sur une source qui jaillit d'elle-même. Le propriétaire du sol, qui a connaissance que le sous-sol de son terrain renferme une source, peut entreprendre toutes les fouilles requises pour faire jaillir cette eau. Ce droit se dégage notamment d'un jugement du Tribunal civil de Diekirch du 9 janvier 1935 (Pas. 13, page 443). Ce jugement constate que "les eaux souterraines sont des res nullius aussi longtemps que celles-ci n'ont pas été captées sous forme de source".

Ce même jugement tire une autre conclusion intéressante, en constatant qu'en cas d'expropriation pour cause d'utilité publique, l'exproprimant doit payer l'indemnité d'expropriation non pas au propriétaire de la zone de protection d'une source, mais au propriétaire du fonds où les eaux sortent à l'état de source.

Restrictions au droit de propriété sur la source

Les limitations de ce droit sont visées par les articles 641 à 643.

Celles prévues par les articles 641 et 642 concernent le propriétaire de la source lui-même. La réserve de l'article 643 est stipulée dans un intérêt général.

L'article 641, qui accorde la propriété de la source au propriétaire du terrain sur lequel elle jaillit, comporte cette réserve: "sauf le droit que le propriétaire du fonds inférieur pourrait avoir acquis par titre (contrat) ou prescription". L'article 642 fixe les conditions sous lesquelles il y a lieu à prescription.

Acquisition de la source par contrat **52**

Nous avons vu que le droit sur la source est un droit de propriété complet. Le propriétaire de cette source peut donc céder ce droit à un tiers. Dans ce cas, il perd le droit sur la source et cède toutes les prérogatives y attachées au nouveau propriétaire.

Le droit de propriété sur la source, comme tout autre droit de propriété, est susceptible de démembrement. Le propriétaire peut donc céder temporairement l'usufruit sur cette source, en en gardant la nue-propriété. Il peut même, tout en conservant la pleine propriété, accorder, au profit d'un fonds voisin un droit de servitude, consistant à permettre au propriétaire de ce fonds de prendre une quantité d'eau déterminée pour son usage.

Acquisition par prescription **53**

Le propriétaire d'un fonds inférieur peut avoir acquis par prescription la propriété sur la source. L'article 642 en règle les conditions, en disposant que "la prescription ne peut s'acquérir que par une jouissance non interrompue pendant l'espace de trente années à compter du moment où le propriétaire du fonds inférieur a fait et terminé des ouvrages apparents destinés à faciliter la chute et le cours de l'eau dans sa propriété".

En ce qui concerne les ouvrages apparents réalisés par le propriétaire du fonds inférieur, la jurisprudence luxembourgeoise a ajouté des précisions utiles. C'est ainsi que la Cour de Cassation, dans un arrêt du 2 mars 1906 (Pas. 7, page 140), a décidé que "les ouvrages apparents pouvant conduire à la prescription acquisitive doivent avoir été exécutés, non sur le fonds de celui qui invoque à son profit la prescription acquisitive, mais sur le fonds dans lequel jaillit la source revendiquée".

Un jugement du Tribunal civil de Diekirch, du 13 juillet 1932 (Pas. 12, page 510) précise que "les ouvrages destinés........... ne sont apparents, au regard de l'élément de publicité exigée pour que la possession trentenaire puisse mener à la prescription, que s'ils sont toujours faciles à voir et propres à avertir à chaque moment des 30 années requises, celui qui aurait intérêt à réclamer. La prescription est donc impossible si les ouvrages sont occultes, bien qu'ils n'aient pu être exécutés sans que le propriétaire de la source en ait connaissance."

54 *Restrictions prévues par l'article 643*

Cet article restreint les droits du propriétaire de la source, en lui défendant "d'en changer le cours lorsqu'il fournit aux habitants d'une commune, village ou hameau, l'eau qui leur est nécessaire."

L'article 643 crée donc une véritable servitude légale au profit de ces habitants. Quels sont les bénéficiaires de cette servitude? Etant donné que l'article 643 parle des "habitants d'une commune, d'un village ou d'un hameau" (petit groupe de maisons rurales), il exclut de son application les maisons isolées, ne formant pas un groupe. La raison de cette exclusion est que l'article précité donne priorité à l'intérêt collectif par rapport à l'intérêt privé, à savoir celui du propriétaire de la source. Or, une maison isolée ne répond pas à un intérêt collectif. Il n'y a pas lieu à priorité quand deux intérêts privés sont en cause.

Une deuxième condition exigée pour que l'article 643 s'applique, est que l'eau provenant du cours formé par la source soit *nécessaire* aux habitants visés. Il ne suffit donc pas que cette eau leur soit seulement utile, ce qui suppose que lesdits habitants peuvent s'approvisionner d'une autre manière en eau potable, bien que parfois en quantités insuffisantes. D'autre part, cette eau doit être nécessaire aux habitants eux-mêmes, ou éventuellement à leurs animaux, et ne doit pas servir pour l'irrigation de leurs terrains ou pour un usage industriel.

Une autre condition d'application de l'article 643 est que la source, dès sa sortie du fonds, forme un cours d'eau alimenté par cette seule source. L'article 643 ne s'appliquerait donc pas si l'eau, provenant de cette source, formait ce cours d'eau seulement ensemble avec d'autres sources.

Le droit des habitants des villages ou hameaux d'utiliser l'eau, provenant d'une source privée, restreint les droits du propriétaire de cette source. Selon le cas, il pourrait se voir privé complètement. Il est donc logique qu'il a droit à une indemnité correspondant au degré de cette privation. L'article 643 précise que le montant de cette indemnité est fixée par experts.

Aucune indemnité n'est cependant due au propriétaire de la source, lorsque les habitants précités utilisent, depuis trente ans, cette eau, sans que pendant ce laps de temps ils n'aient payé une indemnité au propriétaire de la source. Dans ce dernier cas, il y aurait en effet prescription au profit desdites personnes et elles pourraient jouir gratuitement de cette eau.

55 L'EAU DES ÉTANGS ET DES LACS

Le régime juridique s'appliquant aux lacs diffère de celui régissant les étangs.

Le lac se distingue de l'étang par sa plus vaste étendue et par sa plus grande profondeur. Il est alimenté, pour l'essentiel, par des cours d'eau soit navigables et flottables, soit non navigables, ni flottables. Il ne saurait donc pas former une propriété privée. Parfois, le lac est constitué par le barrage d'un cours d'eau (par exemple, le Lac de la Haute Sûre).

De tels lacs font donc manifestement partie du domaine public et sont l'objet d'une réglementation spéciale, ayant pour but essentiel d'en assurer la protection.

Les étangs, de dimension inférieure aux lacs, se forment, ou sont formés, souvent sur une propriété privée. Ils sont alimentés partiellement par une source jaillissant sur ce fonds et par des eaux de pluie.

L'étang appartient au propriétaire du sol, sur lequel il se forme. L'eau de cet étang et les animaux qui y vivent, appartiennent également au propriétaire de l'étang.

Des contestations sont possibles entre le propriétaire d'un étang et les propriétaires riverains sur la délimitation précise de leurs fonds respectifs. Les limites de propriété sont définies par l'article 558, dont nous avons déjà analysé les règles en rapport avec l'alluvion (cf. numéro 32 ci-avant). Le propriétaire de l'étang est présumé être le propriétaire du terrain que l'eau couvre, quand elle est à la hauteur de la décharge de l'étang, même si le volume de l'eau vient à changer. Nous rappelons que les règles sur les alluvions, visées à l'article 558, ne sont pas applicables aux étangs.

LES COURS D'EAU

1. Régime du Code civil

56

Les règles du Code civil sur les cours d'eau sont fort sommaires. Elles se limitent à celles visées par les articles 644 et 645.

L'article 644 se borne à déclarer que celui, dont la propriété borde un cours d'eau non navigable, ni flottable, peut s'en servir à son passage pour l'irrigation de sa propriété.

Ledit article ajoute que "celui dont cette eau traverse l'héritage peut en user dans l'intervalle qu'elle y parcourt, mais à la charge de la rendre à la sortie de ses fonds, à son cours ordinaire".

Les droits visés par l'article précité confèrent aux riverains d'un cours d'eau un caractère juridique particulier. Ce droit n'est pas un droit de propriété, car l'eau courante ne permet pas une appropriation privée, ni un droit d'usage véritable.

L'article 645 prévoit que s'il s'élève une contestation entre les propriétaires, auxquels ces eaux peuvent être utiles, les tribunaux, en tranchant cette contestation, doivent concilier l'intérêt de l'agriculture avec le respect dû à la propriété.

Cet article n'est pas d'un très grand secours, alors qu'il ne donne pas une orientation précise, en ne clarifiant pas si les intérêts de l'agriculture doivent primer les intérêts privés ou vice-versa.

D'autre part, le Code civil est muet sur un certain nombre de questions, qui ont une incidence pratique, notamment celle de savoir à qui appartient le lit d'un cours d'eau ni navigable, ni flottable et qui est propriétaire des berges.

En France, une loi du 8 avril 1898 a décidé que le lit d'un tel cours d'eau appartient aux propriétaires des deux rives, suivant une ligne que l'on suppose tracée au milieu de ce cours d'eau.

Dans notre pays, les articles 640 à 644 n'ont pas subi de modifications. Il n'y a par ailleurs pas non plus de jurisprudence notable concernant les droits des riverains sur le lit d'un cours d'eau et les berges.

D'autre part cependant, la possibilité prévue à l'article 644 pour un riverain de se servir d'un cours d'eau a été étendue par la loi du 26 décembre 1855 sur le drainage et l'irrigation.

L'article 1er de cette loi dispose que "tout propriétaire qui veut se servir pour l'irrigation de ses propriétés des eaux naturelles ou artificielles, dont il a le droit de disposer, peut obtenir le passage des eaux sur les fonds intermédiaires, moyennant une juste et préalable indemnité". Ainsi, cette loi étend la faveur de l'article 644 à des personnes, qui ne sont pas directement riverains d'un cours d'eau.

L'article 5 de la loi précitée permet même aux personnes, dont question à l'article 1er, d'obtenir la faculté d'appuyer sur la propriété du riverain opposé les ouvrages d'art nécessaires à la prise d'eau, à charge d'une juste et préalable indemnité.

Les contestations, pouvant naître entre les propriétaires visés par les articles 1 et 5 ci-dessus, sont tranchées par le juge de paix (article 10 de la loi précitée).

2. Législation postérieure au Code civil

Un grand nombre de lois et de règlements sont venus s'ajouter à la réglementation prévue par le Code civil en matière d'eau.

L'objectif général de ces lois n'a pas été de conférer des droits supplémentaires aux personnes, dont la propriété longe un cours d'eau, mais plutôt de protéger ces cours contre les activités des hommes, pouvant avoir une influence défavorable sur l'eau. Il s'agit de responsabiliser les habitants quant à l'usage qu'ils font de l'eau et d'éviter de polluer celle-ci.

Le régime de protection de l'eau est le plus strict quand cette eau sert d'eau potable (par exemple, protection de l'eau du barrage de la Haute Sûre). Ce régime consiste, soit dans l'interdiction d'introduire des corps solides ou liquides polluants dans un cours d'eau, soit dans l'interdiction de certaines activités industrielles. Il peut comporter un système d'autorisation administrative pour pouvoir exercer une telle activité, qui est alors soumise à des conditions d'exploitation assez strictes (par exemple, celle de prélever directement ou indirectement de l'eau, ainsi que des substances solides ou gazeuses). Une autorisation de prélèvement d'eau est souvent soumise à la condition de laisser un débit d'étiage minimum au cours d'eau.

La loi la plus récente et la plus importante en la matière est celle du 29 juillet 1993 concernant la protection et la gestion de l'eau (Mémorial A 1993, page 1302).

La plus ancienne réglementation sur l'eau, partiellement encore en vigueur dans notre pays, est l'édit du 13 août 1669 portant règlement général pour les eaux et forêts.

Citons parmi les principales lois sur le régime des eaux:
- La loi modifiée du 16 mai 1929 concernant le curage, l'entretien et l'amélioration des cours d'eau. Cette loi a été modifiée itérativement, en dernier lieu par la loi du 29 juillet 1993 sus-visée (compétence du Ministre de l'agriculture).
- La loi modifiée du 27 mai 1961 concernant les mesures de protection sanitaire du barrage d'Esch-sur-Sûre (Mémorial A 1961, page 429) (compétence du Ministre de la santé).
- La loi modifiée du 31 juillet 1962 ayant pour objet le renforcement de l'alimentation en eau potable du Grand-Duché de Luxembourg à partir du réservoir d'Esch-sur-Sûre (Mémorial A 1962, page 898, et Mémorial A 1966, page 505) (compétence du Ministre des travaux publics).
- La loi modifiée du 28 juin 1976 portant réglementation de la pêche dans les eaux intérieures (Mémorial A 1976, page 740). Cette loi a été modifiée par celle du 10 août 1992 (Mémorial A 1992, page 2204 (compétence du Ministre de l'environnement).
- La loi du 20 décembre 1980 concernant la qualité des eaux ayant besoin d'être protégées ou améliorées pour être aptes à la vie des poissons (Mémorial A N° 85 1980, page 2330) (compétence du Ministère de l'environnement).

58 LES RESTRICTIONS AU CARACTÈRE ABSOLU DU DROIT DE PROPRIÉTÉ

Généralités

Les entraves apportées par le Code civil, et surtout par les lois postérieures au caractère absolu du droit de propriété sont nombreuses. D'ailleurs, le Code civil n'a jamais conçu le droit de propriété comme un droit absolu. En effet, l'article 544 déjà analysé, en définissant les droits du propriétaire, contient la réserve "pourvu qu'il n'en fasse pas un usage prohibé par les lois ou par les règlements." Nous avons vu que cette réserve a été complétée par la loi du 2 juillet 1987, qui a modifié l'article 544 en y ajoutant "ou qu'on ne cause un trouble excédant les inconvénients normaux du voisinage, rompant l'équilibre entre des droits équivalents."

Les restrictions au caractère absolu du droit de propriété peuvent être classées en deux grandes catégories:
A. Les restrictions commandées par l'intérêt de la propriété voisine.
B. Les restrictions établies dans l'intérêt de la collectivité.(page 79 et suite)

59 *LES RESTRICTIONS COMMANDÉES PAR L'INTÉRÊT DE LA PROPRIÉTÉ VOISINE*

Un certain nombre de ces entraves ont été établies par le Code civil sous le nom de *servitudes légales* ou *servitudes naturelles.*

Ces servitudes sont inspirées essentiellement par le désir de maintenir la paix entre voisins. Le Code civil distingue entre les *servitudes qui dérivent de la situation des lieux* (Titre IV Chapitre 1er) et *les servitudes établies par la loi* (Titre IV Chapitre II).

Dans la première catégorie figurent toutes les règles que nous avons examinées ci-dessus en rapport avec le régime des eaux (eaux de pluie, sources, étangs, cours d'eau), ainsi que les prescriptions sur le bornage des propriétés, et le droit de clore sa propriété.

Dans la deuxième catégorie se trouvent les prescriptions sur la distance à respecter en matière de plantations, les murs, les fossés mitoyens, les vues et le droit de passage sur la propriété voisine en cas d'enclave.

I. SERVITUDES QUI DÉRIVENT DE LA SITUATION DES LIEUX

En ce qui concerne cette catégorie de servitudes, nous avons examiné en détail les droits et obligations, naissant au profit ou à charge des propriétaires, du fait de l'eau, sous ses diverses formes (cf. numéro 49 et suivants ci-avant). Il reste à étudier les règles sur le bornage et le droit de se clore, qui entrent dans la même catégorie de servitudes.

1. LE BORNAGE

60

Le bornage est réglé par l'article 646, libellé comme suit: "Tout propriétaire peut obliger son voisin au bornage de leurs propriétés contiguës. Le bornage se fait à frais communs".

On entend par bornage, l'opération qui consiste à fixer les limites de deux propriétés contiguës et à placer des bornes ou d'autres signes de délimitation. Le Code civil ne prévoit pas de règles spéciales suivant lesquelles le bornage doit se faire.

Il existe deux formes de bornages: *le bornage amiable* et *le bornage judiciaire*.

Le *bornage amiable* se réalise de l'accord de deux propriétaires de terrains adjacents. Généralement, ces personnes sont plus ou moins d'accord sur les limites de leur propriété. Elles veulent néanmoins fixer celles-ci de façon précise et les voir officialiser. La délimitation de propriété doit se faire par un géomètre. Celui-ci procède à un arpentage des terrains et, à la suite de cette opération, dresse un procès-verbal de bornage. En application de la loi du 21 juin 1973 portant organisation du Cadastre, cet acte de bornage, qualifié de contrat d'abornement, est obligatoirement soumis à la formalité de l'enregistrement (article 6).

S'il y a des contestations sérieuses sur les limites de deux terrains contigus, l'une des parties s'adresse à la justice pour faire désigner un expert, donc un géomètre, pour procéder au bornage. Il y a dans ce cas *bornage judiciaire*. Sauf dans le cas que nous signalerons plus bas, le tribunal compétent est le juge de paix du lieu de la situation des terrains, qui doivent être abornés.

Cette procédure s'appelle *action en bornage*. Cette action est une action réelle, c'est à dire une action portant sur une chose. Elle est imprescriptible et peut donc encore être exercée même quand les contestations sur les limites de terrains remontent à plus de trente ans.

L'action en bornage ne doit pas être confondue avec *l'action en revendication*, qui consiste en ce qu'un propriétaire réclame à un autre une parcelle de terrain qu'il considère comme sienne. Le litige dans ce cas ne porte pas seulement sur une limite de terrain, mais sur la propriété du terrain même.

Cependant, en pratique, il est, dans certains cas, assez difficile de distinguer entre action en bornage et action en revendication. Cette difficulté se pose dans les hypothèses où chacune des parties en cause prétend avoir droit à une partie du terrain en possession de son adversaire. Dans ce cas, l'action en bornage se transforme en une action en revendication.

61 Compétence judiciaire

La compétence du juge de paix en matière de bornage existe à "quelque valeur que la demande puisse s'élever" (article 4 du Code de procédure civile).

Pour déterminer le taux de la compétence, le demandeur est tenu de donner une évaluation en capital de la valeur du litige (article 6 du Code de procédure civile). Le juge de paix reste compétent, même s'il y a entre les parties contestations (Justice de Paix Lux. 24 janvier 1979, Pas. 24, page 499). Il en est cependant autrement, si la demande en bornage dégénérait au-delà du désaccord sur les limites résultant des titres ou de la possession des parties, en une action en revendication d'une parcelle de terrain. Le tribunal civil du lieu de la situation des immeubles, sur lesquels il y a litige, deviendrait alors compétent.

62 IMMEUBLES SUSCEPTIBLES D'UN BORNAGE

Sur quels immeubles peut porter une action en bornage?

Elle doit concerner deux immeubles contigus, appartenant à des particuliers. Le juge de paix reste cependant compétent si l'un des immeubles à aborner relève du domaine privé de l'Etat (Trib. civil Lux. 3 juillet 1985, Pas. 26, page 298).

Si, par contre, l'un des terrains appartient au domaine public de l'Etat, la compétence du juge de paix n'est plus donnée. Il appartiendrait alors à l'autorité administrative de fixer les limites d'un fonds dépendant du domaine public, fut-il contigu à une propriété particulière (même jurisprudence).

Pour qu'un bornage puisse être pratiqué, il faut qu'il s'agisse de deux fonds contigus. Une telle action ne serait plus possible, si les deux terrains étaient séparés par une voie publique. Dans ce cas, l'obstacle juridique visé à l'alinéa précédent (domaine public) jouerait.

L'existence d'une haie ou d'un fossé entre les deux terrains ne s'opposerait cependant pas à une action en bornage sur ceux-ci. Il en serait autrement, si cette clôture de terrains avait été réalisée sur base d'un procès-verbal de bornage. Dans ce cas, cette clôture serait, non pas une séparation matérielle de fonds, mais documenterait l'existence juridique du premier bornage opéré.

Le bornage ne s'applique qu'à un immeuble non bâti. Les immeubles bâtis sont en effet délimités par leurs murs. Il en serait différemment si les immeubles bâtis étaient séparés par un terrain libre.

Si un premier bornage a eu lieu, il ne saurait être procédé à un second qu'après que trente ans se sont écoulés depuis le déplacement ou la disparition des bornes. Avant l'expiration de ce délai, les bornes enlevées ou déplacées sont simplement remises en place, sans nouvel arpentage. Signalons dans ce contexte que le déplacement et l'enlèvement volontaires de bornes constituent une infraction pénale.

Qualité requise pour procéder au bornage **63**

Quelles personnes peuvent demander une action en bornage, et quelle capacité est requise dans le chef de ces personnes?

En ce qui concerne la première question soulevée, il y a lieu de répondre que l'exercice de cette action est limité aux personnes disposant d'un droit réel sur le terrain qui fait l'objet d'une demande en bornage. Est donc concerné, en premier lieu, le propriétaire d'un fonds. Est visé, en second lieu, l'usufruitier. Celui-ci a néanmoins intérêt à mettre en intervention le nu-propriétaire, autrement le bornage intervenu ne serait pas opposable à celui-ci. L'action en bornage peut être exercée par celui qui dispose d'un droit d'usage sur un fonds à aborner et par l'emphytéote. Un propriétaire indivis peut poursuivre cette action malgré l'inaction ou le refus des coindivisaires.

Le locataire ou le fermier d'un terrain n'est pas habilité à intenter une action en bornage, ne disposant pas d'un droit réel, et dès lors, pas d'une action réelle sur le fonds qu'il a pris en location. Il n'a même pas le droit de s'associer à l'action en bornage introduite par son bailleur.

Capacité exigée **64**

Celle-ci dépend suivant que la ligne séparative entre les deux fonds à aborner est certaine et reconnue ou qu'elle ne l'est pas.

Dans la première hypothèse, le bornage ne constitue qu'un acte conservatoire. Aucune capacité spéciale n'est donc exigée. Ainsi, le tuteur d'un mineur ou d'un majeur incapable est habilité à procéder au bornage, sans autorisation du conseil de famille. Le majeur en curatelle peut lui-même exercer cette action.

Lorsque, par contre, les limites entre terrains sont incertaines et contestées, qu'il y a donc lieu de faire fixer l'étendue et l'assiette d'un fonds déterminé, il ne s'agit plus d'un acte conservatoire, mais d'un acte de disposition. Dans ce cas, il faut au tuteur l'autorisation du conseil de famille et au majeur en curatelle l'assistance de son curateur. Par contre, la personne placée sous la sauvegarde de la justice peut elle-même intenter une pareille action, alors qu'elle conserve l'exercice de ses droits (article 491-2 alinéa 1er).

65 *OPÉRATIONS EN CAS DE BORNAGE JUDICIAIRE*

Un bornage comporte trois opérations successives:

1. l'examen par l'expert-géomètre des titres de propriété des parties, afin de rechercher la contenance de leur terrain. L'expert peut aussi examiner l'état des lieux, la possession actuelle des parties et la configuration des terrains. Il consulte généralement aussi les documents cadastraux relatifs aux terrains litigieux.
2. L'expert-géomètre procède à l'arpentage des deux terrains, dont les limites sont contestées.
3. Il est procédé au tracé de la ligne séparative des fonds par la pose de bornes.

Lorsque les trois opérations précitées sont terminées, le juge de paix entérine, au besoin, par jugement le procès-verbal d'abornement dressé par l'expert-géomètre et constatant les limites de propriété arrêtées. En cas d'accord des parties intervenant durant le déroulement de l'expertise, elles signent entre elles un contrat d'abornement.

Dans l'un et l'autre cas, soit le contrat d'abornement signé par les litigants, soit le jugement, constitue pour les parties un titre définitif pour les limites des terrains sur lesquelles portait le litige.

66 *Frais de bornage*

L'article 646 dispose: "Le bornage se fait à frais communs." Ce texte se rapporte aux frais de bornage proprement dits, donc au tracé des limites des fonds et à la pose des bornes. Bien que l'article précité ne le prévoie pas expressément, ces frais de bornage sont à partager entre les parties, en proportion de la surface des terrains abornés.

Si le bornage s'est fait dans le cadre d'une procédure judiciaire, les frais de justice en rapport avec ce litige sont à charge de la partie, qui a perdu le procès.

2. LE DROIT DE SE CLORE

La clôture des propriétés est réglée par les articles 647 et 663.
L'article 647 permet au propriétaire de clore son héritage.
L'article 663 lui en fait une obligation dans certains cas.

La règle visée à l'article 647, qui semble aujourd'hui une évidence, constituait en 1804, lors de la promulgation du Code civil, un droit nouveau et fon damental. En effet, dans le régime féodal, un propriétaire n'était pas autorisé à clôturer ses fonds, afin de ne pas entraver le droit de chasse des seigneurs.

RESTRICTIONS AU DROIT DE SE CLORE

Actuellement, des motifs plus légitimes que ceux ayant prévalu dans l'ancien régime, peuvent s'opposer au droit d'un propriétaire de se clore. Ce droit n'est en effet pas absolu. C'est ainsi que la Cour de Cassation a décidé le 15 janvier 1915 (Pas. 9, page 316) que "le droit de se clore n'est pas absolu, mais peut être circonscrit, comme le droit de propriété lui-même, par des dispositions réglementaires légalement prises".

En fait, l'article 647 contient déjà lui-même une telle dérogation, en faisant référence à l'article 682, qui règle le droit de passage en cas d'enclave (cf. numéros 80 et suivants).

Une autre entrave au droit de clore sa propriété est ce qu'on appelle *le droit de vaine pâture*, c'est à dire le droit pour les exploitants agricoles d'une commune de faire paître, après l'enlèvement des récoltes, leurs bovins sur les terres non closes, appartenant à d'autres propriétaires. L'article 648 exclut du droit de vaine pâture le propriétaire qui veut se clore.

Dans notre pays, le droit de vaine pâture est réglée par la loi du 22 avril 1873. Néanmoins, ce droit n'est, en fait, plus guère exercé par les exploitants agricoles. On peut donc considérer que la loi précitée est tombée en désuétude.

D'autre part, le droit de se clore peut être restreint par la servitude que le propriétaire d'un fonds a consentie au profit d'un autre fonds, en dehors du cadre de l'article 682 sur l'enclave, par exemple, en lui accordant un droit de passage. Dans cette hypothèse, le propriétaire, qui veut clore son terrain, doit laisser dans la clôture, quelqu'en soit le genre, une ouverture permettant ce passage. Il peut y aménager une porte fermée à clé, à condition de remettre une clé également au propriétaire du fonds, au profit duquel le droit de passage a été concédé.

Un propriétaire peut aussi renoncer, au profit d'un autre, au droit de se clore, sans même créer une servitude. Une telle renonciation est valable, à condition qu'elle soit expresse.

L'OBLIGATION DE SE CLORE VISÉE PAR L'ARTICLE 663

Cet article prévoit que dans les villes et faubourgs, chacun peut contraindre son voisin à contribuer aux constructions et réparations de la clôture, faisant séparation de leurs maisons, cours et jardins.

Contrairement à l'article 647, l'article 663 crée donc une obligation. Celle-ci n'existe cependant que dans les villes et faubourgs. Ledit article ne contient aucune indication sur la question de savoir ce qu'il convient d'entendre par "ville" et jusqu'à quelle distance il faut étendre les faubourgs. Il est généralement admis qu'il s'agit là d'une question de fait, souverainement appréciée par les juges du fond.

L'obligation de clore n'existe que lorsque les terrains à clore sont construits, lorsqu'il s'agit donc d'une maison d'habitation ou du moins des annexes de celle-ci.

Cette clôture doit consister en un mur de séparation, permettant d'isoler les deux propriétés. Un treillis de fer ou une palissade n'y suffirait pas. Un propriétaire peut donc contraindre son voisin à remplacer ce treillis de fer par un mur.

Si un propriétaire a construit, à ses frais, un mur de séparation des deux propriétés, il peut obliger son voisin à lui rembourser une partie des frais de construction. Ceux-ci comprennent les frais de la maçonnerie, ainsi que des travaux de terrassement et de fondation (Trib. civil Luxembourg 21 mai 1981, Pas. 25, page 394).

La Cour Supérieure de Justice, dans un arrêt du 16 octobre 1984 (Pas. 26, page 221), a décidé "qu'en régime de clôture forcée, tel qu'il existe dans les villes et faubourgs, lorsqu'un mur a été construit à cheval sur la ligne séparative de deux fonds, ce mur est réputé mitoyen dès l'origine et c'est à ce moment que naît le droit du constructeur du mur d'exiger le remboursement d'une quote-part des frais".

Quelle est la nature juridique de cette action en remboursement des frais de construction? Est-ce une action en revendication ou une action en paiement d'une créance?- Le jugement précité répond à cette question. Il s'agit d'une action en paiement d'une créance. La conséquence en est que, "conformément au principe général de la non-transmission des obligations à l'ayant cause à titre particulier, la créance en question ne passe pas à l'acquéreur de l'immeuble construit contre le mur de séparation des deux propriétés".

Signalons encore que l'article 663 fixe la hauteur minimum du mur de séparation entre deux propriétés bâties. Ce minimum est de 3,20 mètres dans les villes de plus de 50.000 habitants, et de 2,60 mètres dans les autres agglomérations.

Néanmoins, cette règle ne constitue pas une disposition impérative, et les deux voisins peuvent convenir d'un mur d'une hauteur inférieure. D'ailleurs, en pratique, on rencontre rarement des murs de séparation atteignant la hauteur fixée par l'article 663. Abstraction faite du coût de construction élevé, un mur d'une telle hauteur entraverait sérieusement l'ensoleillement des habitations.

II. SERVITUDES ETABLIES PAR LA LOI

1. Les distances à respecter en matière de plantation d'arbres et d'arbustes

ANCIENNE RÉGLEMENTATION

Quant à ces distances, l'article 671 du Code civil originaire était libellé comme suit: "Il n'est permis de planter des arbres de haute tige qu'à la distance prescrite par les règlements particuliers actuellement existants ou par les usages constants et reconnus, et, à défaut de règlements et d'usages, qu'à la distance de deux mètres de la ligne séparative des deux héritages pour les arbres à haute tige et à la distance d'un demi-mètre pour les autres arbres et haies vives".

Cet article a donné lieu, au cours des années, à de sérieux problèmes et a envenimé souvent les relations entre voisins.

En premier lieu, ledit article soulevait la question de savoir ce qu'il convenait d'entendre par "arbre à haute tige". Fallait-il considérer l'essence des arbres pour en fixer la hauteur, ou devait-on prendre en considération la hauteur effective d'un arbre? D'autre part, les distances de 0,50 m pour les arbustes ou arbres fruitiers n'étaient, en pratique, souvent pas respectées.

Cette situation a créé des problèmes lorsqu'un propriétaire, à la suite d'une dispute avec son voisin, s'en prenait à la distance illégale des plantations et exigeait de l'autre d'arracher celles-ci. Il pouvait en être de même pour les arbres plantés en espaliers contre un mur mitoyen.

En France, une loi du 20 août 1881 a modifié l'article 671 sus-visé.

Dans notre pays, la loi du 29 juillet 1993, allant au-delà de la réforme introduite en France, a profondément modifié l'article en question. Cette réforme a d'abord supprimé toute référence à des règlement particuliers ou à des usages locaux. Dans la mesure où de tels règlements devaient exister, il n'était pas facile de les identifier et d'en apprécier la légalité. Il en était de même des usages, qui étaient fort difficile à prouver et étaient souvent de nature à compliquer la nature des litiges.

LA RÉFORME

Le nouvel article 671 se borne à fixer une seule distance minimale de deux mètres de la ligne séparative de deux fonds pour toutes espèces d'arbres, dont la hauteur effective dépasse deux mètres.

Cette loi a donc supprimé la distance minimale, initialement exigée, de 0,50 mètre, de sorte qu'il n'existe désormais plus de distance légale pour les plantations, dont la hauteur est inférieure à deux mètres.

L'alinéa 2 du nouvel article 671 dispose que "les arbres, arbrisseaux et arbustes de toutes espèces peuvent être *plantées en espalier* de chaque côté de la clôture séparative, sans que l'on soit tenu d'observer aucune distance". L'alinéa 3 de cet article y ajoute que "si le mur de séparation n'est pas mitoyen, le propriétaire (du mur privatif) seul a le droit d'y appuyer ses espaliers".

Le nouvel article 671 ne reproduit pas la restriction contenue dans la loi française du 20 août 1881 précitée, disposant que les arbres aménagés en espalier ne peuvent pas dépasser la crête du mur, lelong duquel ils sont plantés. Donc, ces espaliers peuvent dépasser cette hauteur.

71 *Droit du voisin en cas de plantation à une distance illégale*

L'article 672 règle la situation des arbres et arbustes, plantés avant la mise en application de la loi du 29 juillet 1993, à une distance ne correspondant pas à la règle fixée par le nouvel article 671, donc inférieure à deux mètres.

Ledit article dispose que le voisin de la propriété, où se trouvent ces plantations, peut exiger que celles-ci soient arrachées ou réduites à la hauteur de deux mètres.

L'article correspond, sauf en ce qui concerne une différence quant aux distances légales et au délai de prescription, à l'article 672 du Code civil français, tel qu'il s'applique depuis la réforme du 20 août 1881.

72 *Dérogations à la distance légale*

Le droit du voisin de demander l'arrachage des plantations, se trouvant à une distance illégale, n'existe plus, s'il y a "*titre, destination du père de famille ou prescription décennale*".

La notion de "titre" se rapporte à une convention passée entre le propriétaire des plantations et le voisin au sujet de la distance à respecter pour ces dernières. La distance prévue à l'article 671 n'est évidemment pas d'ordre public, et deux voisins peuvent se mettre d'accord sur une autre norme.

La seconde exception est la "destination du père de famille". Nous retrouverons cette notion, lorsque nous analyserons les servitudes (cf. numéros 421 et suivants).

Elle concerne la situation d'une personne, propriétaire de deux immeubles, qui les aménage de telle façon qu'il y aurait servitude entre les deux fonds, s'ils appartenaient à deux propriétaires différents. Puis, ce propriétaire vend l'un des fonds, sans changer l'aménagement opéré et sans que l'acte de vente contienne une disposition y relative.

Dans ce cas, cet aménagement, en l'occurrence la plantation d'arbres à une distance non légale, peut subsister.

La troisième exception à la distance légale en matière de plantations est la *prescription*. A cet égard, la réforme de 1993 a introduit une prescription décennale, alors que l'article 672 du Code civil français a maintenu la prescription trentenaire. Le législateur luxembourgeois a estimé que la prescription trentenaire est excessive. Il a été d'avis qu'un voisin, qui a toléré pendant dix ans la présence d'arbres plantés à une distance non réglementaire, a amplement eu le temps de réagir. S'il pouvait obliger son voisin à arracher ces arbres durant dix ans, mais qu'il ne l'a pas fait, on peut admettre qu'après l'expiration de ce délai, ce ne sont pas des raisons objectives de gêne, qui l'ont poussé à agir, mais plutôt une animosité prenant sa source dans d'autres circonstances.

La protection du propriétaire de plantations, se trouvant à une distance illégale, contre des actions de son voisin n'existe plus, si les arbres ou arbustes en question sont abattus ou meurent et doivent être remplacés. Si le propriétaire veut planter de nouveaux arbres ou arbustes, il doit respecter la distance légale, si ces plantations atteignent deux mètres.

Branches d'arbres et racines empiétant sur la propriété voisine **73**

Des animosités entre voisins naissent non seulement par suite d'arbres ou d'arbustes se trouvant trop près du fonds voisin, mais également par des branches d'arbres, racines, ronces ou brindilles, qui surplombent ou envahissent ce fonds. Quels sont, dans ce cas, les droits du propriétaire souffrant de ces nuisances?-

La réponse à cette question est donnée par le nouvel article 672-1. Celui-ci distingue entre les branches d'arbres et les autres végétaux précités. En ce qui concerne les premiers, le voisin n'est pas autorisé à agir lui-même. Il peut simplement sommer son voisin de couper ces branches d'arbres, qui gênent sa propriété. Aussi longtemps qu'il tolère ces nuisances ou si, en cas d'opposition de sa part, le propriétaire de ces arbres n'a pas raccourci les branches gênantes, le voisin peut cueillir les fruits poussant sur ces branches.

La question s'est posée, si un voisin, qui a toléré durant trente ans que des branches d'arbres surplombent sa propriété, n'a pas perdu le droit de demander, après ce délai, que le voisin coupe lesdites branches envahissantes. L'article 672-1 répond négativement à cette question, puisqu'il dispose que ledit droit est imprescriptible.

En ce qui concerne les racines d'arbres, ronces ou brindilles, qui avancent sur un fonds voisin, le propriétaire de ce fonds n'a pas besoin de sommer son voisin de les couper. Il peut y procéder de sa propre initiative. Ce droit est également imprescriptible.

Règles relevant du droit public **74**

Les dispositions que nous venons d'analyser règlent uniquement les relations entre propriétaires. Il arrive cependant que ces règles sont en opposition avec des lois relevant spécialement de la protection de la nature, ou de la protection de biens culturaux.

De telles règles peuvent entraver le droit du voisin de couper les racines d'arbres, qui envahissent son fonds, ainsi que cela résulte de l'article 672-1 alinéa 3, libellé comme suit: "Néanmoins, le droit de couper les racines, ronces ou brindilles ne s'applique pas aux arbres protégés par la législation sur la conservation de la nature ou la protection des sites et monuments nationaux, ainsi qu'aux arbres de lisières, âgés de plus de trente ans et faisant partie d'un massif forestier de plus d'un hectare".

Les dispositions visées à l'alinéa précédent ne concernent donc pas les branches d'arbres. Le sort de celles-ci reste régi par le seul droit civil et notamment par l'article 672-1 alinéa 1er.

75 *Régime des arbres se trouvant dans une haie mitoyenne*

L'article 673 prévoit que l'arbre, se trouvant dans une haie mitoyenne, est également mitoyen, ce qui semble logique. Ledit article accorde à chaque propriétaire indivis de cette haie mitoyenne le droit de demander à son ou ses copropriétaire(s) de couper cet arbre.

Néanmoins, cette disposition concerne uniquement les relations entre copropriétaires. Celles-ci sont primées par le droit public, plus précisément par la loi modifiée du 11 août 1982 concernant la protection de la nature et des ressources naturelles. L'article 11 de cette loi, soumet en effet à autorisation l'abattage ou la destruction d'un ou de plusieurs arbres........ formant limite entre parcelles cadastrales.

2. Des jours et vues sur le fonds voisin

76 Généralités

En dehors des plantations d'arbres ou d'arbustes sur la limite d'un fonds, les bonnes relations de voisinage peuvent être troublées également par l'existence de fenêtres ou autres vues sur le fonds voisin. Si celles-ci sont trop proches, elles gênent l'intimité des familles. Il n'est donc pas étonnant que le Code civil ait réglé ces vues. Les dispositions correspondantes se trouvent aux articles 675 à 680.

Lesdits articles font une double distinction. D'un côté, ils distinguent entre ce que le Code civil qualifie de "jours" et "vues" et, d'un autre côté, entre les murs mitoyens et les murs privatifs.

Les *jours* sont des ouvertures à verre dormant (article 675). Ils ne s'ouvrent jamais et laissent passer la lumière, mais pas l'air. Les jours ne permettent en conséquence pas de regarder sur le fonds voisin.

Les *vues* sont des ouvertures normales, qui laissent passer aussi bien l'air que la lumière. Elles peuvent être munies d'une fenêtre pouvant s'ouvrir et se fermer, ou être dépourvues de fenêtres.

Les vues peuvent être *droites* ou *obliques*. Elles sont droites, si leur axe prolongé fictivement aboutit au fonds voisin et permet donc de voir, sans problème, ce qui se passe sur cette propriété.

Les vues peuvent également être obliques, si elles présentent un angle aigu ou obtus, selon le cas. Elles ne permettent de voir sur le fonds du voisin qu'en prenant une position corporelle spéciale, comme celle de se pencher ou de regarder de côté.

RÉGIME DES VUES ET DES JOURS **77**

Quand est-il permis d'avoir des jours dans un mur, quand peut-on avoir des vues?-

Lorsque le mur de séparation de deux propriétés est mitoyen, on ne peut avoir dans ce mur ni vues, ni jours, à moins que l'autre propriétaire n'ait donné son accord. La raison d'être de cette disposition est que chaque copropriétaire doit pouvoir se servir du mur, pour y appuyer des constructions ou des plantations.

Les techniques de construction modernes permettent néanmoins une solution pour le propriétaire, qui entend recevoir de la lumière, même par l'intermédiaire d'un mur mitoyen. Il s'agit des carreaux de verre translucides, mais non transparents. De tels aménagements sont reconnus par la jurisprudence. En effet, un jugement du Tribunal civil de Luxembourg du 26 octobre 1960 (Pas. 18, page 322) a décidé que "ne constitue pas un jour, l'ouverture pratiquée par un propriétaire dans le mur de sa maison, si cette ouverture est constituée par un assemblage de carreaux de verre opaque, directement incorporé à la maçonnerie de façon à faire partie intégrante du mur lui-même, laissant de la sorte passer la lumière, mais non les vues................".

Ces techniques conservent le droit de chaque propriétaire du mur mitoyen de se servir de celui-ci pour d'éventuelles constructions.

S'il s'agit d'un mur privatif appartenant à un seul propriétaire, il convient de distinguer si ce mur joint immédiatement la propriété voisine ou s'il est établi en retrait de la ligne séparative des deux fonds.

Dans le premier cas, il n'est possible que de pratiquer des jours dans ce mur, c'est à dire des ouvertures translucides et non transparentes (article 676). Par ailleurs, ces jours doivent satisfaire à certains critères techniques. Un tel jour doit être à mail de fer, c'est à dire garni d'un treillis de fer, dont les mailles ne peuvent avoir plus de dix centimètres d'ouverture et à verre dormant, ce qui signifie que cette ouverture doit être munie d'un verre fixé dans un châssis, qui ne peut pas être ouvert.

D'autre part, ce jour doit être pratiqué à une certaine hauteur du sol ou du plancher de la chambre qu'on veut éclairer, de façon qu'on ne puisse pas facilement regarder sur le fonds voisin. Cette hauteur est de 2,60 mètres pour le rez-de-chaussée et de 1,90 mètres pour les étages au-dessus (article 677).

En ce qui concerne le mur construit en retrait de la ligne de séparation de deux fonds, il est permis d'y avoir tant des jours que des vues. Ces dernières sont cependant permises seulement s'il y a une certaine distance entre le mur et le fonds voisin. Cette distance minimum est de 1,90 mètres pour les vues droites et de 0,60 mètre pour les vues obliques (article 678).

Cette distance se mesure depuis le parement extérieur du mur, dans lequel une vue est aménagée, et jusqu'à la ligne séparative des deux propriétés (article 680).

Les distances minimales exigées pour les vues (respectivement 1,90 mètres et 0,60 mètre) s'appliquent également aux balcons ou autres saillies, ainsi que s'exprime l'article 678.

78 *Conséquences du non-respect des prescriptions légales*

Si des ouvertures ont été pratiquées dans un mur contrairement aux prescriptions préexposées ou à une distance inférieure à la distance minimale exigée par le Code civil, le voisin lésé par de telles ouvertures a le droit d'exiger leur modification ou leur suppression. Une telle suppression peut être demandée quand il n'est possible d'avoir ni jour, ni vue, dans un mur, ce qui est le cas pour le mur mitoyen.

Lorsqu'il est seulement permis d'avoir un jour dans un mur, alors qu'un des propriétaires y a aménagé une vue, l'autre voisin peut exiger que cette dernière soit changée en jour. Cette situation peut se présenter si l'un des propriétaires a pratiqué une vue dans un mur, qui joint la propriété voisine, ou même dans un mur construit en retrait de la ligne séparative de deux propriétés, si la distance légale n'a pas été observée.

Si le propriétaire contrevenant aux prescriptions en matière de jours et de vues n'obtempère pas aux injonctions du voisin plaignant, ce dernier peut s'adresser à la justice pour faire cesser ce trouble. Le juge compétent est le juge de paix. L'article 4-5° du Code de procédure civile rend en effet ce juge compétent pour toutes les contestations relatives à l'application des articles 637 à 710.

Le demandeur peut intenter une action possessoire (cf. numéros 271 et suivants), à condition que cette action soit introduite dans l'année du trouble.

79 NAISSANCE D'UNE SERVITUDE

Le voisin confronté à l'aménagement d'un jour ou d'une vue contraire aux prescriptions du Code civil, peut rester inactif pendant une période prolongée. Si cette inactivité a duré trente ans depuis que ces ouvertures illégales existent, le propriétaire, qui les a aménagées, dispose d'une servitude de vue sur la propriété voisine. La conséquence de cette servitude est que celle-ci ne fait pas seulement obstacle au droit du voisin de demander la suppression des ouvertures aménagées au mépris des dispositions des articles 678 et

679, mais entraîne aussi, à charge du propriétaire du fonds assujetti, la prohibition de masquer ou d'obstruer les vues acquises par des constructions élevées sur son fonds à des distances moindres que les distances légales (Cour de Cassation 11 juin 1959, Pas. 17, page 489).

Exception aux distances légales pour les jours et les vues

Cette exception ne résulte pas d'une disposition expresse du Code civil, mais se dégage d'une jurisprudence constante. Ainsi, les distances visées par les articles 678 et 679 ne jouent pas, quand ces vues donnent sur un terrain relevant du domaine public. A cet égard, le Tribunal civil de Diekirch, par jugement du 28 octobre 1931 (Pas. 12, page 378), a décidé que "les articles 678 et 679 règlent uniquement les rapports de voisinage entre les propriétés privées, le droit de prendre des vues et d'établir des balcons sur les terrains affectés à la voie publique n'admet d'autres conditions que celles déterminées par le pouvoir administratif, qu'il s'agisse des vues droites ou obliques, d'immeubles contigus ou séparés par la voie publique, que la maison où la vue est établie, joigne directement la voie publique ou qu'elle en soit séparée par une bande de terrain."

3. Le droit de passage en cas d'enclave   80

Un fonds est enclavé quand il n'a pas d'accès, ou n'a qu'un accès insuffisant, à la voie publique. L'article 682 accorde au propriétaire d'un tel fonds le droit de réclamer un droit de passage sur le fonds, ou éventuellement sur les fonds, qui le sépare(nt) de la voie publique.

Le propriétaire, qui réclame ce droit de passage, doit payer une indemnité au propriétaire du fonds, sur lequel s'exerce ce passage. Cette indemnité doit être proportionnelle au préjudice que ce passage peut occasionner.

La question de savoir si une issue sur la voie publique est insuffisante est une question de pur fait, souverainement appréciée par les juges du fond.

Exceptions au droit de réclamer un passage   81

Dans certains cas, un tel passage n'est pas accordé au propriétaire enclavé. Une telle exclusion se produit si l'enclave est due à un fait volontaire du propriétaire, se disant enclavé. Tel est notamment le cas, si ce dernier a élevé une construction qui interrompt l'accès, par un chemin privé, à la voie publique. Le droit de passage est également refusé si le propriétaire enclavé jouit d'un passage lui accordé par une convention, même si celle-ci est contestée, ou s'il bénéficie d'un passage exercé en vertu d'une simple tolérance, tant que celle-ci subsiste.

Par ailleurs, lorsque l'enclave résulte de la division d'un fonds à la suite d'un contrat, comme une vente, un échange ou un partage, le propriétaire du fonds enclavé ne peut, en règle générale, pas réclamer un droit de passage à un tiers, mais doit le demander sur les terrains ayant fait l'objet de l'acte précité. Cette règle ne résulte pas du Code civil, mais se dégage d'une jurisprudence bien établie (Justice de Paix de Diekirch 18 juillet 1961, Pas. 18, page 416; - Cour Supérieure de Justice 28 octobre 1975, Pas. 23, page 294).

Les tribunaux fondent leur décision sur l'obligation, incombant au vendeur ou au copartageant, de garantir à l'acheteur ou au copartageant la jouissance paisible et utile de la chose. Ainsi, le droit de passage accordé par les vendeurs ou les copartageants sur leur fonds ne donne pas droit à une indemnité à leur profit.

Qui peut bénéficier d'une servitude de passage?-
Peuvent en bénéficier toutes les personnes qui disposent d'un droit réel sur un fonds, donc le propriétaire, l'usufruitier, l'usager et l'emphytéote. En sont exclues, les personnes exerçant uniquement un droit personnel en rapport avec des terrains enclavés, comme un fermier ou un locataire. Ces derniers ne peuvent évidemment pas non plus concéder un droit de passage à un propriétaire enclavé, sur un terrain qu'ils ont pris en location.

82 *Nature juridique de la servitude de passage*

Cette servitude découle directement de la loi, et plus particulièrement de l'article 682, au profit des fonds enclavés.

Cette règle n'est pas contredite par le fait, qu'en cas de refus du propriétaire du fonds servant d'accorder un droit de passage au propriétaire du fonds enclavé, ce dernier doit réclamer son droit à la justice. En effet, le juge détermine dans ce cas seulement l'assiette de la servitude et fixe l'indemnité, qui doit revenir au propriétaire du fonds servant. Le droit de passage à titre d'enclave, droit créé par la loi, trouve son fondement non seulement dans l'intérêt privé, mais encore et surtout dans l'intérêt général.

Le droit de réclamer un passage à titre d'enclave est imprescriptible et il n'est pas possible d'y renoncer tacitement ou expressément d'une façon définitive (Cour Supérieure de Justice 28 octobre 1975, Pas. 23, page 294).

La servitude de passage grève toutes les parcelles, qui séparent le fonds enclavé de la voirie publique, quelle que soit leur nature ou leur condition juridique. Ainsi, cette servitude peut concerner des domaines frappés d'inaliénabilité ou des fonds relevant du domaine public, pour autant qu'une telle servitude ne soit pas contraire à la destination de ces terrains.

83 ASSIETTE DU DROIT DE PASSAGE

L'assiette du droit de passage, c'est à dire la détermination exacte de l'endroit du fonds servant, où le passage devra s'exercer, est fixée par les articles 683 et 684.

Le premier de ces articles détermine la règle d'application générale, en disposant que "le passage doit régulièrement être pris du côté où le trajet est le plus court du fonds enclavé à la voie publique."

L'article 684 précise toutefois que ce passage doit être fixé "dans l'endroit le moins dommageable à celui sur le fonds duquel il est accordé". Par exemple, si le trajet le plus court présente une trop forte pente, ou si une construction obstrue un trajet en ligne directe, un chemin plus long, mais plus commode, doit être choisi.

L'assiette du passage peut être fixée conventionnellement ou judiciairement. Dans le premier cas, les propriétaires respectifs du fonds servant et du fonds enclavé fixent librement entre eux sur quelle partie du fonds servant, et dans quelle direction, le droit de passage doit être exercé. Ils déterminent aussi librement le montant de l'indemnité à payer au propriétaire du fonds sur lequel s'exerce le passage.

Souvent un propriétaire conteste que le fonds d'un autre propriétaire soit enclavé et prétend que ce dernier jouit bien d'un accès à la voie publique, même si cet accès comporte un trajet plus long ou présente une plus forte pente. Dans ce cas, il appartient au juge, en l'occurrence au juge de paix du lieu de situation du fonds enclavé, de toiser cette contestation.

Ce juge peut avoir à trancher une triple question:
1. Le fonds litigieux est-il enclavé?- Si oui, sur quelle partie du fonds servant doit s'exercer le passage?-
2. Quelle indemnité le propriétaire du fonds enclavé doit-il payer à l'autre?
3. Suivant les circonstances, le juge peut également fixer le mode de passage (droit de passage au moyen de véhicules agricoles uniquement ou également pour le passage de bêtes). Ce mode d'exercice peut varier avec la culture pratiquée sur le fonds enclavé.

Il s'agit en l'occurrence de questions de fait que le juge peut trancher souverainement, c'est à dire que sa décision, ou éventuellement celle des juges d'appel, ne peut pas être soumise à la censure de la Cour de Cassation. S'agissant en l'occurrence de questions assez techniques, le juge de paix prend souvent recours à un expert, sur les constatations duquel il prend sa décision.

CHANGEMENT DE L'ASSIETTE ET ÉVENTUELLEMENT DU MODE D'EXERCICE DU PASSAGE

84

Si le passage du fonds enclavé à la voie publique a été fixé conventionnellement ou judiciairement, chacune des deux parties doit respecter cette convention ou cette décision judiciaire. Le propriétaire du fonds enclavé est obligé de respecter le trajet fixé pour le passage, ainsi que le mode d'exercice de ce droit.

Le propriétaire du fonds servant ne peut rien faire qui tend à entraver l'exercice de ce droit de passage. Cette obligation se dégage de l'article 701 qui traite des servitudes en général.

L'article 701 alinéa 3 permet cependant, dans certaines conditions, au propriétaire du fonds bénéficiant du droit de passage de demander une modification de l'assiette de ce dernier droit. Cela peut notamment être le cas si la destination du fonds enclavé a changé. Un tel changement est possible également à la demande du propriétaire du fonds servant, si la fixation originale de cette assiette est devenue entretemps trop onéreuse ou empêche ce propriétaire de "faire des réparations avantageuses", ou s'il s'est présenté ailleurs un endroit tout aussi commode pour l'exercice du droit de passage.

85 CESSATION DU DROIT DE PASSAGE

Le droit de passage, accordé au propriétaire du fonds enclavé, ne dure qu'aussi longtemps que l'enclave continue d'exister. Ce droit cesse donc logiquement avec l'état d'enclave. En ce sens, la Cour Supérieure de Justice, par arrêt du 7 juin 1901 (Pas. 5, page 530) a décidé que "le droit au passage, accordé au propriétaire d'un fonds enclavé sur les fonds de ses voisins, est uniquement basé sur la nécessité, qui, venant à manquer, fait disparaître le droit au passage, en conséquence dès que le propriétaire du fonds dominant, soit par des acquisitions nouvelles, soit par d'autres circonstances, a cessé d'être enclavé ou a obtenu un autre accès à la voie publique, la servitude de passage, basée sur l'enclave, quelqu'ait pu être sa durée, doit cesser également avec la cause qui l'a vu naître et qui était l'unique fondement de son existence."

Notons dans ce contexte que le remembrement, réalisé sur le ban d'une commune, est souvent une cause de cessation d'enclaves. En effet, l'un des buts du remembrement est précisément de donner à chaque parcelle de terres un accès libre à la voie publique. Dans la mesure donc où un remembrement a été réalisé sur un ban, l'enclave de fonds a pratiquement cessé d'exister.

86 *Prescription de l'indemnité payée au propriétaire du fonds assujetti*

Aux termes de l'article 685, "l'action en indemnité......... est prescriptible, et le passage doit être continué, quoique l'action en indemnité ne soit plus recevable."

Il n'y a donc pas de relation directe entre l'exercice du droit de passage et le paiement de l'indemnité correspondante, en ce sens que le propriétaire du fonds enclavé, qui n'aurait pas payé son indemnité à l'échéance prévue, pourrait être privé de l'exercice de son droit de passage.

En cas de non-paiement de l'indemnité en question, le propriétaire du fonds assujetti doit réclamer son paiement. Cette action se prescrit après trente ans. Il est donc possible que l'exercice du droit de passage survive au paiement de l'indemnité.

La prescription de l'indemnité est acquise trente ans après le jour où le passage a commencé à s'exercer à titre d'enclave (Cour Supérieure de Justice, arrêt du 28 octobre 1975, Pas. 23, page 294).

LES RESTRICTIONS AU CARACTÈRE ABSOLU DU DROIT DE PROPRIÉTÉ ÉTABLIES DANS L'INTÉRÊT DE LA COLLECTIVITÉ

87

Généralités

Nous avons analysé dans les chapitres précédents un certain nombre de limitations au caractère absolu du droit de propriété. Les entraves citées existent généralement dans un intérêt privé, à savoir, celui d'assurer les bonnes relations entre propriétaires voisins, bien que des considérations d'intérêt général jouent également un certain rôle.

Dans les limitations que nous examinerons aux numéros qui suivent, ces dernières considérations jouent le rôle primordial, sinon exclusif. Elles s'appliquent dans l'intérêt de la collectivité publique.

Les restrictions dans l'intérêt général portent, les unes, sur la manière dont le propriétaire peut utiliser ses biens et en jouir, les autres, sur son droit de disposer de sa chose. Dans des cas extrêmes, ces entraves peuvent même priver un propriétaire de son droit de propriété. Le cas classique à cet égard est l'expropriation pour cause d'utilité publique.

Les limitations au droit de propriété peuvent être classées, au point de vue de la technique juridique, en deux grandes catégories: les *servitudes d'utilité publique* et *les limitations de la propriété dans l'intérêt public*.

Les servitudes d'utilité publique constituent des charges pesant sur le fonds qui en est grevé. La seconde catégorie précitée a pour effet d'enlever au propriétaire l'usage, en tout ou en partie, de sa propriété, soit tel usage déterminé de cette propriété. Certains actes juridiques, ou actes matériels, peuvent aussi être soumis à des autorisations administratives. Nous allons examiner dans un premier chapitre, les servitudes d'utilité publique et, dans un second, les limitations de la propriété dans l'intérêt public.

SERVITUDES D'UTILITÉ PUBLIQUE

Généralités

88

Cette notion ne figure pas au Code civil. Celui-ci n'en parle qu'incidemment aux articles 649 et 650.

L'article 649 prévoit que les servitudes établies par la loi ont pour objet l'utilité publique ou communale, ou l'utilité des particuliers.

A titre de servitude publique ou communale, l'article 650 énumère le marchepied le long des rivières navigables ou flottables, la construction ou la réparation des chemins et autres ouvrages publics ou communaux. Ledit article renvoie pour ces servitudes aux lois et règlements.

Pour le Code civil, les servitudes sont essentiellement d'ordre privé, ce qui se comprend par la mentalité de l'époque, où l'intérêt privé primait l'intérêt général.

Compte tenu de l'évolution économique et sociale, intervenue dans la société depuis la promulgation du Code civil, l'intérêt général prend une place de plus en plus importante et diminue d'autant les prérogatives qu'une personne peut exercer en rapport avec sa propriété. Aussi les servitudes d'utilité publique ont-elles été créées au fur et à mesure que les besoins économiques ou sociaux de la société ont augmenté.

Ces servitudes ne font normalement pas partie du droit civil, mais du droit administratif. Aussi n'ont-elles pas été incorporées au Code civil, mais figurent dans des lois éparses, relevant de différents ministères de l'Etat ou des pouvoirs communaux.

Nous examinerons ci-après sommairement les plus importantes de ces servitudes d'utilité publique.

89 1. *La servitude de voirie*

Il existe un certain nombre de lois intervenant lorsque des personnes désirent ériger ou transformer une construction le long des rues ou routes.

a) Il convient de citer, en premier lieu, la loi du 13 janvier 1843 sur les autorisations de faire des constructions ou des plantations le long des routes, loi modifiée en dernier lieu par celle du 25 février 1973.

Cette loi soumet à autorisation gouvernementale ("permission de voirie") "quiconque voudra construire, reconstruire, réparer ou améliorer des édifices, maisons, bâtiments, murs.....ou faire des plantations ou autres ouvrages le long des rues" (article 4).

b) Citons, en second lieu, la loi du 2 août 1939 créant des servitudes de visibilité pour la voirie de l'Etat et des communes. L'article 1er de cette loi dispose: "à la demande de l'Etat ou des communes, les propriétés riveraines ou voisines des croisements, des virages ou des points dangereux ou incommodes pour la circulation sur la voirie publique, peuvent être frappées de servitudes destinées à assurer une meilleure visibilité."
L'article 2 de cette loi énumère les différentes servitudes pouvant être créées.

c) En troisième lieu, il y a la loi modifiée du 16 août 1967, ayant pour objet la création d'une grande voirie de communication et d'un Fonds des routes. L'article 4 alinéa 3 de cette loi interdit des constructions ou travaux d'ordre privé à une distance inférieure à 25 mètres de la limite du domaine public, censé faire partie d'une autoroute. Ce rayon de 25 mètres s'applique également pour certaines routes à grande circulation.

90 2. *Servitude d'utilité publique au profit de la Poste*

L'article 2 de la loi du 20 février 1884 sur le service télégraphique et téléphonique dispose que: "les propriétaires et occupants des terrains ou bâtiments, sur lesquels ou sous lesquels le gouvernement reconnaît nécessaire ou autorise l'établissement d'une ligne télégraphique ou téléphonique, doivent, sans qu'à cet effet une dépossession puisse être exigée, tolérer le placement des poteaux, la conduite des fils tant au-dessus qu'au-dessous du sol, ainsi que tout ce que comporte le bon établissement et l'entretien de ces lignes."

Les propriétaires concernés par cette servitude sont indemnisés des préjudices que leur causent de pareilles installations (article 3 de cette loi).

3. Servitude au profit de la société CEGEDEL **91**

La loi du 2 février 1924 (article 6) permet à la société CEGEDEL, qui jouit dans notre pays d'un quasi-monopole en matière de fourniture d'électricité, d'empiéter sur les propriétés privées non bâties, en faisant passer sans attaches, ni contact, des conducteurs d'électricité au-dessus de ces propriétés ou en établissant à demeure des supports pour conducteurs aériens sur des propriétés non bâties, qui ne sont pas fermées de murs ou d'autres clôtures. Cet empiétement sur la propriété privée ne donne, en principe, pas droit à une indemnité, à moins que les installations opérées par la CEGEDEL n'occasionnent un dommage à ces propriétés.

4. Servitude au profit de la Société anonyme pour le gaz **92**

La loi du 27 novembre 1973 autorisant la création d'une société anonyme pour l'approvisionnement du Grand-Duché en gaz naturel, accorde à cette société le droit:

a) d'installer les canalisations de gaz dans des terrains privés, non bâtis, qui ne sont pas entourés de murs ou d'autres clôtures équivalentes,

b) d'assurer la surveillance des canalisations,

c) de procéder aux travaux d'entretien et de réfection de ces canalisations. L'exécution de ces travaux doit être précédée d'une notification aux propriétaires intéressés.

Une indemnité est accordée aux propriétaires concernés. Elle est due pour les emprises, moins-value ou dommages résultant de l'exécution des travaux.

5. Servitudes d'urbanisme **93**

Ces servitudes résultent des plans d'aménagement, tels qu'ils sont établis sur base de la loi du 12 juin 1937 concernant l'aménagement des villes et autres agglomérations importantes, ainsi que de la loi du 20 mars 1974 concernant l'aménagement du territoire.

Ces plans d'aménagement imposent des servitudes, en matière de construction, pour des raisons d'hygiène, d'esthétique et, d'une façon générale, pour des raisons d'urbanisme (réalisation des voies de communication, d'espaces verts libres pour des terrains de jeu).

Généralement, ces plans d'aménagement sont établis par les pouvoirs communaux.

94 6. *Servitudes relevant de la législation sur la protection de la nature*

De telles servitudes se dégagent de la loi modifiée du 11 août 1982 concernant la protection de la nature et des ressources naturelles.

D'une façon générale, cette loi interdit en son article 2 des constructions dans les zones vertes, c'est à dire l'ensemble des terrains non affectés, par un plan d'aménagement général, à une activité industrielle artisanale ou à l'habitation.

Ce même article interdit des constructions à moins de trente mètres:
– d'un bois d'une superficie d'au moins un hectare,
– d'un cours d'eau, chaque fois que le raccordement à la canalisation n'est pas possible ou fait défaut,
– des zones protégées.

Sont considérées comme zones protégées (article 27), les parties du territoire déclarées zones protégées et, comme telles, grevées de servitudes et de charges en vue d'assurer, soit la sauvegarde du paysage ou de monuments naturels, soit le maintien de biotopes, présentant un intérêt scientifique, soit le bien-être de la population.

La déclaration de zone protégée se fait par règlement grand-ducal, en suivant la procédure définie par les articles 28 et 29 de la loi sus-visée.

L'envergure des charges et servitudes, pouvant être créées dans une zone protégée, est précisée par l'article 31 de la loi précitée.

95 7. *Servitudes dans l'intérêt de la protection des eaux destinées à la consommation humaine*

Il existe à cet égard la loi du 27 mai 1961 protégeant les eaux du barrage de la Haute Sûre. Les mesures y prévues consistent, essentiellement, dans la réglementation des constructions et des activités professionnelles. Les exigences sont les plus strictes dans la zone entourant directement le barrage.

Par ailleurs, la loi du 29 juillet 1993 relative à la protection et à la gestion de l'eau, a créé des zones de protection des eaux destinées à la consommation humaine (articles 27 à 31). Il en existe trois catégories, la zone de protection immédiate, la zone de protection rapprochée et la zone de protection éloignée.

Les terrains de la première zone sont à acquérir par l'Etat, au besoin, par voie d'expropriation pour cause d'utilité publique.

Dans la seconde zone, des servitudes ou charges peuvent être imposées aux propriétaires de terrains s'y trouvant. De telles charges consistent à limiter, voire à interdire, les activités professionnelles ou les installations susceptibles de nuire à la qualité des eaux. Ces activités sont seulement permises moyennant autorisation, sauf évidemment que les activités interdites ne comportent pas d'exceptions.

Dans les zones de protection éloignées, des activités professionnelles ou des installations ne peuvent pas être interdites, mais seulement soumises à réglementation.

Si une servitude est imposée à un fonds situé dans une zone de protection des eaux, son propriétaire peut bénéficier d'une indemnité, si cette servitude met fin à l'usage normal de ce terrain ou en restreint l'usage (article 20).

8. Autres servitudes d'utilité publique **96**

Il existe évidemment d'autres servitudes d'utilité publique, prévues par des lois spéciales dans divers domaines. Pour ne pas allonger outre mesure cette liste, nous avons préféré nous limiter aux restrictions les plus essentielles, apportées au droit de propriété dans l'intérêt de la collectivité.

NATURE JURIDIQUE DES SERVITUDES D'UTILITÉ PUBLIQUE **97**

Le Code civil classe les servitudes publiques dans la catégorie normale des servitudes. Il ne parle pas des servitudes d'utilité publique, qui doivent être considérées comme faisant partie des servitudes publiques.

Si ces dernières servitudes ressemblent aux servitudes privées, en ce sens qu'elles imposent une charge à un fonds et restreignent l'usage normal que son propriétaire peut en faire, en revanche, il existe une différence fondamentale entre servitudes publiques et servitudes privées. Cette différence consiste dans la circonstance que les servitudes publiques ne comportent pas de fonds dominant, c'est à dire un fonds qui profite de cette servitude.

Une seconde différence réside dans le fait que les servitudes publiques ou d'utilité publique sont d'ordre public, c'est à dire que les pouvoirs publics, bénéficiaires d'une telle servitude, ne peuvent pas renoncer à l'exercice de celles-ci.

L'Etat ne pourrait donc pas passer avec un particulier une convention, dérogeant à l'existence d'une servitude imposée par le législateur. Ainsi, si une loi interdit une activité professionnelle dans une zone, par exemple, une zone de protection de l'eau destinée à la consommation humaine, le Gouvernement ne pourrait pas autoriser cette activité, en la soumettant à certaines conditions.

Par contre, des propriétaires de terrains privés peuvent, dans les relations entre eux, conclure toutes conventions qu'ils jugent utiles au sujet de servitudes d'ordre privé prévues par le Code civil.

Les servitudes d'utilité publique sont donc une catégorie spéciale de servitudes. Elles doivent être créées par une loi, alors qu'elles constituent une entrave au droit de propriété, protégé par l'article 16 de la Constitution. Elles sont d'application stricte et ne sauraient être étendues par analogie.

Ces servitudes relèvent du droit administratif. Cela implique, que dans la mesure où, sur leur base, une restriction est imposée à un fonds, celle-ci se fait par un acte administratif, pris à l'initiative du ministre compétent, et non par une convention.

D'autre part, en cas de contestation du propriétaire d'un fonds assujetti à une servitude d'utilité publique, c'est le tribunal administratif qui est compétent, et non le juge civil.

98 INDEMNISATION DU PROPRIÉTAIRE DONT LE FONDS EST AFFECTÉ D'UNE SERVITUDE D'UTILITÉ PUBLIQUE

Un propriétaire peut-il réclamer une indemnité à l'Etat ou à la commune, lorsque la restriction apportée à son droit de propriété lui cause un préjudice?
On ne saurait répondre de façon absolue à une telle question. Il semble logique que, si une loi ou un règlement grand-ducal ou communal, pris en exécution d'une loi, institue une restriction d'usage de fonds, appartenant à une large catégorie de citoyens, ceux-ci n'ont pas droit à une indemnité.

Ainsi, si un plan d'aménagement communal classe des fonds en diverses zones, les propriétaires, dont les fonds se trouvent classés dans une zone verte, n'ont pas le droit de demander une indemnité à la commune, même si leurs terrains répondent également aux critères pour être repris dans une zone aedificandi, ou sont adjacents à une telle zone.

Il en est de même, si, dans l'intérêt de la protection de l'eau potable, notamment du barrage de la Haute Sûre, des interdictions ou restrictions de construire sont, d'une façon générale, décrétées.

Il n'en est par contre plus de même, si, dans le cadre d'une modification d'un plan d'aménagement général, des fonds sis dans un périmètre d'agglomération sont reclassés comme terrains faisant partie d'une zone verte (cf. arrêt de la Cour Supérieure de Justice dans l'affaire Administration communale de Betzdorf c/ Immobilière de Roodt/Syr, Pas. 30, page 167).

Qu'en est-il si des fonds particuliers sont spécialement affectés d'une servitude d'utilité publique?- A cet égard, nous avons vu, en examinant ces différentes servitudes, qu'il est parfois prévu que les propriétaires de fonds, soumis à une telle servitude, ont droit à une indemnité.

La question se pose si la loi, constituant la base d'une telle servitude, reste muette au sujet d'une éventuelle indemnité pour le préjudice subi ou à venir, une telle indemnisation serait-elle néanmoins due?-

Il semble que non, alors qu'il n'y a pas privation de la propriété, mais seulement des restrictions apportées à son usage. D'autre part, l'article 650, créant les servitudes publiques, ne parle pas d'indemnité, bien que le Code civil soit inspiré par des considérations très libérales au sujet du droit de propriété.

D'autre part, le problème créé par les servitudes d'utilité publique peut être très complexe. En effet, il se peut que tout en créant une charge pour un fonds, celle-ci apporte à son propriétaire également des avantages au profit du fonds ou d'un autre fonds du même propriétaire.

Il faudrait donc compenser les avantages avec les désavantages. Une application pratique de ce principe est visée par l'article 21 dernier alinéa de la loi du 20 mars 1974 concernant l'aménagement général du territoire. Cet article est libellé comme suit: "L'indemnité est réduite ou refusée, si et dans la mesure où il est établi que le demandeur est propriétaire d'autres immeubles, qui tirent avantage de la mise en vigueur d'un plan d'aménagement ou des travaux exécutés aux frais des pouvoirs publics."

Parfois, la servitude en question apporte une amélioration au fonds d'un autre propriétaire. Celui-ci devrait logiquement, en cas d'indemnisation du propriétaire ayant subi un préjudice, payer aux pouvoirs publics une indemnité pour l'amélioration de son fonds. Une telle contribution n'est cependant pas prévue légalement.

On peut donc résumer, en disant que les servitudes d'utilité publique rentrent, sauf exceptions légalement prévues, dans les bonnes ou mauvaises chances, auxquelles la propriété immobilière est soumise.

LIMITATION DU DROIT DE PROPRIÉTÉ DANS L'INTÉRÊT PUBLIC

Généralités

99

Avec l'intervention de plus en plus prononcée de l'Etat dans les différents domaines de la vie privée, le droit de propriété, qualifié d'absolu par le Code civil, subit un certain nombre de restrictions.

Spécialement, depuis la fin de la dernière guerre mondiale, le rôle de l'Etat ne se limite plus à garantir à ses citoyens la santé, la tranquilité et la sécurité. Il a aussi pour objectif d'assurer plus d'équité dans les relations entre les hommes, d'où une politique sociale plus poussée pour neutraliser en quelque sorte les forces économiques, ayant dominé dans le passé.

Cette politique est financée essentiellement par des impôts, restreignant d'autant les revenus et les capitaux à la disposition des personnes.

Le législateur assigne aussi une fonction plus sociale à la propriété immobilière, en restreignant, en partie, le libre usage de celle-ci. Cela est notamment documenté par la législation sur le bail à loyer et sur le fermage, ainsi que par les prescriptions sur l'affectation des terrains à la construction d'habitations, ou à des fins industrielles (aménagement du territoire).

Dans le but d'assurer la conservation du patrimoine historique et artistique, l'Etat règle, pour des immeubles présentant un intérêt historique ou artistique, les conditions de leur classement comme biens culturels, réglementation qui peut interdire de démolir ces immeubles ou de les transformer, sauf si ces transformations se font dans le respect des conditions fixées par les pouvoirs publics.

Devant la nécessité de développer davantage l'infrastructure économique (construction de routes, de zones industrielles ou de loisir), l'Etat nécessite des quantités appréciables de terrains pour réaliser ces investissements. Dans la mesure où il ne peut pas toujours acheter librement ces terrains, il a créé une législation permettant leur acquisition par la contrainte légale, moyennant une compensation financière.

Il s'agit en l'occurrence de l'expropriation pour cause d'utilité publique. Cette mesure constitue l'intervention la plus draconienne que les pouvoirs publics puissent faire dans le droit de propriété, puisqu'elle a pour effet de priver une personne, contre sa volonté, d'immeubles dont elle est propriétaire.

Nous allons examiner ci-après les principales lois autorisant l'intervention de l'Etat dans la propriété privée. Il faut forcément se limiter aux lois essentielles. En effet, une analyse exhaustive de l'ensemble de la législation dans ce domaine serait difficile et dépasserait manifestement le cadre du présent ouvrage.

100 1. *Sécurité et salubrité publiques*

Il y a lieu de citer à cet égard deux lois.

a) La loi du 9 mai 1990 relative aux établissements dangereux, insalubres ou incommodes.
En vertu de cette loi, des établissements, qui peuvent nuire à l'environnement naturel et humain, tels qu'ils sont énumérés au règlement grand-ducal modifié du 9 novembre 1993, ne peuvent être ouverts ou modifiés que s'ils ont été autorisés, selon leur classe de risque, soit par le Ministre de l'environnement et le Ministre du travail, soit, s'ils présentent moins de risques pour l'environnement, par le maire du lieu de situation de l'établissement à mettre en fonction.
Lesdites autorisations fixent les conditions techniques, sous lesquelles de tels établissements peuvent fonctionner.

b) La loi du 27 juin 1906 concernant la protection de la santé publique. Cette loi constitue une loi habilitante, permettant de prendre les règlements nécessaires pour assurer la salubrité des cimetières, de la voirie, des maisons et de leurs dépendances, ainsi que pour l'alimentation des agglomérations en eau potable et pour l'évacuation des matières usées.
L'article 3 de cette loi permet de déclarer, par règlement grand-ducal, d'utilité publique l'acquisition de tout ou partie d'une source ou son captage, de déterminer les terrains à acquérir en pleine propriété et de grever d'autres fonds d'une servitude pour le passage d'une conduite d'eau. Les

propriétaires concernés par une telle mesure bénéficient d'une indemnité.

2. Biens culturels

101

a) Ces biens sont régis par la loi du 18 juillet 1983 concernant la protection des sites et monuments nationaux. Cette loi vise le classement, comme monuments nationaux, d'immeubles bâtis ou non bâtis, dont la conservation présente un intérêt général du point de vue archéologique, historique ou artistique.

Le classement d'un immeuble se fait par un arrêté ministériel[*] de classement, pris à l'initiative du Ministre des affaires culturelles. Cet arrêté est communiqué au propriétaire du bâtiment concerné. Celui-ci peut contester l'arrêté en question devant le tribunal administratif. Ce propriétaire a le droit de demander une indemnité à l'Etat pour compenser la dépréciation de la valeur de son immeuble.

Quand le classement comme monument historique d'un immeuble est définitif, l'arrêté de classement est transcrit, par les soins du Ministre des affaires culturelles, au Bureau des hypothèques de la situation dudit immeuble.

Après le classement d'un immeuble, le propriétaire ne peut plus le démolir ou en changer l'affectation. Tout travail de réparation ou de restauration doit préalablement être autorisé par le Ministre des affaires culturelles. Ces effets se produisent dès que l'arrêté de classement est communiqué au propriétaire du bâtiment dont le classement est poursuivi.

Un immeuble classé monument historique peut être aliéné. Cependant, les effets du classement le suivent, en quelques mains qu'il passe.

b) Les fouilles d'intérêt historique, préhistorique, paléontologique ou autrement scientifique sont régies par la loi du 21 mars 1966.

Ces fouilles ne peuvent être entreprises qu'avec l'autorisation du Ministre, ayant dans ses attributions les affaires culturelles (arts et sciences). L'autorisation détermine, dans chaque cas, les conditions, dans lesquelles les recherches ou les fouilles doivent être exécutées.

Les objets de telles fouilles peuvent être revendiqués par l'Etat contre l'octroi d'une indemnité juste et préalable.

3. Urbanisme et aménagement du territoire

102

Les prescriptions légales sur l'aménagement ordonné des villes et des habitations humaines en général, ainsi que sur l'utilisation rationnelle du sol, prennent de plus en plus d'extension.

Ces règles constituent des mesures incisives, limitant sérieusement le droit des propriétaires d'utiliser leur propriété immobilière ou d'en disposer à leur guise.

---

[*] La question se pose si, au regard des récents arrêts prononcés par la Cour Constitutionnelle, l'arrêté ministériel ne devrait pas être remplacé par un arrêté grand-ducal.

Ces prescriptions opèrent sur deux plans. En premier lieu, sur le plan communal, et, en second lieu, sur le plan national.

Les mesures d'urbanisme ont pris naissance au niveau des communes. Elles ont leur base légale dans la loi du 12 juin 1937 concernant l'aménagement des villes et autres agglomérations importantes.

L'article 1er de cette loi oblige toute localité de dix mille habitants au moins d'avoir un projet d'aménagement.

Celui-ci est également exigé "des associations, sociétés ou particuliers, qui entreprennent de créer ou de développer des lotissements de terrains ou des groupes d'habitations." Les communes ayant moins de dix mille habitants, peuvent demander leur assujettissement à cette loi.

Ces projets d'aménagement doivent comprendre:
a) un plan d'alignement, qui fixe la direction, la largeur et le niveau des voies à créer ou à modifier,
b) un plan de lotissement, qui réserve les terrains destinés aux voies, places, édifices et jardins publics, aux terrains de jeux et aux espaces libres divers,
c) un plan avec un programme d'extension, déterminant les servitudes hygiéniques, archéologiques et esthétiques que comportent les différents quartiers.

Sur base d'un tel plan d'aménagement, le bourgmestre d'une commune délivre les autorisations de bâtir et fixe les conditions à observer par les maîtres d'œuvre. Ceux-ci doivent respecter les règles déterminées par le plan d'aménagement.

Certaines communes ont élaboré dans le passé un règlement des bâtisses, se limitant à fixer un périmètre d'habitation et interdisant de construire au-delà de ce périmètre.

Le Comité du contentieux du Conseil d'Etat (aujourd'hui remplacé par le Tribunal administratif ou, selon le cas, par la Cour administrative) a itérativement décidé (cf. notamment l'arrêt du 13 mai 1975, Pas. 23, page 158) qu'un tel règlement n'est pas conforme aux dispositions de l'article 2 de la loi du 12 juin 1937 précitée.

Un tel règlement communal est en conséquence dépourvu d'effet juridique. Le bourgmestre ne peut en conséquence refuser une autorisation de bâtir que sur base de critères, relevant de la santé, de la salubrité ou de la tranquilité publique, domaines tombant, d'une façon générale, dans la compétence du bourgmestre.

Quand des projets d'aménagement sont établis par des lotisseurs privés, ces projets doivent suivre une procédure précise d'approbation par les autorités communales.

Les terrains compris dans de tels lotissements et qui ont été réservés pour des édifices ou des services publics, sont cédés à la commune contre paiement d'une indemnité.

Il en est de même des terrains destinés aux espaces libres, aux voies et autres usages publics, mais pour autant seulement que leur ensemble dépasse le quart de la surface totale du lotissement. Dans ce cas, le propriétaire ne sera indemnisé que pour la surface qui dépasse ce quart.

4. Remembrement urbain **103**

Souvent, des terrains sis dans un périmètre de construction ne se prêtent pas à un lotissement, parce que leurs limites sont obliques par rapport à l'alignement prescrit par le plan d'aménagement ou par suite de la configuration de ces terrains. Dans ce cas, un remembrement de ceux-ci peut être décrété. Un tel remembrement consiste en ce que "les parcelles sont réunies en une seule masse, pour être recomposées avec des contours réguliers, des limites perpendiculaires à l'alignement et, autant que possible, sans changement de situation" (article 22).

"Ce remembrement est ordonné par le Ministre de l'intérieur sur l'initiative, soit du collège échevinal, soit des propriétaires, s'ils représentent la majorité des intéressés et en même temps plus de la moitié de la surface des terrains à comprendre dans le remembrement. Il pourra être décrété d'office, sur proposition de la Commission d'Aménagement." Cette Commission fonctionne auprès du Ministre de l'intérieur (cf. articles 6 à 8 de la loi du 12 juin 1937).

Le remembrement décrit ci-dessus peut constituer une mesure assez incisive dans le droit de propriété, alors qu'une minorité de propriétaires peut être forcée par une majorité à modifier le contour de leur propriété et à céder même une partie limitée de leurs terrains en échange d'une autre parcelle.

Cette entorse nette au droit de propriété se justifie par l'intérêt général, mais également par le fait que chaque parcelle, soumise à remembrement, en retire un avantage sensible, parce que sa valeur vénale est augmentée.

Les règles, d'après lesquelles les opérations de remembrement s'exécutent, sont précisées par les articles 27 à 37 de la loi précitée. La procédure d'approbation est définie par les articles 38 à 44.

Les frais de ce remembrement sont, pour moitié, à charge de la commune et, pour l'autre moitié, à supporter par les propriétaires concernés. La part de ces derniers est répartie entre eux au prorata de leurs apports (article 36).

5. Aménagement général du territoire **104**

Celui-ci est régi par la loi du 20 mars 1974 concernant l'aménagement général du territoire.

Cette loi poursuit un double objectif:
1. Elle généralise l'obligation pour les communes d'avoir un plan d'aménagement, tel que prévu par la loi du 12 juin 1937 sus-visée et étend le contenu de ces plans.

2. Elle prévoit l'établissement de plans d'aménagement également sur le plan national.

ad 1: Nous avons vu ci-dessus que la loi du 12 juin 1937 oblige seulement les localités, atteignant dix mille habitants, ainsi que les lotisseurs privés, à disposer d'un plan d'aménagement. La loi du 20 mars 1974 rend ce plan obligatoire pour toutes les communes du pays. L'article 14 de cette loi dispose que chaque commune est tenue d'établir "un projet d'aménagement partiel ou global, couvrant l'ensemble de son territoire; chaque projet fixe pour le moins l'affectation des diverses zones du territoire communal."

ad 2: L'article 11 de la loi du 20 mars 1974 dispose que "le Gouvernement en Conseil peut, selon les objectifs du programme directeur qu'il a arrêté, faire établir des plans d'aménagement partiel ou global. Ces plans peuvent couvrir, soit l'ensemble ou une partie du territoire d'une ou de plusieurs communes, soit l'ensemble du pays".

L'article 12 y ajoute que ces plans peuvent être déclarés obligatoires par un règlement grand-ducal. La réalisation de ces plans déclarés obligatoires est d'utilité publique.

Avant de devenir obligatoires, les plans d'aménagement sont transmis, pour avis, aux communes intéressées. Dans celles-ci, ces plans font l'objet d'une enquête par les habitants.

A la suite de cette enquête, la ou les communes sus-visées transmettent leurs observations et avis au Ministre de l'aménagement du territoire. Si les plans sont définitivement arrêtés, ils sont soumis au Grand-Duc pour être déclarés obligatoires.

Le dépôt à la commune d'un projet de plan d'aménagement a des conséquences juridiques incisives pour les personnes ayant des propriétés immobilières concernées par ces plans.

L'article 12 alinéa 2 de la loi du 20 mars 1974 dispose en effet qu'à partir de ce dépôt, "tout morcellement de terrains, toute construction ou réparation confortative, ainsi que tous travaux généralement quelconques sont interdits, en tant que ces morcellements, réparations ou travaux seraient contraires aux dispositions des projets de plans. Cette interdiction tombe, si le plan n'est pas déclaré obligatoire dans les quatre années à partir de son dépôt auprès de la commune."

Les personnes qui veulent entreprendre, sur leur propriété, des travaux de la nature visée ci-dessus, doivent demander une autorisation au Ministre de l'aménagement du territoire. Ce Ministre autorise ces travaux, s'ils ne sont pas contraires aux objectifs du projet de plan d'aménagement. Dans le cas contraire, le ministre refuse les travaux. Ce refus est susceptible, dans le délai de trente jours, d'un recours au fond devant le tribunal administratif.

Les contraintes sus-visées jouent non seulement quand les projets d'aménagement sont soumis, pour enquête, aux communes. Elles peuvent être imposées déjà "au cours des études ou travaux tendant à établir, à modifier ou à réviser un plan ou un projet d'aménagement". Ces servitudes peuvent s'appliquer tant aux projets d'aménagement communaux que nationaux. Leur but est d'éviter que des propriétaires avertis à temps de l'intention des pouvoirs publics d'arrêter des plans d'aménagement, puissent se soustraire, dans la mesure du possible, aux conséquences de tels plans ou, au contraire, en tirer des avantages financiers.

L'article 16 de la loi du 20 mars 1974 règle la mise en application de telles servitudes, ainsi que la publicité prescrite pour informer les intéressés de l'existence de ces servitudes. Celles-ci ne peuvent néanmoins pas empêcher les propriétaires en question de procéder aux travaux d'entretien et de réparation de leurs immeubles. Lesdites servitudes frappent les propriétaires, sans leur conférer le droit à une indemnité.

Expropriation des immeubles nécessaires pour la réalisation de plans d'aménagement **105**

L'article 19 de la loi du 20 mars 1974 sus-visée stipule que "l'Etat est autorisé à poursuivre l'acquisition et l'expropriation pour cause d'utilité publique des immeubles nécessaires à la réalisation des plans d'aménagement, arrêtés en vertu de l'article 12 de la présente loi."

Cette acquisition ou expropriation peut jouer, entre autres, lors de la création de zones industrielles que l'Etat juge nécessaires pour le développement économique d'une région. Normalement, l'Etat essaie d'acquérir ces terrains sur le marché libre, en offrant un prix en fonction de la situation et de la nature des terrains à acquérir. L'expropriation pour cause d'utilité publique joue donc rarement.

Quant à la procédure à appliquer à cet égard, l'article 19 de la loi précitée renvoie aux dispositions des articles 21 à 37 de la loi du 16 août 1967 ayant pour objet la création d'une grande voirie de communication.

Notons dans ce contexte que la loi du 12 juin 1937 permet également aux autorités communales de procéder à une expropriation pour cause d'utilité publique pour acquérir des terrains, afin de réaliser un plan d'aménagement communal (article 14 de la loi du 12 juin 1937). La loi de 1937 définit la procédure, suivant laquelle cette expropriation doit se faire.

Indemnisation des propriétaires lésés par des plans d'aménagement **106**

Il arrive que des propriétaires sont lésés par la mise en application d'un plan d'aménagement, en ce sens, que ce dernier entraîne une moins-value pour leurs terrains. Ces propriétaires ont-ils le droit de demander à l'Etat une indemnité du chef de ce préjudice?-

La réponse à cette question est fournie par l'article 21 de la loi du 20 mars 1974. Cet article dispose: "Il y a lieu à indemnité à charge de l'Etat, lorsque l'interdiction de bâtir ou de lotir, résultant d'un plan d'aménagement obligatoire, met fin à l'usage auquel un immeuble est affecté ou normalement destiné au jour de la publication au Mémorial de la décision prévue à l'article 11 de la présente loi" (c'est à dire de la décision de l'Etat de faire arrêter un plan d'aménagement national ou régional).

Le même article 21 fixe également les limites de cette indemnisation, ainsi que les cas où, malgré le respect du critère cité ci-dessus, il n'y a pas lieu à indemnité.

En ce qui concerne le premier aspect, l'article 21 deuxième alinéa dispose que chaque propriétaire lésé doit supporter, sans indemnité, une diminution de valeur de son immeuble, correspondant à un taux de vingt-cinq pourcent. D'autre part, cette indemnité peut être diminuée ou même refusée totalement, si le propriétaire lésé sur un immeuble en possède d'autres, qui tirent un avantage de la mise en vigueur d'un plan d'aménagement ou des travaux exécutés aux frais des pouvoirs publics (aménagement d'une rue ou autres travaux d'infrastructure).

L'article 21 précité énumère par ailleurs sept cas, dans lesquels des propriétaires d'immeubles, empêchés de bâtir ou de lotir ceux-ci par suite du nouveau plan d'aménagement, n'ont pas droit à une indemnité.

107 *Interdiction de construire résultant de la loi modifiée du 11 août 1982 concernant la protection de la nature et des ressources naturelles*

Il existe une étroite relation entre, d'une part, la loi du 12 mai 1937 et celle du 20 mars 1974 précitées, et la loi modifiée du 11 août 1982 sur la protection de la nature et des ressources naturelles, d'autre part.

En effet, les deux premières lois, ayant pour objet de fixer des plans d'aménagement communaux ou nationaux, établissent des zones réservées à l'habitation ou à l'activité industrielle ou artisanale. Les zones non réservées à de telles destinations, qualifiées de "zones vertes" par l'article 1er de la loi du 11 août 1982, ne peuvent pas recevoir des constructions destinées à l'habitation ou à l'activité économique ou artisanale, ou même au loisir.

Dans les zones vertes, peuvent uniquement être élevées des constructions servant à l'exploitation agricole, jardinière, maraîchère, sylvicole, viticole, piscicole, apicole et cynégétique. Il peut y être érigé également des constructions répondant à un but d'utilité publique. La loi de 1982 ne précise pas le contenu de cette dernière notion, de sorte qu'il appartient au tribunal administratif de décider, de cas en cas, si une construction projetée répond à un but d'utilité publique.

Pour les constructions pouvant exceptionnellement être érigées dans une zone verte, une autorisation du ministre ayant l'environnement dans ses attributions, est requise, abstraction faite d'autres autorisations, comme celle du bourgmestre de la situation du terrain, sur lequel il est projeté de construire.

Si une commune entend modifier la délimitation d'une zone verte en l'incorporant, en certains endroits, dans son périmètre d'urbanisation, elle est obligée de solliciter, avant de finaliser la procédure requise à cet effet sur le plan communal, l'autorisation du Ministre de l'environnement.

LIMITATION DU DROIT DE PROPRIÉTÉ DANS LE DOMAINE DES EXPLOITATIONS AGRICOLES

Les entraves au droit de propriété, résultant de la législation sur l'exercice de l'activité agricole, relèvent essentiellement des deux lois suivantes:

a) la loi successorale agricole,
b) la loi sur le remembrement des biens ruraux.

A) LA LOI SUCCESSORALE AGRICOLE   **108**

La loi du 9 juillet 1969 et celle du 8 avril 1993 ont modifié, dans un sens restrictif pour les droit des cohéritiers d'un exploitant agricole, les articles 815 et 832.

Ainsi, en vertu de l'article 815, tel qu'il a été modifié par les deux lois précitées, il peut être sursis temporairement au partage des biens immeubles ou meubles indivis appartenant à une exploitation agricole, en faveur du conjoint survivant de l'exploitant agricole prédécédé et de ses enfants mineurs.

L'article 832 a été modifié en ce sens que le partage en nature des biens immeubles d'une exploitation agricole peut être remplacé par un partage en valeur. En d'autres termes, l'héritier, qui veut continuer l'exploitation familiale à la suite du décès de ses parents, peut demander que lesdits immeubles bâtis (bâtiments d'exploitation et maison d'habitation) et les terrains agricoles lui soient attribués préférentiellement. Les cohéritiers se voient alors attribuer d'autres immeubles à usage non agricole et/ou une somme d'argent, en contrepartie de leur part dans les immeubles revenant au descendant continuant l'exploitation familiale.

D'autre part, cette somme d'argent due aux cohéritiers, est calculée, non en fonction de la valeur vénale des immeubles précités, mais sur base de leur valeur de rendement agricole, largement inférieure à leur valeur vénale et calculée en fonction de la productivité des immeubles de l'exploitation agricole à partager.

Pour le détail de ce régime successoral agricole, nous renvoyons le lecteur à notre ouvrage "Successions et Donations", numéros 166 à 174 (pages 179 à 188).

109 B) LE REMEMBREMENT DES BIENS RURAUX

Le remembrement rural est l'opération qui consiste à améliorer l'exploitation des terrains agricoles par un nouveau lotissement des parcelles, ayant de plus grandes surfaces, des formes mieux adaptées aux façons culturales et des accès indépendants.

Les opérations de remembrement sont organisées par la loi du 25 mai 1964, modifiée par celles du 13 juin 1994 et du 6 août 1996.

Le remembrement s'applique aux terrains susceptibles d'exploitation agricole, viticole, horticole, arboricole et forestière. L'article 4 de la loi modifiée du 25 mai 1964 énumère les terrains qui ne peuvent pas être incorporés dans une opération de remembrement ou qui ne peuvent l'être qu'avec l'accord écrit des propriétaires.

Il existe deux espèces de remembrement: le remembrement conventionnel (articles 13 et 14), et le remembrement légal (articles 15 et suivants).

Le remembrement conventionnel trouve rarement application, alors qu'il exige le consentement de tous les propriétaires des terrains à remembrer. Il n'entre en ligne de compte que quand il s'agit de remembrer les terres d'un petit ban, appartenant à quelques propriétaires.

C'est donc le remembrement légal qui s'applique normalement. Il est décrété par le Ministre de l'agriculture, généralement à l'initiative d'exploitants agricoles d'un village ou d'une commune, désirant que leurs terrains soient remembrés.

110 *Les opérations du remembrement*

Un remembrement comprend un certain nombre d'opérations, énumérées minutieusement par la loi et qui sont:
- la constatation officielle des apports en terrains de chaque propriétaire concerné par le remembrement,
- le classement de ces terrains en fonction de la qualité intrinsèque du sol,
- les nouvelles attributions de terrains en fonction des apports,
- le report des droits réels (servitudes et hypothèques) des anciens terrains sur les nouvelles parcelles attribuées à un propriétaire.

Après l'exécution de chaque phase, il est loisible aux propriétaires, qui s'estiment lésés par la décision prise, d'attaquer celle-ci, dans le délai de 30 jours, devant le juge de paix du lieu de situation des terrains à remembrer. Un appel contre le jugement de ce dernier juge n'est pas possible.

Après l'exécution des opérations visées ci-dessus et, le cas échéant, après l'épuisement des recours judiciaires, l'acte de remembrement est rédigé par un notaire désigné par la Chambre des notaires ou, éventuellement, par l'Office national du remembrement, organe d'exécution principal du remembrement.

L'acte de remembrement est transcrit au Bureau des hypothèques de la situation des biens remembrés. Il sort ses effets par cette transcription. Par l'effet du remembrement, les nouvelles parcelles attribuées à un propriétaire sont subrogées aux anciennes parcelles abandonnées par ce propriétaire (article 36).

Nous avons ainsi passé en revue de façon très sommaire les opérations nécessaires pour réaliser un remembrement.

Le problème qui nous concerne le plus, est celui des entraves apportées par le remembrement au droit de propriété. Le remembrement légal a, en effet, pour objectif d'améliorer les conditions d'exploitation des terres agricoles. Il poursuit donc un intérêt général. Celui-ci s'oppose, en bien des cas, à l'intérêt privé d'un propriétaire. En l'occurrence, en vertu de la loi et de décisions administratives, un propriétaire est forcé d'apporter ses terres dans un remembrement et il est souvent contraint de céder à d'autres personnes certaines de ses parcelles pour se voir attribuer celles d'un autre propriétaire, en vue de constituer ainsi de plus grands ensembles, permettant une exploitation plus facile.

La question se pose dans quelle mesure un propriétaire est-il associé à la décision de réaliser un remembrement dans une localité déterminée. Le principe de la loi est qu'une majorité de propriétaires peut forcer une minorité à s'associer à l'exécution d'un remembrement, ceci encore avec une contrainte spéciale que nous examinerons plus bas.

L'établissement des majorités requises pour l'exécution d'un remembrement

Ces règles sont définies aux articles 19 et 20 de la loi modifiée du 25 mai 1964.

Tous les propriétaires et les nus-propriétaires, concernés par un remembrement, sont constitués en une association syndicale de remembrement. Celle-ci se réunit en assemblée générale pour décider si un remembrement sera réalisé et, dans l'affirmative, suivant quel mode. L'article 19 règle le mode de calcul des voix pour les propriétaires, nus-propriétaires et propriétaires indivis.

Double majorité requise

Pour qu'un remembrement puisse être entamé, une double majorité est nécessaire. Il faut d'abord que la majorité des propriétaires (nus-propriétaires et indivisaires) se prononcent en faveur du remembrement.

Il est, d'autre part, requis que cette majorité d'intéressés disposent au moins de la moitié de la surface des terrains compris dans le périmètre du remembrement. Si l'une de ces deux majorités fait défaut, le remembrement envisagé est rejeté.

Pour faciliter l'obtention de ces deux majorités, la loi modifiée du 25 mai 1964 use d'une règle spéciale et dérogatoire au droit commun. Cette dérogation concerne l'interprétation de la volonté des propriétaires non présents pour voter lors de l'assemblée générale et n'ayant pas donné une procuration à un autre propriétaire pour voter en leur nom.

Suivant le droit commun, de tels absents ne peuvent pas être considérés comme se prononçant positivement. Il en est autrement en matière de remembrement. En effet, l'article 20 de la loi de 1964 dispose de façon nette que "les voix non représentées et les abstentions comptent, les unes et les autres, affirmativement, tant pour le calcul de la majorité des personnes que pour celui de la majorité des surfaces".

Ce principe n'a pas été introduit par la loi sur le remembrement. Il en est déjà fait application dans la loi du 28 décembre 1883 sur les associations syndicales, instituées pour la réalisation de drainage, ou de chemins syndicaux.

Cette règle exceptionnelle se justifie par l'intérêt général de ces travaux d'infrastructure et par la considération que les propriétaires ne se déplaçant pas pour voter à l'assemblée générale, ne sont pas forcément contre le remembrement. S'ils l'avaient été, ils n'auraient eu qu'à participer de façon personnelle, ou au moyen d'une procuration, au vote au sujet de ce remembrement.

112 *Dispense légale d'une assemblée générale*

Dans certaines hypothèses, les propriétaires concernés par un remembrement ne sont même pas admis à se prononcer pour ou contre un remembrement envisagé.

Cette mesure assez contraignante a été introduite par la loi du 13 juin 1994, qui a ajouté un article 19 bis à la loi du 25 mai 1964. L'alinéa 1er de ce nouvel article dispose que "Le Ministre de l'agriculture peut décider qu'il n'est pas tenu d'assemblée générale, lorsque le remembrement est exécuté dans le cadre de travaux d'intérêt général." Cette notion vise essentiellement la construction d'une autoroute.

Une telle construction nécessite d'importantes surfaces agricoles et lèse, de façon sensible, quelques exploitants agricoles, dont les terrains sont ainsi découpés et se prêtent de façon moins bien à une exploitation rationnelle.

La réalisation d'un remembrement peut diminuer ces conséquences défavorables. Il permet de prélever l'emprise nécessaire à la construction de l'autoroute sur l'ensemble des parcelles du périmètre de remembrement à constituer à cet effet.

Ainsi, chaque propriétaire, sis à l'intérieur de ce périmètre, subit un prélèvement de terrains proportionnel à la valeur de productivité de son apport. Il s'agit donc de faire jouer la solidarité de tous les propriétaires concernés pour éviter que quelques-uns subissent une perte trop importante de terres et défavorable à leur exploitation.

Il est fait, dans l'hypothèse sus-visée, abstraction de l'assemblée générale, alors qu'il serait difficile d'obtenir à cette occasion une majorité favorable des propriétaires. En effet, un tel remembrement intéresse avant tout les exploitants agricoles. Or, ceux-ci constituent une minorité des propriétaires concernés par ce remembrement et ne sauraient, à eux-seuls, pas assurer la majorité requise.

LA PROPRIÉTÉ COLLECTIVE

113 Généralités

Le Code civil conçoit la propriété essentiellement dans son aspect individuel. La propriété confère à son titulaire un monopole d'usage, de jouissance et de disposition sur un bien. Le propriétaire peut empêcher tout acte d'un tiers sur sa chose, même si une telle action ne lui cause pas de préjudice. Ainsi, il peut défendre à toute personne de passer ou de stationner sur son terrain, même si celui-ci n'est pas clos.

Le Code civil est hostile à tout acte qui peut entraver, sans nécessité absolue, le monopole individuel qu'il a conféré au droit de propriété. Cette attitude se comprend comme réaction contre l'ancien régime, qui faisait peu de cas de la propriété individuelle des citoyens, obligés de tolérer toutes sortes de contraintes de la part de l'autorité royale et des grands seigneurs.

Néanmoins, le Code civil ne pouvait pas ignorer toute idée d'une propriété non exclusivement individuelle. D'abord, l'Etat est, par la nature des choses, également propriétaire de biens fonciers, qu'on appelle généralement les biens du domaine public.

Même entre particuliers, la propriété collective naît à la suite de phénomènes naturels, comme le décès, qui fait des héritiers du défunt des copropriétaires de sa fortune. La propriété collective trouve son origine également dans des rapports de voisinage, par exemple, des cours, chemins ou murs, qui sont utilisés en commun par des propriétaires voisins.

Finalement, les hommes entendent souvent poursuivre un objectif qu'ils ne sauraient pas réaliser individuellement. Si leur activité est d'ordre commercial, ils créent une société. Si cet objet se situe plutôt dans le domaine culturel ou artistique, ils constituent entre eux une association.

Le Code civil connaît également la société. Fidèle à sa philosophie, il a tenu à combiner cette forme collective avec l'idée de l'individualité du droit de propriété. La société, personne morale, est censée être propriétaire des apports faits par les associés. La société est donc une personne distincte de celle de ses membres.

Quand la propriété commune naît à la suite d'une succession, les héritiers sont en indivision ou copropriétaires de la fortune héritée. Une telle nécessité peut difficilement être évitée. Mais le Code civil voit cette indivision d'un mauvais œil. Il lui a donc conféré un caractère essentiellement transitoire.

L'évolution économique et technique, intervenue après la promulgation du Code civil, a comporté un développement constant de la propriété collective, destinée à garder un caractère permanent.

A cet égard, il convient de relever surtout la création de diverses formes de sociétés, surtout de sociétés de capitaux, gérant souvent une immense fortune. D'autre part, la concentration des habitants dans les villes et grands centres a rendu nécessaire la construction d'immeubles, comprenant un assez grand nombre d'appartements. Ceux-ci comportent également des éléments de copropriété. Une législation spéciale a dû être créée pour régler les relations juridiques entre les copropriétaires d'un immeuble, abritant divers appartements.

Nous allons examiner dans les chapitres, qui suivent, les divers aspects de la propriété collective.

L'INDIVISION **114**

Celle-ci naît généralement, mais pas exclusivement, à la suite de l'ouverture d'une succession.

Il existe également une indivision post-communautaire entre des époux divorcés. Une indivision peut naître aussi entre des personnes, qui ont acheté un bien en commun, sans que celui-ci ne soit régi par un statut spécial, comme une société civile ou commerciale.

Nous ne consacrerons pas de longs développements à l'indivision, alors que nous l'avons traitée en détail dans notre ouvrage "Successions et Donations" sous les numéros 78 à 93 (pages 108 à 123).

Nous nous limitons en conséquence à rappeler les caractéristiques essentielles de l'indivision, tout en relevant que, depuis le Code civil, certaines lois sont venues tempérer le caractère essentiellement transitoire de cette indivision (cf. notamment les numéros 81 à 84 de l'ouvrage précité).

Les traits dominants de l'indivision sont les suivants:
1. chacun des copropriétaires d'une indivision est considéré comme maître individuel de sa quote-part. Il peut aliéner celle-ci, sous réserve d'un droit de préemption de ses cohéritiers,

2. l'indivision est un état provisoire, temporaire, qui peut cesser à tout moment par le partage. L'article 815 est libellé comme suit: "Nul ne peut être contraint à demeurer dans l'indivision et le partage peut toujours être provoqué, à moins qu'il n'y ait été sursis par jugement ou convention",
3. l'indivision n'est pas organisée; les actes de disposition et les principaux actes d'administration relatifs aux biens indivis nécessitent l'accord de tous les cohéritiers ou, le cas échéant, l'autorisation du tribunal.

115 BIENS DES PERSONNES MORALES

Nous avons relevé ci-dessus que le Code civil a conçu la personne morale comme une fiction dualiste du droit de propriété avec son aspect collectif. La fiction consiste à considérer la personne morale, société ou association, comme propriétaire des biens sociaux, et non les fondateurs ou associés, qui ont fait les apports à la société.

Mais la notion de personne morale ne se rencontre pas seulement dans le domaine privé. Il existe également des personnes morales de droit public. Les plus essentielles sont l'Etat et les communes. Pour l'Etat, ses biens immobiliers relèvent, soit du domaine public, soit du domaine privé.

116 *Biens appartenant aux personnes morales de droit privé*

Ce sont les statuts de la personne morale, d'origine contractuelle, qui fixent les règles d'après lesquelles le patrimoine du groupement concerné sera géré et qui définissent la nature et la mission des organes statutaires (assemblée générale et conseil d'administration).

Cependant, une différence doit être faite entre les sociétés qui poursuivent exclusivement un but de lucre, et les associations qui, pour l'essentiel, ont un but non lucratif, mais culturel, sportif ou artistique.

Les associations sont assez libres, du point de vue de la contrainte légale, d'organiser les statuts régissant leur activité. En raison cependant de leur objectif dépourvu d'esprit mercantile, la loi leur défend d'avoir d'autres immeubles que ceux nécessaires à l'exercice de leur activité spécifique. D'autre part, les associations ne peuvent pas être déclarées en faillite.

A part les associations précitées, qu'on qualifie d'associations sans but lucratif, il existe une autre forme d'associations, dont l'objectif se situe entre celui de l'association sans but lucratif et celui de la société. Il s'agit des associations agricoles, régies par l'arrêté grand-ducal modifié du 17 septembre 1945. Celles-ci, bien que ne poursuivant pas directement un but commercial, entendent néanmoins atteindre des résultats économiques de leur activité. Ainsi, dans un esprit coopératif, ces associations se proposent de valoriser au mieux la production agricole de leurs membres ou, par des achats en commun, de réduire les coûts de production des entreprises associées.

Les sociétés commerciales se divisent en sociétés de personnes (société en nom collectif et société en commandite simple) et en sociétés de capitaux (société anonyme, société en commandite par actions, société à responsabilité limitée et société coopérative). Les associés des sociétés de personnes sont, en principe, responsables sans limite des dettes de la société. Les associés des sociétés de capitaux, par contre, n'engagent que les fonds apportés à la société.

Les sociétés commerciales, tout en subissant moins de restrictions légales quant aux biens, spécialement immobiliers, qu'elles possèdent, sont néanmoins soumises à un contrôle assez strict de leur gestion financière. La raison en est qu'elles gèrent souvent des fonds importants, leur confiés par des actionnaires ou des obligataires, et qu'il importe qu'elles ne gaspillent pas ces capitaux, ou que le conseil d'administration ne s'enrichisse pas indûment au dépens de leurs bailleurs de fonds.

Si les sociétés commerciales peuvent être déclarées en faillite, quand leur crédit est ébranlé, les associations sus-visées ne peuvent pas l'être. La différence entre ces deux régimes est, qu'en cas de faillite d'une société commerciale, l'actif disponible est réparti suivant des critères minutieusement fixés par la loi. Par contre, quand les associations sont en déconfiture, c'est à dire insolvables, il n'existe pas de règles spéciales de répartition de l'actif disponible. Les créanciers les plus diligents sont payés avant ceux qui arrivent plus tard.

Biens appartenant aux personnes morales de droit public **117**

Il s'agit essentiellement de l'Etat. Les biens, qui lui appartiennent, sont répartis en deux catégories: les biens du domaine public et ceux du domaine privé.

L'article 538 dispose que "les chemins, routes et rues à la charge de l'Etat, les fleuves et rivières navigables ou flottables, les rivages, lais et relais de la mer, les havres, rades et généralement toutes les portions du territoire luxembourgeois, qui ne sont pas susceptibles de propriété privée, sont à considérer comme dépendances du domaine public."

Aucune disposition légale n'a cependant précisé à ce jour ce qu'il faut entendre par "portions du territoire luxembourgeois, qui ne sont pas susceptibles de propriété privée."

Régime applicable aux biens du domaine public **118**

En l'absence de la précision précitée apportée par le Code civil, ou par une loi postérieure, il a appartenu à la jurisprudence de dégager les caractéristiques essentielles des biens du domaine public.

Ceux-ci sont inaliénables, imprescriptibles, insaisissables et ne peuvent pas être grevés d'une servitude d'utilité privée. Ces biens sont donc hors du commerce, et on ne saurait parler à leur égard d'un droit de propriété au sens où l'entend le Code civil.

L'inaliénabilité de ces biens ne signifie néanmoins pas que l'Etat ne saurait céder sur ce domaine aucun droit d'usage ou de jouissance à des personnes privées. Ainsi, la Cour Supérieure de Justice a décidé par arrêt du 7 mars 1980 (Pas. 25, page 32) que "le principe de l'indisponibilité du domaine public ne fait pas obstacle à ce que l'Etat concède certaines portions de ce domaine ou autorise l'établissement d'entreprises, dans le sens le plus large, sur les lieux, qui en dépendent, de même qu'il ne s'oppose pas à ce que l'Etat accorde, sur ce domaine, des concessions, ayant pour objet de simples droits de jouissance ou d'occupation temporaire. Ces concessions, normalement faites moyennant redevances, sont essentiellement révocables ou rachetables."

D'autre part, les caractéristiques visées ci-dessus ne s'appliquent plus, lorsque des biens du domaine public sont désaffectés et ne servent plus à leur destination première. Ainsi, la Cour Supérieure de Justice a décidé par arrêt du 7 janvier 1916 (Pas. 9, page 157) qu' "il est de principe que les terrains, faisant partie de la voie publique, deviennent prescriptibles du moment qu'ils cessent d'avoir cette destination, c'est à dire lorsque, par des faits nombreux, persévérants et exclusifs, les habitants de la commune attestent une abstention complète de jouissance tandis qu'un seul, profitant de ce non-usage prolongé, s'en empare pour y poser des actes de possession publics, non interrompus et exclusifs de jouissance des autres".

119 *Les biens du domaine privé*

Les biens de l'Etat, ne faisant pas partie du domaine public, relèvent de son domaine privé.

Ces biens sont dans le commerce. L'Etat peut les aliéner, en respectant, au besoin, les dispositions des lois les régissant. Il peut les grever de droits réels au profit des particuliers ou les leur donner en location. Ceux-ci peuvent acquérir ces biens par prescription.

Toutefois, malgré cette assimilation des biens du domaine privé de l'Etat à ceux appartenant à des particuliers, l'Etat est néanmoins soumis à certaines obligations légales quant au droit de disposer de ses immeubles ou même pour certains actes administratifs en rapport avec ceux-ci.

C'est ainsi que l'article 99 de la Constitution prévoit qu' "aucune propriété immobilière de l'Etat ne peut être aliénée, si l'aliénation n'en est autorisée par une loi spéciale.

Toutefois, une loi générale peut déterminer un seuil, en dessous duquel une autorisation spéciale de la Chambre n'est pas requise."

La loi du 16 juin 1989 a fixé ce seuil à la somme de cinquante millions de francs au nombre-indice 370,70.

De même, une loi spéciale est requise, si l'Etat entend donner en location des immeubles lui appartenant, si la durée de ce bail dépasse neuf ans.

Biens communaux **120**

L'article 542 définit les biens communaux comme étant des biens à la propriété ou au produit desquels les habitants d'une ou de plusieurs communes ont un droit acquis.

Leur régime n'est cependant pas défini légalement. On ne sait donc pas si ces biens relèvent du domaine public, ou il s'agit d'une propriété collective spéciale.

En tout cas, l'autonomie communale ne joue pas pleinement quand une commune veut acheter ou aliéner des immeubles d'une certaine importance.

En effet, en vertu de l'article 106 de la loi communale du 13 décembre 1988, telle qu'elle a été modifiée, l'autorisation du Ministre de l'intérieur est requise si une commune veut acquérir des immeubles ou des droits réels immobiliers, au cas où la valeur de ceux-ci dépasse 300.000.- francs.

Il en est de même, si une commune entend aliéner ou échanger certains de ses immeubles au cas où la valeur de ceux-ci dépasse le montant précité.

LA PROPRIÉTÉ COLLECTIVE SANS INDIVISION ET SANS PERSONNE MORALE

Généralités **121**

A part les biens collectifs, ayant pour origine une indivision successorale ou autre, ou les biens appartenant à des personnes morales de droit privé ou de droit public, il existe une autre catégorie de biens collectifs.

Dans quelques cas, il est nécessaire d'avoir une propriété commune stable, à longue durée et organisée, sans que l'on puisse imaginer un but collectif indépendant de chaque copropriétaire.

L'objectif de cette catégorie de biens collectifs se présente dans les deux hypothèses suivantes: dans les rapports de voisinage et pour l'organisation de certains intérêts familiaux.

Malgré son allergie à toute forme de propriété collective, le Code civil a édicté des règles pour organiser ces formes de propriété commune.

Nous examinerons ci-après chacune de ces deux catégories de biens collectifs.

PROPRIÉTÉ COMMUNE RELATIVE À DES FONDS VOISINS **122**

Les propriétaires d'immeubles contigus ou voisins peuvent devenir copropriétaires de certaines choses immobilières, servant à l'usage commun de leur fonds. Cet état est destiné à durer. On parle en ce sens d'une indivision forcée ou perpétuelle. Le Code civil traite à cet égard de la mitoyenneté des clôtures.

La jurisprudence a élaboré des règles au sujet de la copropriété des cours et chemins, desservant plusieurs immeubles. Finalement, une législation assez récente a pour objet les immeubles, subdivisés en appartements, qui ont des propriétaires différents.

LA MITOYENNETÉ DES CLÔTURES

On dit qu'une clôture est mitoyenne, quand elle appartient indivisément aux propriétaires de deux fonds qu'elle sépare. Une telle mitoyenneté peut s'appliquer aux clôtures, murs, fossés, haies et barrières.

Cette clôture est privative, quand elle appartient à l'un des propriétaires des fonds voisins.

Le Code civil traite de la mitoyenneté des clôtures dans ses articles 653 à 669. Il la considère pourtant comme une servitude, plutôt que comme une copropriété. Cette qualification est cependant critiquable du moins à deux égards.

D'un côté, une servitude suppose l'existence d'un fonds dominant et d'un fonds servant. Or, on voit difficilement comment on pourrait identifier ces éléments dans la mitoyenneté d'une clôture.

D'un autre côté, le mode d'acquisition d'une servitude diffère de celui d'un mur mitoyen. Cela vaut notamment pour la prescription acquisitive. Celle-ci est toujours de trente ans, en ce qui concerne une servitude. Cette prescription peut être abrégée à une période de 10 à 20 ans pour l'acquisition d'une mitoyenneté.

123 ACQUISITION DE LA MITOYENNETÉ

Cette acquisition peut se faire par convention ou par prescription acquisitive. En ce qui concerne les murs, cette acquisition peut avoir lieu également par la volonté unilatérale d'un voisin.

a) Acquisition par convention

Une telle convention peut être établie par deux propriétaires voisins au sujet d'une clôture à ériger à frais communs.

Il est possible également qu'un propriétaire, ayant établi une clôture privative, cède la mitoyenneté de celle-ci à son voisin. Dans ce cas, la convention doit spécifier les conditions de cette cession et notamment le prix à payer par le propriétaire acquérant cette mitoyenneté.

b) Acquisition par prescription acquisitive

Si un propriétaire appuie des ouvrages contre la clôture privative de son voisin, il commet une usurpation, et ce dernier peut le contraindre, soit à démolir cette construction, soit à en acheter la mitoyenneté.

Si le propriétaire du mur a toléré de tels ouvrages durant trente ans, son voisin, qui a érigé ceux-ci, a acquis, par prescription, la mitoyenneté de ce mur. Cette prescription peut même se réaliser par l'expiration d'un délai de 10 à 20 ans, si le voisin, constructeur de ces ouvrages, dispose d'un juste titre et est de bonne foi (cf. numéros 301 et 302 ci-après).

c) Acquisition par la volonté unilatérale du voisin

Quand un propriétaire a construit un mur privatif sur la limite de son fonds, l'article 661 permet à son voisin d'en acquérir la mitoyenneté. Il s'agit en l'occurrence d'une espèce d'expropriation. Celle-ci est accordée au propriétaire voisin dans un but d'intérêt général. Cet intérêt consiste dans l'économie de terrains, de matériel et de main-d'œuvre qu'il permet de réaliser. Le propriétaire, qui use de la faculté d'acquérir la mitoyenneté du mur voisin, n'a pas à justifier les raisons pour lesquelles il entend le faire. Cette faculté est absolue.

Dans la mesure où un propriétaire veut acheter la mitoyenneté du mur de son voisin, il n'est pas obligé d'acquérir celle du mur tout entier. Il peut se contenter d'acheter la copropriété en partie, soit en longueur, soit même en hauteur.

Intérêt actuel amoindri de cette faculté **124**

Signalons que l'intérêt de demander à acquérir la mitoyenneté du mur voisin a aujourd'hui perdu une partie de son importance, du moins pour la construction de maisons.

L'utilité de demander la mitoyenneté du pignon de la maison voisine n'est plus d'un grand intérêt, cela pour une double raison. D'un côté, les règlements communaux sur l'urbanisme exigent souvent, du moins dans les campagnes, d'observer une certaine distance par rapport à la propriété voisine. Il n'existe donc pas de possibilité matérielle de profiter de la mitoyenneté du pignon voisin.

En second lieu, même si des règlements communaux permettent d'adjoindre une construction au pignon voisin, le constructeur d'une maison y renonce souvent et construit son propre pignon. Les techniques modernes de construction rendent généralement assez facile l'érection d'un tel mur, tout en permettant de gagner un temps précieux, par le fait d'éviter des discussions souvent fastidieuses avec le voisin pour acquérir la mitoyenneté de son pignon.

125 CONDITIONS REQUISES POUR L'ACQUISITION DE LA MITOYENNETÉ

Il est d'abord exigé qu'il s'agisse d'un mur. L'acquisition de la mitoyenneté n'est pas possible pour les autres espèces de clôtures.

Par ailleurs, le mur doit joindre le fonds voisin de telle sorte qu'il soit à même de clore les deux propriétés. Cette condition n'est pas réalisée, si le mur est construit en retrait.

Si le mur a été érigé à cheval sur la limite de deux fonds voisins, il n'est pas possible non plus de le rendre mitoyen. En effet, une partie de la propriété du mur a déjà été acquise par le voisin par accession. Il suffit donc à celui-ci de régler les conditions de cette acquisition, notamment l'indemnité à payer.

D'autre part, on ne saurait acquérir la mitoyenneté d'un mur, qui n'est pas dans le commerce, qui fait donc partie du domaine public. A ce titre, un tel mur est inaliénable et la cession de la mitoyenneté constituerait une sorte d'aliénation.

Finalement, cette acquisition n'est plus possible, si le propriétaire du mur a acquis, par convention ou prescription, des servitudes de jour ou d'aspect, qui sont incompatibles avec la mitoyenneté.

QUI PEUT DEMANDER LA CESSION DE LA MITOYENNETÉ?

C'est en règle normale le propriétaire du fonds voisin, qui formule cette demande. Est-ce que ce droit appartient également à d'autres personnes? Oui, il revient à tous les intéressés investis d'un droit réel sur le terrain adjacent à un mur voisin, donc à l'usufruitier et à l'emphytéote. Ce droit n'appartient en conséquence pas au locataire ou au fermier, qui, par définition, ne jouissent pas d'un droit réel, mais seulement d'un droit de créance.

126 *Prix de cette cession*

Si le propriétaire du mur, dont la mitoyenneté est réclamée par le propriétaire voisin, ne peut pas refuser ce droit, il est en revanche autorisé à lui réclamer une -indemnité. Comment se calcule cette dernière?-

C'est l'article 661, qui répond, en partie, à cette question, en disposant que le propriétaire privatif du mur a droit au remboursement de la moitié de la valeur du mur ou de la portion du mur, que le voisin veut rendre mitoyen, ainsi que de la valeur du sol, sur lequel le mur est bâti.

Ledit article ne dit cependant pas à quelle date il faut se placer pour le calcul de ce prix. Est-ce à l'époque où le propriétaire du mur a lui-même construit celui-ci, ou à la date, à laquelle le voisin fait sa demande pour acquérir cette mitoyenneté? Cette dernière date est en effet plus favorable pour le propriétaire du mur. Cela est d'autant plus le cas, si les deux dates-repères, entrant en ligne de compte, sont assez éloignées, en raison du renchérissement des prix de construction.

Dans un but d'équité, la jurisprudence, en l'occurrence le Tribunal civil de Luxembourg, par jugement du 9 avril 1930 (Pas. 12, page 502), a décidé que "le voisin, qui veut acquérir la mitoyenneté, doit payer la valeur du mur au jour où il en a fait usage, c'est à dire au moment où il a commencé sa construction, il doit la valeur du mur tel qu'il est, sauf les dépenses somptuaires et celles faites par l'utilité exclusive de l'autre héritage."

Qu'en est-il si le mur est construit à cheval sur la ligne de séparation de deux fonds? La Cour Supérieure de Justice, par arrêt du 16 octobre 1984 (Pas. 26, page 221), a jugé que, dans ce cas, l'article 661 sus-visé ne joue pas, qu'il n'y a donc pas lieu à indemnisation du propriétaire du mur suivant les règles dudit article. En effet, dans l'hypothèse précitée, le voisin est déjà devenu propriétaire par accession d'une partie du mur.

Un régime spécial est applicable, quand le voisin veut profiter de l'exhaussement d'un mur privatif. L'article 658 dispose en effet que tout copropriétaire peut faire exhausser un mur mitoyen. Que doit payer le voisin, qui entend tirer profit de cet exhaussement?-

L'article 660 prévoit à cet égard que le propriétaire, qui n'a pas contribué à cet exhaussement, peut en acquérir la mitoyenneté, en payant la moitié de la dépense qu'il a coûtée et la valeur de la moitié du sol fourni pour l'excédant d'épaisseur, s'il y a lieu.

Cette indemnité se calcule donc à la date de l'exhaussement, ce qui n'est pas favorable pour l'auteur de cette construction, compte tenu de la dépréciation monétaire et de la hausse des prix de construction.

Entretien du mur mitoyen - abandon du droit

L'article 655 prévoit que "la réparation et la reconstruction du mur mitoyen sont à charge de tous ceux qui y ont droit et proportionnellement au droit de chacun."

Comme tempérament à cette règle, l'article 656 spécifie que "tout copropriétaire d'un mur mitoyen peut se dispenser de contribuer aux réparations et reconstructions, en abandonnant le droit de mitoyenneté, pourvu que le mur mitoyen ne soutienne pas un bâtiment qui lui appartient."

En cas d'abandon de la mitoyenneté par l'un des copropriétaires, ce mur devient donc la propriété exclusive de l'autre propriétaire.

Deux questions se posent dans ce contexte. Ce droit d'abandon est-il absolu, et dans quelles formes se réalise-t-il?

Quant au premier problème, l'article 656 fait lui-même une restriction à ce droit d'abandon, en le refusant au propriétaire si le mur mitoyen constitue un soutien pour son propre bâtiment. Il ne serait en effet pas équitable que ce propriétaire puisse tirer profit de ce mur, sans participer aux frais de réparation de celui-ci.

En second lieu, la jurisprudence a restreint le libre choix d'un copropriétaire quant à l'abandon de la mitoyenneté. C'est ainsi que le Tribunal civil de Luxembourg, par jugement du 2 juin 1926 (Pas. 12, page 150), a jugé que "l'abandon du droit de mitoyenneté n'affranchit pas de charges dont la cause est antérieure" (à abandon du droit de mitoyenneté). Donc, quand des travaux de réparation du mur mitoyen ont été réalisés d'un commun accord ou de l'initiative d'un des copropriétaires, l'autre ne peut pas refuser de payer sa part dans ces frais, en abandonnant la mitoyenneté. Il en est de même, si les réparations nécessaires du mur mitoyen sont imputables à la faute du copropriétaire, qui veut abandonner la mitoyenneté, par exemple, s'il a trop chargé ce mur par des ouvrages qu'il y a aménagés.

D'un autre côté, la jurisprudence a prévu une extension, non prévue à l'article 656, du droit d'abandon de la mitoyenneté.

La Cour en effet a jugé, par arrêt du 24 novembre 1937 (Pas. 14, page 190), que "la faculté accordée au propriétaire d'un mur mitoyen de se dispenser de contribuer aux réparations et reconstructions du mur, en renonçant à son droit de mitoyenneté, s'applique même au cas où, dans les villes et faubourgs, un propriétaire veut contraindre son voisin à contribuer à la construction d'un mur séparatif de leurs héritages respectifs, ce voisin peut s'affranchir d'une telle obligation en abandonnant la moitié du terrain nécessaire pour la construction du mur et en renonçant à son droit de mitoyenneté."

Conditions de forme de l'abandon de la mitoyenneté

Cet abandon doit être exprès. Le contractant du propriétaire, qui veut abandonner la mitoyenneté, a donc tout intérêt à constater cet abandon par écrit et cela par un acte notarié qu'il fait transcrire au Bureau des hypothèques. En l'absence de cette formalité, cet abandon n'est pas opposable aux tiers si le propriétaire, ayant abandonné sa mitoyenneté, vend son immeuble.

Nature de la cession forcée de la mitoyenneté

Cette cession est une opération de nature mixte, qui tient des éléments de la vente et de l'expropriation. Comme cette cession n'est pas volontaire, on admet qu'il n'y a pas lieu à garantie pour vice de construction du mur. A cet égard, les règles régissant l'expropriation priment donc celles relatives à la vente.

Pour le surplus, l'opération se ramène à une vente immobilière. Cela implique que le propriétaire, qui a vendu la mitoyenneté, a en cas de non-paiement du prix, les mêmes garanties que le vendeur d'un immeuble, donc notamment le privilège du vendeur et l'action résolutoire. D'autre part, cet acte de cession doit être publié par la transcription au Bureau des hypothèques.

Effets de l'acquisition

Celle-ci a pour effet que l'acquéreur de la mitoyenneté devient copropriétaire du mur. Etant donné qu'il s'agit en l'occurrence, non d'une cession amiable, mais d'une cession forcée, qui s'opère en vertu de la loi, cette cession a un effet rétroactif.

Celui-ci remonte au jour où ce propriétaire a formulé sa demande en acquisition de la mitoyenneté.

A compter de cette date, l'acquéreur a tous les droits découlant de la mitoyenneté. Ainsi il peut demander la suppression de tous les ouvrages établis par le propriétaire du mur, quand celui-ci était encore privatif, mais qui, après l'acquisition de la mitoyenneté, sont incompatibles avec l'exercice de celle-ci.

Toutefois, cet acquéreur doit respecter les servitudes que l'autre propriétaire a acquises sur son fonds, même si elles limitent son droit de copropriété du mur. Il doit donc respecter une servitude de jour ou une servitude d'égout. Il est même possible qu'un voisin n'a pas d'intérêt à acquérir une mitoyenneté, alors que les servitudes, dont bénéficient son voisin, lui rendraient sans utilité l'acquisition de cette mitoyenneté.

PREUVE DE LA MITOYENNETÉ **129**

Les contestations entre voisins sur le mur, séparant leur fonds, ne sont pas rares. L'un des voisins peut revendiquer la propriété privative de ce mur, alors que l'autre en invoque la mitoyenneté.

Quelles preuves peuvent faire valoir les deux adversaires devant le juge pour faire triompher leur prétention?

Il existe à cet égard trois modes de preuves:
1. le titre,
2. la prescription,
3. des présomptions légales de mitoyenneté.

ad 1) L'un des adversaires, ou même les deux, peut (peuvent) invoquer un titre. Cette notion de titre est à entendre au sens le plus large. Il peut s'agir d'un écrit aussi bien authentique que sous seing privé, déclaratif ou translatif. Ce titre n'a même pas besoin d'être commun aux deux parties. Il est invoqué comme présomption laissée à l'appréciation du juge, lorsque l'une ou les deux parties invoquent la propriété privative du mur. Pour gagner le procès, il suffit d'avoir un titre meilleur que son adversaire.

ad 2) A défaut de titre, ou d'un titre suffisamment convaincant, la prescription acquisitive peut, le cas échéant, être invoquée pour trancher le litige. Le mur est mitoyen s'il est prouvé qu'il a été la propriété commune de deux voisins pendant une période trentenaire, abrégée, dans des circonstances spéciales, à une durée de dix à vingt ans. Ce mur est privatif, s'il a été, durant la période de prescription requise, la propriété d'un seul voisin.

ad 3) Souvent dans des litiges, les parties ne peuvent pas produire un titre susceptible d'entraîner la conviction du juge. Ces parties ne sont pas non plus en mesure d'invoquer la prescription, qui n'a pas encore joué.

Pour ces cas, l'article 653 a prévu des présomptions de mitoyenneté. Par contre, l'article 654 a institué des présomptions, ou plutôt des marques de non-mitoyenneté.

130 A) Présomptions de mitoyenneté

L'article 653 prévoit trois cas, dans lesquels il est admis légalement que le mur de séparation de deux fonds est présumé mitoyen:

a) sont présumés mitoyens, les murs servant de séparation entre deux bâtiments. Peu importe que ceux-ci soient situés en ville ou à la campagne. Ces murs sont censés être mitoyens jusqu'à l'héberge, c'est à dire jusqu'à la hauteur du toit du bâtiment le moins élevé,

b) les murs de séparation entre cours et jardins, même dans le cas où l'un des fonds n'est pas entièrement clos. Par contre, n'est pas réputé mitoyen, le mur qui sépare une cour ou un jardin d'une maison,

c) les murs servant de séparation entre deux enclos dans les champs. La présomption ne s'applique pas, si un seul fonds est clos.

131 B) Marques de non-mitoyenneté

Dans certains cas, la façon dont est construit un mur, fait présumer que celui-ci est privatif, plutôt que mitoyen. Le Code civil, dans son article 654, parle dans ce cas de marques de non-mitoyenneté.

L'existence d'une telle marque, caractérisant un mur, prime les présomptions de mitoyenneté prévues par l'article 653, mais ne l'emporte pas sur un titre documentant une mitoyenneté.

L'énumération de ces marques est faite à l'article 654. D'après la jurisprudence, cette énumération n'est pas limitative. D'une façon générale, on peut dire que ces marques consistent dans des aménagements spéciaux destinés, soit à faciliter l'écoulement de l'eau, soit à appuyer des constructions.

132 HIÉRARCHIE DES MODES DE PREUVES

Quand plusieurs des moyens de preuve sus-visés sont soumis au juge, lesquels l'emportent?-

Ce sont les titres qui constituent les preuves les plus concluantes. En leur absence, la prescription l'emporte. Quand celle-ci n'a pas encore joué, ce sont les marques de non-mitoyenneté, qui doivent entraîner la conviction du juge. Quand le mur litigieux ne présente pas de telles marques caractéristiques, les présomptions de mitoyenneté, visées par l'article 653, entrent en jeu.

S'agissant en l'occurrence d'un régime de preuves en matière immobilière, les preuves testimoniales ne sont pas admises.

La compétence judiciaire au sujet de litiges, relatifs à des murs de séparation de deux fonds, appartient au juge de paix.

Droits des copropriétaires sur le mur mitoyen **133**

Chacun des propriétaires peut se servir de la face du mur, qui regarde son fonds, pour y appuyer des constructions. Il a le droit d'y planter des arbres en espalier (cf. numéro 70). Chaque propriétaire a la faculté de placer des poutres et solives dans ce mur dans toute l'épaisseur à 54 millimètres près. Le voisin est en droit de faire réduire cette épaisseur, quand il veut lui-même placer des poutres dans le mur. Chacun peut y adosser une cheminée. Ces mesures sont prévues à l'article 657.

Toutefois, pour éviter, dans la mesure du possible, des litiges entre voisins, l'article 662 exige, qu'avant de commencer de tels travaux, celui qui veut les entreprendre, doit demander l'accord de son voisin. Si celui-ci refuse, l'autre doit "régler par experts les moyens nécessaires pour que le nouvel ouvrage ne soit pas nuisible aux droits de l'autre."

Chaque copropriétaire du mur peut, sans l'accord du voisin, faire rehausser le mur mitoyen. Il doit faire ce rehaussement à ses propres frais et supporter seul les dépenses relatives à la partie rehaussée. Dans cette entreprise, il doit respecter les droits qui peuvent résulter, pour le voisin, d'une servitude établie à son profit.

Si le mur mitoyen n'est pas en état de supporter l'exhaussement celui qui veut faire cet ouvrage, doit reconstruire le mur en entier à ses frais, en prenant de son côté l'excédé d'épaisseur (article 659).

Quant au mur exhaussé, la partie exhaussée devient la propriété exclusive de celui qui l'a faite. En cas de reconstruction du mur, celui-ci demeure mitoyen jusqu'à la hauteur de l'ancien mur, même si son épaisseur a été augmentée.

Nous avons déjà signalé au numéro 126 que le voisin, qui n'a pas participé au rehaussement du mur, peut acquérir la mitoyenneté de la partie rehaussée, aux conditions définies à ce numéro.

Les opérations défendues au copropriétaire d'un mur mitoyen **134**

Un copropriétaire ne peut pratiquer dans un mur mitoyen, sans l'accord de l'autre propriétaire, aucune fenêtre ou ouverture, de quelque manière que ce soit (article 675). Nous renvoyons à cet égard au numéro 77 ci-avant.

Si de telles ouvertures avaient été pratiquées dans ce mur au temps où celui-ci était privatif, elles doivent être supprimées, du moment que le voisin acquiert la mitoyenneté. Cette suppression est parfois visée quand un voisin demande la mitoyenneté du mur.

Cette suppression des ouvertures peut être demandée par le voisin, qui acquiert la mitoyenneté du mur, même quand ces ouvertures ont été aménagées depuis plus de tente ans. On ne peut en effet pas acquérir une servitude sur sa propre chose (Cour Supérieure de Justice, arrêt du 31 octobre 1872, Pas. 1, page 197).

135 *Droits de copropriété d'une clôture autre qu'un mur*

Le Code civil vise à ce sujet les fossés et les haies séparant deux fonds. Les deux clôtures sont déclarées mitoyennes, sauf situation exceptionnelle.

Ces exceptions sont, d'un côté, un titre produit par l'un des voisins et, d'un autre côté, pour les fossés, des marques de mitoyenneté.

Le fossé est présumé appartenir à l'un des propriétaires, lorsque la levée ou le rejet de la terre se trouve d'un côté seulement du fossé. Si le fossé est mitoyen, il doit être entretenu par les deux voisins et à frais communs.

En ce qui concerne une haie, elle n'est pas censée mitoyenne, s'il y a titre ou possession suffisante, donc prescription acquisitive. Un arbre se trouvant dans la haie est également mitoyen. Chacun des propriétaires peut faire abattre cet arbre, sans préjudice des règles sur la protection de la nature (cf. numéro 74).

Etant donné leur nature et leur usage limité, les haies et les fossés ne répondent pas aux autres règles régissant les murs séparant deux fonds. En ce sens, il ne saurait être question pour le voisin, non copropriétaire d'un fossé ou d'une haie, de demander la mitoyenneté de celui-ci ou de celle-ci.

136 *Propriété commune des chemins, allées et cours servant à plusieurs fonds*

Le Code civil ne parle pas de ces éléments, qui néanmoins peuvent envenimer les relations entre propriétaires. C'est la jurisprudence qui a dégagé les règles auxquelles doivent répondre ces cours et chemins.

On parle dans ce contexte d'indivision forcée. Mais celle-ci se distingue cependant du régime de copropriété, qui a été étudié aux numéros précédents. Ce régime peut être caractérisé comme suit:
1. chaque copropriétaire d'une cour ou d'un chemin commun à plusieurs bâtiments peut faire sur ceux-ci les actes matériels de jouissance, à condition de ne pas priver les autres propriétaires de leurs propres droits sur ces mêmes choses, et à condition de ne pas modifier la destination de cette cour ou de ce chemin,
2. les copropriétaires peuvent régler la gestion des cours et chemins, notamment quant aux conditions de leur usage ou de la répartition des frais d'entretien. Si un tel règlement n'a pas été établi, chaque propriétaire a le droit, sans l'assentiment des autres, d'exécuter les travaux d'entretien, de réparation et même les transformations conformes à la destination de la chose. Il peut obliger les autres propriétaires à participer à ces frais sauf le droit de l'un ou de l'autre de ceux-ci d'abandonner son droit de copro-

priété sur la cour ou le chemin,
3. aucun propriétaire ne peut demander le partage de cette espèce de copropriété,
4. un copropriétaire ne peut pas céder à un tiers sa quote-part dans ces cours et chemins. Par contre, quand il cède son fonds, le nouveau propriétaire lui est substitué dans la propriété commune,
5. ce droit de copropriété ne s'éteint pas par le seul fait qu'un propriétaire demeure, pendant trente ans, sans utiliser la chose indivise.

LA COPROPRIÉTÉ PAR APPARTEMENTS

137 Généralités

Celle-ci est une espèce de la propriété collective sans indivision et sans personne morale. Elle en est même la forme la plus courante et en même temps la plus récente.

En effet, bien que des immeubles à appartements aient été construits depuis les années 1950, une législation y relative a seulement vu le jour en 1975. Elle a trouvé son expression dans la loi du 16 mai 1975 portant statut de la copropriété des immeubles bâtis. Cette loi a été complétée par celle du 22 avril 1985 et encore par celle du 19 mars 1988, qui a trait à la publicité foncière en matière de copropriété et qui est communément appelée "loi sur le cadastre vertical".

La loi du 16 mai 1975 comporte également un règlement d'exécution, à savoir le règlement grand-ducal du 13 juin 1975 prescrivant les mesures d'exécution de la loi du 16 mai 1975 portant statut de la copropriété des immeubles.

L'article 1er de la loi du 16 mai 1975 précitée dispose qu'elle régit tout immeuble bâti ou groupe d'immeubles bâtis, dont la propriété est répartie entre plusieurs personnes, par lots comprenant chacun une partie privative et une quote-part des parties communes.

Avant l'entrée en vigueur de la loi du 16 mai 1975, les copropriétaires d'un immeuble bâti, réparti en lots individualisés, ont dû suppléer au silence de la loi en donnant à leur copropriété un statut d'origine conventionnelle. Ce statut était dénommé "règlement général de copropriété" ou encore "acte de base" et était destiné à régler, à défaut de dispositions légales appropriées, les rapports entre les copropriétaires d'un même immeuble.

Avec l'entrée en application de règles légales impératives, régissant les prédits rapports, les règlements généraux de copropriété conventionnels n'ont aujourd'hui plus qu'une vocation supplétive.

Le présent chapitre se propose de présenter et de commenter le contenu du statut légal de la copropriété, d'expliciter les règles impératives de la loi qui gouvernent la structure et le fonctionnement de la copropriété.

Cette matière se subdivisionne comme suit:

* La structure de la copropriété:
  – Le domaine d'application de la loi.
  – La division entre parties communes et parties privatives.
  – Les organes de la copropriété.
* Les règles gouvernant le fonctionnement de la copropriété (page 142):
  – Le droit de disposition sur les parties communes et sur les parties privatives.
  – La prise de décisions.
  – La répartition des frais de fonctionnement.

LA STRUCTURE DE LA COPROPRIÉTÉ PAR APPARTEMENTS

Les règles impératives de la loi du 16 mai 1975 régissant la copropriété des immeubles bâtis, ont introduit un agencement complexe de la structure inhérente à la copropriété, de même qu'au niveau du fonctionnement interne de cette fiction légale.

Dans un premier temps, nous allons analyser le domaine d'application de la loi de base du 16 mai 1975. Nous verrons dans la suite d'après quels critères se détermine la répartition des différents lots composant la copropriété de l'immeuble en des parties privatives, dont le droit de propriété revient à un seul propriétaire, et les parties communes, dont le droit de propriété se répartit entre plusieurs propriétaires.

Nous étudierons finalement les organes gérant la copropriété et qui organisent son fonctionnement dans le respect des règles impératives édictées par la loi de base.

LE DOMAINE D'APPLICATION DE LA LOI DU 16 MAI 1975

Nous avons déjà relevé que les règles édictées par la loi du 16 mai 1975 sont, sous réserve de quelques exceptions, d'ordre public et impératives. Il n'est partant pas possible aux parties d'y déroger par un règlement de copropriété conventionnel (acte de base), qui garde seulement un caractère supplétif par rapport à la loi.

D'ailleurs, l'article 40 de la loi du 16 mai 1975 sanctionne toutes clauses du règlement contraires aux dispositions des articles 2, 3 n° 4, 5, 7 al. 1er, 8 à 20, 23 à 31, 34 et 35 et les répute non écrites.

Les articles précités concernent plus particulièrement les domaines suivants, qui forment l'essence de la loi, ce qui explique qu'ils s'imposent à toute copropriété:
- le droit d'un copropriétaire de disposer de son lot et d'user librement de ses parties privatives et, sous réserve des droits des autres copropriétaires, des parties communes,
- la répartition de l'immeuble entre parties privatives et parties communes et les critères de cette répartition,
- le principe de l'indivisibilité des parties communes,
- la répartition des frais de fonctionnement entre les différents copropriétaires et le principe de la révisabilité de cette répartition à l'unanimité des copropriétaires,
- le groupement des copropriétaires en un syndicat et les pouvoirs de ce dernier,
- la représentation du syndicat par un syndic et les pouvoirs de celui-ci,
- les critères relatifs aux taux de majorité à l'assemblée générale des copropriétaires suivant les décisions à adopter,
- l'institution du conseil syndical, ses fonctions et ses pouvoirs,
- les sûretés attachées aux créances du syndicat vis-à-vis de chaque copropriétaire et ses droits en cas de vente du lot du copropriétaire débiteur,
- les délais de prescription pour les actions personnelles entre les copropriétaires ou entre un copropriétaire et le syndicat et la compétence territoriale des juridictions pour connaître de ces actions.

D'autre part, le règlement grand-ducal du 13 juin 1975, pris en exécution de la loi du 16 mai 1975, se voit reconnaître le même caractère impératif, surtout en ce qui concerne les règles gouvernant la convocation et la tenue des assemblées générales des copropriétaires. Il appartient toutefois aux tribunaux, saisis d'une contestation par un copropriétaire d'une décision prise en assemblée générale, d'apprécier si le non-respect de la règle légale a causé un préjudice au copropriétaire contestant et donc s'il y a lieu de prononcer la nullité de la décision prise.

Le régime de copropriété s'applique d'office à un immeuble bâti, dans la mesure où celui-ci répond aux critères suivants:
- l'immeuble doit être divisé en lots, comprenant chacun une partie privative et une quote-part dans les parties communes,
- il est requis que ces lots soient chacun susceptible d'une appropriation individuelle,
- la propriété de l'immeuble ou du groupe d'immeubles doit être répartie entre plusieurs personnes, de façon à ce qu'il y ait une indivision portant sur l'immeuble concerné.

Nous étudierons ci-après ces différentes conditions.

LA DIVISION DE L'IMMEUBLE EN LOTS **139**

Pour que la réglementation sur la copropriété trouve application, il faut que l'immeuble concerné soit d'abord un immeuble bâti, c'est-à-dire une construction. Ainsi, cette réglementation ne s'applique pas aux terrains nus, non susceptibles de recevoir une construction.

Signalons toutefois que lorsque la construction d'un immeuble en copropriété sur un terrain déterminé fait l'objet d'un projet de construction, ce terrain peut être soumis au régime de la loi du 16 mai 1975 sur la copropriété, dans la mesure où le droit de propriété sur ce terrain et sur la construction à ériger appartient en indivision à deux ou plusieurs personnes. La loi trouve en effet application à "tout terrain, sur lequel la construction d'un bâtiment est commencée ou projetée, du moment que la propriété en est répartie entre deux ou plusieurs personnes, dont chacune dispose d'un droit à l'acquisition d'un lot distinct, comprenant une partie privative et une quote-part de parties communes du bâtiment."

Pour que la réglementation sur la copropriété s'applique à un immeuble, il est exigé que ce dernier soit susceptible d'une division en des lots individuels, se répartissant en une partie privative et en une partie commune.

Que faut-il entendre par "lot" ?-

Les travaux préparatoires de la loi du 16 mai 1975 définissent le "lot" comme constituant une "entité indivisiblement composée d'une partie privative et d'une quote-part dans les parties communes."

Il se dégage de la définition précitée que le droit d'un copropriétaire sur un lot de l'immeuble en copropriété ne se limite pas aux seules parties privatives, c'est-à-dire à l'appartement qu'il vient d'acquérir, mais s'étend également à une quote-part des parties communes de l'immeuble.

La loi du 16 mai 1975 ne trouve toutefois une application impérative qu'à la condition que l'immeuble concerné permette une division en lots, et que ceux-ci puissent faire l'objet d'une appropriation par une ou plusieurs personnes.

L'APPROPRIATION INDIVIDUELLE DES LOTS **140**

Nous avons relevé ci-dessus que la loi du 16 mai 1975 s'applique seulement si un immeuble appartient en indivision à deux ou à plusieurs propriétaires. Cette condition n'est remplie que si ces propriétaires acquièrent chacun un lot, tel que défini ci-dessus, dans cet immeuble et qu'il y a impossibilité matérielle d'opérer une séparation entre les parties privatives et les parties communes dans cette propriété indivise.

Ces critères appellent deux commentaires:
- il n'est pas nécessaire que l'immeuble ait fait l'objet d'une répartition formelle en lots et que les quotes-parts dans les parties communes, appartenant à chaque copropriétaire, soient individuellement déterminées;

- il importe peu par quel mode de transfert, chaque copropriétaire a acquis le droit de propriété sur son lot. Le mode le plus courant est évidemment l'acquisition par vente. Mais la cession d'un droit de propriété sur un lot dans un immeuble en copropriété peut aussi intervenir par un échange, une donation ou par une succession.

Il n'est pas nécessaire que le lot transféré par succession appartient à une seule personne. Il se peut en effet que plusieurs héritiers font l'acquisition indivise de la propriété d'un lot individuel, de sorte que ce lot leur appartient en commun.

Il est toutefois requis que le lot fasse l'objet d'un droit de *propriété*. Il n'est en effet pas suffisant qu'un simple droit de superficie ou qu'un bail emphytéotique soit cédé sur le lot en question.

Il se peut toutefois que le droit de propriété d'un lot se démembre entre un droit de nue-propriété et un droit d'usufruit, se répartissant entre deux ou plusieurs personnes.

141 LA RÉPARTITION DE LA PROPRIETE DE L'IMMEUBLE ENTRE PLUSIEURS PERSONNES

La loi fixe le nombre minimum de copropriétaires à deux, mais ne limite pas ce nombre vers le haut. Il faut que chacun de ces copropriétaires se soit approprié, par quelque mode que ce soit, un lot individuel dans cet immeuble et qu'il soit ainsi devenu propriétaire d'une part privée, qui lui appartient en exclusivité, et d'une portion indivise déterminée dans les parties communes de l'immeuble, attachée à sa part privée.

Une copropriété peut également être formée entre un plein - propriétaire, d'un côté, et un nu-propriétaire, de l'autre, les droits de chacun portant sur un lot séparé de l'immeuble. Il n'y a, au contraire, pas copropriété, lorsque l'immeuble ne comporte qu'un seul lot ou bloc, dont la propriété se répartit entre un nu - propriétaire et un usufruitier.

Si, par contre, ce même immeuble comporte au moins deux lots, mais que la propriété du second lot appartient à une autre personne, il y a copropriété, et la loi du 16 mai 1975 est applicable.

En général, on peut dire qu'il y a copropriété régie par la loi du 16 mai 1975, chaque fois que deux ou plusieurs propriétaires se répartissent entre eux la propriété d'un même immeuble ou d'un même groupe d'immeubles et que chaque propriétaire dispose d'une propriété exclusive sur des locaux privatifs et d'une quote-part dans la propriété appartenant en commun à tous les copropriétaires.

142 *L'application de la loi du 16 mai 1975 dans le temps*

Nous avons relevé que les immeubles en copropriété n'étaient, jusqu'en 1975, dotés d'aucun statut légal. Les seules règles gouvernant leur fonctionnement interne et les droits et obligations des copropriétaires, étaient d'ordre conventionnel et se dégageaient des règlements généraux de copropriété.

Des décisions étaient évidemment prises par les copropriétaires, mais elles concernaient le plus souvent la création de droits plutôt que de charges. Il s'avérait alors souvent, au moment de l'entrée en vigueur de la loi du 16 mai 1975, que ces décisions étaient, pour une bonne partie, contraires aux dispositions impératives de la nouvelle loi. L'entrée en vigueur de la loi a-t-elle eu pour conséquence d'invalider les décisions remontant à une époque où elle n'était pas encore en application ?-

La réponse à cette question est négative, dans la mesure où la loi du 16 mai 1975 n'a point d'effet rétroactif et ne saurait donc régir des décisions arrêtées au temps où la loi n'était pas encore en vigueur.

Ceci a pour conséquence que les décisions prises dans les copropriétés avant l'entrée en vigueur du statut légal de la copropriété ne sauraient pas être remises en cause, mais qu'elles gardent leur validité. Elles ne sont dès lors pas susceptibles d'être annulées par les tribunaux.

Si la loi du 16 mai 1975 n'a pas d'effet rétroactif, à défaut d'une disposition légale ordonnant un tel effet, elle est toutefois d'application immédiate. Elle s'applique ainsi à tous les règlements généraux de copropriété, y compris à ceux qui ont été établis avant l'entrée en vigueur de la loi. Ceci a également des conséquences pour les décisions adoptées avant la loi, mais dont l'exécution pratique perdure sous l'empire de la nouvelle loi. Il est évident que cette exécution d'une décision dorénavant illégale doit cesser avec effet immédiat.

Il s'ensuit que les décisions prises par les copropriétés après l'entrée en vigueur de la loi doivent être conformes aux nouvelles dispositions légales, à peine de nullité. Ceci a souvent amené des situations ambiguës dans des copropriétés, dans la mesure où celles-ci étaient amenées à exécuter, sous l'empire de la loi du 16 mai 1975, des décisions prises avant son entrée en vigueur et contraires à ces dispositions légales. Evidemment, dès l'entrée en vigueur de la loi, les nouvelles décisions prises dans le cadre des mêmes problèmes devaient se conformer aux dispositions légales. Ainsi, il arrivait souvent qu'il y avait une véritable scission dans le temps au sein d'une copropriété quant aux décisions prises par le syndicat des copropriétaires.

LA RÉPARTITION EN PARTIES PRIVATIVES ET EN PARTIES COMMUNES

Le présent chapitre expose la différence entre les deux catégories de parties d'un immeuble en copropriété, de même qu'il précise les critères permettant de distinguer les parties privatives des parties communes et d'affecter les différents locaux de l'immeuble à l'une ou à l'autre des catégories précitées.

DEFINITIONS

Avant de pouvoir déterminer les critères permettant d'affecter chaque local d'un immeuble en copropriété, soit à la catégorie des parties privatives, soit à celle des parties communes, il importe de définir ces notions.

143 1) **LES PARTIES PRIVATIVES**

On entend par partie *privative* d'un immeuble en copropriété tout local, dont l'usage est réservé exclusivement à chaque copropriétaire. En général, on peut dire que les parties privatives sont constituées par les différents appartements qui composent l'immeuble, de même que par les accessoires et dépendances de ces appartements, tels que les caves, les greniers, les garages, les jardins, sous la condition que ces dépendances soient réservées à l'usage exclusif et individuel d'un seul copropriétaire.

Les parties privatives forment par voie de conséquence la plus grande partie de l'immeuble. Une telle partie privative est, aux termes de la loi, la "propriété exclusive du copropriétaire", qui en a fait l'acquisition.

Comme la partie privative n'est pas susceptible d'une propriété commune par l'ensemble des copropriétaires, il faut qu'elle soit déterminée clairement et sans équivoque.

Les locaux privatifs doivent partant, quant à leur identification et quant à leurs limites, être définis par le règlement général de copropriété et, en tout cas, par le titre de propriété du copropriétaire, qui a acquis le droit de propriété sur un local privatif.

En règle générale, ces locaux privatifs sont désignés dans les documents précités par un numéro ou par une lettre. Doivent également être précisés dans ces documents, l'étage et la partie de l'étage, où chaque local privatif est situé.

Le caractère privatif d'un local ne se présume pas. Le copropriétaire, qui se prévaut d'un droit d'usage exclusif sur un local déterminé, doit pouvoir se baser sur un titre de propriété exprès, qui le qualifie de partie privative et en fixe les limites et l'étendue.

Bénéficient également d'un caractère privatif et relèvent donc des parties privatives, les éléments énumérés ci-après:
– les murs, cloisons, plafonds et planchers situés à l'intérieur des appartements,
– les portes intérieures des appartements, y compris leurs portes d'accès,
– les boîtes-aux-lettres affectées aux appartements.

144 2) **LES PARTIES COMMUNES:**

Les parties communes peuvent être définies de deux façons, l'une négative, l'autre positive.

Négativement, les parties communes se définissent comme regroupant les locaux de l'immeuble qui ne sont pas affectés à l'usage exclusif d'un copropriétaire.

Positivement, constituent des parties communes, les parties de l'immeuble qui sont à l'usage commun des différents copropriétaires de l'immeuble.

Pour être commun, un élément ou local de l'immeuble ne doit donc pas seulement être "non privatif", mais il doit en outre être affecté à l'usage commun des copropriétaires. Il ne faut à cet égard pas que cette partie soit destinée à l'usage de tous les copropriétaires. Il suffit que l'usage de cette partie soit commun à quelques copropriétaires. Ainsi, il peut y avoir plusieurs indivisions à l'intérieur d'une même copropriété. Ceci est le cas, lorsqu'il y a à la fois des parties en indivision *générale*, dont l'usage est commun à tous les copropriétaires, et des parties en indivision *particulière*, dont l'usage n'est commun qu'à certains copropriétaires. Généralement, ces derniers copropriétaires sont ceux qui ont seuls l'usage de ces parties, pour y avoir seuls un accès direct.

Comme la loi n'a pas énuméré les éléments et locaux de l'immeuble qui sont à considérer comme formant les parties communes, il appartient normalement au règlement général de copropriété (acte de base) de l'immeuble de déterminer quels éléments sont privatifs, et lesquels sont communs.

CRITÈRES DE LA DISTINCTION **145**

Il arrive souvent dans la pratique que les actes de base sont incomplets ou imprécis, voire même contradictoires, de sorte qu'ils n'offrent pas toujours de solutions. Il est ainsi utile de dégager des critères de distinction précis pour distinguer parties privatives et parties communes.

Les praticiens ont généralement recours aux principes directeurs suivants pour déterminer les parties communes.
Ainsi:
* sont communes, les parties de l'immeuble destinées à assurer sa solidité. Il s'agit notamment de la toiture, des gros murs portants, du sol,
* sont également communes à tous les copropriétaires de l'immeuble, les parties auxquelles chaque propriétaire a accès et dont il peut user. Il s'agit notamment de la cage d'escalier, des couloirs des étages, de l'ascenseur.
Il ne faut pas que ces éléments soient nécessaires à tous, il suffit pour leur donner un caractère commun que chaque copropriétaire peut en faire usage.
* sont finalement encore communs, tous les éléments d'équipement de l'immeuble, qui sont destinés à assurer à tous les copropriétaires, soit une facilité, soit une fourniture de moyens d'énergie, soit un aspect esthétique à l'ensemble immobilier. Citons sous ce regard notamment:
– les antennes radio ou de télévision, à condition que tous les copropriétaires y soient raccordés.

- les ornements extérieurs des façades, balcons et fenêtres (tels les balustrades, châssis des fenêtres, du moment qu'ils sont uniformes pour tout l'immeuble et qu'ils lui confèrent un certain aspect esthétique),
- les parlophones et les ouvre-portes,
- les canalisations,
- les conduites de gaz et d'eau, même pour les sections qui se trouvent à l'intérieur des locaux privatifs,
- les fils électriques,
- l'installation du chauffage central,
- les coffres, conduits et têtes de cheminée,
- la façade et sa décoration,
- les murs intérieurs séparant des locaux privatifs et des locaux communs,
- le terrain en sous-sol,
- les vides-poubelles.

Il est évident que les principes préétablis ne valent qu'en l'absence de dispositions précises dans le règlement de copropriété. Ce dernier peut en effet accorder un caractère commun à des éléments qui seraient réputés privatifs en vertu des principes ci-avant développés. Aussi, le règlement de copropriété pourrait-il donner un caractère commun à des éléments qui n'ont pas pour objet d'assurer la solidité du bâtiment.

Dans la pratique, le recours à la notion "d'usage commun" ne se justifie donc qu'à défaut de précision dans le règlement de copropriété.

LES ORGANES DE LA COPROPRIETE

Toute copropriété est dotée d'organes chargés d'en assumer l'administration et d'en organiser le fonctionnement. Ces organes sont:
- le syndicat des copropriétaires,
- l'assemblée générale des copropriétaires, (page 125),
- le syndic, (page 133),
- le conseil syndical, (page 138).

Nous examinerons ci-après ces différents organes. Nous analyserons notamment leur statut juridique, leur mission, leur composition et leur mode de fonctionnement.

LE SYNDICAT DES COPROPRIÉTAIRES

Par l'effet des dispositions de l'article 11 de la loi du 16 mai 1975, tous les copropriétaires d'un immeuble en copropriété se trouvent regroupés, de plein droit, dans un syndicat.

Ce syndicat des copropriétaires est doté de la personnalité juridique et est investi des pouvoirs les plus larges quant à l'administration et à la gestion de la copropriété.

1) LE STATUT JURIDIQUE DU SYNDICAT   **146**

Le syndicat des copropriétaires naît par le seul effet de la loi, sans qu'il faille une autre formalité à accomplir par les copropriétaires.

L'article 11 de la loi du 16 mai 1975 investit ce syndicat de plein droit de la personnalité juridique.

La dotation du syndicat de la personnalité juridique implique qu'il peut ester en justice au nom de la collectivité, que ce soit en demandant ou en défendant, pour la défense des intérêts communs de la copropriété. Il est investi de même de tous les droits liés aux parties de l'immeuble appartenant en commun à tous les copropriétaires, ainsi que des créances de la copropriété, même contre un copropriétaire. Il est par ailleurs chargé de toutes les obligations incombant à l'ensemble des copropriétaires.

Aux termes de l'article 13 de la loi sus-visée, tous actes d'acquisition ou d'aliénation des parties communes ou de constitution de droits réels immobiliers au profit ou à charge de ces dernières, à la condition qu'ils aient été décidés conformément aux dispositions de l'article 17, sont valablement passés par le syndicat lui-même et de son chef.

En vertu de l'alinéa 2 de l'article précité, le syndicat peut acquérir lui-même, à titre onéreux ou gratuit, des parties privatives, sans que celles-ci perdent pour autant ce caractère. Il peut les aliéner dans les conditions prévues à l'alinéa précédent. Il ne dispose toutefois pas de voix en assemblée générale au titre des parties privatives acquises par lui.

Il convient de signaler que la personnalité juridique du syndicat des copropriétaires n'existe que pour autant que ce syndicat agit dans le cadre légal de sa mission. Ainsi, le syndicat ne saurait tirer profit de la personnalité juridique dont la loi l'investit, que pour accomplir les seuls actes qui rentrent dans le cadre de sa mission, et pour atteindre les objectifs qu'elle est censée poursuivre. La même personnalité juridique n'existe par contre pas pour l'accomplissement d'actes qui sortent de ce cadre.

Les actes accomplis par un syndicat en-dehors du cadre légal, et donc en l'absence de personnalité juridique, sont de ce fait nuls.

2) LA MISSION ET LES POUVOIRS DU SYNDICAT   **147**

Aux termes de l'article 11 alinéa 2 de la loi du 16 mai 1975, le syndicat des copropriétaires a pour mission d'assurer "la conservation de l'immeuble et l'administration des parties communes."

En vertu de l'article 13 de la loi, "tous actes d'acquisition ou d'aliénation des parties communes ou de constitution de droits réels immobiliers au profit ou à la charge de ces derniers, ..., sont valablement passés par le syndicat lui-même et de son chef."

Il convient donc à cet égard de distinguer entre:

a) les actes conservatoires et d'administration,
b) les actes d'acquisition et d'aliénation,
c) la constitution d'autres droits réels.

a) Les actes conservatoires et d'administration:

Ces actes peuvent être définis comme constituant ceux qui sont nécessaires afin de maintenir l'immeuble dans son état actuel, de manière à ce qu'un préjudice ne puisse se produire à charge des copropriétaires. Les actes conservatoires ou d'administration englobent ainsi:

- les travaux de réparation nécessaires, afin de garder les parties communes de l'immeuble dans un bon état d'entretien,
- la conclusion des contrats avec le syndic, les fournisseurs d'électricité, d'eau, de gaz ou de mazout, les compagnies d'assurances et ceux avec les entreprises chargées des travaux d'entretien et de réparation,
- l'action judiciaire tendant à la désignation d'un expert chargé de décrire les travaux d'achèvement de l'immeuble et de constater des malfaçons éventuelles,
- le soin d'assurer l'établissement et le respect du règlement général de copropriété ou du règlement d'ordre intérieur par les occupants de l'immeuble,
- le soin d'assurer une répartition correcte des charges communes de la copropriété, de forcer les copropriétaires récalcitrants au paiement de leurs redevances à l'égard de la copropriété,
- le soin de défendre les intérêts de la collectivité en justice, soit en demandant, soit en défendant.

b) Les actes d'acquisition et d'aliénation

En vertu de l'article 13 alinéa 1er de la loi, le syndicat des copropriétaires a aussi qualité pour passer tous actes d'acquisition ou d'aliénation portant sur des parties communes.

Ainsi, le syndicat a seul pouvoir pour acquérir, sous les conditions de majorité fixées par la loi, pour compte de la copropriété, des terrains ou des bâtiments voisins, afin d'agrandir l'enceinte de l'immeuble appartenant en commun à tous les copropriétaires, de rehausser l'immeuble par l'ajoute d'un étage supplémentaire. Il est évident que les éléments nouvellement acquis ou construits par le syndicat deviennent à leur tour des parties communes, appartenant en indivision à tous les copropriétaires, proportionnellement à la quote-part de chacun dans les parties communes initiales.

Le syndicat des copropriétaires a finalement aussi le droit d'acquérir lui-même, à titre onéreux ou gratuit, au nom de la collectivité, des parties privatives, sans que celles-ci perdent pour autant ce caractère privatif. Ce pouvoir du syndicat se dégage de l'article 13 alinéa 2 de la loi.

Les raisons de l'acquisition d'une partie privative peuvent être multiples; généralement, le syndicat entend, en faisant cette acquisition, agrandir les parties communes, en y installant un élément d'équipement destiné à servir les intérêts de la collectivité (exemple, l'aménagement d'une conciergerie). Ces parties nouvellement acquises restent privatives, à moins que le syndicat ne décide, à l'unanimité, de changer la nature et le caractère de ces locaux, pour les transformer en parties communes. Ceci a évidemment pour conséquence qu'il faudra procéder à un nouveau calcul des quotes-parts de chaque copropriétaire dans les nouvelles parties communes.

Le syndicat a, en contrepartie, également le droit de revendre les éléments acquis, dans la mesure où ceux-ci ont gardé leur caractère privatif, qu'ils n'ont donc pas été transformés en parties communes. La revente des parties privatives reste toutefois, tout comme l'acquisition de ces mêmes éléments, soumise à la condition que la décision y relative soit prise à la majorité des copropriétaires représentant au moins les trois quarts des voix (article 17 de la loi). Les charges relatives aux parties privatives acquises par le syndicat se répartissent entre les copropriétaires.

c) La constitution d'autres droits réels

Le syndicat des copropriétaires a aussi seul qualité pour constituer des droits réels au profit ou à charge des parties communes, telle une servitude de passage pour sortir d'une enclave, ou une hypothèque sur une partie commune (article l3 alinéa 1er de la loi).

3) *LA PRISE DES DECISIONS PAR LE SYNDICAT:*

L'ASSEMBLÉE GÉNÉRALE DES COPROPRIÉTAIRES

L'article 14 de la loi du 16 mai 1975 dispose que "les décisions du syndicat sont prises en assemblée générale des copropriétaires." Nous verrons à quelles conditions de fond et de forme la prise de décisions en assemblée générale est soumise.

Nous étudierons en particulier:
a) L'adhésion à l'assemblée générale.
b) Les compétences de l'assemblée générale.
c) La convocation à l'assemblée générale.
d) La tenue d'une séance de l'assemblée générale.
e) Les conditions auxquelles sont soumises les décisions prises.
f) Le procès-verbal de la réunion et les recours ouverts à son encontre.

L'adhésion à l'assemblée générale   **148**

Le droit d'assister aux assemblées générales et de participer au vote sur les décisions à prendre appartient à tout copropriétaire. La loi ne soumet ce droit à aucune condition, ni même à l'exigence de la détention d'une part minimale dans la copropriété. Le règlement général de copropriété ne saurait limiter ce droit en aucune façon.

Des précisions sont toutefois requises quant à la notion de "copropriétaire".

- Le droit d'assister à l'assemblée générale appartient à la personne qui a la qualité de propriétaire au jour de la tenue de l'assemblée. Cette précision trouve sa justification en cas de transfert de propriété d'un lot dans la copropriété, intervenant entre le jour de la convocation à l'assemblée générale, et celui de la tenue de l'assemblée.
- Lorsqu'un lot dans la copropriété appartient, en indivision, à plusieurs propriétaires, tous les coindivisaires doivent être convoqués à l'assemblée générale, alors que chacun d'eux a le droit d'y assister. Toutefois, ces coindivisaires n'ont qu'une seule voix délibérative.

Les règles précitées s'appliquent, quelle qu'ait été l'origine de l'indivision. Ainsi, il y a indivision entre mari et femme quant aux biens de la communauté. La propriété d'un lot de copropriété peut aussi être démembrée en usufruit et en nue-propriété, l'usufruitier et le nu-propriétaire sont tous les deux considérés comme copropriétaires et sont partant tous les deux habilités à assister à l'assemblée générale, toutefois avec une seule voix délibérante.

- Lorsqu'un lot appartient à un incapable mineur ou majeur, tel un majeur sous tutelle, le droit d'assister à l'assemblée générale appartient à son ou à ses représentant(s) légal(aux). Ainsi, un mineur est représenté à l'assemblée générale par ses père et mère, ou par l'un d'eux; le majeur sous tutelle est représenté par son tuteur.

Chaque copropriétaire a le droit de se faire assister à l'assemblée générale par un conseil de son choix, tel un avocat ou un notaire.

Chaque copropriétaire a aussi le droit de ne pas participer personnellement à l'assemblée générale, mais de s'y faire représenter par un mandataire. L'article 19 alinéa 2 de la loi prévoit en effet que "tout copropriétaire peut déléguer son droit de vote à un mandataire".

La loi ne pose aucune exigence quant au choix de ce mandataire. Ce dernier peut être le conjoint du copropriétaire, un membre de sa famille, une simple connaissance, le syndic, un autre copropriétaire ou même une personne étrangère à la copropriété. D'autre part, la loi ne formule pas de restrictions quant au nombre de copropriétaires différents pouvant être représentés à l'assemblée par un seul et même mandataire.

Le mandat, plus communément appelé "procuration", doit toujours, aux fins de preuve, revêtir la forme écrite. Ce mandat peut être général ou spécial. S'il est général, il ne confère au mandataire que le droit de participer au vote portant sur les seuls actes de pure administration de l'immeuble, à l'exclusion des actes de disposition.

L'assemblée générale est composée de **tous** les copropriétaires. Tous doivent donc être convoqués à l'assemblée générale et participer au vote.

La compétence de l'assemblée générale

149

Les décisions doivent être prises en assemblée générale. C'est l'article 14 de la loi qui pose cette exigence. Il s'en dégage que les copropriétaires ne sauraient prendre des décisions intéressant la collectivité en dehors d'une assemblée générale. La raison en est que la loi a voulu assurer que les copropriétaires ne décident qu'après mûre réflexion et discussion en commun.

L'article 14 alinéa 2 déroge cependant, dans une certaine limite, à cette obligation. Cet alinéa prévoit en effet que "les décisions relatives à l'entretien et la réfection des parties communes, même s'il s'agit du remplacement d'un élément hors d'état de servir par une installation plus perfectionnée, peuvent être prises *hors assemblée par voie de consultation écrite*, à condition que le syndic ait soumis tous les éléments d'appréciation nécessaires et notamment le coût des travaux. Le recours à ce procédé doit être autorisé préalablement par le conseil syndical, s'il en existe."

Dans le cadre du vote à l'assemblée générale, chaque copropriétaire dispose d'un nombre de voix correspondant à sa quote-part dans les parties communes (article l9 alinéa 1er de la loi). Ainsi, le vote exprimé par chaque copropriétaire est représentatif pour autant de voix qu'il a de millièmes dans la copropriété.

Le texte de l'article l9 précité prévoit toutefois une exception à cette règle, dans la mesure où l'alinéa final dispose que " lorsque le règlement de copropriété met à la charge de certains copropriétaires seulement les dépenses d'entretien d'une partie de l'immeuble ou celles d'entretien et de fonctionnement d'un élément d'équipement, il peut être prévu par ledit règlement que ces copropriétaires seuls prennent part au vote sur les décisions qui concernent ces dépenses. Chacun d'eux vote alors avec un nombre de voix proportionnel à sa participation aux dites dépenses. "

Pour que cette dernière disposition trouve application, il faut que les conditions suivantes soient remplies:
– les dépenses d'entretien ou de fonctionnement d'une partie commune ou d'un élément d'équipement n'incombent qu'à certains copropriétaires et non à la collectivité toute entière; (exemple, partie commune à laquelle n'ont accès que les copropriétaires d'un étage de l'immeuble, mais inaccessible aux autres),
– le vote à l'assemblée générale porte sur une question qui concerne l'entretien ou le fonctionnement de cette partie commune ou de cet élément d'équipement,
– le règlement général de copropriété exclut expressément les autres copropriétaires de participer au vote sur ce point.

Afin d'éviter qu'un copropriétaire, qui dispose de la majorité des millièmes dans la copropriété, ne puisse, pour toutes les décisions soumises à l'assemblée générale, dominer le vote et imposer régulièrement sa volonté aux autres copropriétaires, l'article l9 de la loi réduit le nombre des voix de tout copropriétaire majoritaire, c'est-à-dire possédant une quote-part des parties communes supérieure à la moitié, à la somme des voix des autres copropriétaires.

Illustrons cette hypothèse au moyen d'un exemple, dans une résidence, un copropriétaire dispose de 700 millièmes dans les parties communes. Il possède donc une quote-part dans les parties communes supérieure à la moitié, qui est de 500 millièmes. Les autres copropriétaires réunissent partant ensemble le solde de 300 millièmes. Dans les assemblées générales, le copropriétaire majoritaire ne participe au vote que jusqu'à concurrence de la somme des voix des autres copropriétaires, c'est-à-dire jusqu'à concurrence de 300 millièmes. Pour que la décision soit adoptée, il faut qu'elle réunisse tant la voix du copropriétaire majoritaire que de celle d'autres copropriétaires réunissant au moins 200 millièmes.

Signalons finalement que, lorsque le syndicat des copropriétaires a lui même acquis des parties privatives dans la copropriété, il ne dispose pour autant d'aucun droit de vote y relatif à l'assemblée générale.

150 La convocation à l'assemblée générale

La loi prévoit que deux sortes d'assemblées générales sont susceptibles d'être convoquées:

1) *l'assemblée générale ordinaire*: c'est celle qui se réunit une fois par an et qui a pour objectif de prendre les décisions normales (approbation des comptes annuels de l'exercice écoulé, vote du budget pour l'exercice à venir),

2) *l'assemblée générale extraordinaire*: c'est celle qui est convoquée chaque fois qu'il s'agit de prendre, de toute urgence, une décision, qui ne saurait attendre la tenue de la prochaine assemblée générale ordinaire, sans causer de préjudice à la collectivité.

1) Qui convoque une assemblée générale ?-

L'assemblée générale - quelle soit ordinaire ou extraordinaire - est convoquée, en règle générale, par le syndic de la copropriété.

Généralement, le syndic procède à la convocation de l'assemblée générale de sa propre initiative et sans qu'il soit besoin de l'inciter à entamer cette démarche. Toutefois, aux termes de l'article 2 du règlement grand-ducal du 13 juin 1975 sus-visé, le syndic est obligé de convoquer les copropriétaires à une assemblée générale, chaque fois que le conseil syndical de la copropriété ou des copropriétaires, représentant au moins un quart des voix, l'y invitent. La demande en convocation d'une assemblée générale doit être notifiée par écrit au syndic par le conseil syndical ou par les copropriétaires, avec indication précise des points dont il est souhaité qu'ils figurent à l'ordre du jour de l'assemblée à convoquer.

L'alinéa 2 de l'article 2 précité précise que, lorsque le syndic néglige de faire droit à la demande du conseil syndical ou des copropriétaires, représentant au moins un quart des voix, le président du conseil syndical peut convoquer les copropriétaires à une assemblée générale, après qu'une mise en demeure adressée au syndic est restée infructueuse pendant un délai de plus de 8 jours. En général, une telle mise en demeure s'effectue par lettre recommandée au syndic.

2) Dans quel délai la convocation doit-elle être notifiée ? -

Aux termes de l'article 3 alinéa 2 du règlement grand-ducal du 13 juin 1975, le syndic est obligé de respecter un délai de 15 jours au moins entre la réception de la convocation par chaque copropriétaire et la date de la tenue de l'assemblée générale. Ce délai minimum est à observer à peine de nullité des délibérations de l'assemblée générale qui se tiendra dans la suite. Toutefois, le règlement général de copropriété peut prévoir un délai plus long.

Par contre, s'il y a urgence, la convocation peut avoir lieu dans un délai inférieur à 15 jours.

3) Dans quelle forme la convocation doit-elle être notifiée ? -

Pour sauvegarder les droits de chaque copropriétaire et pour assurer qu'il aura été touché par la convocation, il est recommandé de transmettre les convocations par lettre recommandée à la poste, ou contre reçu, lorsqu'elles sont remises en mains propres. Toutefois, dans cette dernière hypothèse, des difficultés pratiques peuvent se présenter, lorsque le copropriétaire destinataire est absent et que la remise ultérieure ne peut plus être effectuée dans le délai légal.

La notification de la convocation à l'assemblée générale par courrier simple peut créer des difficultés de preuve pour le syndic. Ces difficultés peuvent tenir, d'un côté, à la preuve que le destinataire a effectivement été touché par la convocation et, de l'autre côté, à celle que la remise de la convocation a été effectuée dans le délai légal précité.

La convocation par lettre recommandée n'est donc pas requise pour sa régularité formelle, mais uniquement à des fins de preuve.

4) Le contenu de la convocation

La convocation à l'assemblée générale doit comporter l'indication de la date exacte, de l'heure et du lieu où la réunion se tiendra (article 3 du règlement grand-ducal du 13 juin 1975). D'un autre côté, la convocation doit mentionner l'ordre du jour de l'assemblée. Les points figurant à l'ordre du jour sont à détailler. Il est de principe, que l'assemblée générale ne peut délibérer sur un point qui ne figure pas à l'ordre du jour de la réunion.

Finalement, le règlement grand-ducal du 13 juin 1975 relève un certain nombre de documents à annexer à la convocation, notamment:

- le compte des recettes et dépenses de l'exercice écoulé, dans la mesure où l'assemblée générale est appelée à se prononcer sur l'approbation de ces comptes annuels,
- le budget prévisionnel de l'exercice à venir, si l'assemblée est appelée à voter les crédits pour le prochain exercice,
- le projet du règlement de copropriété, de l'état descriptif de division ou de l'état de répartition des charges, lorsque l'assemblée doit procéder à l'établissement ou à la modification du règlement de copropriété, de l'état descriptif de division, ou de l'état de répartition des charges.

151 La tenue de l'assemblée générale

L'assemblée générale se déroule chronologiquement comme suit:

1. Constitution d'un bureau:

Les copropriétaires présents ou représentés procèdent tout d'abord à l'élection d'un bureau, composé d'un président, d'un secrétaire et d'un scrutateur.

La désignation d'un bureau n'est toutefois pas une obligation légale.

Normalement, chaque copropriétaire peut poser sa candidature aux fins d'occuper l'un quelconque des postes précités. Lorsque plusieurs personnes sont candidats pour le même poste, l'assemblée doit procéder au vote pour élire les membres du bureau.

La loi n'interdit pas au syndic d'assumer la fonction de président de l'assemblée générale; toutefois, en pratique, le syndic assume, en règle générale, la fonction de secrétaire de l'assemblée générale (article 8 alinéa 2 du règlement grand-ducal du 13 juin 1975), sauf décision contraire de celle-ci. Il ne peut occuper à la fois les fonctions de président et de secrétaire de la réunion.

Le président de l'assemblée a pour mission de diriger les débats.
Le secrétaire assure le secrétariat de la réunion, c'est-à-dire qu'il acte les résultats des délibérations, et il dresse le procès-verbal de la réunion.
Le scrutateur a pour mission de vérifier les votes émis sur les points figurant à l'ordre du jour. La désignation d'un tel scrutateur n'est toutefois pas obligatoire.

2. Tenue d'une liste de présence:

En vertu des dispositions de l'article 7 du règlement grand-ducal du 13 juin 1975, l'assemblée générale est obligée de tenir une liste de présence. Celle-ci doit comporter:
- les nom et prénom de chaque copropriétaire,
- son domicile,
- le nom de la personne qui représente un copropriétaire sur base d'un mandat,

– le nombre des quotes-parts que chaque copropriétaire détient dans les parties communes.

Cette liste de présence doit être signée, pour certification, par tous les copropriétaires présents et par les mandataires représentant les copropriétaires absents, ainsi que par le bureau de l'assemblée.

La liste de présence est destinée à vérifier si le quorum, c'est-à-dire le nombre minimum de copropriétaires présents ou représentés à l'assemblée, est atteint pour pouvoir délibérer valablement. Elle permet, d'autre part, de vérifier les majorités de voix nécessaires pour l'adoption des décisions figurant à l'ordre du jour.

3. Les délibérations de l'assemblée générale:

L'assemblée générale procède ensuite aux délibérations sur les points de l'ordre du jour. A défaut d'unanimité de tous les copropriétaires, la question est soumise au vote par l'assemblée.

En vertu des dispositions de l'article 15 de la loi "les décisions de l'assemblée générale sont prises, à la majorité des voix des copropriétaires présents ou représentés par un mandataire régulier, tous les copropriétaires dûment convoqués, s'il n'en est autrement ordonné par la loi".

Il s'en dégage qu'une majorité des copropriétaires peut imposer sa volonté à une minorité. Cette majorité est une majorité simple, à moins que la loi n'ait prévu une majorité renforcée. Les règles légales sur les majorités requises sont d'ordre impératif; ainsi, il n'est pas loisible au règlement de copropriété de prévoir d'autres quotités de majorité nécessaires.

La loi prévoit des majorités différentes suivant la nature des décisions à adopter par l'assemblée.
Ainsi:
– certaines décisions, comme celles relatives à l'entretien, à la conservation ou à l'administration de l'immeuble en copropriété, sont à voter à la majorité simple;
– d'autres décisions, telles que celles dépassant le cadre de la gestion courante, sont à adopter à la majorité absolue;
– finalement, des décisions relatives à une modification de la répartition des charges, ou à une aliénation de parties communes, sont à approuver à l'unanimité des copropriétaires.

Le procès - verbal de la réunion, et les recours ouverts contre les décisions de l'assemblée générale 152

1. L'établissement du procès-verbal de l'assemblée générale

Aux termes de l'article 10 du règlement grand-ducal du 13 juin 1975, il est établi un procès- verbal des délibérations de chaque assemblée. Ce procès-verbal mentionne le nombre de quotités représentées (copropriétaires présents en personne ou valablement représentés).

Ledit procès-verbal retient chaque point de l'ordre du jour. Il mentionne, en outre, toutes les décisions et résolutions prises par l'assemblée générale, en reprenant, en détail, les modalités et réserves exprimées. Lorsqu'un point a été soumis au vote de l'assemblée, le procès-verbal indique le texte de la question soulevée, de même que le résultat du vote y relatif.

A la demande des copropriétaires s'opposant à la décision, le procès-verbal doit, aux termes de l'article 10 du règlement grand-ducal précité, mentionner leurs "réserves sur la régularité des délibérations". D'ailleurs, le procès-verbal doit indiquer pour chaque vote "les noms des copropriétaires, qui se sont opposés à la décision de l'assemblée, de ceux qui n'ont pas pris part au vote et de ceux qui se sont abstenus".

Le procès-verbal doit être signé par le président, par le secrétaire et par les membres du bureau, s'il en a été constitué un.

Après sa signature, ce procès-verbal est notifié, à l'initiative du syndic, à tous les copropriétaires. Ledit procès-verbal est ainsi à communiquer tant aux copropriétaires qui ont approuvé les décisions de l'assemblée, qu'à ceux qui ont voté contre, et même à ceux qui se sont abstenus de participer au vote, que ce soit par le fait qu'ils ont été absents de l'assemblée, ou qu'ils y ont été présents, mais qu'ils n'ont pas exprimé un vote.

Il est admis que le syndic notifie ce procès-verbal par courrier simple. Toutefois, comme il s'agit pour lui assez souvent de rapporter la preuve de cette notification et de la réception de l'envoi par son destinataire, il est recommandé de faire cette notification par un envoi recommandé et même avec accusé de réception.

La notification du procès-verbal a pour but de faire courir les délais de recours contre les décisions prises par l'assemblée générale. Il importe donc de connaître la date exacte à laquelle cette notification du procès-verbal a été effectuée, pour déterminer la date d'expiration du délai de recours. Si jusqu'à ce jour, aucun recours n'a été intenté, les décisions prises par l'assemblée sont valablement et définitivement arrêtées.

153 2. *Les recours contre les décisions de l'assemblée générale*

Quel est le régime de ces recours ?-
– Tout d'abord, le délai pendant lequel un recours est ouvert contre les décisions d'une assemblée des copropriétaires est de deux mois. Ce délai court, comme il a déjà été dit ci-avant, à compter de la notification du procès-verbal d'assemblée contenant les décisions contestées. Tout recours, intenté en-dehors du délai légal de l'article 34 alinéa 2 de la loi, est irrecevable, et le copropriétaire contestant est déchu de son droit d'attaquer les décisions arrêtées.
– Le recours n'est ouvert qu'aux seuls copropriétaires défaillants à l'assemblée générale ou à ceux s'étant opposés à la décision prise. Cette solution paraît d'ailleurs logique, dans la mesure où les autres copropriétaires, qui ont approuvé ladite décision lors de l'assemblée générale, n'ont aucun intérêt et donc aucune qualité pour agir à son encontre.

- Le recours est à introduire par le ministère d'un avocat devant le tribunal civil de l'arrondissement, dans lequel est situé l'immeuble en copropriété, concerné par la ou les décisions attaquée(s).
- Au cas où le recours intenté aboutit, le tribunal saisi annule la décision attaquée à l'égard du seul copropriétaire contestataire. Il s'ensuit que la décision reste valablement prise pour tous les autres copropriétaires. D'autre part, le tribunal se limite d'annuler la décision mise en cause. Il ne peut toutefois, en aucun cas, substituer une nouvelle décision à celle annulée.
- Un recours est ouvert dans l'une des hypothèses suivantes:
* la décision est affectée d'une irrégularité de forme (exemples: irrégularités commises dans la convocation ou dans la tenue de l'assemblée générale, non-respect des formalités imposées par la loi du 16 mai 1975, ou le règlement grand-ducal d'exécution du 13 juin 1975);
* la décision est affectée d'une irrégularité de fond (exemple: elle ne répond pas aux conditions de majorités légales, elle est contraire à une disposition légale impérative).

LE SYNDIC

Généralités **154**

L'article 14 de la loi définit comme suit la fonction du syndic: "L'exécution des décisions du syndicat est confiée à un syndic, placé éventuellement sous le contrôle d'un conseil syndical. Le syndic représente le syndicat dans tous les actes civils et en justice". Il se dégage de cette disposition légale que le syndic est en fait le mandataire du syndicat des copropriétaires, chargé de deux missions principales:

- d'un côté, celle d'exécuter les décisions adoptées par l'assemblée générale des copropriétaires en rapport avec la gestion journalière de l'immeuble en copropriété.
- de l'autre côté, celle de représenter le syndicat dans tous les actes civils en rapport avec l'entretien et l'administration de l'immeuble, de même qu'en justice, dans les instances engagées par ou contre la copropriété.

La nomination d'un syndic est obligatoirement imposée par la loi pour chaque copropriété.

Les pouvoirs du syndic sont, pour la majeure partie, clairement définis par la loi, l'exécution de son mandat doit partant s'orienter selon les prévisions de la loi.

Nous analyserons ci-après:

a) La nomination du syndic.
b) Les pouvoirs du syndic.

c) Les modalités pratiques de sa mission:

* son choix,
* sa rémunération,
* la responsabilité engagée,
* sa révocation.

155 *La nomination du syndic*

* Le syndic est nommé par l'assemblée générale des copropriétaires. Cette forme de nomination est obligatoire. Ainsi, lorsque le promoteur d'un immeuble à appartements multiples nouvellement construit assume tout de suite, après la fin des travaux de construction, les fonctions de gérant de l'immeuble, il faut qu'il fasse confirmer son mandat par la première assemblée générale, à défaut de quoi la copropriété n'est pas dotée d'un syndic.

  La mission du syndic est de nature contractuelle; le syndic est en effet un mandataire. Les règles des articles 1984 à 2010 sur le mandat lui sont applicables.

  Le syndic n'est en conséquence pas un représentant légal. Ses pouvoirs sont limités par la loi, par les dispositions du règlement général de copropriété, et par les décisions de l'assemblée générale des copropriétaires. Il n'est pas le mandataire des copropriétaires en particulier; il n'est que le représentant de la copropriété.

  La nomination du syndic par l'assemblée générale doit se faire à la majorité absolue des voix des copropriétaires (article 16 de la loi). Toutefois, si une telle majorité n'est pas atteinte lors de la première assemblée générale, sa nomination peut être décidée lors d'une seconde assemblée à la majorité relative des copropriétaires présents ou représentés.

  Le pouvoir de nommer le syndic ne peut, en aucun cas, être délégué par l'assemblée générale à un autre organe (article 12 du règlement grand-ducal du 13 juin 1975), alors qu'une telle délégation de pouvoir la priverait de son pouvoir de contrôler l'administration de l'immeuble.

* Le syndic peut aussi être désigné au préalable par le règlement général de copropriété, à condition toutefois que cette désignation fasse l'objet d'une ratification par la première assemblée générale.

* A défaut pour l'assemblée générale de procéder à la nomination d'un syndic, l'article 20 alinéa 3 de la loi permet à tout copropriétaire de l'immeuble de faire désigner le syndic par ordonnance du président du Tribunal de l'arrondissement, dans lequel l'immeuble est situé.

  Dans cette hypothèse, la nomination du syndic intervient par la justice, sur simple assignation en référé du copropriétaire le plus diligent, les autres entendus ou dûment appelés.

* La durée du mandat du syndic ne peut pas dépasser trois ans, aux termes de l'article 14 alinéa 3 de la loi.

Les pouvoirs du syndic 156

Ces pouvoirs sont clairement définis par la loi. Le syndic est chargé, en général, de la gestion journalière de la copropriété et de la représentation du syndicat des copropriétaires dans tous les actes civils intéressant la copropriété. Ainsi, il représente la copropriété lors de la conclusion des contrats nécessaires à l'entretien et à l'administration de l'immeuble (exemples, les contrats de fourniture d'énergie, comme les combustibles et l'électricité, les contrats d'entretien relatifs au chauffage et à l'ascenseur, les contrats d'assurance). Il est aussi chargé d'exécuter les décisions prises par l'assemblée générale des copropriétaires. Finalement, il est tenu de veiller au respect du règlement général de copropriété par les habitants de l'immeuble.

Les pouvoirs du syndic se limitent toutefois aux seules choses communes. Ainsi, il n'est pas tenu de s'occuper, en outre, des questions particulières relatives aux parties privatives. Une telle obligation n'existe à charge du syndic qu'à la condition que les parties communes se trouvent affectées par un dommage né dans l'enceinte d'une partie privative.

Le syndic tient la comptabilité de la copropriété. Il reçoit les factures adressées au syndicat, les vérifie et les règle. Il est chargé de dresser régulièrement les décomptes des charges communes de la copropriété et d'établir les budgets pour les exercices futurs. Il surveille le paiement, par les copropriétaires, des avances sur les frais communs.

Le syndic tient les archives de la copropriété. Il doit conserver tous les documents intéressant la collectivité, tels le règlement de copropriété, et les procès-verbaux des assemblées générales.

Le syndic procède finalement à la convocation des copropriétaires à l'assemblée générale; il prépare les réunions et l'ordre du jour des questions soumises à l'assemblée. Il est encore chargé de notifier les procès-verbaux contenant les résolutions prises.

Les modalités pratiques de la mission du syndic 157

Le choix du syndic

Le choix du syndic est libre. La loi ne subordonne sa nomination à aucune condition tenant à la personne de ce mandataire.

Ainsi, trois options peuvent se présenter pour le choix du syndic:
– un copropriétaire est désigné comme syndic,
– un tiers à la copropriété est nommé,
– un professionnel est choisi.

Les deux premières alternatives peuvent être valables pour les petites résidences, dont la gestion soulève peu de problèmes. En revanche, elles ne se recommandent pas pour les grandes résidences, pour lesquelles il est indiqué de choisir un professionnel, pouvant maîtriser les problèmes complexes soulevés par une telle gestion.

La durée du mandat confié au syndic

En règle générale, l'assemblée générale fixe elle-même la durée du mandat conféré au syndic, à condition que cette durée de nomination ne dépasse pas la période maximale légale de trois ans. A défaut de fixation d'un terme au mandat du syndic, celui-ci est supposé avoir été nommé pour trois ans. Le mandat du syndic est renouvelable par décision expresse de l'assemblée générale.

Le syndic nommé par voie judiciaire cesse ses fonctions automatiquement à la nomination, par l'assemblée générale des copropriétaires, d'un nouveau syndic.

La rémunération du syndic

Même si l'article 1986 prévoit que le mandat est en principe gratuit, il est loisible de prévoir une rémunération au profit du syndic. En fait, celui-ci est généralement rémunéré.

La loi ne contient pas de dispositions quant au montant de la rémunération due au syndic. Celle-ci peut donc être librement fixée par les parties. Il appartient à l'assemblée générale des copropriétaires d'arrêter, à la majorité simple des voix des copropriétaires présents ou représentés à l'assemblée générale, le montant des honoraires alloués au syndic pour les prestations qu'il fournit pour la copropriété.

Cette dernière doit lui rembourser, par ailleurs, les frais qu'il a avancés dans l'intérêt de la mission dont il a été investi.

La responsabilité du syndic

A l'instar de tout autre mandataire, le syndic doit rendre compte à l'assemblée générale de sa mission, tant pour ce qui est de la gestion des finances de la copropriété, que des actes accomplis dans le cadre de cette charge.

Il appartient à l'assemblée générale seule d'approuver les décomptes annuels, qui doivent lui être régulièrement soumis par le syndic, de même que les budgets prévisionnels des dépenses, ainsi que l'ensemble des autres démarches accomplies et des conventions conclues par le syndic au nom et pour compte de la copropriété. L'assemblée générale seule peut accorder décharge au syndic pour la mission accomplie par le passé.

Il se peut toutefois que le syndic ait commis des irrégularités dans l'accomplissement de son mandat. Ainsi, il peut avoir accompli des actes qui ont dépassé le cadre du mandat reçu, ou qui sont même allés au-delà de la compétence lui accordée tant par la loi que par l'assemblée générale des copropriétaires.

Si le tiers, avec lequel le syndic a traité, est de bonne foi, l'acte posé en dépassement des pouvoirs du syndic est en principe valable et doit recevoir exécution par la copropriété. Cependant, dans pareille hypothèse, et à condition que ledit acte ait causé un préjudice à la collectivité, ce qui est généralement le cas, le syndic engage, comme tout autre mandataire, sa responsabilité envers le mandant, donc à l'égard de la copropriété.

Ce principe résulte des dispositions des articles 1991 et 1992. Le premier de ces textes a trait à l'inexécution du mandat ou à des négligences ou omissions dans l'exécution de son mandat. L'article 1991 prévoit en effet que: "Le mandataire est tenu d'accomplir le mandat tant qu'il en demeure chargé et répond des dommages - intérêts qui pourraient résulter de son exécution. "

L'article 1992 vise l'hypothèse où le syndic a commis des fautes dans l'exécution de son mandat (exemples; mauvaise utilisation des fonds mis à sa disposition, accomplissement de travaux inutiles ou purement somptueux, exécution de travaux sans autorisation de l'assemblée générale ou à l'encontre de sa décision, négligence de procéder au recouvrement des dettes d'un copropriétaire vis-à-vis de la copropriété).

Ledit article 1992 est libellé comme suit: " Le mandataire répond non seulement du dol, mais encore des fautes qu'il commet dans sa gestion". Il se dégage de ce texte que le syndic engage sa responsabilité à l'égard du syndicat des copropriétaires non seulement lorsqu'il a commis des fautes graves intentionnelles, mais encore pour de simples négligences ou imprudences, comme par exemple, lorsqu'il tarde à exécuter une décision de l'assemblée générale à faire effectuer d'urgence des travaux de réparation à une partie commune, et que le retard mis dans cette réparation accroît le préjudice déjà né, ou lorsqu'il confie des travaux à une entreprise dont il sait qu'elle n'est pas qualifiée pour fournir un travail soigné.

Il est toutefois évident, et l'alinéa 2 de l'article 1992 le prévoit expressément, que sa responsabilité est appréciée avec plus de rigueur si le syndic est rémunéré pour sa gestion, que s'il a fourni un service gratuit.

Il est toutefois loisible à l'assemblée générale de ratifier, après coup, les actes accomplis sans pouvoir par le syndic, en lui accordant décharge. Toutefois, celle-ci ne couvre que les fautes de gestion, dont l'assemblée a pu se rendre compte au moment d'accorder le quitus. De même, la décharge donnée ne couvre pas le syndic contre des actions individuelles en responsabilité que chaque copropriétaire a qualité pour intenter contre lui du chef d'un préjudice personnel causé par un acte fautif.

La révocation du syndic

Comme tout autre mandataire, le syndic peut se voir révoquer par le syndicat. Ainsi, l'article 16 de la loi du 16 mai 1975 prévoit que l'assemblée générale des copropriétaires peut, à la majorités de tous les copropriétaires, procéder à la révocation du syndic.

En dehors de l'hypothèse visée ci-dessus, les fonctions du syndic prennent fin:
1) par l'arrivée du terme de sa mission. La cessation de ses fonctions intervient alors automatiquement et sans qu'il soit besoin d'une révocation expresse par l'assemblée,
2) par sa démission,
3) par son décès, sa déclaration en faillite, ou par sa mise sous tutelle.

158 LE CONSEIL SYNDICAL

L'institution d'un conseil syndical au sein de la copropriété n'est pas obligatoire. Beaucoup d'immeubles en copropriété n'y ont pas procédé. Ceci peut toutefois, en pratique, s'avérer imprudent, dans la mesure où la loi a investi le conseil syndical de pouvoirs spécifiques, qui sont, d'un côté, ceux de prendre des décisions urgentes avant la prochaine assemblée générale qui ne peuvent attendre, et, de l'autre côté, ceux de contrôler et de surveiller la gestion du syndic.

Nous étudierons ci-après, en relation avec cette institution, les questions suivantes:

1) La nomination du conseil syndical.
2) Ses attributions.
3) La révocation de ses membres.
4) La responsabilité engagée par les membres du conseil.

LA NOMINATION DU CONSEIL SYNDICAL

a) La nomination de l'organe en général

Le conseil syndical est un organe qui se compose, en règle générale, d'un président et de deux assesseurs. Cependant, dans les grandes copropriétés, ce conseil peut être élargi à 5, 7, 9 membres ou plus. L'on doit cependant relever que pour travailler efficacement, un conseil syndical devrait être réduit quant à sa composition.

Les membres du conseil syndical sont nommés par l'assemblée générale des copropriétaires. Aux termes de l'article 17 de la loi du 16 mai 1975, cette nomination n'intervient qu'à la majorité des copropriétaires, représentant au moins les trois quarts des voix.

Lorsqu'une telle majorité ne peut pas être atteinte lors de la première assemblée générale, une deuxième assemblée peut être convoquée, qui peut alors statuer sur la nomination des membres du conseil syndical à la majorité simple des voix des copropriétaires présents ou représentés.

Cette règle ne comporte d'exception que dans la mesure où le règlement général de copropriété a procédé tant à l'institution d'un conseil syndical qu'à la désignation de ses membres. Une telle nomination n'est, contrairement à ce qui est exigé pour le syndic, pas soumis à ratification par la première assemblée générale des copropriétaires qui suit cette nomination. Si le règlement de copropriété n'a pas pourvu à l'institution d'un conseil syndical, l'assemblée générale peut y procéder à la majorité visée à l'alinéa 2 ci-dessus.

b) Le choix et le remplacement de ses membres

L'article 14 alinéa 1er du règlement grand-ducal du 13 juin 1975 restreint la liberté de choix par l'assemblée des membres du conseil syndical. En effet, cet alinéa prévoit que "Les membres du conseil syndical sont choisis parmi les copropriétaires, leurs conjoints ou leurs représentants légaux ".

L'alinéa précité y ajoute que " Le syndic, son conjoint et ses préposés, même s'ils sont copropriétaires, ne peuvent être membres du conseil syndical ". Cette dernière interdiction se justifie par le souci de garantir au conseil syndical une certaine indépendance à l'égard du syndic pour assurer pleinement sa mission de contrôle et de surveillance de celui-ci.

Signalons que les membres du conseil syndical peuvent également être nommés par voie judiciaire, sur base d'une ordonnance à rendre par le président du tribunal de l'arrondissement judiciaire, dans lequel est situé l'immeuble en copropriété concerné, à la requête de tout copropriétaire. Une nomination des membres du conseil syndical par décision judiciaire peut, aux termes de l'article 23 de la loi, s'avérer nécessaire, lorsque le principe de l'institution d'un conseil syndical a d'ores et déjà été fixé, soit par le règlement de copropriété, soit par l'assemblée générale, sans que les copropriétaires aient procédé à la nomination des membres de ce conseil.

Il se peut qu'à la suite d'un décès, d'une démission, ou d'une révocation prononcée par l'assemblée générale, le poste d'un ou de plusieurs membres du conseil syndical devient vacant. L'article 15 alinéa 2 du règlement grand-ducal du 13 juin 1975 prévoit que le conseil n'est plus régulièrement constitué, lorsque plus d'un quart des sièges au conseil ne sont pas occupés.

Dans ces conditions, et afin d'assurer que le conseil syndical ne doive interrompre sa mission de contrôle, il est indiqué de procéder, dans l'immédiat, à la convocation d'une nouvelle assemblée générale pour pourvoir au remplacement des membres décédés, démissionnaires ou révoqués.

Comme en règle générale, la convocation à une assemblée générale peut prendre un certain temps, pendant lequel la copropriété n'est pas dotée d'un conseil syndical opérationnel, il est recommandé que l'assemblée générale procède, outre la nomination de membres titulaires, également à celle de membres suppléants. L'article 15 alinéa 1er de la loi autorise en effet l'assemblée à désigner des membres suppléants. Ces derniers remplacent automatiquement les membres titulaires, en cas de vacance de poste, à condition que le ou les membres titulaires aient définitivement cessé leurs fonctions. Les membres suppléants ne sont toutefois appelés qu'à achever le mandat des membres titulaires.

Les membres du conseil syndical sont investis d'un mandat, qui ne peut pas excéder trois ans. Leur mandat est toutefois renouvelable à l'achèvement de la première période de trois ans. Le règlement général de copropriété, ou l'assemblée générale, peuvent toutefois fixer une durée de mandat moins longue. Si une période moins longue n'a pas été prévue, le conseil est nommé pour trois ans.

L'article l7 de la loi dispose que "les fonctions de président ou de membre du conseil syndical ne donnent pas lieu à rémunération". Ces derniers ne peuvent dès lors prétendre qu'au seul remboursement des frais auxquels l'exercice de leur mission a donné lieu.

159 *SES ATTRIBUTIONS*

Le conseil syndical est investi d'une triple mission:

Aux termes de l'article 16 du règlement grand-ducal du 13 juin 1975, il est chargé d'assister le syndic et l'assemblée générale des copropriétaires. Ainsi, "il donne son avis au syndic ou à l'assemblée générale sur les questions, pour lesquelles il est consulté ou dont il se saisit lui-même ".

Il a aussi une mission d'organe consultatif. Il est investi de la faculté de se saisir lui-même de questions particulières intéressant la collectivité. Le syndic demande parfois l'avis des membres du conseil syndical sur un problème spécifique, et sur la façon dont il doit le solutionner. Souvent aussi, c'est le conseil syndical qui rend le syndic attentif à des problèmes se posant au sein de la copropriété.

Le conseil syndical peut aussi se voir confier par l'assemblée générale certaines attributions particulières. Ainsi, notamment lorsqu'il s'agit de prendre une décision d'une certaine urgence, qui ne saurait attendre la prochaine assemblée générale, le conseil syndical peut être chargé par l'assemblée, ensemble avec le syndic, de la réalisation de travaux à entreprendre.

Il s'agit là non pas de travaux de réparations urgents, pour lesquels le syndic peut seul décider de leur exécution, mais plutôt de travaux et de réparations indispensables, mais non urgents. Ces décisions sont prises par le conseil syndical. Ce dernier est juge de la question de savoir si les travaux sont à engager tout de suite, ou si une assemblée générale est nécessaire pour ordonner leur exécution.

Le conseil syndical est finalement chargé de la mission de contrôler et de surveiller la gestion du syndic. Sa mission consiste plus particulièrement à contrôler le travail fourni par le syndic, de même qu'à vérifier les comptes de la copropriété. Il examine les offres de prix pour des travaux non urgents. Il contrôle si le syndic a exécuté les décisions prises par l'assemblée générale.

Tous les ans, il examine, avant la tenue de l'assemblée générale des copropriétaires, les décomptes de l'exercice écoulé quant aux recettes et dépenses engagées; il vérifie la conformité de ces décomptes avec les pièces justificatives lui soumises par le syndic. De façon générale, le conseil syndical a accès à "toutes pièces, tous documents, correspondances et registres se rapportant à la gestion du syndic et, d'une manière générale, à l'administration de la copropriété".

Le conseil syndical fait rapport à l'assemblée générale de sa mission de surveillance. Il est tenu de lui signaler toutes les irrégularités qu'il a pu constater lors de l'exécution de sa mission.

LA RÉVOCATION DES MEMBRES DU CONSEIL SYNDICAL

De même que la nomination des membres du conseil syndical, leur révocation intervient par décision de l'assemblée générale des copropriétaires, à la majorité absolue de tous les copropriétaires (article 16 de la loi). Si cette majorité qualifiée ne peut pas être atteinte lors d'une première assemblée, une seconde assemblée peut être convoquée, qui statue sur la révocation proposée à la majorité simple des copropriétaires présents ou représentés.

Toutefois, si la nomination des membres du conseil est intervenue par le règlement général de copropriété, leur révocation ne peut être décidée par l'assemblée générale qu'à la majorité qualifiée de l'article 17 de la loi, nécessaire pour décider des modifications au règlement de copropriété, à savoir à la majorité de tous les copropriétaires, représentant au moins les trois quarts des voix.

La révocation des membres du conseil syndical peut être opérée ad nutum, c'est-à-dire même en l'absence de justes motifs.

LA RESPONSABILITÉ DES MEMBRES DU CONSEIL SYNDICAL

De même que les autres mandataires, les membres du conseil syndical engagent leur responsabilité, aux termes des articles 1991 et 1992, à l'égard du syndicat des copropriétaires. Leur responsabilité est celle des mandataires à titre gratuit, partant appréciée avec moins de rigueur que celle engagée par un mandataire rémunéré.

Ainsi, les membres du conseil n'engagent leur responsabilité que pour une faute ou une négligence grave, par exemple, lorsqu'ils ont omis d'éclairer l'assemblée générale sur des irrégularités constatées dans la gestion financière du syndic, et que ce dernier a obtenu sa décharge, ce qui met le syndicat dans l'impossibilité de se tenir quitte et indemne contre lui.

Retenons finalement que le conseil n'est responsable que des fautes ou omissions propres. Il n'est pas tenu de la gestion du syndic.

LES RÈGLES GOUVERNANT LE FONCTIONNEMENT DE LA COPROPRIÉTÉ

Après avoir étudié les différents organes de la copropriété, de même que leur rôle et leurs attributions pour assurer le fonctionnement de celle-ci, il nous appartient à présent d'analyser suivant quelles règles s'organise le fonctionnement interne de cette collectivité. Nous étudierons en particulier quels sont les droits de disposition que chaque copropriétaire peut exercer en particulier et individuellement sur les parties communes et sur les parties privatives, d'après quelles règles les décisions sont prises au sein de la copropriété, et, finalement, comment se répartissent les frais d'entretien et d'administration de l'immeuble en copropriété entre les différents copropriétaires.

LES DROITS D'USAGE, D'ADMINISTRATION ET DE DISPOSITION DE CHAQUE COPROPRIÉTAIRE SUR LES PARTIES COMMUNES ET PRIVATIVES

Ce chapitre analyse dans quelle mesure un copropriétaire, dont l'exercice du droit de propriété est, par définition, plus limité que celui du propriétaire unique d'une maison unifamiliale, peut faire usage de ce droit de propriété.

Nous verrons ainsi dans quelle mesure il peut, disposer par vente ou donation, de ses parties privatives, sous quelles conditions et limites, il peut créer des droits réels sur cette partie privative, de même que comment se limite son droit d'usage et de jouissance sur son appartement, par exemple, quant à une transformation, à sa mise en location ou à une subdivision de l'appartement.

De l'autre côté, nous analyserons également, si et dans quelle mesure, un copropriétaire peut disposer de ses droits dans les parties communes.

Quels sont finalement ses droits dans le cadre d'une disposition portant sur des parties communes ?

160 a) Les droits du copropriétaire sur ses parties privatives

Le copropriétaire acquiert immédiatement, par l'achat d'un appartement, la propriété des parties privatives de celui-ci (appartement, cave, grenier, garage), de même que la quote - part dans les parties communes rattachées à son lot.

Pour ce qui est des droits sur ces parties privatives et sa quote - part dans les parties communes (ou en d'autres termes, sur son "lot"), il y a lieu de distinguer entre le droit de disposition et le droit d'administration.

1) Le droit de disposition

Le copropriétaire est sans restriction, sauf celle attachée à son droit de propriété (démembrement de sa propriété en nue - propriété et usufruit), libre d'aliéner son appartement, donc de le vendre, de le donner en échange ou d'en faire donation au profit d'un tiers.

Il est aussi libre de le grever d'une hypothèque, ou de consentir d'autres droits réels sur ses parties privatives, telle la création d'une servitude conventionnelle.

Toute clause du règlement général de copropriété, tendant à limiter ou même à supprimer la liberté de disposition d'un copropriétaire sur ses parties privatives, est réputée non écrite.

La seule limitation portée à la liberté de disposition du copropriétaire est celle inscrite dans la loi du 16 mai 1975, et plus particulièrement à l'article 5. Cette disposition interdit en effet à un copropriétaire d'aliéner ses parties privatives en l'absence de sa quote-part dans les parties communes. Cette interdiction s'explique par le fait que le droit de propriété d'un copropriétaire porte, non pas sur ses seules parties privatives, mais également sur les accessoires de ces parties privatives, à savoir, sur sa quote-part dans les parties communes. Cette prohibition légale ne concerne pas seulement les ventes, mais également les échanges, les donations, les constitutions d'hypothèque, les licitations et les ventes publiques volontaires, les transferts par testament ou par succession ab intestat.

2) Le droit d'usage de l'appartement

En principe, le copropriétaire peut décider seul de l'usage qu'il entend donner à son appartement. Ainsi, il peut l'affecter à l'habitation, à l'usage comme local de commerce ou comme bureau servant à l'exercice d'une profession libérale, à condition que le règlement général de copropriété n'ait pas limité ou interdit une telle utilisation, par exemple, lorsqu'il a affecté l'immeuble en copropriété à des fins d'habitation.

De telles clauses du règlement de copropriété, limitant ou interdisant certaines affectations des appartements, sont parfaitement licites et reconnues valables par la jurisprudence.

3) Le droit d'administrer les parties privatives

Les actes d'administration englobent tous les actes de gestion de l'appartement, qui ne portent pas atteinte au droit de propriété du copropriétaire, telles que les transformations apportées à l'intérieur de l'appartement, ou la mise en location de ces parties.

Analysons quelques hypothèses concrètes qui rentrent dans les catégories précisées ci-avant.

* *La division de l'appartement*

   En principe, chaque copropriétaire a le droit de scinder son appartement en deux ou plusieurs unités, sans devoir pour cela requérir l'autorisation des autres copropriétaires, à condition toutefois que les parties communes ne soient pas affectées par les travaux et que les autres copropriétaires n'en subissent pas de troubles.

Le règlement général de copropriété peut toutefois interdire la division d'appartements. Une telle interdiction peut trouver sa raison d'être dans le fait que la copropriété voudrait éviter que l'appartement soit dorénavant habité par plus de personnes.

Le copropriétaire est toutefois habilité à subdiviser ses parties privatives en appartement et en garage et procéder valablement à la vente de son seul garage.

* *La transformation intérieure de l'appartement*

   Chaque copropriétaire a le droit de transformer et de modifier son appartement, comme il l'entend. La copropriété ne peut pas s'opposer à ce droit, tant que la destination de l'immeuble et les droits des autres copropriétaires ne s'en trouvent pas compromis.

Par contre, si la transformation a pour but de modifier la destination de l'immeuble, de faire d'un local privé un local professionnel engendrant de nombreuses allées et venues de personnes étrangères à la copropriété, non conformes à son règlement, les autres copropriétaires ont le droit de s'y opposer.

Il est recommandé au copropriétaire, désireux d'effectuer des travaux de transformation, de recueillir l'avis d'un expert avant d'entamer les travaux en question, afin de s'assurer que ceux-ci ne remettent pas en cause la solidité de l'immeuble. Il est à cet égard utile de faire dresser, avant les travaux, un état des lieux contradictoire des parties voisines, afin de pouvoir ultérieurement apprécier si les dégâts apparus à ces appartements ou aux parties communes, trouvent leur origine dans les travaux entamés, ou s'ils existaient déjà avant leur exécution.

Si le copropriétaire veut transformer des éléments privatifs qui sont visibles de l'extérieur, comme les châssis des fenêtres ou les volets, il doit avoir le consentement des autres copropriétaires. En effet, dans la mesure où les travaux ont pour effet de porter atteinte à l'esthétique de l'immeuble, les autres copropriétaires pourraient voir leurs intérêts lésés.

Il est évident qu'un copropriétaire peut engager sa responsabilité à l'égard de la copropriété, dans la mesure où les travaux exécutés ont causé un préjudice aux parties communes.

* *La mise en location de l'appartement*

   Un copropriétaire peut donner son appartement en location à qui il veut et pour l'usage recherché par le locataire. Il peut même autoriser son locataire à sous - louer ou à céder son bail. Toutefois, en règle générale, des restrictions au droit de louer sont presque toujours prévues par le règlement général de copropriété.

Ainsi, il arrive que le règlement de copropriété interdit, par respect de la destination de l'immeuble, la location en vue de l'exercice d'un commerce ou d'une profession déterminée, telle une profession libérale (médecin, avocat), qui engendre la circulation de personnes étrangères dans l'enceinte de la copropriété. Souvent aussi, le règlement de copropriété autorise expressément l'exercice d'une telle profession libérale dans un appartement privatif.

La mise en location de son appartement engendre, dans le chef du copropriétaire - bailleur, l'obligation d'imposer le respect du règlement général de copropriété à son locataire. Le bailleur est partant tenu de lui communiquer ce règlement de copropriété, afin qu'il en ait connaissance.

Le bailleur ne saurait en effet consentir à son locataire plus de droits qu'il n'en a lui - même. Ainsi, il ne peut pas stipuler dans le contrat de bail des clauses contraires au règlement de copropriété, telle l'autorisation d'exploiter un commerce interdit par ce dernier règlement. Par contre, le règlement de copropriété ne peut pas être invoqué par un locataire contre la copropriété. Le locataire ne saurait en effet faire valoir ses droits que contre son bailleur.

b) Les droits du copropriétaire sur les parties communes

161

De quels droits le copropriétaire dispose-t-il sur les parties communes ?

1) Le droit de disposition

Nous avons vu que les parties communes appartiennent en indivision à tous les copropriétaires. Il s'agit là d'une indivision forcée, à laquelle il n'est permis à aucun copropriétaire de mettre un terme, par exemple, par une action judiciaire en partage.

Chaque copropriétaire ne dispose dans ces parties communes que de parts indivises. Il ne peut, ainsi que nous l'avons vu, disposer, avec ses parties privatives, que de sa part indivise dans les parties communes.

Par contre, un copropriétaire ne peut pas aliéner seul des parties communes en indivision avec les autres copropriétaires. Ces parties communes ne peuvent être aliénées par les copropriétaires que sous les conditions suivantes:

* pour les parties communes, dont la conservation est nécessaire au respect de la destination de l'immeuble, à l'unanimité de tous les copropriétaires (article 30 alinéa 5 de la loi du 16 mai 1975);
* pour les parties communes, ne répondant pas au critère ci-dessus, à la majorité des membres du syndicat des copropriétaires, représentant au moins les trois quarts des voix de tous les copropriétaires (article 30 alinéa 4 de la loi du l6 mai 1975).

2) Le droit de jouissance et d'usage

Chaque copropriétaire a le droit d'user des parties communes, à condition que cet usage soit conforme à la destination de l'immeuble et respecte les droits de jouissance de ces mêmes parties communes par les autres copropriétaires.

Ainsi, un copropriétaire ne saurait encombrer les parties communes par ses affaires personnelles, ni condamner l'accès à un local commun aux autres copropriétaires, afin de le réserver à son usage exclusif. Il ne peut pas non plus, sans l'accord des autres copropriétaires, effectuer des travaux aux parties communes, qui entraveraient la libre jouissance des autres copropriétaires.

Tout fait d'un copropriétaire, qui porterait atteinte à l'usage en commun des parties communes par tous les copropriétaires, peut donner lieu à une action judiciaire par le syndicat des copropriétaires, représenté par le syndic de la copropriété, contre le copropriétaire fautif, en cessation de l'acte, contrevenant aux droits des autres indivisaires.

Chaque copropriétaire dispose également du droit de modifier, à ses frais exclusifs, les parties communes, à condition que la modification projetée ne change pas la destination des parties communes concernées et qu'elle ne nuise pas aux droits de jouissance des autres copropriétaires. Ainsi, un propriétaire peut, de l'accord exprès ou tacite de ses copropriétaires, élever des constructions sur un élément commun, tant que cet élément conserve sa destination originaire et que la nouvelle construction n'entrave pas l'usage de cet élément commun par les autres copropriétaires.

Tout copropriétaire, qui se sent lésé dans ses droits de jouissance des parties communes, suite à une modification y apportée par un autre propriétaire, peut intenter contre ce dernier une action judiciaire en rétablissement du pristin état.

Parfois, un propriétaire fait un usage des parties communes, qui peut donner lieu à des problèmes avec ses copropriétaires. Nous allons examiner quelques cas de modification des parties communes et vérifier si cet usage doit être toléré par les autres copropriétaires.

* *Antennes*: En principe, chaque copropriétaire a le droit d'user de la toiture, en y plaçant une antenne de télévision. Ceci risque toutefois de dégrader l'aspect de la toiture, dans la mesure où tous les propriétaires feraient usage de ce même droit. A cet effet, il est avantageux de placer une seule antenne commune, à laquelle chaque copropriétaire peut se raccorder.
* *Enseignes*: Un copropriétaire peut, à condition que le règlement général de copropriété le permette, et sous les modalités qu'il prévoit, placer une enseigne commerciale sur la façade de l'immeuble. Généralement, le règlement de copropriété soumet l'exercice de cette faculté à l'accord de tous les propriétaires, surtout si l'immeuble est à usage mixte (habitation

et commerce) et que l'aspect extérieur de l'immeuble risque d'en être affecté.
* *Plaques professionnelles*: Sauf interdiction expresse par le règlement de copropriété, chaque propriétaire a le droit d'apposer, sur la porte d'entrée commune ou sur le mur de la façade, une plaque professionnelle, indiquant son nom et sa profession, pourvu que la plaque soit d'un modèle courant et à dimensions normales.
* *Cours communes*: Un copropriétaire ne saurait faire usage de la cour commune à son seul profit. Souvent, le règlement de copropriété ou le règlement d'ordre intérieur prévoit la manière dont peut être utilisée la cour commune. Tout dépend évidemment de la classe de l'immeuble. Ainsi, dans un immeuble luxueux, il n'est certainement pas permis de pendre du linge dans cette cour.

LA PRISE DE DÉCISIONS AU SEIN DE LA COPROPRIÉTÉ

Généralités **162**

Avant d'analyser quelles décisions sont à prendre et à quelle majorité, il échet de donner quelques précisions quant à la notion de "majorité".
Il y a d'abord lieu de distinguer entre la majorité simple et la majorité absolue.

La ***majorité simple*** se détermine en fonction des seuls propriétaires présents, ou valablement représentés par un mandataire, à l'assemblée générale. Pour le calcul de la majorité simple, il n'est donc pas tenu compte des copropriétaires absents lors de la réunion de l'assemblée.

Seuls les votes valables doivent être retenus pour le calcul de cette majorité. Il n'est donc pas tenu compte des votes blancs ou nuls. Les abstentions ne sont pas non plus considérées.

La ***majorité absolue*** est celle qui réunit plus de cinquante pour cent des voix de tous les copropriétaires d'une copropriété. C'est donc celle qui, sur un total de 1000 millièmes, réunit au moins 501 millièmes.

A quelle majorité les décisions intéressant la copropriété sont - elles à prendre par l'assemblée générale ?

DÉCISIONS À PRENDRE À LA MAJORITÉ SIMPLE **163**

L'article 15 de la loi du 16 mai 1975 dispose que "les décisions de l'assemblée générale sont prises à la majorité des voix des copropriétaires présents ou représentés par un mandataire régulier, tous les copropriétaires dûment convoqués, s'il n'en est autrement ordonné par la loi."

Il s'en dégage que toutes les décisions, pour lesquelles la loi n'a pas prévu une majorité plus forte, sont prises valablement à la majorité simple des copropriétaires présents ou représentés à l'assemblée générale.

Généralement, les décisions à adopter à la majorité simple sont celles qui ont trait à *la conservation et à l'entretien de l'immeuble* (décisions en vue de procéder à une réparation, à une amélioration ou à une remise en état des parties communes ou d'éléments d'équipement défectueux) ou encore *à l'administration de l'immeuble* (telle que l'approbation des comptes de l'exercice écoulé, l'adoption du budget prévisionnel pour l'exercice à venir, la fixation des avances sur charges communes, et des modalités selon lesquelles le syndic doit assumer sa mission, la fixation de la durée de son mandat et de sa rémunération, l'autorisation conférée au syndic d'intenter une action judiciaire au nom du syndicat, ...).

La loi ayant prévu que ces décisions sont prises à la majorité simple des copropriétaires présents, ou représentés à l'assemblée générale, il n'est pas permis au règlement général de copropriété de déroger aux règles impératives précitées et de prévoir des majorités plus fortes, ou d'ajouter même des quorums de présence minima.

164 DÉCISIONS À PRENDRE À LA MAJORITÉ ABSOLUE

L'article 16 de la loi du 16 mai 1975 prévoit que certaines décisions, dépassant le cadre de la gestion courante de la copropriété, sont à prendre à la "majorité des voix de tous les copropriétaires".

La majorité visée par cette disposition légale est donc une majorité absolue. Ainsi, la décision, requérant une telle majorité, n'est adoptée que si plus de la moitié des voix de tous les copropriétaires, composant le syndicat, ont voté en sa faveur. En d'autres termes, il faut, pour que la décision soit adoptée à la majorité absolue, que des copropriétaires, réunissant 501 millièmes au moins, se soient prononcés en sa faveur. Cette disposition légale rend partant nécessaire la présence à l'assemblée générale d'un nombre minimum de copropriétaires, à savoir de ceux qui représentent au moins 501 millièmes dans les parties communes.

Si le quorum de présence sus-visé n'a pas été atteint à la première assemblée générale, celle-ci ne peut valablement délibérer sur les points figurant à l'ordre du jour et nécessitant la majorité absolue des voix. L'article 16 alinéa 2 de la loi dispose toutefois que, si une telle hypothèse se présente (le quorum de présence n'a pas été atteint ou la décision à prendre ne réunit pas la majorité absolue nécessaire), il est possible de convoquer une seconde assemblée générale, qui sera autorisée à prendre la décision à la majorité simple.

Les décisions, qui sont à prendre à la majorité absolue, sont les suivantes (article 16 alinéa 1er):
– la délégation, par l'assemblée générale, de pouvoirs lui réservés quant à l'administration courante de la copropriété, au syndic, au conseil syndical, au président du conseil syndical ou à une autre personne étrangère à la copropriété;

Une telle délégation de pouvoirs ne peut être que spéciale, c'est-à-dire n'intervenir que pour un acte ou une décision expressément déterminé(e) (article 12 alinéa 1er du règlement grand-ducal du 13 juin 1975). D'autre part, elle ne peut, aux termes de l'article 12 alinéa 3 du règlement précité, pas priver l'assemblée générale de "son pouvoir de contrôle sur l'administration de l'immeuble et la gestion du syndic".
- l'autorisation à donner à certains copropriétaires d'effectuer des travaux à leurs propres frais. L'assemblée doit apprécier si les travaux envisagés sont conformes à la destination de l'immeuble et déterminer en détail les travaux autorisés.
- la désignation, la reconduction, ou la révocation du syndic et des membres du conseil syndical,
- la modification des règles de répartition des différentes catégories de charges pour les adapter aux critères prévus par les dispositions légales (article 7 alinéa 3 de la loi du 16 mai 1975).

DÉCISIONS À PRENDRE À LA MAJORITÉ DES COPROPRIÉTAIRES, REPRÉSENTANT AU MOINS LES TROIS QUARTS DE LA TOTALITÉ DES VOIX

La majorité absolue ne suffit pas toujours pour certaines décisions particulièrement importantes.

La loi exige pour celles-ci une majorité renforcée. Ainsi, l'article 17 de la loi exige une double majorité, à savoir:
- d'une part, la majorité en nombre de tous les copropriétaires composant le syndicat,
- d'autre part, les trois quarts de la totalité des voix.

Illustrons cette double majorité à l'aide d'un exemple:

Admettons une copropriété comprenant 24 appartements réunissant 1000 millièmes. La majorité visée par l'article 17 susvisé est atteinte, si une décision du syndicat réunit l'accord de 13 copropriétaires disposant de 750 millièmes au moins.

Aux termes de l'article 17 de la loi, si les majorités requises n'ont pas été atteintes lors d'une assemblée générale, il n'est plus possible de convoquer une seconde assemblée, qui pourrait adopter la décision à une majorité moins élevée. Dans pareille hypothèse, la résolution est rejetée.

Les décisions soumises à cette majorité qualifiée, sont les suivantes:

– *l'acquisition immobilière et les actes de disposition:*

Le syndicat des copropriétaires peut décider, en assemblée générale, de faire l'acquisition de nouveaux biens immobiliers, soit pour accroître le volume des parties communes, soit pour devenir propriétaire de parties privatives.

D'autre part, la collectivité est en droit de disposer tant de ces parties privatives que, sous certaines conditions, des parties communes. Ainsi, elle peut les vendre ou constituer sur ces parties des droits réels, telle une servitude ou une hypothèque.

Les décisions y relatives sont à prendre à la majorité en nombre de tous les copropriétaires, composant la collectivité, et des trois quarts de la totalité des voix. Signalons toutefois que, lorsque l'acte de disposition, soumis au vote de l'assemblée, porte sur des parties communes "dont la conservation est nécessaire au respect de la destination de l'immeuble", la décision doit être prise à l'unanimité des copropriétaires.

L'assemblée peut aussi, à la majorité qualifiée de l'article 17 de la loi, décider des actes de disposition portant sur des droits accessoires aux parties communes, tel un droit de mitoyenneté ou le droit de surélévation.

– *l'établissement et les modifications du règlement de copropriété:*

Si un règlement de copropriété n'a pas été établi avant la division de l'immeuble en lots indivis, l'assemblée générale a le droit d'établir dans la suite, à la majorité qualifiée de l'article 17 de la loi, un tel règlement sur la jouissance, l'usage et l'administration des parties communes.

De même, l'assemblée générale est autorisée à procéder à l'adoption des dispositions modificatives d'un règlement préexistant, à condition que la décision y relative soit adoptée à la double majorité de l'article 17.

– *le vote de travaux d'améliorations, la répartition des frais résultant de ces travaux, de même que la répartition des charges d'entretien en rapport avec les nouvelles installations:*

Le texte de l'article 17 c) de la loi vise à ce sujet "tous travaux comportant transformation, addition ou amélioration".

166 DÉCISIONS À PRENDRE À L'UNANIMITÉ DES COPROPRIÉTAIRES

Aux termes de la loi du 16 mai 1975, certaines décisions intéressant la collectivité, ne peuvent être prises qu'à l'unanimité des copropriétaires composant le syndicat.

Les décisions soumises à la condition de l'unanimité des copropriétaires sont les suivantes:

1. L'exercice de certains droits accessoires aux parties communes

L'article 3.3 de la loi du 16 mai 1975 énumère ces droits accessoires des parties communes. Il s'agit:

- du droit de surélever un bâtiment affecté à l'usage commun,
- du droit d'édifier des bâtiments nouveaux dans l'enceinte des parties communes,
- du droit de mitoyenneté afférent aux parties communes.

Aux termes de l'alinéa final de la disposition précitée, les droits accessoires aux parties communes ne peuvent être exercés que du consentement de tous les copropriétaires.

2. La modification de la répartition des charges

Une unanimité des copropriétaires n'est requise que lorsque l'assemblée générale est appelée à statuer sur la question d'une modification des critères légaux de répartition des charges communes, à savoir une répartition proportionnelle à la quote-part dans la copropriété détenue par chaque copropriétaire. C'est l'article 8 alinéa 1er de la loi qui en dispose ainsi.

Une majorité simple ou qualifiée est toutefois suffisante lorsque la modification concerne:
- une adaptation de la répartition des charges communes aux critères légaux, tels que prévus par l'article 7 de la loi (répartition proportionnelle des charges suivant les millièmes détenus par chaque copropriétaire). Une telle adaptation peut être votée à la majorité simple des voix des copropriétaires (article 7 alinéa 3),
- une adaptation de cette répartition à la suite d'actes de disposition ou d'acquisition de parties communes ou privatives (article 8 alinéa 1er). La majorité requise est celle nécessaire pour décider des actes de disposition ou d'acquisition ayant rendu nécessaire la nouvelle répartition des charges,
- une adaptation à la suite du fractionnement d'un lot (article 8 alinéa 2),
- une répartition pour l'avenir des charges relatives à l'entretien ou à la conservation d'éléments d'équipement nouveaux, ou d'autres améliorations apportées à l'immeuble en copropriété (article 26 alinéa 2).

3. L'aliénation de parties communes nécessaires au respect de la destination de l'immeuble

L'exigence de l'unanimité résulte des dispositions de l'article 18 alinéa 2 de la loi.

4. La modification de la destination de certaines parties privatives ou des modalités de leur jouissance

L'exigence de l'unanimité des copropriétaires s'explique ici par la considération que la décision affecte le droit de propriété de certains d'eux, ou leur liberté de jouissance sur leur propriété.

LA RÉPARTITION DES CHARGES COMMUNES ENTRE LES COPROPRIÉTAIRES

Le droit de propriété que chaque propriétaire détient sur les parties communes n'engendre pas seulement des droits actifs, tels que l'usage et la jouissance de ces parties, mais encore des charges passives. Le présent chapitre traite de l'un des aspects les plus importants de la vie en copropriété: la répartition des charges, qui naissent en rapport avec l'entretien et l'administration des parties communes, et plus communément appelées "charges communes de l'immeuble". Par cette notion, on entend l'ensemble des dépenses financières, qui s'imposent à l'ensemble des copropriétaires et qui résultent des parties de l'immeuble appartenant en indivision à tous les copropriétaires.

Nous analyserons dans cette rubrique:
- La notion de charges communes.
- Qui est tenu au paiement des charges communes ?
- D'après quels critères s'effectue la répartition des charges communes entre les copropriétaires?

167 LA NOTION DE CHARGES COMMUNES

Le qualificatif de "charges communes" est un terme générique qui désigne plusieurs catégories de frais financiers à payer par la copropriété.

* Sont tout d'abord visés les frais relatifs à la conservation, à l'entretien et à l'administration des parties communes. Nous avons retracé ci - dessus ce qu'il y a lieu d'entendre par parties communes et ce qui en fait partie. Nous renvoyons le lecteur à ces explications détaillées (cf. numéro 144 et 145).

* Sont ensuite encore englobées dans la notion susvisée, les dépenses engendrées par les éléments d'équipement communs, c'est-à-dire par des éléments à l'usage de tous les copropriétaires, qui ne sont pas absolument indispensables au fonctionnement de la copropriété, mais qui contribuent néanmoins à assurer une commodité ou un confort à l'immeuble. Les éléments d'équipement communs comprennent, en particulier, l'ascenseur, le chauffage central, la buanderie commune, les parlophones, le système de canalisation, les conduites d'eau, le gaz et l'électricité, le jardin entourant l'immeuble en copropriété, ...

Les charges communes se répartissent entre les rubriques suivantes:

1– *Les frais relatifs à la conservation des parties communes dans un bon état d'habitation.*
Ceux en relation avec la conservation de l'immeuble englobent surtout les frais de réparation ou de remise en état des parties communes endommagées ou hors d'état de fonctionner et d'assurer un usage optimal aux copropriétaires. Ces frais comprennent, d'autre part, encore les primes

d'assurance sur base de(s) contrat(s) d'assurance conclu(s) par la copropriété du chef des risques d'incendie, d'explosion ou de dégâts d'eau, de même que tous autres frais, de quelque nature qu'ils soient, nécessaires pour assurer la sauvegarde des intérêts de l'immeuble en copropriété.

2– *les frais d'entretien courant des parties communes, destinés à assurer à l'immeuble un caractère d'habitation confortable.*
Tombent dans cette catégorie, l'ensemble des dépenses engendrées par le nettoyage des parties communes (salaires payés aux femmes de charge, au jardinier, ...), le remplacement courant des menus éléments, tels que des ampoules électriques assurant l'éclairage dans l'escalier commun, les frais d'enlèvement des ordures, les produits d'entretien courant,......

3– *les frais d'administration de l'immeuble.*
Cette catégorie comprend essentiellement les frais et honoraires dus au fonctionnement des organes de la copropriété. Pour l'essentiel, il s'agit des frais et honoraires alloués au syndic, de même que des frais occasionnés par la convocation et la tenue de l'assemblée générale des copropriétaires, ainsi que par la notification des procès - verbaux d'assemblée.

4– *les frais de fonctionnement, de réfection et d'entretien des éléments d'équipement communs.*
Ces frais comprennent également ceux relatifs à la consommation en eau et gaz, électricité et combustibles dans les parties communes. Finalement, les frais en rapport avec la transformation et la réfection de ces éléments d'équipement communs tombent aussi dans cette catégorie de charges communes.

QUI EST TENU AU PAIEMENT DES CHARGES COMMUNES ? **168**

Seul le propriétaire de l'appartement est obligé de participer au paiement des charges communes, telles que définies ci - dessus. Il en reste tenu, même lorsqu'il a donné l'appartement en location, quitte à mettre ultérieurement en comptes au locataire une partie de ces frais.

Lorsque la propriété d'un appartement est démembrée en usufruit et en nue –propriété, il n'appartient pas à la copropriété de ventiler les charges communes relatives à l'appartement concerné entre le nu - propriétaire et l'usufruitier. Ainsi, la totalité de ces charges peut être réclamée à l'un ou à l'autre.

LA RÉPARTITION DES CHARGES COMMUNES ENTRE LES COPROPRIÉTAIRES

1) La répartition des frais engendrés par les parties communes: **169**

Le principe de cette répartition est fourni par l'article 7 alinéa 1er de la loi du 16 mai 1975, combiné avec l'article 6 de cette même loi. L'article 7 dispose que "Les copropriétaires sont tenus de participer aux charges relatives à la conservation, à l'entretien et à l'administration des parties communes, proportionnellement aux valeurs relatives des parties privatives comprises dans leurs lots, telles que ces valeurs résultent lors de l'établissement de la copropriété, de la consistance, de la superficie et de la situation des lots, sans égard à leur utilisation". Ainsi, les copropriétaires sont tenus de participer aux charges communes proportionnellement à leurs millièmes détenus dans la copropriété.

Cette disposition est impérative, en ce sens que le règlement de copropriété ne saurait y déroger, en stipulant d'autres règles et modalités quant à la répartition des charges. Toute règle de répartition contraire aux dispositions de la loi est en effet réputée non écrite par l'article 40 de la loi.

Sont aussi réputées non écrites, les clauses du règlement général de copropriété, qui prévoient une répartition des charges communes par tête de copropriétaires, en ce sens que chaque copropriétaire devrait assumer une part identique dans ces frais, indépendamment de l'import de sa quote - part dans les parties communes, ou encore qui prévoient une part plus grande à charge d'exploitants d'un commerce dans la copropriété.

Mais le texte de l'article 7 précité contient également des dispositions claires et précises quant aux modalités, suivant lesquelles la "valeur relative des parties privatives comprises dans le lot de chaque copropriétaire" est à déterminer, en renvoyant pour cela à l'article 6 précédent. D'après les dispositions de ce dernier texte, la quote - part de chaque copropriétaire dans les parties communes, et par là - même la valeur de ses parties privatives servant à déterminer sa part dans les frais communs, est à déterminer en fonction "de la consistance, de la superficie et de la situation des lots, sans égard à leur utilisation".

En vertu de ce texte, l'utilisation commerciale ou à des fins d'habitation faite de ses parties privatives par chaque copropriétaire ne doit pas entrer en ligne de compte pour fixer sa part dans les frais communs. Le seul critère à prendre en considération à cet égard est la valeur de ses parties privatives, calculée suivant la consistance, la surface habitable et la situation de ces parties.

Exception:
La loi ne tolère qu'une seule exception au principe général impératif édicté par l'article 7. Il s'agit de l'hypothèse où une partie commune de l'immeuble en copropriété ne sert qu'à l'usage de certains copropriétaires. Dans ce cas, la loi permet au règlement de copropriété de stipuler que les frais d'entretien, de conservation et d'administration, occasionnés par le fonctionnement de cette partie, ne se répartissent pas entre tous les copropriétaires, mais seulement entre ceux qui en ont l'usage. Cette exception se dégage aussi indirectement des dispositions de l'article 19 alinéa 2 de la loi, qui prévoit que, lorsque le règlement de copropriété met à charge de certains copropriétaires seulement les dépenses d'entretien d'une partie de l'immeuble ou celles d'entretien et de fonctionnement d'un élément d'équipement, il peut être prévu que ces copropriétaires seuls prennent part au vote sur les décisions qui concernent ces dépenses.

2) *La répartition des dépenses occasionnées par les éléments d'équipement communs* **170**

Il se peut que certains éléments d'équipement de l'immeuble en copropriété, tel l'ascenseur, ne servent guère à l'usage de tous les copropriétaires ou ne leur sont pas utiles. Ainsi, il est connu que les propriétaires des appartements situés au rez-de-chaussée de l'immeuble ne se servent pratiquement pas de l'ascenseur. Ils n'en tirent de ce fait aucune utilité particulière. En conséquence, appliquer aux frais d'entretien et de conservation de ces éléments d'équipement le principe d'une répartition en fonction des valeurs des quotes - parts de chaque copropriétaire dans les parties communes, reviendrait à créer une injustice en défaveur des copropriétaires, qui ne tirent que peu d'utilité de ces éléments. Voilà pourquoi la loi du 16 mai 1975 a fixé d'autres modalités de répartition des frais d'entretien et de fonctionnement causés par ces éléments d'équipement. La loi a en effet retenu comme seul critère de répartition de ces charges le degré d'utilité qu'en tire chaque copropriétaire.

C'est l'article 7 alinéa 2 de la loi, qui fixe le principe quant à la répartition des frais engendrés par les éléments d'équipement et dispose que: "des critères différents (de ceux résultant de l'alinéa 1er du même article) peuvent être retenus pour la répartition des charges entraînées par les éléments d'équipement communs. A défaut de convention y relative, les copropriétaires sont tenus d'y participer en fonction de l'utilité que ces éléments présentent à l'égard de chaque lot".

Il est évident que le critère du degré d'utilité de l'élément d'équipement concerné pour chaque lot est un critère objectif et ne doit pas comporter une appréciation subjective basée sur l'usage que fait de cet élément chaque copropriétaire. Cette appréciation se fait par rapport à la situation du lot dans la copropriété (étage) et à sa surface habitable, partant par rapport à des critères objectifs.

3) *La modification de la répartition des charges communes* **171**

La répartition des charges communes entre les copropriétaires peut faire l'objet d'une modification. L'article 8 alinéa 1er de la loi prévoit à cet égard qu'une telle modification ne peut être opérée qu'à l'unanimité de tous les copropriétaires. Ce principe connaît des dérogations.

Ainsi, en particulier:
- lorsqu'il s'agit pour l'assemblée générale des copropriétaires d'adapter les modalités de répartition des charges communes aux critères légaux, l'article 7 alinéa 3 de la loi lui permet de prendre cette décision à la majorité simple des copropriétaires de l'immeuble.
- lorsque l'assemblée générale décide de procéder à l'exécution de travaux, qui auront pour effet de transformer, d'agrandir ou d'améliorer les parties communes de l'immeuble, ou s'il s'agit de construire de nouveaux bâtiments ou encore de procéder à une surélévation de l'immeuble, afin de

créer de nouveaux locaux privatifs, elle doit se prononcer en même temps sur une nouvelle répartition des charges, dans la mesure où il y a eu ajoute ou suppression de parties communes ou de parties privatives, et donc création ou suppression de charges corrélatives. La nouvelle répartition des charges communes rendue ainsi nécessaire peut être décidée à la majorité identique à celle requise pour décider des travaux visés ci-dessus.

172 *4) La répartition des charges communes par décision judiciaire*

Lorsque le règlement général de copropriété ne comporte pas de dispositions prévoyant comment les charges communes sont réparties entre les différents copropriétaires ou encore lorsque ce règlement stipule une répartition de ces frais contraire aux dispositions légales impératives, "chaque copropriétaire peut saisir le tribunal aux fins de voir procéder à une répartition conforme aux dispositions légales" (article 9 de la loi du 16 mai 1975).

Cette action judiciaire est intentée par le copropriétaire demandeur à l'encontre du syndicat des copropriétaires, tous les copropriétaires appelés en cause. La compétence appartient à nouveau au tribunal de l'arrondissement, dans le ressort duquel l'immeuble en copropriété est situé.

LE CADASTRE VERTICAL

173 Généralités

La loi du 25 septembre 1905 sur la transcription des droits réels immobiliers prévoit impérativement que tout acte, ayant pour objet le transfert de propriété d'un bien immobilier, doit faire l'objet d'une transcription au Bureau des hypothèques du ressort dans lequel est situé ce bien immobilier (cf. numéro 332 ss).

Avant la réforme dont il sera question ci-dessous, il a été bien sûr possible de vendre un appartement individuel au sein de la copropriété ou de faire un autre acte de disposition sur une telle unité mais l'acte notarié, constatant ce transfert de propriété, indiquait, quant à la désignation exacte de l'appartement cédé, seulement qu'il fait partie du numéro cadastral, sous lequel l'immeuble en copropriété est repris au cadastre.

La loi du 18 mars 1988 sur la publicité foncière en matière de copropriété est venue remédier à ce désavantage. L'esprit et l'objectif de cette loi a été de déterminer les modalités et la procédure à suivre afin de permettre une identification plus caractérisée de chaque unité dans un immeuble en copropriété, par l'attribution, à toute unité, d'un numéro cadastral particulier et distinct de celui donné à l'immeuble pris dans son entièreté.

L'article 1er de cette loi dispose que dès son entrée en vigueur, c'est-à-dire dès le 1er avril 1989, tout acte susceptible de transcription doit contenir, outre les mentions obligatoires quant à la situation de l'immeuble, telles que ces mentions sont requises par la loi du 25 septembre 1905, la "désignation cadastrale du lot concerné".

La loi du 18 mars 1988 précitée rend donc nécessaire que chaque lot d'une copropriété, composée de parties privatives et de quotes-parts dans les parties communes, se voit attribuer une désignation cadastrale propre, indépendante de celle donnée à l'immeuble, dans lequel ce lot est situé.

Quant à la procédure à suivre en vue de l'objectif susvisé, la loi du 18 mars 1988 et le règlement grand-ducal du 22 juin 1988, pris en son exécution, distinguent suivant que la division de l'immeuble en lots est intervenue avant ou après l'entrée en vigueur de la loi, donc avant ou après le 1er avril 1989.

DIVISION DE L'IMMEUBLE EN LOTS INTERVENUE AVANT LE 1ER AVRIL 1989

1. La procédure à suivre **174**

* Dans la présente hypothèse, la loi du 18 mars 1988 sur la publicité foncière dispose que l'Administration du cadastre et de la topographie est tenue de procéder, dans un délai de 10 ans, à compter de l'entrée en vigueur de la loi, donc jusqu'au 1er avril 1999 au plus tard, à une identification des différents lots composant l'ensemble des immeubles en copropriété, qui ont été divisés en appartements particuliers avant le 1er avril 1989. Ce texte prévoit que cette identification des lots interviendra à l'initiative du syndic de chaque copropriété concernée, sur base des plans d'architecte dressés de l'immeuble, ainsi que du tableau descriptif de division, qui sera nouvellement établi par le syndic sous référence et avec renvoi à l'ancien tableau de division.

* L'identification précitée des lots composant un immeuble en copropriété se fait suivant la procédure détaillée ci-après:

L'Administration du cadastre adresse une demande, tendant à l'identification des lots, au syndic de chaque copropriété. Le syndic dispose d'un délai de trois mois, à compter de la demande notifiée par l'Administration, pour lui communiquer les pièces nécessaires à l'identification de chaque lot, en l'occurrence:

– un extrait du plan cadastral,
– les plans d'étages correspondant à chaque étage de l'immeuble,
– un plan - coupe de l'immeuble,
  Ces deux derniers plans doivent être signés par un homme de l'art, tel qu'un architecte ou un ingénieur.
– un projet du nouveau tableau descriptif de division, ou bien une copie de l'ancien tableau descriptif de division, remodifié sur base des nouvelles dispositions légales.

Cette communication par le syndic contient, en outre, une demande à l'Administration du cadastre, au nom et pour compte du syndicat des copropriétaires, à l'effet d'obtenir l'identification des lots aux voeux de la loi.

Le syndic n'est toutefois pas obligé d'attendre la notification de la demande lui faite par l'Administration du cadastre; il peut aussi adresser, de sa propre initiative, une demande en identification des lots à l'Administration précitée.

* L'Administration de l'enregistrement et des domaines doit, aux termes de l'article 3 de la loi, refuser "la formalité de l'enregistrement et de la transcription aux actes visés à l'article 1er, ne contenant pas la désignation cadastrale exacte du lot concerné". L'article 3 fait toutefois exception à la sanction précitée dans l'hypothèse où il est constaté dans l'acte, qu'en raison de l'urgence expressément spécifiée, la désignation cadastrale du lot n'a pas pu être obtenue. Dans ce cas, la demande en désignation du lot doit être faite au plus tard dans les trois mois de l'acte par le notaire instrumentant. La demande visée ci – dessus est à accompagner des plans et autres pièces désignées par le règlement grand-ducal du 22 juin 1988. Le notaire doit alors constater la nouvelle désignation cadastrale dans un acte, qui doit être soumis à l'enregistrement et à la transcription.

* Après avoir reçu les documents énumérés par le règlement grand-ducal du 22 juin 1988 transmis, pour compte du syndicat des copropriétaires, par le syndic et après les avoir revêtus d'un visa, l'Administration du cadastre remet à ce même syndic les plans et le projet du tableau descriptif de division, dressés sur base des données fournies par le syndic.

Le projet susvisé fait mention de "la désignation cadastrale des lots composant la copropriété, leur localisation, leur nature, si elle résulte du règlement de copropriété ou de tout autre document de même valeur, la quote - part de copropriété, qui leur est affectée et leur surface utile."

175 *2. Approbation du projet de l'état de division de l'immeuble par l'assemblée générale - Recours*

* Le syndic, après réception du projet de l'état de division de l'immeuble, convoque aussitôt une assemblée générale des copropriétaires, en lui demandant de statuer sur ce projet, présenté par l'Administration du cadastre.

La convocation à l'.assemblée générale, qui doit intervenir dans le mois de la présentation du projet par l'Administration, contient, en outre, le projet de l'état de division de l'immeuble. Cette pièce doit être adressée à chaque copropriétaire, afin de lui permettre de faire connaître ses observations lors de l'assemblée générale (article 4 alinéa 2).

Tout copropriétaire peut présenter un recours contre le prédit projet présenté par l'Administration du cadastre devant le juge de paix de la situation de l'immeuble. Ce recours intervient par voie de citation et est dirigé contre le syndic, le cas échéant, contre les copropriétaires directement intéressés. L'Administration du cadastre est citée en intervention dans cette instance judiciaire, aux fins de déclaration de jugement commun.

* Si dans un délai de trois mois après l'assemblée générale des copropriétaires, aucun recours n'a été interjeté contre le projet présenté, ou si le

* recours formulé a été déclaré non fondé, le syndic fait dépôt des documents précités (plans et projet d'état descriptif de division de l'immeuble) au rang des minutes d'un notaire, en vue de sa transcription et en informe l'Administration du cadastre.
* Si un recours est présenté par un ou plusieurs copropriétaire(s), et qu'il est reconnu fondé, le juge de paix arrête un nouvel état descriptif de division, qui est soumis à transcription.
* Dès réception, par l'Administration du cadastre des documents transcrits, mais au plus tard à l'expiration du délai de 10 ans* de l'article 1er de la loi, tout acte, portant sur un lot de la copropriété concernée, doit contenir la désignation cadastrale propre à ce lot, sous peine du refus d'enregistrement et de transcription dudit acte.

DIVISION DE L'IMMEUBLE EN LOTS INTERVENUE APRÈS LE 1ER AVRIL 1989: **176**

Le promoteur d'un immeuble à construire, qui entend le diviser en lots, est tenu d'introduire, préalablement à toute cession d'un lot, auprès de l'Administration du cadastre une demande tendant à la désignation cadastrale de chacun des lots concernés.

Cet acte doit être fait avant la passation de la vente envisagée, dans la mesure où, en vertu de l'article 1er de la loi du 18 mars 1988 sur la publicité foncière en matière de copropriété, tout acte ou toute décision judiciaire portant sur un lot en copropriété n'est plus admis aux formalités d'enregistrement et de transcription que s'il contient la désignation cadastrale propre du lot concerné.

Cette désignation cadastrale intervient sur base de plans dressés par un architecte agréé (plan de situation, indiquant l'emplacement du ou des bâtiments construits ou à construire, plans d'étages et plans - coupe de l'immeuble) et sur base d'un projet de tableau descriptif de la division; ces documents sont à soumettre par le promoteur à l'Administration du cadastre, ensemble avec une demande tendant à la fin susvisée.

---

* Ce délai a été prolongé de 5 ans.

LE CARACTÈRE PERPÉTUEL DU DROIT DE PROPRIÉTÉ

177 Généralités

Le droit de propriété est perpétuel, en ce sens qu'il dure aussi longtemps que la chose, sur laquelle il porte.

Cette règle sur le caractère perpétuel du droit de propriété n'est pas contredite par le fait que le propriétaire peut céder son bien ou qu'il peut mourir. Le droit de propriété se perpétue en effet au-delà de l'acte d'aliénation ou du décès. Il continue dans la personne de l'acquéreur ou des héritiers du propriétaire décédé.

Cependant, si le droit de propriété ne s'éteint pas, il peut être perdu pour son titulaire. D'autre part, dans certains cas exceptionnels, la propriété a un caractère temporaire. Nous allons examiner dans les chapitres suivants la perte de la propriété et les cas, dans lesquels cette propriété a seulement un caractère temporaire.

178 LA PERTE DU DROIT DE PROPRIÉTÉ

Ce droit peut se perdre pour trois causes différentes:

1. la disparition du bien, sur lequel il porte,
2. la renonciation du propriétaire à son bien,
3. la cession forcée d'une chose en vertu de la loi.

1. La disparition de la chose

Le droit de propriété suppose un sujet, le titulaire du bien, et un objet, le bien sur lequel porte ce droit. Nous avons vu ci-dessus que le bien ne disparaît pas par la disparition du titulaire. En revanche, le droit de propriété est anéanti par la disparition de son objet, c'est à dire par celle de la chose.

Droit sur les vestiges de la chose

Souvent la chose, lorsqu'elle est anéantie, ne disparaît pas complètement. Elle laisse des vestiges. Ainsi, si un immeuble est démoli, son titulaire reste propriétaire des pierres et autres matériaux l'ayant constitué.

Souvent aussi, l'anéantissement d'un bien ne crée pas un nouveau droit réel, comme dans l'exemple ci-avant, mais se transforme en un droit de créance. Ainsi, lorsqu'un bâtiment est détruit par un incendie, le droit de propriété est remplacé par une indemnité d'assurance, si l'immeuble en question était assuré contre ce sinistre.

La question se pose si le droit de propriété sur un bien, notamment sur un immeuble, cesse d'exister, lorsque disparaît cette chose tout en laissant des vestiges, ce qu'il en est des autres droits réels (usufruit, servitude, hypothèque qui grevaient cet immeuble). Est-ce que ces autres droits réels sont aussi transportés sur les restes de cette chose?

Nous allons répondre à cette question, en examinant ces différents droits réels.

Pour le moment, nous allons analyser le mécanisme juridique, dénommé *la subrogation réelle*. On entend par cette notion, le remplacement d'un bien par un autre, qui prendra la place et le caractère du bien qu'il remplace.

La subrogation réelle fonctionne normalement sans problème dans les universalités. Par exemple, si une personne lègue, par testament, une collection de tableaux à un membre de sa famille, ce dernier a droit à un ensemble de tableaux, qui ne sont pas nécessairement ceux que le testateur possède au moment où il fait son testament. Le légataire a droit à ceux que le testateur laisse à son décès. Donc, tout tableau que le de cujus a vendu avant de mourir prive son légataire de cette propriété. Par contre, tout nouveau tableau acheté par le de cujus reviendra à son légataire.

Il est plus difficile d'appliquer la règle sur la subrogation réelle à des biens particuliers. Ainsi, il est évident, qu'en cas de legs d'un tableau déterminé, sa vente par le testateur rend ce legs caduc. Le légataire ne peut donc pas réclamer un autre tableau, ayant composé la collection du testateur.

On admet généralement que les règles sur la subrogation réelle ne jouent, quant à des biens particuliers, que dans les cas, où la loi le prévoit expressément ou, du moins, permet à la volonté des parties de prévoir cette substitution.

En fait, diverses dispositions légales prévoient expressément la subrogation légale.

C'est ainsi qu'en matière d'usufruit, cette subrogation légale joue dans une mesure limitée. A ce sujet, l'article 624 dispose que "si l'usufruit n'est établi que sur un bâtiment et que ce bâtiment est détruit par un incendie ou un autre accident ou s'il s'écroule de vétusté, l'usufruitier n'aura le droit de jouir ni du sol, ni des matériaux. Si l'usufruit était établi sur un domaine, dont le bâtiment (détruit) faisait partie, l'usufruitier jouirait du sol et des bâtiments".

En matière de remembrement des biens ruraux, l'article 36 de la loi modifiée du 25 mai 1964 stipule que les terrains nouvellement attribués à un propriétaire compris dans un remembrement, sont substitués aux terrains que ce propriétaire a apportés dans le remembrement en question. Il s'agit en l'occurrence d'une subrogation légale, jouant pleinement par le seul effet de la loi.

Une disposition pareille est également applicable en matière de remembrement urbain, prévu par la loi du 12 juin 1937 sur l'aménagement des villes et autres agglomérations importantes.

179 2. **La renonciation au droit de propriété**

A part l'aliénation d'un bien, faisant perdre à une personne son droit de propriété, celle-ci peut y renoncer purement et simplement sans l'aliéner. Une telle renonciation soulève cependant un certain nombre de problèmes.

Une première constatation doit être faite au sujet de cette renonciation. Le droit de propriété ne se perd pas par le non-usage. Le maître d'un bien a le droit de ne pas s'en servir. Il peut laisser inutilisée une maison, sans l'habiter lui-même ou sans la louer. Bien que la propriété ait également une fonction sociale, aucune loi n'oblige cependant un propriétaire de faire usage de son bien. Cette règle ne s'applique cependant pas à l'usufruit, au droit d'usage et d'habitation, ainsi qu'aux servitudes, qui se perdent par un non-usage durant trente ans.

Une question importante se pose en rapport avec le droit de propriété. Si un propriétaire a laissé à l'abandon un bien, et qu'un autre se met en possession de celui-ci, le propriétaire originaire peut-il revendiquer sa chose?

La question présente moins d'intérêt pour les meubles, ceci en raison de la plus courte durée de vie de ceux-ci, et par suite du régime de propriété applicable aux biens meubles, qui permet rarement à un propriétaire de les revendiquer entre les mains d'un tiers. Nous étudierons ce régime sous les numéros 306 et suivants.

Cette question présente cependant une certaine importance pour les immeubles. Ceux-ci peuvent-ils être revendiqués et, dans l'affirmative, pendant quel délai, quand un tiers s'en est mis en possession?

Une telle revendication n'est plus possible, si ce tiers a acquis la possession dudit immeuble par la prescription acquisitive, donc si ce tiers détient l'immeuble en question pendant plus de trente ans. Le propriétaire peut cependant revendiquer son immeuble, si le tiers n'en a pas encore prescrit la possession.

Une possession même plus que trentenaire ne suffit pas dans tous les cas, pour que la prescription acquisitive puisse jouer. Il faut encore que cette possession réponde à certains critères, qu'elle ne soit pas affectée de certains vices (cf. les numéros 264 et suivants).

La possession s'oppose par ailleurs à la détention précaire (cf. numéro 258). Celle-ci s'applique au locataire d'un immeuble. Un tel, même s'il détient, en qualité de locataire, un immeuble pendant plus de trente ans, n'en devient jamais propriétaire par la prescription acquisitive.

Le propriétaire de cet immeuble peut-il revendiquer celui-ci entre les mains de ce locataire même plus de trente ans après que ce dernier a commencé à détenir cet immeuble?

Cette question se pose en présence de l'article 2262, qui dispose que "toutes les actions, tant réelles que personnelles, sont prescrites par trente ans. "La revendication dans l'hypothèse précitée ne serait donc plus possible.

Telle n'est cependant pas la position de la jurisprudence, qui a décidé déjà au 19e siècle que l'action en revendication est imprescriptible. Malgré la généralité des termes de l'article 2262 précité, la jurisprudence a toujours excepté de l'application de cet article l'action en revendication, l'action en partage et certaines actions personnelles (questions d'état).

La question se pose encore si un propriétaire peut renoncer, de façon définitive, à son droit de propriété.

En ce qui concerne les meubles, un abandon volontaire peut se réaliser assez facilement. Le propriétaire n'a qu'à jeter une chose, qui devient alors une épave qu'un tiers peut s'approprier.

En ce qui concerne les immeubles, une telle renonciation est difficilement réalisable. Dans ce contexte, il n'est évidemment pas question de la renonciation qu'un propriétaire fait au profit d'un tiers.

La difficulté, en ce qui concerne une renonciation définitive à un immeuble, réside dans le caractère absolu du droit de propriété, comportant pour le propriétaire également le droit de ne pas en faire usage. D'autre part, le droit de propriété est opposable à l'égard de tous. Il faudrait donc que le propriétaire fasse une déclaration de renonciation devant une instance officielle. Or, nos lois ne prévoient pas de pareil système, contrairement à la loi allemande (paragraphe 928 BGB).

180 3. **Perte du droit de propriété en vertu de la loi**

Le cas classique d'une telle perte est évidemment l'expropriation pour cause d'utilité publique. Certaines lois modernes ont également prévu une perte légale de la propriété au profit de personnes privées, mais, dans ces cas, l'intérêt général n'est pas totalement absent.

Le Code civil a lui-même prévu une telle cession forcée, en traitant de la cession de la mitoyenneté d'un mur. Comme exemple de la législation plus récente, on peut signaler les échanges obligatoires de parcelles dans le cadre d'un remembrement légal. Il convient de mentionner encore le droit de préemption que la loi modifiée du 14 février 1955 concède au locataire, qui a habité pendant au moins dix-huit ans l'immeuble pris en location.

L'EXPROPRIATION POUR CAUSE D'UTILITÉ PUBLIQUE

Généralités **181**

L'expropriation constitue l'entrave la plus importante au caractère absolu du droit de propriété. Aussi est-elle entourée de mesures de précaution, afin qu'elle cause le moins de préjudice possible au propriétaire.

Les deux textes de base prévoyant cette expropriation sont, d'un côté, l'article 16 de notre Constitution et, de l'autre, l'article 545 du Code civil.

L'article 16 de la Constitution dispose que "Nul ne peut être privé de sa propriété que pour cause d'utilité publique, dans les cas et de la manière établie par la loi et moyennant une juste et préalable indemnité."

L'article 545 a un libellé assez rapproché de celui de l'article 16 de la Constitution, à savoir que: "Nul ne peut être contraint de céder sa propriété, si ce n'est pour cause d'utilité publique et moyennant une juste et préalable indemnité."

Les règles et la procédure, suivant lesquelles se déroule une expropriation pour cause d'utilité publique, sont déterminées par la loi du 15 mars 1979 sur l'expropriation pour cause d'utilité publique.

Il existe une seconde loi, à savoir la loi modifiée du 16 août 1967 ayant pour objet la création d'une grande voirie de communication et d'un fonds des routes. Cette dernière loi présente un caractère spécifique par rapport à celle du 15 mars 1979, qui est d'application générale.

La mise en œuvre de cette dernière loi comporte deux phases, une phase administrative, et une phase judiciaire.

L'expropriation peut porter sur la propriété, ainsi que sur les droits réels immobiliers, donc notamment l'usufruit, les servitudes et le droit de superficie. L'inclusion de ces droits réels immobiliers constitue une innovation de la loi du 15 mars 1979.

182 *Titulaires du droit d'expropriation*

Ce sont l'Etat, les communes, les établissements publics ou d'utilité publique, et même des particuliers, mais seulement si leur intérêt se couvre avec l'intérêt général.

L'identité du pouvoir expropriant a une conséquence sur les formes, suivant lesquelles l'utilité publique doit être déclarée.

Lorsque l'expropriation est demandée par l'Etat, cette forme consiste dans une loi ou dans un règlement grand-ducal, pris sur avis du Conseil d'Etat. C'est généralement la forme du règlement grand-ducal qui est choisie.

Lorsque l'expropriation est poursuivie par une commune ou par un établissement public, l'utilité publique est déclarée par règlement grand-ducal, sur avis du Conseil d'Etat.

La même forme s'impose, lorsque la demande d'expropriation est formulée par un établissement d'utilité publique ou par un particulier. Toutefois, dans ces cas, l'avis du Conseil d'Etat doit être conforme, c'est à dire qu'il doit être suivi par l'expropriant.

PROCÉDURE DE L'EXPROPRIATION

183 La phase administrative

Dans la loi du 17 décembre 1859 sur l'expropriation pour cause d'utilité publique, qui a précédé celle du 15 mars 1979, cette procédure a débuté par la déclaration d'utilité publique. Il n'en est plus ainsi dans cette dernière loi.

D'après la loi de 1979, le premier acte de procédure est la publication, dans la ou les communes concernées par l'expropriation, du plan parcellaire, indiquant le périmètre à l'intérieur duquel les travaux seront réalisés et le tableau des emprises, déterminant les immeubles à exproprier et contenant l'énumération des propriétaires concernés par l'expropriation.

Ces documents font l'objet d'une enquête de vingt jours dans la ou les communes concernées. A l'expiration de ce délai, le collège échevinal transmet les pièces avec les observations éventuelles au Ministre des travaux publics, en y joignant un certificat, qui atteste que les formalités légales prescrites ont été observées. Le dossier est alors communiqué par le Ministre sus-visé au Conseil de Gouvernement, qui prend une décision au sujet des oppositions éventuelles produites contre l'expropriation. Il décide également de l'utilité publique des travaux à réaliser. Si le Conseil de Gouvernement admet cette dernière, il demande l'avis du Conseil d'Etat au sujet de l'arrêté grand-ducal proposant l'expropriation pour cause d'utilité publique.

L'avis du Conseil d'Etat étant disponible, le Gouvernement soumet au Grand-Duc le projet d'arrêté grand-ducal correspondant. L'arrêté sanctionné par le Grand-Duc déclare d'utilité publique les travaux à exécuter et approuve en même temps le plan parcellaire et le tableau des emprises et autorise l'exproprenant à entamer l'acquisition ou l'expropriation des immeubles nécessaires pour l'exécution des travaux à entreprendre.

Recours contre l'arrêté grand-ducal décrétant l'expropriation **184**

Cet arrêté soulève une gestion assez importante. Un propriétaire d'immeubles à exproprier, qui n'est pas d'accord avec cette expropriation, qui conteste, par exemple, l'utilité publique ou la nécessité de comprendre ses immeubles dans le tableau des emprises, peut-il contester légalement cet arrêté? Dans la limite où un tel recours est recevable, une seconde question s'y ajoute: devant quelle autorité doit être porté ce recours: devant le tribunal civil ou le tribunal administratif? A cette dernière question, on peut répondre que, sans préjudice de sa recevabilité, un tel recours contre une décision administrative se fait toujours devant le tribunal administratif.

Cette constatation n'implique cependant pas nécessairement que le tribunal administratif, compétent en principe, le soit effectivement pour examiner des contestations en rapport avec un arrêté grand-ducal, décrétant une expropriation pour cause d'utilité publique.

Il est en effet de droit que peuvent seules être attaquées devant le juge administratif, des décisions administratives individuelles, qui causent un grief à un intéressé. L'arrêté grand-ducal, approuvant un tableau des emprises, constitue-t-il un ensemble de décisions individuelles, ou plutôt un acte réglementaire?-

Dans le premier cas, un recours administratif serait possible. Si, au contraire, cet arrêté constitue un acte réglementaire, un recours devant le tribunal administratif ne serait pas recevable.

Le Comité du contentieux du Conseil d'Etat a toujours jugé qu'un tel arrêté grand-ducal constitue un acte réglementaire et a donc déclaré non recevables tous recours contre cet arrêté.

Depuis le 1er janvier 1997, le Comité du contentieux précité n'est plus en fonction. La loi du 7 novembre 1996 portant organisation des juridictions de l'ordre administratif, l'a remplacé par le Tribunal administratif.

Il était donc intéressant de savoir si ce nouveau tribunal partagerait la thèse du Comité du contentieux sur le caractère réglementaire de l'arrêté grand-ducal, déclarant d'utilité publique des travaux à entreprendre par l'Etat ou une commune.

Or, ce Tribunal a suivi le Comité du contentieux dans cette question et se prononce également pour le caractère réglementaire d'un tel arrêté (cf. jugement du Tribunal administratif du 25 juin 1997, confirmé par la Cour administrative par arrêt du 11 décembre 1997).

Néanmoins, une telle position du Tribunal administratif n'implique plus qu'aucun recours légal n'est possible contre un arrêté grand-ducal, déclarant une expropriation pour cause d'utilité publique. En effet, la loi du 7 novembre 1996 n'a pas seulement remplacé le Comité du contentieux du Conseil d'Etat par le Tribunal administratif, mais a institué également une Cour administrative.

Cette Cour statue non seulement sur l'appel relevé contre les décisions du Tribunal administratif et des autres juridictions administratives. En vertu de l'article 7 de la loi du 7 novembre 1996 précitée, "la Cour administrative statue encore sur les recours dirigés pour incompétence, excès et détournement de pouvoir, violation de la loi ou des formes destinées à protéger des intérêts privés, contre les *actes administratifs à caractère réglementaire*, quelle que soit l'autorité, dont ils émanent. Le recours doit être introduit dans les trois mois de la publication de l'acte administratif à caractère réglementaire attaqué........."

L'arrêté grand-ducal, déclarant d'utilité publique l'exécution de travaux d'intérêt général, peut donc être attaqué devant la Cour administrative. Cependant ce recours ne peut se faire que pour un des motifs cités ci-dessus. Il s'agit donc d'un recours en annulation. La Cour n'examine pas le fond de l'affaire, mais seulement sa légalité.

Il s'y ajoute une autre restriction, du moins temporaire. La création de la Cour administrative ne produisant pas d'effet rétroactif, aucun recours ne saurait été exercé contre un acte réglementaire publié avant l'entrée en exercice de la Cour administrative.

185 La phase judiciaire

Cette phase n'entrera évidemment en jeu que si l'expropriant n'arrive pas à acquérir, à l'amiable, les immeubles dont il a besoin pour réaliser l'investissement projeté.

Cette phase ne débute pas, comme en droit commun, par l'assignation devant le tribunal civil des propriétaires, refusant de céder à l'amiable à l'expropriant les immeubles dont celui a besoin.

La phase judiciaire commence par le dépôt des pièces de la phase administrative, donc notamment de la liste des propriétaires à exproprier, du plan des parcelles, ainsi que de l'arrêté grand-ducal, approuvant ces pièces.

Ce dépôt se fait au greffe du tribunal civil du lieu de la situation des immeubles à exproprier. Une assignation en justice introduite avant le dépôt des pièces précitées serait irrégulière, et l'action intentée serait rejetée par le tribunal.

Une information du dépôt des pièces est donnée aux propriétaires et usufruitiers des parcelles concernées par l'expropriation et doit être reprise dans l'exploit contenant assignation à jour fixe de ces derniers aux fins de procéder au règlement des indemnités et d'ordonner l'envoi en possession de l'exproprient. L'exploit doit indiquer les sommes que l'exproprient offre pour l'acquisition des immeubles. L'omission d'indiquer le montant des indemnités offertes constituerait une nullité de la procédure. C'est en effet sur base de cette somme que le tribunal fixera l'indemnité provisionnelle que l'exproprient doit consigner avant l'envoi en possession.

L'exproprient doit assigner également les usufruitiers concernés par les immeubles à exproprier. Le propriétaire assigné doit mettre en cause dans le procès les tiers éventuellement intéressés(locataire ou fermier, titulaire d'un droit d'usage ou d'habitation). S'il omet cette mise en intervention, il reste seul tenu des indemnités que ces derniers seraient en mesure de réclamer.

Le délai normal d'assignation est de quinzaine. Si la partie assignée n'a pas constitué avoué et fait donc défaut, elle sera réassignée par un huissier commis. L'instruction sera réputée contradictoire à l'égard des parties qui n'auraient pas constitué avoué après réassignation, ou de celles qui, tout en ayant constitué avoué, ne seraient plus représentées lors des actes de procédure ultérieurs.

PROCÉDURE DEVANT LE TRIBUNAL **186**

Le premier acte que fait le tribunal est d'examiner si le tableau des emprises, tel qu'il a été approuvé par l'arrêté grand-ducal décrétant l'expropriation pour cause d'utilité publique, s'applique à la propriété à exproprier.

Les défendeurs à l'action doivent déclarer s'ils acceptent l'indemnité proposée par l'exproprient. Dans le cas contraire, ces défendeurs sont tenus d'indiquer le montant de leur revendication.

Ensuite, le tribunal examine si l'action a été intentée régulièrement et si les formes prescrites par la loi ont été observées. Dans le cas contraire, les juges déclarent qu'il n'y a pas lieu de procéder ultérieurement. Ce jugement est sans recours.

Si le tribunal fait droit à la requête de l'exproprient, il fixe, par voie d'évaluation, le montant des indemnités provisionnelles que l'exproprient doit payer à titre global à chacune des parties défenderesses. Ce montant ne peut pas être inférieur à 90 % de la somme offerte par l'exproprient.

Par le même jugement, le tribunal nomme un ou trois experts chargés d'une double mission: a) dresser l'état descriptif des immeubles à exproprier, b) évaluer ceux-ci. Ce jugement n'est susceptible d'aucun recours.

EFFETS DU JUGEMENT **187**

Le jugement revêt une importance capitale. Il doit être transcrit par l'exproprient sur le registre du conservateur des hypothèques. Ce jugement produit alors à l'égard des tiers les mêmes effets que la transcription d'un acte de cession. L'exproprié ne peut, après cette transcription, plus disposer de son ou de ses immeubles, ni les grever de droits réels ou conclure de nouveaux contrats de location.

La transcription de ce jugement a pour effet que le droit de propriété de l'expropriant est remplacé par une créance d'indemnité à recevoir de l'expropriant. Ce même jugement éteint tous les droits réels et personnels que des tiers pouvaient avoir sur l'immeuble exproprié. Ces droits sont également transportés sur l'indemnité que l'expropriant doit consigner.

Cependant, ce dernier ne peut pas encore occuper le ou les immeubles, dont il poursuit l'expropriation. A cet effet, il lui faut l'ordonnance d'envoi en possession. Jusqu'à l'obtention de celle-ci, l'exproprié garde un droit de rétention sur l'immeuble, dont il n'est cependant plus propriétaire.

188 *Procédure et effet de l'ordonnance d'envoi en possession*

Après que le jugement a fixé le montant de l'indemnité provisionnelle que l'expropriant doit consigner, celui-ci dispose d'un délai d'un mois pour effectuer cette consignation. Celle-ci se fait à la caisse de consignation. Cette caisse transmet à l'expropriant une copie conforme du certificat de dépôt de l'indemnité. Ce certificat est nécessaire à l'expropriant pour obtenir l'envoi en possession des immeubles à exproprier.

L'exproprié peut toucher les sommes consignées, en présentant à la caisse de consignation une copie du jugement visé au numéro précédent, ainsi que d'un certificat délivré après la date de transcription dudit jugement et duquel il résulte que l'immeuble exproprié est libre d'hypothèque. Le préposé de la caisse de consignation doit remettre l'argent aux intéressés s'il n'existe pas de saisie-arrêt ou d'opposition sur les deniers consignés.

Un autre document est encore requis, afin que l'expropriant obtienne l'envoi en possession nécessaire. Il s'agit de l'état descriptif des lieux. Ce document doit être établi par le ou les experts commis par le tribunal. Ceux-ci doivent rédiger ce document aussitôt après la visite des lieux. L'expropriant, les propriétaires et les usufruitiers à exproprier peuvent assister à cette opération et consigner dans l'état des lieux toutes les observations qu'ils jugent utiles.

Pour obtenir une ordonnance d'envoi en possession, l'expropriant doit signifier, par exploit d'huissier, à toutes les parties défenderesses et intervenantes, une copie conforme des documents suivants:

1. le jugement fixant le montant de l'indemnité provisionnelle,
2. le certificat de dépôt de cette indemnité à la caisse de consignation,
3. l'état descriptif des lieux.

L'envoi en possession des immeubles expropriés se fait par ordonnance du président du tribunal. Elle est apposée au bas de la requête présentée par l'expropriant. Cette ordonnance est exécutoire sur minute et avant l'enregistrement.

LA FIXATION DE L'INDEMNITÉ D'EXPROPRIATION **189**

Comme il a été dit ci-avant, les experts désignés par le tribunal doivent évaluer les immeubles à exproprier. C'est à la date du jugement déclaratif, qui a désigné les experts, que ceux-ci sont tenus d'évaluer les immeubles en question.

Les experts doivent déposer leur rapport dans les trois mois de la visite des lieux. La loi ne règle pas en détail la façon dont les experts doivent rédiger leur rapport. La loi de 1979 se borne à indiquer que ce rapport doit contenir une évaluation motivée des indemnités qu'ils proposent, et tous les renseignements utiles à la détermination de ces indemnités.

L'avis des experts ne lie pas les juges. Ceux-ci peuvent donc fixer l'indemnité d'expropriation de façon différente de celle proposée par les experts.

Si le montant de l'indemnité arrêté par les juges dépasse celui fixé à titre d'indemnité provisionnelle, la partie expropriante doit déposer le supplément à la caisse de consignation et ceci dans le mois du jugement.

En ce qui concerne les frais de l'instance, la loi de 1979 (article 40) dispose que l'expropriant supporte seul les dépens de la première instance. Il n'est donc pas tenu compte de l'issue du procès, en d'autres termes, de la question si l'indemnité d'expropriation fixée par le tribunal dépasse ou non celle proposée par l'expropriant.

AUTRES CONSÉQUENCES DE L'EXPROPRIATION **190**

L'article 48 de la loi du 15 mars 1979 précitée dispose que les actions en résolution, en revendication ou toutes autres actions réelles, intentées contre des immeubles à exproprier, ne peuvent pas arrêter l'expropriation, ni en empêcher l'effet.

Au cas où les dites actions seraient déclarées fondées par le tribunal, donc si l'immeuble à exproprier n'avait plus comme propriétaire celui contre qui l'expropriation est poursuivie, l'immeuble serait néanmoins exproprié. Les droits des propriétaires actuels seraient transportés sur le prix, donc sur l'indemnité d'expropriation, et l'immeuble en demeurerait affranchi.

Dans certains cas, l'expropriation porte seulement sur la partie d'un terrain. Dans ce cas, ce propriétaire peut demander que l'expropriant en achète la totalité. Le requérant doit en avoir fait la demande avant le jugement qui ordonne qu'il sera procédé au règlement de l'indemnité.

Il en est de même de toute parcelle de terrain, qui, par suite au morcellement causé par l'expropriation, se trouve réduite au quart de sa contenance, si toutefois le propriétaire ne possède aucun terrain immédiatement contigu et si la parcelle ainsi réduite est inférieure à 10 ares (article 37 de la loi).

191 *RÉTROCESSION D'IMMEUBLES EXPROPRIÉS*

Parfois, certains immeubles expropriés n'ont pas servi aux fins pour lesquelles l'expropriation a été poursuivie. Cette situation est réglée par l'article 51 de la loi du 15 mars 1979 précitée.

L'article 51 alinéa 1er prévoit que l'exproprant publie un avis faisant connaître les terrains que l'exproprant est dans le cas de revendre. Dans les trois mois de cette publication, les anciens propriétaires de ces immeubles, qui veulent les récupérer, sont tenus de le déclarer, à peine de déchéance.

S'il n'est pas intervenu une telle publication, les anciens propriétaires ou leurs ayants droit peuvent demander la restitution de leurs terrains. Celle-ci est ordonnée par la justice sur déclaration de l'exproprant que ces terrains ne sont plus destinés aux travaux, pour lesquels il avaient été acquis.

Le prix des parcelles à rétrocéder est fixé par le tribunal, à moins que le propriétaire ne préfère rembourser le montant de l'indemnité touchée. La fixation judiciaire ne peut, en aucun cas, excéder le montant de l'indemnité.

Dans certaines hypothèses, l'exproprant peut vendre, de gré à gré, les terrains en question à des personnes de droit privé ou de droit public, en vue d'effectuer des travaux d'intérêt général, par exemple, la réalisation d'un plan d'urbanisme.

Dans ce cas, les anciens propriétaires expropriés, qui désirent construire sur l'un de leurs anciens terrains, ont priorité pour l'attribution d'un immeuble à céder par l'exproprant.

192 L'indemnité d'expropriation

Nous avons examiné ci-dessus la procédure, suivant laquelle cette indemnité est fixée par le tribunal. Néanmoins, celle-ci soulève un grand nombre de questions, notamment celle de savoir, cette indemnité constituant la réparation d'un préjudice, quel dommage doit être indemnisé.

La loi de 1979 ne se prononce pas sur cette question. Les seules indications légales sont celles prévues par l'article 16 de la Constitution et par l'article 545 du Code civil, aux termes desquels cette indemnité doit être préalable à l'expropriation proprement dite et qu'elle doit être juste.

Elle est juste, quand l'exproprié est tenu indemne de toutes les conséquences préjudiciables, qui sont une suite directe de l'expropriation.

Les règles au sujet de la fixation d'une indemnité, qui doit respecter ce critère, se dégagent d'une abondante jurisprudence. Une analyse détaillée de cette dernière, pour dégager les différents éléments qui doivent être indemnisés, dépasserait néanmoins le cadre du présent ouvrage. Nous nous bornons en conséquence à esquisser seulement les différentes facettes d'une telle indemnité.

1. La valeur vénale **193**

L'indemnisation de l'exproprié se fait sur base de la valeur vénale, ou valeur marchande, des immeubles expropriés. La valeur vénale comporte deux éléments, la valeur actuelle et la valeur d'avenir.

La valeur actuelle est fonction de la nature du terrain exproprié, qui dépend, en grande partie, également de l'affectation d'un tel terrain (terrain à bâtir, terrain industriel, agricole).

L'estimation par les experts se fait généralement par référence aux prix obtenus lors d'une récente vente de terrains similaires, situés dans les environs des immeubles à exproprier.

La valeur d'avenir d'un immeuble est la plus-value, qui peut résulter d'événements futurs avantageux, dont la réalisation se présente avec assez de probabilité pour que des intéressés en tiennent déjà compte lors de l'acquisition d'un immeuble. Il faut qu'il y ait de sérieuses chances pour que les événements avantageux futurs précités se présentent. Une simple espérance spéculative ne suffit pas.

2. La valeur de convenance **194**

La valeur vénale constitue une valeur objective, celle que l'immeuble en question a pour tous les propriétaires.

Un immeuble peut présenter, outre cette valeur marchande, également une valeur de convenance. Celle-ci est subjective et dépend des goûts et besoins d'un propriétaire déterminé, qui n'intéresseraient pas, au même degré, d'autres propriétaires. Ainsi, à titre d'exemple, si une personne a acquis un terrain contigu au sien et a ainsi agrandi son domaine, ce terrain nouvellement acquis peut présenter pour ce propriétaire une valeur supérieure à sa valeur vénale, donc une valeur de convenance.

Cependant, une évaluation concrète de l'indemnité à allouer pour la valeur de convenance est difficile. Généralement, elle est appréciée ex aequo et bono par le tribunal et s'exprime en un certain pourcentage de la valeur vénale.

3. La valeur d'affection **195**

A côté de la valeur de convenance, les tribunaux accordent, dans quelques rares cas, également une indemnité pour compenser la valeur d'affection d'un bien. Le propriétaire, pour une raison sentimentale (par exemple, un bien qui se trouve depuis plusieurs générations dans sa famille) tient particulièrement à l'immeuble, dont il perd la propriété pour raison d'expropriation. Les tribunaux se montrent cependant assez hésitants à indemniser spécialement cette valeur, tellement subjective.

196 *4. Plus-value ou moins-value d'un immeuble exproprié*

Une plus-value peut se dégager d'éléments objectifs, par exemple, un terrain présente une commodité particulière, consistant dans un très bon accès. Pour reconnaître une telle plus-value, on ne doit pas tenir compte d'une valeur de spéculation. Il est évident que la valeur vénale d'un bien ne peut pas être augmentée du fait même de l'exécution de travaux d'utilité publique portant, entre autres, sur l'immeuble à exproprier.

Dans certains cas, la valeur vénale d'un immeuble peut subir une moins-value, notamment par sa situation, par exemple à proximité d'un établissement dangereux ou insalubre, ou dans un quartier mal réputé. Cette moins-value diminue l'indemnité, à laquelle l'exproprié peut s'attendre.

197 *5. Dépréciation de la partie restante*

Parfois, l'expropriation ne porte que sur une partie d'un terrain, son propriétaire conservant la partie restante.

Sous certaines conditions, l'exproprié peut demander que l'expropriant achète le terrain entier. Ce propriétaire conserve cependant toute liberté de conserver la partie restante de son fonds.

Il le fera, si le terrain en question, bien que diminué en surface, présente encore pour lui une certaine utilité.

Il se peut que la partie du terrain laissé à l'exproprié soit dévalorisé, par exemple, parce que ce terrain est morcelé ou que, par suite des travaux exécutés, la parcelle laissée au propriétaire a un accès plus difficile à la voie publique. Dans ces hypothèses, ledit propriétaire peut toucher une indemnité spéciale pour cette dépréciation.

A l'inverse, il est possible que l'exécution des travaux d'utilité publique comporte une revalorisation de la partie restante d'un terrain exproprié. Ainsi, il peut jouir d'un meilleur accès à la voie publique et ainsi son exploitation peut être facilitée. Dans ce cas, une telle revalorisation doit être prise en considération dans l'évaluation du montant de l'indemnité globale, qui peut ainsi subir une diminution.

198 *6. Indemnité de remploi*

Souvent un propriétaire exproprié se voit contraint d'acquérir de nouveaux terrains nécessaires à l'exercice de son activité professionnelle (par exemple, pour son activité agricole). Dans ce cas, il doit supporter, outre le prix d'acquisition de ces nouveaux immeubles, des frais en rapport avec cette acquisition, tels que les droits d'enregistrement et de transcription, ainsi que les honoraires de notaire.

Pour cette raison, il est alloué au propriétaire en question une indemnité de remploi, destinée à compenser le paiement des frais supplémentaires en rapport avec les nouvelles acquisitions.

Autres procédures d'expropriation   **199**

Nous nous sommes limités à exposer ci-avant les dispositions régissant l'expropriation pour cause d'utilité publique dans le cadre de la loi du 15 mars 1979, qui constitue le régime général en cette matière.

La loi modifiée du 16 août 1967 ayant pour objet la création d'une grande voirie de communication et d'un fonds des routes, contient une procédure spécifique pour l'acquisition des emprises nécessaires à la construction de la grande voirie.

Cette procédure est, en règle générale, plus expéditive pour arriver à l'expropriation des immeubles nécessaires, sans retarder de façon anormale la réalisation de tels travaux, mettant en cause généralement un grand nombre de propriétaires.

Nous rappelons que la loi du 20 mars 1974 concernant l'aménagement général du territoire, prévoit à son article 15, la possibilité pour l'Etat de poursuivre l'expropriation pour cause d'utilité publique des immeubles nécessaires à la réalisation des plans d'aménagement arrêtés en application de la loi du 20 mars 1974.

Quant à la procédure applicable pour réaliser cette expropriation, la loi du 20 mars 1974 renvoie à celle prévue par la loi du 16 août 1967 ayant pour objet la création d'une grande voirie de communication et d'un fonds des routes.

MODALITÉS DU DROIT DE PROPRIÉTÉ

200 Généralités

La propriété peut être soumise à des modalités, susceptibles d'affecter le droit de propriété lui-même, ou porter sur les attributs de ce droit.

Dans le premier cas, le droit de propriété reste unique et conserve tous ses attributs (usus, fructus, abusus). Toutefois, ce droit est alors fractionné entre plusieurs personnes. Le cas classique est la copropriété, donc une propriété indivise entre plusieurs personnes.

La propriété peut également être affectée d'une condition. Le droit de propriété est partagé entre un propriétaire sous condition résolutoire et un propriétaire sous condition suspensive. Par exemple, A vend à B un appartement sis à Luxembourg sous la condition que B soit nommé, dans un certain délai, à un poste dans cette ville. En attendant la réalisation de la condition, A est un propriétaire sous condition résolutoire, et B un propriétaire sous condition suspensive.

Dans d'autres cas, le droit de propriété peut être affecté d'un vice, par exemple, être démuni d'un titre translatif. La personne en possession d'un bien, croit à une propriété effective, qui cependant n'existe pas. On parle dans ces cas de *propriété apparente*. Cette dernière peut comporter des conséquences juridiques en faveur du propriétaire apparent, donc au détriment du propriétaire légitime.

201 LE DÉMEMBREMENT DE LA PROPRIÉTÉ

Les modalités peuvent porter sur les attributs du droit de propriété, qui sont l'usus, le fructus et l'abusus. Parfois, un ou même deux de ces attributs peuvent s'en détacher.

Le droit de propriété subsiste alors dans son unité primitive, mais il y a démembrement de propriété entre deux ou plusieurs personnes. Les divers attributs du droit de propriété appartiennent donc à des personnes différentes.

Le Code civil connaît deux espèces de démembrement de la propriété:

1. le droit de jouissance, c'est à dire, avant tout, le droit d'usufruit, et, accessoirement, le droit d'usage et d'habitation,
2. les services fonciers ou servitudes.

Parfois, le droit de propriété se trouve diminué, sans que l'un ou l'autre des trois attributs précités aient été transférés à un ou à plusieurs tiers. Le propriétaire peut être privé de son droit de disposition, sans que ce droit soit passé à un tiers. La propriété peut, sous certaines conditions, être déclarée inaliénable.

Nous examinerons dans les trois chapitres suivants la propriété conditionnelle, la propriété apparente et la propriété inaliénable.

Le démembrement de la propriété, sous les diverses formes visées ci-dessus, fait l'objet de la seconde partie de cet ouvrage.

LA PROPRIÉTÉ CONDITIONNELLE

Généralités **202**

Il arrive que la propriété ne soit pas transmise purement et simplement, mais soit affectée d'une condition. Ce phénomène peut se présenter tant pour les contrats, notamment la vente, que pour les testaments.

Ainsi, une personne vend à une autre une maison sous la condition que celle-ci obtienne, dans un délai déterminé, un prêt destiné à financer cette acquisition. Ou le testateur institue un membre de famille légataire, à condition qu'il se marie dans un délai déterminé.

Les conditions affectant des contrats ne résultent pas seulement de la volonté des parties contractantes, mais également de la loi. Ainsi l'article 1654 sur la vente dispose que "si l'acheteur ne paye pas le prix, le vendeur peut demander la résolution de la vente."

Ainsi, une vente est toujours conclue sous la condition résolutoire du paiement du prix convenu.

Le Code civil prévoit aussi un certain nombre d'hypothèses, dans lesquelles une donation peut être révoquée (inexécution des charges, ingratitude du donataire, survenance d'enfant).

D'autre part, les diverses actions en nullité ou en rescision agissent comme des conditions résolutoires des contrats.

203 LA CONDITION SUSPENSIVE OU RÉSOLUTOIRE AFFECTANT LA PROPRIÉTÉ

La propriété peut être soumise à une condition, ayant pour effet, soit de surseoir à son existence, soit, au contraire, d'entraîner l'extinction de ce droit. Dans le premier cas, on parle de condition suspensive, dans le second, de condition résolutoire.

Si une personne achète un immeuble sous la condition que tel événement se produise, par exemple, qu'elle arrive à vendre son propre immeuble au cours de l'année, l'acquéreur est propriétaire sous condition suspensive, le vendeur, par contre, est propriétaire sous condition résolutoire. L'acheteur deviendra propriétaire pur et simple, si l'événement visé par les parties se réalise dans le délai qu'elles ont fixé. Dans la même hypothèse, le vendeur cessera d'être propriétaire de ce même bien.

Condition suspensive et condition résolutoire vont donc toujours de pair. Ce sont des droits opposés et complémentaires. La survenance de la condition anéantit le droit de propriété de l'une des parties et le consolide pour l'autre.

LA RÉTROACTIVITÉ DE LA CONDITION

Tant que la condition prévue par les parties ne se sera pas réalisée, il existe une dualité de droits sur une chose.

La survenance de la condition effacera rétroactivement cette dualité. Le vendeur est, à partir de la date du contrat, censé ne plus avoir été propriétaire du bien vendu. L'acheteur est réputé en être devenu propriétaire à compter de la date de la conclusion du contrat.

La rétroactivité de la condition soulève la question de la situation des propriétaires sous condition, aussi longtemps que celle-ci ne s'est pas réalisée. Nous examinerons ci-après cette situation juridique.

SITUATION DES PROPRIÉTAIRES "PENDENTE CONDITIONE"

204 1. Situation du propriétaire sous condition résolutoire.

Tant que la condition résolutoire ne se sera pas réalisée, celui-ci reste propriétaire, mais sa propriété est incertaine. Elle disparaîtra complètement, si la condition envisagée par les parties se réalise.

Cependant, ce propriétaire conserve la jouissance du bien vendu jusqu'à la date de réalisation de la condition. Il peut donc le louer. Il conserve aussi le droit de disposer de son immeuble, de le vendre, d'en faire donation ou de constituer une hypothèque. Mais de tels droits réels, nouvellement créés, seraient incertains. Ils disparaîtront, si la condition se réalise.

En pratique, la création de droits réels nouveaux sur un immeuble vendu sous condition résolutoire ne devrait guère se produire, si les parties ont transcrit leur acte d'aliénation au Bureau des hypothèques, lui assurant ainsi une publicité avertissant les tiers. Ceux-ci ne consentiraient en conséquence pas à créer des droits réels sur un immeuble, faisant l'objet d'une vente sous condition résolutoire.

D'ailleurs, la date de la transcription de l'aliénation d'un immeuble joue, en ce qui concerne les tiers, un rôle déterminant pour ce qui est de la question de savoir quel droit réel primera tel autre droit réel, si ces deux droits ont été créés à des dates différentes.

Nous examinerons cette question plus en détail, lorsque nous traiterons de la transcription des droits réels immobiliers (cf. numéros 332 et suivants).

2. Situation du propriétaire sous condition suspensive 205

Tout comme le propriétaire sous condition résolutoire, le propriétaire sous condition suspensive est titulaire d'un droit de propriété. Mais en attendant la réalisation de la condition, il n'a pas de droit définitif. Jusque là, son droit n'est qu'une possibilité. Mais, il est néanmoins autorisé à prendre des mesures conservatoires pour protéger son droit de propriété sous condition. Ainsi, il peut assurer la publicité de son titre par la transcription de l'acte, l'ayant rendu propriétaire sous condition suspensive. Il peut également interrompre une prescription courant contre l'immeuble, faisant l'objet de son titre.

Théoriquement, il est habilité aussi à faire des actes de disposition sur sa propriété sous condition suspensive. Mais, en pratique, un tiers, ayant connaissance du titre précaire de son contractant, se gardera de conclure avec lui un acte juridique sur ce bien. En effet, ce contrat serait également conditionnel, aussi longtemps que le propriétaire sous condition suspensive ne sera pas devenu propriétaire pur et simple.

SITUATION DES PROPRIÉTAIRES SOUS CONDITION SI CELLE-CI NE SE RÉALISE PAS 206

Si la condition, sous laquelle deux parties ont arrêté leur contrat, ne s'est pas réalisée dans le délai fixé par elles, le propriétaire sous condition résolutoire reste propriétaire définitif. Cela implique que tous les actes juridiques, qu'il a conclus durant la période où la condition était pendante, sont définitivement consolidés.

Par contre, le propriétaire sous condition suspensive ne deviendra pas propriétaire pur et simple. Les droits réels acquis sous condition ne deviennent pas définitifs, mais disparaissent au contraire avec effet rétroactif au jour de la conclusion du contrat.

SITUATION DES PROPRIÉTAIRES LORS DE LA RÉALISATION DE LA CONDITION 207

1. Situation du propriétaire sous condition résolutoire

Les droits créés par lui sur le bien aliéné sous condition résolutoire sont anéantis rétroactivement au jour de la conclusion de l'acte d'aliénation. Ce propriétaire est considéré comme n'ayant plus été propriétaire du bien en question durant le délai d'attente que la condition se réalise.

Cette règle comporte les conséquences juridiques suivantes:

a) les actes d'aliénation (vente, donation, hypothèque) constitués par le propriétaire sous condition résolutoire, postérieurement à l'aliénation de son immeuble, sont résolus de plein droit.

b) Si le bien en question a généré des fruits, le propriétaire sous condition résolutoire doit, en principe, leur restitution au propriétaire sous condition suspensive devenu, par la réalisation de la condition, propriétaire pur et simple.

Néanmoins le Code civil prévoit lui-même des exceptions à cette règle, en permettant au propriétaire sous condition résolutoire de garder les fruits qu'il a perçus. Tel est notamment le cas en matière de révocation d'une donation pour ingratitude ou pour cause de survenance d'un enfant au donateur postérieurement à la donation. Ces fruits ne doivent pas être restitués non plus en matière de rapport ou de réduction des donations.

c) Si le propriétaire sous condition résolutoire avait construit ou planté sur le terrain, qui, par la réalisation de la condition, passe dans la main du propriétaire antérieurement sous condition suspensive, il est traité comme un tiers possesseur de bonne foi.

208 *Dérogations*

Tous les actes passés par le propriétaire sous condition résolutoire ne seront pas anéantis par la survenance de la condition. Ainsi, la jurisprudence a toujours validé et maintenu les actes d'administration conclus par le propriétaire sous condition résolutoire. Ce maintien s'impose pour des considérations pratiques. En effet, le bien en question doit être administré aussi pendente conditione. Il ne peut pas être laissé à l'abandon pendant cette phase.

Cela ne serait pas non plus dans l'intérêt du propriétaire sous condition suspensive au moment où il devient propriétaire définitif. Il faut toutefois qu'un tel acte d'administration, spécialement un contrat de bail, ait été conclu de bonne foi, qu'il ait une durée restreinte, et qu'il ait été fait dans des conditions normales.

209 *2. Situation du propriétaire sous condition suspensive*

La réalisation de la condition rendra le propriétaire sous condition suspensive définitivement et rétroactivement propriétaire. Il est réputé avoir été seul propriétaire pendant la suspension de son titre de propriété.

Dans le cas peu probable où ce propriétaire aurait conclu des actes juridiques pendant cette phase, ces actes seraient définitivement consolidés par la réalisation de la condition.

210 *LA PROPRIÉTÉ APPARENTE*

On peut définir le propriétaire apparent comme étant la personne que le public considère comme disposant de la propriété d'un bien, alors qu'en réalité, il appartient à une autre personne. La situation du propriétaire apparent doit être vue dans une double optique.

D'un côté, les relations entre le propriétaire apparent et le vrai propriétaire, d'un autre côté, les relations du propriétaire apparent avec les tiers.

Dans ce dernier contexte, une nouvelle distinction s'impose, qui porte sur l'origine de cette apparence. Si cette dernière a été créée par le véritable propriétaire, on parle de simulation. Un autre régime s'applique, si l'apparence trouve son origine dans une erreur commune du public.

APPARENCE RÉSULTANT D'UNE SIMULATION

Des fois, la propriété apparente est créée par le vrai propriétaire lui-même à l'aide d'une fraude, en simulant la vente d'un immeuble à un comparse. En réalisant cette vente fictive, ce propriétaire entend généralement frauder ses créanciers pour soustraire un bien à leur gage.

Effets de la simulation

Il y a lieu de distinguer, quant à ces effets, entre les relations entre les parties, c'est à dire entre le vrai propriétaire et son complice, et les rapports de ce dernier avec un tiers acquéreur du bien en question.

1. Les relations entre parties

L'acte simulé est sans valeur entre celles-ci. Le contrat de vente suppose en effet un consentement entre le vendeur et l'acheteur. Or, en l'espèce, un tel accord fait défaut, alors que les deux fraudeurs n'ont pas effectivement eu pour objectif la vente de cet immeuble.

Toutefois, pour qu'une telle vente soit nulle, il faut prouver la simulation. Le vendeur fictif doit donc prendre ses précautions pour éviter que son complice ne puisse se déclarer propriétaire de l'immeuble prétendument acheté.

Pour écarter cet aléa, les parties passent généralement entre elles un contrat tenu secret, donc non destiné à être révélé aux tiers. Dans cet acte secret, qu'on appelle *contre-lettre*, les parties reconnaissent qu'il n'y a pas eu vente effective, et que l'immeuble, prétendument vendu, est resté aux mains du faux vendeur.

2. Relations du faux acheteur avec des tiers

Admettons que cet acquéreur fictif ait revendu l'immeuble, apparemment acheté, à un tiers, qui a cru traiter avec le vrai propriétaire. Celui-ci peut-il dans ce cas exhiber la contre-lettre et revendiquer son immeuble contre le tiers acquéreur?-

Il s'agit donc de la question de savoir si une contre-lettre est opposable aux tiers. C'est l'article 1321 qui répond à cette question, en disposant que "les contre-lettres ne peuvent avoir leur effet qu'entre les parties contractantes:

elles n'ont point d'effet contre les tiers." Cette règle a pour conséquence que le vrai propriétaire ne peut pas revendiquer son immeuble contre un tiers de bonne foi, c'est à dire un acquéreur, ayant ignoré l'existence de la contre-lettre et ayant cru que son vendeur était le vrai propriétaire de l'immeuble acheté. Le faux vendeur ne peut donc pas inquiéter le tiers acquéreur.

Il ne lui reste en conséquence qu'à réclamer le remboursement du prix de l'immeuble à son complice, qui a trahi sa confiance.

211 APPARENCE DE PROPRIÉTÉ RÉSULTANT DE L'ERREUR COMMUNE

L'apparence de propriété peut provenir également de l'erreur du public. Cette hypothèse devrait être plus fréquente que celle de la simulation, examinée ci-avant.

Cette forme de propriété apparente se présente le plus souvent en matière d'héritage. C'est le cas de l'héritier apparent, qui, convaincu d'être le vrai propriétaire d'un immeuble, qu'il croit avoir hérité, vend celui-ci à un tiers, certain de traiter avec le vrai propriétaire.

D'où provient cette double erreur de l'héritier, convaincu d'être l'héritier légitime de l'immeuble, et du tiers acquéreur, certain d'avoir acheté l'immeuble à son vrai propriétaire?

En ce qui concerne l'héritier, il arrive qu'en cas de décès d'une personne, un autre, se croyant être le plus proche membre de la famille du défunt, se met en possession de l'héritage. Plus tard, un second membre de la famille, plus proche encore du défunt, revendique cet immeuble.

Une autre hypothèse est celle où un héritier, ignorant l'existence d'un testament, se met en possession d'un héritage. Après, l'on découvre ce testament, faisant du légataire le vrai propriétaire de l'immeuble successoral.

Finalement, il se peut qu'un légataire universel s'approprie les biens d'un héritage. Plus tard, on découvre un second testament, instituant une autre personne légataire de l'immeuble vendu.

L'erreur du tiers acquéreur provient du fait que, non seulement lui-même, mais tout son entourage, est convaincu que l'héritier apparent est le vrai propriétaire de l'immeuble vendu.

Tout comme pour la simulation, nous allons examiner ci-après quelles sont les relations entre le vrai propriétaire et le propriétaire apparent, de même que celles entre ce dernier et un éventuel tiers acquéreur de l'immeuble.

212 *Relations entre le vrai propriétaire et le propriétaire apparent*

A cet égard, signalons que la jurisprudence, en l'absence de dispositions du Code civil sur la propriété apparente, a décidé qu'il n'existe qu'un seul droit de propriété, à savoir celui du véritable propriétaire.

En conséquence, le propriétaire apparent doit rendre au vrai propriétaire l'immeuble qu'il détient, ou sa valeur, au cas où il l'aurait vendu.

Qu'en est-il des actes passés par le propriétaire apparent sur ledit immeuble? La conséquence de ces actes dépend, en grande partie, de la question de savoir si le tiers, avec lequel le propriétaire apparent a traité, a été de bonne ou de mauvaise foi.

Si ce tiers a été de mauvaise foi, il ne peut pas opposer au vrai propriétaire le droit qu'il a acquis. Quant aux actes d'administration, ceux-ci subsistent toujours quand ils ont un caractère normal et qu'ils ont été consentis au profit de tiers de bonne foi.

Un problème spécial se pose quand le propriétaire apparent a fait donation d'un immeuble à un tiers. Dans cette hypothèse, la jurisprudence donne la préférence au vrai propriétaire par rapport au donataire de cet immeuble. Cette solution est motivée par le fait que ce donataire, devant rendre l'immeuble donné, ne subit pas de préjudice, l'ayant acquis gratuitement. On sacrifie donc ses intérêts à ceux du vrai propriétaire.

213
Relations entre le propriétaire apparent et les tiers acquéreurs – conflit entre le crédit public et le caractère absolu du droit de propriété

Compte tenu de ce qui a été exposé ci-avant, la question cruciale à examiner est celle relative aux actes à titre onéreux, consentis par le propriétaire, ou l'héritier apparent, au profit d'ayants cause de bonne foi. Cette question se pose en fait seulement pour les immeubles. En effet, les meubles aliénés par un propriétaire apparent peuvent rarement être revendiqués par le vrai propriétaire (cf. numéros 314 et suivants sur le régime des meubles).

La question posée au présent numéro soulève en effet un grave conflit entre deux principes essentiels. Elle oppose, en effet, les nécessités du crédit public au caractère absolu qu'on reconnaît au droit de propriété. De façon plus explicite, si, dans le conflit, qui se présente entre le vrai propriétaire d'un immeuble, provenant d'une succession, et le tiers acquéreur d'un tel immeuble, on donne priorité au premier, on court le risque que plus personne ne voudrait acheter un immeuble provenant d'une succession. Une entrave considérable serait donc mise à la transmission d'une certaine catégorie d'immeubles.

Si, par contre, on privilégie le tiers acquéreur d'un tel immeuble, on porte une grave atteinte au droit de propriété. En effet, celui-ci étant absolu, le propriétaire peut revendiquer son immeuble contre tout tiers, ne justifiant pas d'un titre en bonne et due forme. En plus, en vertu de l'adage "nemo dat quod non habet" (on ne peut pas transférer un droit qu'on n'a pas), la propriété n'a pas pu être valablement transmise par quelqu'un qui n'était pas propriétaire.

Comme nous l'avons signalé ci-dessus, le Code civil ne dit rien au sujet de la propriété apparente. La jurisprudence a donc dû trancher cette question.

214 *Solution du conflit*

La jurisprudence a tranché la question sus-visée, en se décidant pour le propriétaire apparent. Elle fonde sa décision tant sur la tradition de l'ancien droit, que sur des considérations de crédit public.

Dans le régime antérieur au Code civil, il a toujours été admis que les actes passés par un héritier apparent avec des tiers de bonne foi sont valables.

D'autre part, la jurisprudence privilégie le crédit public par rapport au caractère absolu du droit de propriété. En effet, en prenant en compte les sérieuses entraves à la transmission des immeubles, on empêcherait leur vente, si l'immeuble à céder provient d'une succession. Leur transfert serait toujours entaché d'une incertitude, jusqu'à ce que la prescription acquisitive se sera réalisée.

215 *CONDITIONS DE VALIDITÉ DES ACTES PASSÉS PAR LE PROPRIÉTAIRE APPARENT*

La validité de ces actes est soumise à un certain nombre de conditions. Si la bonne foi du tiers acquéreur est un élément essentiel, en revanche, elle n'est pas suffisante. En matière immobilière, le transfert de la propriété ne se réalise pas aussi facilement que celui des meubles, pour lesquels la bonne foi du tiers acquéreur suffit généralement pour écarter toute revendication du vrai propriétaire.

Si, en matière immobilière, la bonne foi du tiers acquéreur était suffisante, les dispositions du Code civil concernant l'usucapion de dix à vingt ans, seraient superflues. Il faut donc à ce tiers, outre sa bonne foi, qu'il y ait une erreur commune sur le titre de propriété apparent. Examinons ci-après ces deux éléments:

a) la bonne foi:

Il est exigé que le tiers acquéreur ait cru acheter l'immeuble litigieux, ou un droit réel sur cet immeuble, tel l'usufruit, du vrai propriétaire. Il faut qu'il ait été victime d'une erreur légitime. Il suffit que cette erreur ait été commise au moment de l'acquisition de cet immeuble. L'erreur de droit est prise en considération, au même titre que l'erreur de fait.

b) l'erreur commune:

Il ne suffit pas que le tiers acquéreur ait cru seul que l'héritier apparent était le vrai propriétaire de l'immeuble vendu. Il faut encore qu'il y ait eu une erreur commune au sujet de ce titre de propriété. Cela implique donc que tout le monde était convaincu que cet héritier apparent était le vrai propriétaire ("Error communis facit jus"). On n'exige pas que tout le monde se soit effectivement trompé sur cette question. Il suffit que chacun aurait pu se tromper. Il appartient à l'acquéreur de faire la preuve de la condition visée au présent numéro. La jurisprudence renforce encore cette preuve en exigeant que l'apparence de titre, existant dans le chef de l'héritier vendeur d'immeuble, ait pu tromper un homme rompu aux affaires, donc le type idéal d'homme bien avisé, et non seulement un homme quelconque, sans expérience aucune des affaires.

Les deux conditions préexposées sont suffisantes pour faire triompher l'acquéreur d'un immeuble de la succession sur le vrai propriétaire. Il n'est donc pas exigé que le propriétaire apparent, ayant vendu cet immeuble, ait également été de bonne fois. Peu importe aussi de quelle façon ce dernier s'est emparé de l'immeuble en question.

RÈGLEMENT DE COMPTES ENTRE LE PROPRIÉTAIRE VÉRITABLE ET LE PROPRIÉTAIRE APPARENT 216

La théorie de la propriété apparente joue seulement en vue de protéger les tiers acquéreurs de bonne foi. Elle ne produit pas d'effet dans les rapports du propriétaire véritable avec le propriétaire apparent. Ce dernier doit donc rendre compte au premier au sujet de la vente de l'immeuble.

Ce règlement de comptes diffère, quant à ses conséquences, suivant que le propriétaire apparent a été de bonne ou de mauvaise foi.

a) Le propriétaire apparent a été de bonne foi

- Ce propriétaire garde pour lui les fruits de l'immeuble qu'il a perçus,
- il ne répond pas des détériorations à l'immeuble en cause, même survenues par son fait, sauf et dans la mesure de son enrichissement,
- s'il a aliéné un bien, il doit seulement restituer au vrai propriétaire le prix de vente perçu, même s'il est inférieur à la valeur du bien.

b) Le propriétaire apparent a été de mauvaise foi

- Ce propriétaire doit restituer tous les fruits, à la fois ceux qu'il a perçus et ceux qu'il a négligé de percevoir,
- il répond de toutes les détériorations, qui lui sont imputables,
- s'il a vendu un bien, il doit au vrai propriétaire sa valeur réelle actuelle, même si celle-ci dépasse le prix de vente effectif.

LA PROPRIÉTÉ INALIÉNABLE 217

Il ne s'agit en l'occurrence pas du droit de propriété réparti entre plusieurs titulaires, question examinée dans les chapitres précédents, mais d'une propriété, à laquelle manque une prérogative, caractérisant le droit de propriété, à savoir, celle du droit de disposer du bien, dont on est propriétaire. La propriété inaliénable se réduit donc au droit d'user et de jouir d'une chose.

L'interdiction d'aliéner la propriété constitue une entrave sérieuse aux dispositions de l'article 544 déjà cité. D'ailleurs, une telle inaliénabilité soulève des problèmes économiques, alors que le commerce demande que les biens circulent librement. Le Code civil n'est pas favorable à une telle restriction au droit de propriété, alors que ses auteurs voulaient éviter, à tout prix, les biens de mainmorte, qui étaient assez courants sous l'ancien régime.

Aussi, le Code civil ne contient-il qu'un seul cas de propriété inaliénable, à savoir les biens grevés de substitution (article 1048) (cf. "Successions et Donations", numéros 208 à 211). Le Code civil originaire avait visé un second cas, à savoir l'inaliénabilité des biens dotaux. Mais ce régime matrimonial, d'ailleurs peu en usage dans notre pays, a été abrogé par la réforme du 4 février 1974, qui a modifié fondamentalement la législation sur les régimes matrimoniaux.

La loi du 12 décembre 1972 sur les droits et devoirs des époux, a introduit un second cas de biens inaliénables, sauf certaines conditions. Il s'agit en l'occurrence de l'article 215 alinéa 2, libellé comme suit "Les époux ne peuvent l'un sans l'autre disposer des droits par lesquels est assuré le logement de la famille, ni des meubles meublants dont il est garni."

Cette interdiction vise également le cas où l'un des époux est seul propriétaire de l'immeuble habité par les conjoints. Ce propriétaire ne peut donc pas, de sa propre autorité, aliéner cet immeuble. Il lui faut l'accord de l'autre époux. Cette interdiction subsiste même en cas d'instance en divorce, aussi longtemps que ce dernier n'a pas été prononcé définitivement.

La sanction attachée à l'aliénation d'un tel immeuble, sans le consentement de l'autre époux, est que ce dernier peut demander l'annulation de la vente. Une telle action en nullité doit être intentée dans l'année à partir du jour où cet époux a eu connaissance de l'aliénation, sans pouvoir jamais être introduite plus d'un an après que le régime matrimonial a été dissous.

218 *CLAUSES CONTRACTUELLES D'INALIÉNATION*

Le Code civil ne contient pas de règles au sujet de telles clauses. Ceci s'explique certainement par la méfiance qu'il avait à l'égard de tout régime comportant une restriction à la libre disposition des biens.

Néanmoins, dans certaines circonstances, des clauses d'aliénabilité peuvent présenter un intérêt pour l'une ou l'autre partie à un acte juridique.

Dans les actes à titre onéreux, de telles clauses sont rares. En effet, si l'acquéreur paye un prix normal pour acquérir un immeuble, il voudrait disposer librement de celui-ci. De même, le vendeur, ayant touché le prix de vente qu'il souhaitait, n'est généralement pas intéressé par les actes de disposition, que l'acheteur fera ultérieurement au sujet de cet immeuble.

Des clauses d'inaliénabilité se rencontrent plus fréquemment dans les donations ou dans les testaments, ayant pour objet un immeuble. Ainsi, par exemple, le donateur ou le testateur, connaissant la prodigalité de son donataire ou légataire, désire lui interdire d'aliéner, du moins temporairement, l'immeuble transmis. Est-ce qu'une telle clause d'inaliénabilité est licite?

A cette question, on peut répondre que la jurisprudence se prononce contre la validité d'une telle clause, si l'inaliénabilité stipulée présente un caractère général et absolu. Dans un tel cas, cette clause est réputée non écrite.

En revanche, l'interdiction d'aliéner est licite, si elle est relative, c'est à dire lorsque l'inaliénabilité est restreinte à des personnes déterminées et lorsqu'elle est limitée dans le temps. Il faut par ailleurs que la condition d'inaliénabilité se justifie par un intérêt sérieux et légitime du disposant lui-même (donateur ou testateur), ou d'un tiers.

L'intérêt du disposant existe, par exemple, lorsqu'il s'est réservé l'usufruit sur l'immeuble transféré. Comme usufruitier, il ne lui est pas toujours indifférent d'avoir affaire au gratifié lui-même, ou à un tiers acquéreur de la nue-propriété de l'immeuble.

L'intérêt du gratifié existe, dans la mesure où le disposant a entendu le protéger contre sa prodigalité ou son inexpérience.

Quant à l'intérêt d'un tiers, il peut s'agir d'un crédirentier. Les biens donnés ou légués peuvent être déclarés inaliénables temporairement entre les mains du donataire ou du légataire, afin d'assurer le service de la rente viagère, dont ils sont grevés au profit de ce tiers.

EFFETS DE LA CLAUSE D'INALIÉNABILITÉ   **219**

Dans un acte à titre gratuit, si une clause d'inaliénabilité a été déclarée nulle par le tribunal, cet acte subsiste sans la clause en question.

Si la clause est déclarée valable, l'immeuble déclaré temporairement inaliénable ne peut, pendant la durée où cette inaliénabilité joue, ni être vendu, ni être affecté d'une hypothèque. En effet, cette dernière constitue également un acte de disposition. La constitution d'une hypothèque pourrait, en effet, servir à contourner une clause d'inaliénabilité. Il suffirait en effet au donataire, dont l'immeuble est grevé d'une hypothèque, de ne pas rembourser sa dette pour que l'immeuble soit saisi et vendu, afin de servir au remboursement de cette créance.

Finalement, pendant la période de validité d'une clause d'inaliénabilité, l'immeuble, qui en est affecté, ne peut pas être saisi par les créanciers du donataire ou du légataire.

Conséquences du non-respect d'une clause d'inaliénabilité

Qu'arrive-t-il si le gratifié d'un immeuble ne respecte pas une condition d'inaliénabilité stipulée et vend l'immeuble avant le terme fixé par le disposant?

Si une telle clause affecte une donation, la vente de l'immeuble donné, avant l'écoulement du délai fixé pour l'inaliénation, engagerait certainement la responsabilité du notaire, qui a rédigé l'acte de vente. En effet, l'acte de donation devant être publié, il en est de même de la clause d'inaliénabilité.

Le non-respect d'une telle clause donne par ailleurs lieu à une action en nullité de l'acte, passé au mépris de cette stipulation, contre l'acquéreur du bien en question.

La question se pose si cette nullité est absolue ou relative.

S'il s'agit d'une nullité absolue, tout intéressé peut agir en justice, et cette action n'est pas susceptible de disparaître, suite à une confirmation de l'acte par la personne intéressée à l'application de cette clause.

La jurisprudence a décidé qu'il s'agit d'une nullité relative, destinée à protéger la personne, au profit de laquelle cette clause a été stipulée.

LA VENTE DES IMMEUBLES À CONSTRUIRE

Généralités **220**

Pour conclure cette partie de l'ouvrage, traitant du droit de propriété proprement dit, on ne saurait passer sous silence un de ses aspects, qui est d'une grande actualité et qui a entraîné dans le passé, et continue à le faire de nos jours, d'assez nombreux procès.

Il s'agit de l'achat, par un particulier, d'une maison unifamiliale ou d'un appartement, qui présente cette particularité que sa construction n'est pas encore achevée au moment de l'acquisition ou, bien plus, que celle-ci n'est même pas encore commencée. Le candidat à un tel logement achète celui-ci normalement sur le vu des plans de construction que lui soumet le promoteur immobilier.

Il n'est donc pas étonnant que l'acheteur est exposé à bien des risques au cours de la construction de son immeuble. Normalement, le promoteur se fait payer des avances à valoir sur le prix de vente convenu de l'immeuble. Ces paiements ne sont pas toujours en relation avec l'état d'avancement de la construction. L'acheteur court donc plusieurs risques. Le plus grave est celui que le promoteur tombe en faillite et n'est plus en mesure d'achever la construction commencée. D'autres aléas sont les retards sensibles dans l'achèvement de l'immeuble et, surtout, les graves vices de construction pouvant affecter l'immeuble une fois achevé.

Il a donc fallu créer une législation accordant un minimum de garanties à l'acheteur d'un immeuble à construire. En effet, celui-ci est manifestement la partie, économiquement parlant, la plus faible, de sorte qu'il y a nécessité de le préserver, au maximum, des aléas dont question à l'alinéa précédent.

La nouvelle législation précitée a trouvé son expression dans la loi du 28 déc. 1976. Cette dernière loi a été complétée par celle du 8 août 1985. Ces deux lois ont été incorporées à l'article 1601 du Code civil, qui comprend maintenant les articles 1601-1 à 1601-14. La loi du 8 août 1985 a également complété les articles 1642 et 1646, qui traitent des vices de construction.

La législations susvisée n'a évidemment pas pu préserver le candidat à un logement de tous risques en rapport avec l'immeuble à construire, et il y a toujours un nombre relativement élevé de procès au sujet de vices de construction ou de non-conformités d'un tel immeuble. Par contre, et ceci est essentiel, l'acheteur ne risque plus de perdre des sommes importantes en voulant acquérir un logement, qui sera seulement construit après la conclusion du contrat.

En effet, la loi oblige le vendeur d'un tel immeuble à tenir à la disposition de l'acheteur une garantie financière assurant, soit l'achèvement de la construction commencée, soit le remboursement des avances payées par l'acquéreur, si, pour une raison ou une autre, l'immeuble en question ne peut pas être construit, telle que sa construction était prévue.

221 OBJET DE LA NOUVELLE RÉGLEMENTATION

Les dispositions légales précitées se caractérisent par le souci d'assurer à l'acquéreur d'un immeuble à ériger par un promoteur immobilier, généralement professionnel, les plus grandes garanties quant à la bonne exécution du projet de construction immobilier, et cela non seulement pour la phase précédant la construction, mais encore après l'achèvement de celle-ci.

Avant l'entrée en vigueur de la loi du 28 décembre 1976, l'acquéreur d'un tel immeuble n'était généralement pas trop bien renseigné par le promoteur sur la description des travaux de construction qui incombaient à ce dernier, de sorte que souvent, l'acquéreur se retrouvait avec un logement, terminé suivant le promoteur, mais qui, d'après le client, accusait de nombreux défauts de finition. Ainsi, parfois il se voyait obligé d'investir des sommes d'argent supplémentaires par rapport au prix déjà payé pour voir achever sa construction selon ses souhaits et vues.

D'autre part, le promoteur était en droit, sous l'empire de l'ancien régime, de demander au client le règlement d'avances sur le prix de la construction avant ou pendant les travaux, sans que toutefois il ait fourni des travaux en rapport avec les avances payées. Il arrivait aussi que des promoteurs étaient déclarés en état de faillite, sans pour autant avoir terminé la construction commencée, ni payé les corps de métier pour les travaux déjà fournis.

L'acquéreur était alors forcé d'investir de nouveaux capitaux pour assurer l'achèvement de son immeuble.

La loi du 28 décembre 1976 a eu pour but d'instaurer une protection légale de l'acquéreur d'un immeuble à construire, tout d'abord contre sa propre négligence ou légèreté, mais encore contre la plus grande expérience de son cocontractant, le promoteur immobilier. Dans cette optique, la loi de 1976 a innové sur bien des points, en:
– obligeant les parties à la vente de signer un contrat écrit, qualifié de «contrat préliminaire»,

- dictant au promoteur l'obligation de constituer un dépôt de garantie en faveur de l'acquéreur à un compte bancaire spécial ouvert au nom de ce dernier,
- soumettant la conclusion du contrat de vente à l'obtention préalable de toutes les autorisations administratives nécessaires à la construction (autorisation de construire, permis de lotissement, permission de voirie, ...),
- exigeant un acte notarié pour le contrat à signer entre parties, afin de documenter la vente intervenue, contrat qui doit, à peine de nullité, énoncer un ensemble de mentions obligatoires et constater l'accomplissement de certaines formalités,
- soumettant la constatation de l'achèvement de la construction à certaines conditions de forme.

Nous allons étudier ci-après ces diverses innovations apportées par la loi de 1976, après avoir analysé à quelles ventes cette loi s'applique.

LE DOMAINE D'APPLICATION DE LA LOI DU 28.12.1976 — 222

L'article 1601-1, tel qu'il a été introduit par la loi du 28 décembre 1976, dispose que la vente d'immeubles à construire est celle par laquelle le vendeur s'oblige à ériger un immeuble dans un délai déterminé par le contrat. La loi du 8 août 1985, qui a introduit l'article 1601-4, y a ajouté que ne sont visés que les contrats par lesquels une personne, se réservant les pouvoirs de maître de l'ouvrage, s'engage à construire, ou à faire construire par autrui, un immeuble à usage d'habitation ou à usage professionnel et d'habitation, ou une partie d'un tel immeuble, constituée par un lot en copropriété, moyennant des versements ou des dépôts de fonds à effectuer avant l'achèvement de la construction.

En ce sens, il importe peu, pour que la loi en cause trouve son application, que le promoteur immobilier ait en même temps vendu au client le terrain destiné à recevoir la construction projetée, ou se soit limité à exécuter les seuls travaux de construction suivant le contrat préliminaire. La loi gouverne impérativement les deux hypothèses précitées, et le promoteur ne peut partant pas échapper au régime sévère instauré par cette loi, en argumentant qu'il n'a pas vendu en même temps le terrain au client.

Par contre, pour que la loi de 1976 s'applique, il faut que le contrat conclu entre parties ait pour objet de livrer à l'acquéreur, par le vendeur, une construction non encore achevée au moment de la conclusion du contrat, mais pour laquelle le vendeur s'oblige à l'achèvement suivant les modalités et dans les délais fixés par le contrat.

Si, par contre, la vente porte sur une construction déjà achevée au moment du transfert de propriété, ou bien sur une construction inachevée, mais pour laquelle le vendeur n'a contracté aucune obligation de la terminer après la conclusion du contrat de vente, la loi de 1976 ne joue pas. Le contrat reste dans cette hypothèse régi par les dispositions de droit commun en matière de ventes d'immeubles. Il en est ainsi, par exemple, des ventes de maisons préfabriquées, c'est-à-dire achevées avant la vente et vendues clés en mains.

La loi s'applique encore à toute construction immobilière, qu'il s'agisse d'une maison unifamiliale, d'un appartement dans un complexe immobilier en copropriété, ou d'une construction en sous-sol, à condition que celle-ci forme un ensemble autonome.

Ainsi, les dispositions protectrices ne s'appliquent pas à la construction d'éléments d'équipement isolés, tels que murs ou toitures. Les parties peuvent toutefois convenir que la loi de 1976 trouve application à leur contrat.

La loi précitée prévoit en son article 1601-4 alinéa 2 que ne tombe pas sous son application la construction d'un immeuble à usage mixte, c'est-à-dire un immeuble destiné à un usage tant d'habitation que professionnel (bureaux, cabinets médicaux), lorsque les locaux d'habitation ne forment que l'accessoire des locaux à usage professionnel (par exemple, aux fins de logement des personnes qui occupent les bureaux dans le même immeuble et qui y exploitent leur profession).

Par contre, lorsque les locaux à usage d'habitation ne forment pas seulement l'accessoire des locaux à usage professionnel, mais constituent des entités à usage autonome et indépendant et que, par conséquent, l'immeuble en copropriété n'est pas à qualifié à usage mixte, il est gouverné par la loi du 28 décembre 1976.

Nous pouvons conclure que la loi précitée s'applique à chaque vente d'un immeuble à construire, qui remplit cumulativement les conditions suivantes:
– que la vente porte sur un immeuble à ériger ou à achever après la conclusion du contrat,
– que le vendeur-promoteur se réserve les pouvoirs de maître de l'ouvrage, c'est-à-dire ceux de choisir l'architecte, les entrepreneurs et autres techniciens du bâtiment, de régler avec eux les modalités quant à l'exécution des travaux leur confiés et de réceptionner ceux-ci,
– qu'il est convenu entre les parties que le prix stipulé est payable pendant la durée de l'exécution des travaux de construction, donc avant l'achèvement de la construction.

Les ventes réglementées par la loi du 28 décembre 1976 peuvent se présenter sous deux formes. Ainsi, l'article 1601-1 alinéa 2 stipule qu'elle "peut être conclue à terme ou en l'état futur d'achèvement".

Analysons ci-après ces deux formes de ventes immobilières.

223 *LA VENTE À TERME*

La vente à terme, dit l'article 1601-2, est le contrat par lequel le vendeur s'engage à livrer l'immeuble à son achèvement, l'acheteur s'engage à en prendre livraison et à en payer le prix à la date de livraison. Le transfert de propriété s'opère, de plein droit, par la constatation, par acte authentique, de l'achèvement de l'immeuble. Il produit ses effets rétroactivement au jour de la vente.

Cette vente se caractérise donc par les deux éléments suivants:

1) d'abord par le fait que le vendeur de l'immeuble à ériger en reste le propriétaire jusqu'au jour où un acte notarié en a constaté l'achèvement. Son droit de propriété porte tant sur le terrain, s'il l'a vendu en même temps que le bâtiment à construire, que sur les constructions réalisées progressivement.

Le vendeur conserve donc, en qualité de propriétaire, également les pouvoirs de maître de l'ouvrage. L'article 1601-2 ne le mentionne pas expressément, mais cette conclusion s'impose face à la circonstance que le vendeur est resté propriétaire de l'immeuble à bâtir.

A la fin des travaux de construction, et après la constatation de l'achèvement de l'immeuble par acte notarié, il s'opère un transfert de propriété immédiat et automatique à l'acquéreur, par le seul effet de la loi, et sans qu'il soit besoin de recourir à un nouvel acte notarié. Il s'agit donc en fait de la livraison de l'immeuble vendu à l'acquéreur.

L'achèvement de l'immeuble vendu à terme, pour produire les effets juridiques précités, doit être constaté à l'initiative, soit des parties elles-mêmes, soit d'une personne qualifiée, désignée d'un commun accord des parties, ou, à défaut, par une décision de justice.

L'article 1601-6 dispose encore que l'immeuble vendu à terme est réputé achevé, lorsque sont exécutés les ouvrages et sont installés les éléments d'équipement, qui sont indispensables à l'utilisation de cet immeuble, conformément à sa destination. Le texte continue en disant que, pour l'appréciation de cet achèvement, les défauts de conformité avec les prévisions du contrat ne sont pas pris en considération, lorsqu'ils n'ont pas un caractère substantiel, ni les malfaçons, qui ne rendent pas les ouvrages ou éléments d'équipement ci-dessus visés impropres à leur utilisation.

FORMALITÉS À ACCOMPLIR POUR CONSTATER L'ACHÈVEMENT DE L'IMMEUBLE 224

L'article 1601-7 prévoit que l'achèvement de l'immeuble vendu à terme est constaté, soit par les parties, soit par une personne qualifiée, tel un architecte ou un expert indépendant.

La constatation d'achèvement de l'immeuble par les parties fait l'objet d'un acte du notaire, qui est le dépositaire de la minute de l'acte de vente à terme. L'alinéa 2 de l'article 1601-7 prévoit que cet accord des parties, quant à l'achèvement de l'immeuble, vaut livraison de celui-ci.

La constatation précitée peut aussi être le fait d'une personne qualifiée, lorsque telle est la prévision de l'acte de vente, ou lorsque les parties ne trouvent pas d'accord quant à ce sujet. La prédite personne qualifiée est désignée, soit d'un commun accord des parties concernées, soit par une ordonnance, non susceptible de recours, à rendre par le président du tribunal de l'arrondissement, dans le ressort duquel l'immeuble litigieux a sa situation. Le président du tribunal peut être saisi, soit par les deux parties, soit par la plus diligente d'entre elles, l'autre dûment appelée en cause.

La constatation faite par la personne ainsi désignée fait l'objet d'une déclaration devant le notaire, qui est le dépositaire de la minute de l'acte de vente. Elle est parfaite et produit toutes les conséquences qui s'y rattachent, dès que la déclaration afférente est faite. Elle est ensuite notifiée par la partie la plus diligente à l'autre par lettre recommandée avec demande d'avis de réception. Cette notification vaut livraison de l'immeuble à la date de la réception de la notification par son destinataire.

L'article 1601-2 dispose toutefois que ce transfert de propriété de l'immeuble se réalise avec effet rétroactif au jour de la vente. Ceci a pour objectif de protéger l'acquéreur contre d'éventuelles charges réelles constituées par le vendeur sur l'immeuble en voie de construction entre le jour de la vente et le jour de la constatation de son achèvement, valant transfert de propriété à l'acquéreur (par exemple, nouvelles ventes consenties au profit de tiers, constitution d'une hypothèque). Il s'ensuit que les actes de disposition posés par le vendeur avant le transfert de propriété sont annulés de plein droit, dès lors que, par l'effet du transfert de propriété rétroagissant au jour de la vente, le vendeur ne disposait d'aucun droit de propriété sur l'immeuble chargé et n'avait de ce fait aucune qualité pour consentir à un acte de disposition sur celui-ci.

2) La vente à terme se caractérise d'autre part par le fait que le prix de vente convenu n'est payable par l'acquéreur qu'au jour de la livraison de la construction, c'est-à-dire lors de la constatation de son achèvement. Ceci est normal, alors que jusque-là, le vendeur s'est réservé le droit de propriété sur l'immeuble vendu.

L'article 1601-10 permet au vendeur d'exiger de l'acquéreur de fournir à son profit, au fur et à mesure de l'avancement des travaux, des dépôts de garantie, sans que le montant de ceux-ci ne puisse excéder, ni la valeur des travaux déjà fournis, ni les pourcentages du prix de vente global, correspondant aux tranches de construction déjà réalisées.

L'article 1601-9 fixe ces taux maxima du prix de vente global à:

- 10% pour le paiement du terrain, s'il est prévu que le vendeur cède le sol en même temps que les constructions,
- 15% à l'achèvement des fondations, à l'exception des dépendances séparées de l'immeuble (garages),
- 50% à l'achèvement de la dernière dalle à fournir entre les fondations et la toiture, sinon une quote-part proportionnelle à l'achèvement de chaque dalle à ériger,
- 90% à l'achèvement de l'immeuble.

L'article 1601-10 dispose toutefois que ces dépôts de garantie sont affectés à un compte bancaire spécial et bloqué, ouvert au nom de l'acquéreur, qui en reste propriétaire. Ces dépôts ne peuvent d'autre part ni être cédés, ni saisis, ni être autrement utilisés, jusqu'à concurrence des sommes dues par l'acheteur au constructeur, si ce n'est pour le paiement du prix de la tranche de construction, qui vient d'être achevée.

La loi prévoit à ce titre que c'est l'établissement bancaire dépositaire de ces fonds, qui opère les paiements en faveur du constructeur, sans que le consentement de l'acquéreur soit requis.

Le dépositaire de la garantie doit toutefois se faire justifier par le constructeur l'achèvement de l'immeuble, avant de pouvoir effectuer le paiement.

A cet effet, le notaire, resté dépositaire de la minute de l'acte de vente de l'immeuble à construire, remet à l'établissement dépositaire de la garantie une attestation certifiant que l'achèvement de l'immeuble a été constaté. Le notaire doit, au même titre, informer tant l'acquéreur, que l'établissement dépositaire des fonds de garantie, de la situation hypothécaire de l'immeuble.

S'il devait s'avérer qu'il existe des inscriptions d'hypothèques ou de privilèges sur l'immeuble concerné, l'établissement dépositaire est tenu d'apurer cette situation, en retenant sur le prix à verser au constructeur les fonds nécessaires à la radiation des hypothèques ou privilèges inscrits jusqu'à concurrence des sommes que le notaire lui indique être nécessaires. L'établissement dépositaire continue ces fonds alors aux créanciers inscrits. L'acquéreur de l'immeuble a ainsi la garantie de rentrer en possession d'un immeuble non grevé d'une charge réelle.

LA VENTE EN L'ÉTAT FUTUR D'ACHÈVEMENT

Définition **224bis**

L'article 1601-3 définit la vente en état futur d'achèvement comme étant « le contrat par lequel le vendeur transfère immédiatement à l'acquéreur ses droits sur le sol, ainsi que, le cas échéant, sur la propriété des constructions existantes. »

Ce texte précise, quant au transfert de propriété des ouvrages à construire, que « les ouvrages à venir deviennent la propriété de l'acquéreur au fur et à mesure de leur exécution. »

Quant à l'obligation de paiement du prix de vente de la construction à ériger, l'article 1601-3 alinéa 2 prévoit impérativement que « l'acquéreur est tenu d'en payer le prix à mesure de l'avancement des travaux. »

DISTINCTION AVEC LA VENTE À TERME

Il se dégage de l'analyse des textes légaux précités que la vente en état futur d'achèvement se distingue de la vente à terme à plusieurs égards et notamment:

225 **1) Quant au transfert de propriété**

Alors que dans le cadre du contrat de vente à terme, le vendeur reste propriétaire de l'ouvrage à construire jusqu'à la fin des travaux de construction, et que le transfert de propriété de l'immeuble érigé ne se fait qu'à la constatation de l'achèvement de ces travaux, une solution différente s'applique à la vente en état futur d'achèvement.

Dans ce dernier contrat, le transfert de propriété de la construction à livrer par le vendeur s'effectue dans l'immédiat. En pratique, et eu égard au fait que l'immeuble à construire n'est pas livré en bloc, mais par des tranches de construction successives, le vendeur transfert immédiatement à l'acquéreur, lors de la conclusion du contrat, ses droits de propriété sur le sol, destiné à recevoir la construction future, ainsi que sur les constructions éventuellement déjà érigées sur ce terrain. Cette dernière hypothèse ne se retrouve que dans le cas où la vente se réalise en cours de l'érection d'un immeuble. Dans ce cas, les constructions déjà réalisées deviennent également la propriété de l'acquéreur.

Au fur et à mesure de l'avancement des travaux de construction et de l'achèvement des différentes tranches de l'ouvrage (fondations, construction des différentes dalles prévues, toiture, finition de l'ouvrage, garages et autres dépendances), l'acquéreur devient propriétaire de ces constructions, dès leur réalisation et leur incorporation à l'ouvrage en voie de construction.

Ce transfert de propriété immédiat des constructions à l'acquéreur est la meilleure garantie de ce dernier contre une éventuelle faillite ou insolvabilité du vendeur. En effet, les ouvrages construits sortent, dès le moment de leur achèvement, du patrimoine du vendeur et ne sauraient donc plus constituer le gage de ses créanciers. En cas d'insolvabilité du vendeur, ses créanciers ne peuvent donc pas poursuivre le recouvrement de leur dû par une saisie de l'immeuble en voie de construction.

Ce transfert immédiat de la propriété comporte toutefois un certain risque. L'acquéreur se voit en effet, avec le droit de propriété sur les constructions érigées, également transférer les risques attachés à celles-ci. Il devient ainsi, en tant que propriétaire de l'immeuble, responsable de tout dommage causé à des tiers par ce dernier. Un acquéreur prudent est dès lors bien conseillé de conclure tout de suite le contrat d'assurance nécessaire.

2) Quant au paiement du prix de vente

226

Nous avons vu que, dans le cadre d'un contrat de vente à terme, l'acquéreur n'est tenu de payer le prix de vente convenu au vendeur qu'à la livraison de l'immeuble, c'est-à-dire lors de la constatation de son achèvement.

Dans le contrat de vente en état futur d'achèvement, au contraire, l'article 1601-3 dispose que l'acquéreur est tenu de payer le prix convenu à mesure de l'avancement des travaux. Ainsi, à la réalisation de chaque tranche de construction, l'acquéreur est obligé de verser directement au vendeur la part du prix de vente, correspondant à la tranche achevée.

Le vendeur se trouve ainsi investi des fonds nécessaires pour lui permettre de régler à son tour l'acquisition des matériaux de construction et les différents corps de métier. Mais, nous avons vu qu'en raison du transfert de propriété immédiat des constructions à l'acquéreur, ce dernier se trouve à l'abri des éventuelles revendications financières des fournisseurs de matériaux ou d'ouvrages non réglés.

Afin de protéger l'acquéreur davantage encore contre le risque de payer, à l'achèvement d'une tranche des travaux, au-delà de la valeur de cette tranche, l'article 1601-9 a fixé les limitations suivantes quant aux prétentions financières du vendeur d'un immeuble en état futur d'achèvement:

* d'abord, ledit article interdit au vendeur d'exiger ou d'accepter de l'acquéreur « aucun versement, aucun dépôt, aucune souscription ou acceptation d'effets de commerce, *avant la signature du contrat*, ni avant la date à laquelle la créance est exigible »,

Cette le paiement du prix du terrain et d'éventuelles constructions y implantées, avant la signature du contrat constatant la vente.

* l'alinéa 2 de l'article 1601-9 dispose qu'*avant le début des travaux de construction*, le vendeur n'est pas en droit d'exiger aucune avance sur les constructions projetées. Il ne peut, en vertu de ce texte, demander paiement à l'acquéreur que du prix correspondant à la valeur du terrain et des éléments d'équipement existants, telles la voirie et la canalisation.

Quant à la valeur du terrain, dont le vendeur peut exiger le paiement avant le commencement de la construction de l'ouvrage, la loi fixe impérativement l'avance y relative à une part maximale de 10% du prix total de la construction achevée.

Il n'en est autrement que dans l'hypothèse où le vendeur peut justifier qu'il a payé un prix plus élevé que les 10% précités pour l'acquisition du terrain et l'aménagement des éléments d'équipement existants.

Il est partant très important d'opérer dans le contrat de vente une ventilation entre la valeur du terrain et des éléments d'équipement existants, et la valeur de la construction à ériger, afin de vérifier si les prescriptions légales sont bien respectées.

Il est évident que, lorsque le contrat porte sur la vente d'un terrain et des constructions déjà entamées, mais non encore achevées, la valeur des constructions déjà existantes doit être déterminée à part, pour être payée au-delà de la valeur du terrain.

* L'article 1601-9 dispose encore qu'*après le début des travaux*, les versements faits par l'acquéreur au vendeur, relatifs à la construction, ne deviennent exigibles qu'au fur et à mesure de l'avancement des travaux, de façon que les sommes payées correspondent, à tout moment, à la valeur des travaux réalisés.

Il se dégage de cette disposition que les paiements faits par l'acquéreur ne peuvent, en aucun cas et à aucun moment, dépasser la valeur des constructions déjà réalisées. Cette disposition explique aussi l'interdiction faite par la loi au vendeur d'exiger, avant le début des travaux de construction, le paiement d'une avance sur les travaux à venir.

Le contrat de vente stipule en général que des acomptes sont à payer par l'acquéreur sur le prix de vente global. A cet égard, la loi impose les restrictions suivantes:

a) l'acompte ne devient exigible qu'à l'achèvement de la tranche de construction à laquelle il se réfère. En effet, l'acompte exigé ne peut jamais constituer une avance sur des travaux non encore réalisés.
b) l'avance exigée par le vendeur ne doit, en aucun cas, dépasser en montant un certain maximum fixé par la loi.

Les différents plafonds stipulés par la loi sont les suivants:

* à l'achèvement des fondations de la construction, à l'exception de celles des garages et des autres dépendances séparées de l'immeuble principal, le vendeur ne peut exiger le versement d'un acompte dépassant 15% du prix global des constructions.
* à l'achèvement de chaque dalle prévue, une quote-part proportionnelle au nombre des dalles à fournir par le vendeur entre les fondations et la toiture, sans que le montant total des acomptes relatifs à cette tranche de la construction, ne puisse dépasser le plafond légal fixé à 50% du prix des constructions. Le dernier acompte, complétant les 50% précités, ne sera dû qu'à l'achèvement de la dalle supérieure, c'est-à-dire lorsque l'étage supérieur est couvert, de sorte que la toiture peut être posée.
* à l'achèvement complet de l'immeuble, le pourcentage des acomptes exigés jusqu'alors ne peut pas dépasser le plafond des 95% du prix total de la construction. Le solde de 5% de ce prix ne devient exigible qu'au moment où le vendeur met les locaux à la disposition de l'acquéreur, c'est-à-dire lors de la remise des clés de l'immeuble.

Lorsque les travaux de construction ne sont pas conformes à ce qui a été prévu par le contrat, la loi autorise l'acquéreur à consigner le solde restant de 5% du prix global, en attendant les redressements à opérer par le vendeur. L'acquéreur ne peut toutefois pas refuser le règlement de ce solde; il ne peut que refuser de le remettre directement au vendeur.

L'article 1601-14 prévoit encore que toute clause d'un contrat de vente en l'état futur d'achèvement, qui serait contraire aux prescriptions impératives de la loi, est réputée non écrite et ne saurait produire le moindre effet juridique.

LES MESURES PROTECTRICES PRÉVUES PAR LA LOI

L'objectif principal de la loi du 28 décembre 1976, outre celui de renforcer la protection des intérêts et des droits de l'acquéreur d'un immeuble à construire face à un vendeur professionnel, a été également celui de sécuriser davantage le commerce des immeubles à construire.

Pour atteindre ce double objectif, la loi a prévu des dispositions protectrices, auxquelles il n'est pas possible aux parties de déroger par une convention privée.

Parmi ces mesures légales, nous allons analyser en détail ci-après:

a) le contrat de réservation de l'immeuble, qui n'est cependant pas obligatoire,
b) les mentions obligatoires de l'acte de vente,
c) les annexes obligatoires de l'acte,
d) la notion de contrat de parfait achèvement de l'immeuble à construire,
e) la garantie d'achèvement et la garantie de remboursement,
f) la garantie légale contre les vices affectant la construction.

Le contrat de réservation

227

L'article 1601-13 permet aux parties de conclure, avant la signature d'un contrat de vente notarié d'un immeuble à construire, une «convention préliminaire, par laquelle, en contrepartie d'un dépôt de garantie effectué à un compte spécial ouvert au nom du réservataire, le vendeur s'engage à réserver à un acheteur un immeuble ou une partie d'immeuble.»

L'alinéa 5 de cet article dispose qu' «est nulle toute autre convention, ayant pour objet la réservation d'un immeuble». Cette disposition vise en particulier l'écrit, communément appelé «compromis de vente». Contrairement toutefois au compromis de vente, conclu ordinairement en matière de vente d'immeubles, qui *vaut vente* de l'immeuble entre les parties contractantes, le contrat de réservation ne produit pas un tel effet juridique. Il a pour seul objectif de conférer à l'acquéreur intéressé par un immeuble, ou une partie d'immeuble, tel qu'un appartement ou un studio, dont la construction sera, le cas échéant, engagée, une certaine priorité par rapport aux autres intéressés.

Un tel contrat de réservation ne saurait toutefois lier le promoteur immobilier quant à son intention de réaliser effectivement le projet de construction envisagé. Il désire en effet tout d'abord savoir s'il sera à même de vendre l'ensemble des immeubles, dont il va lancer l'offre de vente. Le nombre de contrats de réservation conclus avant le début de l'investissement peut l'orienter quant à l'intérêt que le public apporte au projet de construction envisagé. Ce n'est que s'il a la garantie de vendre plus tard un nombre suffisant d'appartements, garantie qui résulte pour lui du nombre de contrats de réservation conclus, qu'il prendra la décision de se lancer dans la construction projetée.

Si, par contre, il n'a conclu qu'un nombre insuffisant de contrats de réservation, il sait que son projet n'a pas trouvé la faveur du public. Il va en conséquence y renoncer, sans avoir dû débourser des frais inutiles à l'élaboration des plans de construction ou de la notice descriptive sur la consistance technique de l'immeuble à construire, et sans avoir dû entamer les démarches administratives souvent fastidieuses en vue de l'obtention des autorisations requises.

Le contrat de réservation peut en effet déjà se réaliser même avant la délivrance des autorisations administratives pour le projet en question, alors que l'acte de vente lui-même ne peut pas être conclu avant l'obtention de ces autorisations (article 1601-5).

Pour l'acquéreur, le contrat de réservation présente l'avantage de lui réserver une priorité sur l'immeuble à construire.

228 *La conclusion du contrat de réservation*

Aux termes de l'article 1601-13 alinéa 2, le contrat de réservation doit être établi par écrit en deux exemplaires, dont un exemplaire est remis au réservataire avant tout dépôt de fonds.

Le contrat doit comporter, à peine de nullité, les indications suivantes:
- les qualités des parties contractantes,
- la désignation exacte de l'immeuble ou de la part d'immeuble, qui fait l'objet de la réservation, donc son numéro d'inscription cadastrale et sa situation exacte,
- les indications essentielles relatives à la consistance technique de l'immeuble et à la qualité de la construction,
- les délais d'exécution des travaux de construction,
- le prix du local réservé,
- le montant du dépôt de garantie, qui ne peut pas, en vertu de l'article 1601-13 alinéa 3, dépasser 2% du prix prévisionnel de l'immeuble ou de la part d'immeuble réservé.

Le dépôt de garantie effectué par le futur acquéreur, en contrepartie duquel le vendeur lui garantit la priorité dans la vente future de l'immeuble de son choix, doit se faire en faveur d'un compte spécial ouvert au nom du premier nommé.

Ces fonds de garantie restent indisponibles, incessibles ou insaisissables jusqu'à la conclusion du contrat de vente notarié. Ainsi, le réservataire, qui a effectué ce dépôt, ne peut plus autrement disposer des fonds y versés. Ils ne peuvent pas non plus être cédés à un créancier du réservataire, ni faire l'objet d'une saisie par un tel créancier. Les intérêts créditeurs, produits par les dépôts en compte, restent acquis au déposant, lorsqu'il fait valoir ses droits au remboursement.

Comme, d'autre part, les fonds sont déposés sur un compte bancaire spécial, ouvert au nom du seul réservataire, le réservant n'a aucun droit de disposer à son tour de ceux-ci jusqu'à ce que, le contrat de vente une fois signé, la construction de l'immeuble vendu sera entamée.

Il est toutefois évident que le prédit dépôt de garantie ne devient exigible qu'au moment où le réservataire s'est fait remettre son exemplaire du contrat de réservation. De plus, au cas où cette condition se trouve remplie, le montant du dépôt de garantie ne devient exigible que pour un maximum obligatoirement fixé par la loi, et partant non contournable, de 2% du prix prévisionnel de l'immeuble réservé.

Les engagements respectifs contractés par les parties **229**

Le contrat de réservation crée des obligations à charge de chacune des parties contractantes.

* Pour le réservataire, sa seule obligation se limite à verser le dépôt de garantie, dont l'importance est fixée par le contrat de réservation.

Le réservataire ne contracte cependant jamais, par l'effet du contrat de réservation, une obligation d'achat de l'immeuble réservé à son profit. Jusqu'à la conclusion du contrat de vente définitif, il reste libre de s'engager ou non, quitte à perdre, le cas échéant, le bénéfice de la garantie versée.

* Le réservant, quant à lui, contracte l'engagement à l'égard du réservataire de ne pas vendre l'immeuble ou la part d'immeuble lui réservé à un autre intéressé. Il ne contracte toutefois pas l'obligation de réaliser effectivement la construction, du moment que celle-ci s'avérerait être un risque financier trop important par rapport à l'impact que le projet de construction a suscité dans le public.

Il en est autrement si le promoteur immobilier a d'ores et déjà décidé de réaliser la construction et qu'il a assumé un engagement définitif y relatif dans le contrat de réservation. Dans cette hypothèse, il est obligé contractuellement de construire ou de faire construire l'immeuble en question.

Au cas où le réservant ne contracte que l'obligation de ne pas vendre le lot réservé à quelqu'un d'autre que le réservataire, cette obligation le rend passible, en cas de non-respect, de payer des dommages-intérêts au réservataire, en réparation du préjudice subi par ce dernier du fait de la non-réalisation de la vente projetée.

La même sanction s'applique au promoteur, qui a contracté l'obligation vis-à-vis du réservataire de procéder à la construction de l'immeuble pour un prix déterminé. Dans ce cas, son obligation s'analyse en une promesse de vente ferme et irrévocable à l'égard du réservataire. En cas de non-observation de cette promesse contractée, donc s'il ne construit pas l'immeuble vendu dans le délai stipulé dans le contrat de réservation, il se soumet à l'obligation d'indemniser l'acquéreur du préjudice, en lui allouant des dommages-intérêts.

Le réservant contracte, pour le surplus, l'obligation de restituer le dépôt de garantie au réservataire, au cas où « le contrat définitif n'est pas conclu du fait du vendeur dans le délai prévu au contrat préliminaire. Il en est de même si le contrat proposé fait apparaître une différence de prix anormale par rapport aux prévisions du contrat préliminaire, notamment si ce prix excède de plus de 5% le prix prévisionnel. Cette restitution doit se faire encore si l'un des éléments d'équipement prévus au contrat préliminaire ne doit pas être réalisé, ou si l'immeuble, ou la partie d'immeuble, ayant fait l'objet du contrat, présente, dans sa consistance ou dans la qualité des ouvrages prévus, une réduction de valeur supérieure à 10% ».

Il se dégage du texte de l'article 1601-13 que le réservataire ne peut faire valoir ses droits au remboursement précité que si, *du fait du vendeur*, le contrat de vente définitif n'est pas conclu dans le délai stipulé au contrat de réservation. Il s'ensuit que si c'est le réservataire, qui entend se retirer du projet d'acquisition immobilière et ne veut plus acquérir l'objet réservé, sans qu'une faute imputable au vendeur n'ait motivé cette décision de retrait, la résiliation du contrat de réservation ne peut intervenir que sous les conditions arrêtées d'un commun accord des parties contractantes, le cas échéant, sous peine pour le réservataire de perdre le dépôt de garantie.

Si l'une ou l'autre des conditions légales de retrait du contrat préliminaire est établie, le réservataire est tenu de notifier sa demande de remboursement par lettre recommandée avec avis de réception, au vendeur et au dépositaire, c'est-à-dire à la banque, auprès de laquelle le compte ayant reçu le dépôt de garantie a été ouvert. L'avis de réception signé vaut preuve que la demande de remboursement est bien parvenue au réservant.

Le remboursement doit intervenir dans un délai maximum d'un mois à partir du jour où le réservataire a notifié sa demande. Il est évident que lorsque le réservant conteste le droit du réservataire au remboursement de sa garantie, par exemple, s'il nie que les conditions légales sont établies en fait, le réservataire doit justifier de son droit à restitution. Il le fait en prouvant que le réservant a failli à son obligation contractuelle de réaliser l'immeuble projeté dans les délais promis au contrat, ou qu'il ne délivre pas l'immeuble ou la partie d'immeuble, ayant fait l'objet du contrat, dans sa consistance ou dans la qualité des ouvrages prévus, avec une réduction de valeur de plus de 10%. Si le remboursement reste contesté, il ne peut intervenir que sur base d'un jugement du tribunal, saisi par la partie la plus diligente.

Nullité de toute autre convention à l'effet de réserver un immeuble

Comme nous l'avons vu, le réservataire ne peut jamais, par l'effet du contrat de réservation, contracter un engagement définitif à acquérir effectivement l'immeuble réservé. Voilà pourquoi l'article 1601-13 alinéa 5 frappe de nullité « toute autre convention ayant pour objet la réservation d'un immeuble ».

Cette nullité concerne, en premier lieu, tout compromis de vente portant sur l'immeuble à construire, dans la mesure où l'acquéreur s'engage par l'effet de ce genre de convention à l'égard du vendeur à acquérir définitivement un objet futur.

Cette nullité est une nullité absolue, non susceptible d'être couverte par l'acquéreur.

Le contrat de vente définitif

La forme du contrat

Le contrat de vente, qu'il soit conclu à terme ou en l'état futur d'achèvement, doit être constaté par un acte notarié. C'est l'article 1601-5, qui requiert impérativement le recours à la forme authentique pour la vente d'immeubles à construire.

La loi prononce la nullité de tout contrat de vente, qui ne revêt pas la forme authentique. Cette nullité ne peut cependant être invoquée que par l'acquéreur et encore seulement avant l'achèvement des travaux de construction (article 1601-5 avant-dernier alinéa).

CONDITIONS PRÉALABLES À REMPLIR:

l'obtention des autorisations administratives

230

Afin de protéger l'acquéreur contre le risque d'investir ses moyens financiers dans un projet immobilier, qui risque de ne jamais voir le jour, alors que les autorisations administratives sont refusées au promoteur, l'alinéa 1er de l'article 1601-5 prévoit expressément que les ventes à terme et les ventes en l'état futur d'achèvement ne peuvent être conclues « qu'à partir du moment où les autorisations administratives requises pour la construction envisagée auront été obtenues ».

Il s'ensuit que le promoteur, intéressé à vendre les immeubles futurs, est tenu, avant la conclusion de tout contrat de vente d'un tel immeuble, de solliciter et d'obtenir toutes les autorisations administratives nécessaires pour réaliser la construction. Le notaire, qui engage sa responsabilité pour faute professionnelle solidairement avec le vendeur à l'égard de l'acquéreur, est donc bien conseillé de s'abstenir de recevoir l'acte de vente en question avant que la preuve de l'obtention, par le promoteur, de l'ensemble des autorisations administratives nécessaires à la réalisation du projet de construction ne lui soit rapportée.

L'article 1601-5 ne précise toutefois pas ce qu'il faut entendre par « autorisations administratives requises pour la construction envisagée ». Il est évident que cette notion comprend d'abord et avant tout l'autorisation de bâtir à délivrer, sur base des plans de construction soumis, par le bourgmestre de la commune, dans laquelle la construction sera implantée. Le législateur a en effet voulu assurer que les plans soient définitivement approuvés par les autorités communales et qu'une autorisation de bâtir définitive sur base de ces plans soit accordée au promoteur.

A part l'autorisation susvisée, le promoteur doit encore solliciter et obtenir par l'Administration des ponts et chaussées la permission de voirie, s'il projette d'ériger l'immeuble aux abords d'une rue, appartenant au domaine public de l'Etat.

Le cas échéant, le promoteur immobilier sera tenu, à peine de nullité de l'acte, d'obtenir également une autorisation du Ministre, ayant dans ses attributions l'environnement. Le notaire est, sous peine d'engager sa responsabilité vis-à-vis de l'acquéreur, tenu de vérifier, avant la réception de l'acte, si toutes les autorisations nécessaires à l'exécution du projet de construction ont été délivrées au promoteur. Il est d'autre part obligé de faire mention expresse dans l'acte, à peine de nullité de celui-ci, de « la date de la délivrance des autorisations administratives et des conditions dont elles sont affectées » (article 1601-5 alinéa 2).

Rappelons toutefois que le droit de faire prononcer la nullité de l'acte de vente pour cause d'inobservation par le vendeur de la formalité relative à l'obtention préalable des autorisations nécessaires, n'appartient qu'au seul acquéreur. Elle ne peut donc pas être poursuivie à l'initiative du vendeur, à qui l'omission est imputable. Elle peut d'autre part être demandée par l'acquéreur « tant que l'administration pourra faire valoir le défaut d'autorisation » (article 1601-5 avant-dernier alinéa), c'est-à-dire pendant 30 ans.

231 B) **MENTIONS OBLIGATOIRES DE L'ACTE DE VENTE**

L'article 1601-5 alinéa 2 prévoit, qu'à peine de nullité de l'acte, ce dernier doit comporter un certain nombre de mentions. Ainsi, doivent être, sous la sanction prévue à la fin du numéro précédent, mentionnées à l'acte de vente notarié les indications suivantes:

* la désignation exacte de la commune de la situation, la section, le lieu-dit, le numéro et la contenance du cadastre de l'immeuble, ou de la part d'immeuble, qui fait l'objet de la vente,
* l'identité du propriétaire du terrain et des constructions,
* la date de la délivrance des autorisations administratives et les conditions dont elles sont affectées,
* la description de l'immeuble, ou de la partie d'immeuble, vendu et le degré d'achèvement convenu,
* son prix et les modalités de paiement de celui-ci,
* le délai de livraison,
* lorsque l'acte est conclu sous la forme de la vente en l'état futur d'achèvement, la garantie de l'achèvement complet de l'immeuble dans les termes prévus par le contrat, ou la garantie du remboursement des versements effectués, en cas de résolution du contrat à défaut d'achèvement,
* l'information si le prix de vente est ou non révisible et, dans l'affirmative, les modalités de sa révision.

Reprenons ces différentes mentions obligatoires

232

* L'exigence légale tenant à la désignation exacte de l'immeuble vendu, ne résulte pas de la loi du 28 décembre 1976 sur la vente des immeubles à construire. Elle a déjà été introduite dans notre législation par les articles 8 et 9 de la loi du 25 septembre 1905 sur la transcription des droits réels immobiliers et s'applique d'ailleurs à tout acte notarié, opérant transfert de propriété d'un bien immobilier.
* La disposition légale, relative à la mention dans l'acte de vente de **l'identité du propriétaire du terrain et des constructions**, peut surprendre, dans la mesure où, généralement, l'acquéreur de la construction acquiert en même temps la propriété du sol sur lequel elle s'implante. Ceci présuppose évidemment que la partie venderesse soit elle-même propriétaire du terrain, sur lequel la construction doit être érigée. Or, il se peut que le vendeur ne dispose pas d'un droit de propriété sur ce sol, mais uniquement d'un droit d'usage limité dans le temps, tel qu'un droit d'usufruit, ou un droit de superficie transcrit au Bureau des hypothèques, ou encore d'un droit d'usage concédé en vertu d'un bail emphythéotique.

Dans ces dernières hypothèses, le vendeur ne peut pas céder à l'acquéreur un droit de propriété sur le sol, qui ne lui appartient pas, mais seulement lui transférer le droit précaire et temporaire, dont il est lui-même investi.

Il est partant important pour l'acquéreur de connaître cet état de choses au plus tard lors de la conclusion de l'acte de vente notarié et d'être, le cas échéant, informé de l'identité du propriétaire du sol sur lequel sa construction va être implantée.

* Comme nous l'avons déjà relevé (cf. supra No 230), le vendeur doit justifier, avant de conclure l'acte de vente, d'avoir obtenu toutes **les autorisations administratives nécessaires à l'exécution de son projet de construction**.

La mention à l'acte de vente de la date précise à laquelle les autorisations nécessaires ont été délivrées au vendeur, de même que la mention des conditions, sous lesquelles ces autorisations ont été accordées, est requise à peine de nullité de l'acte.

* L'article 1601-5 exige la **description de l'immeuble ou de la part d'immeuble**, qui fait l'objet de la vente convenue entre les parties contractantes.

Cette description consiste pour le promoteur à fournir dans l'acte de vente les indications détaillées quant à:
– la nature de l'immeuble cédé (exemple, maison individuelle, appartement en copropriété, local de commerce),
– le nombre de pièces que comporte cet immeuble, ainsi que la destination de ces pièces (exemple, deux chambres-à-coucher, une cuisine équipée, une salle-de-bains),

– les annexes et dépendances à la construction (balcon, jardin, garage).

La loi oblige le vendeur à donner le détail de ces renseignements dans le corps de l'acte de vente même. Il ne peut donc pas se contenter de faire dans l'acte un simple renvoi aux plans de construction annexés. D'autre part, il doit fournir dans l'acte de vente des indications sur le degré d'achèvement de la construction, convenu entre les parties contractantes.

Cette disposition est importante tant pour l'acquéreur que pour le vendeur quant à la question de savoir à quel stade de la construction il peut considérer son obligation de délivrance de l'immeuble à construire comme remplie. Il se peut en effet que les parties conviennent que l'immeuble sera délivré par le vendeur, non pas dans un état d'achèvement complet, mais seulement partiel, étant entendu que l'acquéreur se charge lui-même des travaux de finition de la construction.

* Le contrat de vente doit fournir une indication quant au prix de vente convenu entre les parties. A cet égard, rappelons-le, il importe de faire une ventilation à l'acte entre le prix du terrain, s'il est vendu avec la construction, et celui de la construction proprement dite.
* L'acte de vente doit, d'autre part, fournir des indications précises quant aux **modalités de paiement de ce prix** et notamment indiquer les échéances et les proportions des acomptes à payer par l'acquéreur au fur et à mesure de l'avancement des travaux de construction. A ce sujet, les prescriptions impératives de l'article 1601-9 quant à l'ampleur des acomptes à payer et du solde s'imposent à l'acquéreur, qui est tenu de s'y tenir.

L'article 1601-5 oblige encore les parties à mentionner dans l'acte **si le prix est ou non révisible** et, dans l'affirmative, de prévoir les **modalités de cette révision**. Il est en effet clair que les travaux de construction durant un certain temps, le vendeur voit ses bénéfices à escompter du projet amoindris par une augmentation du coût de la main-d'oeuvre et du matériel de construction pendant la durée des travaux. Ainsi, la loi permet au promoteur de prévoir dans le contrat une clause de révision du prix de vente convenu lors de la conclusion du contrat, afin de parer à ce risque financier.

Il est toutefois évident que cette clause de révision ne peut concerner que le seul prix des constructions à réaliser et non le prix du terrain. D'où l'importance de ventiler prix du sol et celui des constructions.

L'article 1601-5 ne contient toutefois pas de prescriptions précises quant aux modalités de la révision du prix de la construction. Les parties bénéficient partant de toute liberté contractuelle à cet égard. Elles ne sont tenues que de préciser dans leur contrat le critère d'adaptation du prix convenu (exemple, adaptation à l'indice de la construction).

* La loi du 28 décembre 1976 sur la vente d'immeubles à construire oblige le vendeur à préciser dans le contrat de vente **le délai endéans lequel il entend délivrer la construction à ériger**. Il n'est pas tenu de fournir une date précise, mais il devra tout de même indiquer le nombre de mois que

dureront les travaux de construction et l'époque de l'année, à laquelle il entend faire la livraison de l'immeuble et remettre les clés à l'acquéreur.

Généralement, afin de limiter leur responsabilité contractuelle, les vendeurs se réservent la faculté dans l'acte de vente de suspendre le délai de livraison lors de la survenance de faits indépendants de leur volonté, tel un temps prolongé d'intempéries, un accident, la faillite ou la mise en liquidation d'une société travaillant en sous-traitance, grève des ouvriers du secteur.

* L'article 1601-5 érige en obligation pour le vendeur d'un immeuble livré en l'état futur d'achèvement de **constituer en faveur de l'acquéreur une garantie bancaire**, afin d'assurer, soit l'achèvement complet de l'immeuble vendu, soit, à défaut d'achèvement, le remboursement des versements d'ores et déjà faits par l'acheteur au fur et à mesure de l'avancement des travaux.

L'article 1601-5 précité précise toutefois qu'une telle garantie n'a pas à être fournie lorsque c'est l'Etat, une commune, un établissement public ou une société, dans laquelle l'une des collectivités publiques prénommées détient une participation majoritaire, qui figure comme partie venderesse du ou des immeubles à construire.

Pour plus de détails quant à la forme, dans laquelle les garanties bancaires - dans la mesure où elles sont exigées - peuvent se présenter, le lecteur voudra se reporter au chapitre relatif à la vente en l'état futur d'achèvement - La garantie d'achèvement et la garantie de remboursement, (cf. infra No 237).

C) ANNEXES OBLIGATOIRES À L'ACTE DE VENTE

233

L'article 1601-5 pousse davantage encore la protection de l'acquéreur d'un immeuble à construire, en obligeant les parties et, en particulier le vendeur, à annexer au contrat de vente à conclure, un certain nombre de documents, sinon, du moins, à se référer dans l'acte de vente de façon expresse à ceux-ci, qui restent en dépôt chez le notaire instrumentaire pour y être consultés à tout moment par l'acquéreur.

Les documents, dont il est question à l'article 1601-5, sont les suivants:

a) les plans de construction, comprenant au moins les plans des façades, les plans des différents niveaux et un plan-coupe de l'immeuble, avec les cotes utiles et l'indication des surfaces de chacune des pièces et des dégagements,
b) une notice descriptive indiquant la consistance et les caractéristiques techniques de l'immeuble, ainsi que les matériaux à employer, les travaux à effectuer et les éléments d'équipement à installer,
c) lorsqu'il s'agit d'une construction en copropriété, le règlement de copropriété. Le texte spécifie par ailleurs que ce document doit être communiqué préalablement à l'acquéreur, et qu'un exemplaire doit lui être remis lors la signature du contrat de vente.

Aux termes de l'article 1601-5, l'accomplissement des formalités visées ci-dessus doit être constaté par une mention expresse à l'acte. Le législateur a voulu assurer le respect des dispositions relatives aux annexes obligatoires, en obligeant le notaire, rédacteur de l'acte, à vérifier personnellement la présence des documents à joindre à l'acte, alors que le défaut de ces pièces serait de nature à engager sa responsabilité vis-à-vis de l'acquéreur.

Comme nous l'avons déjà relevé, l'inobservation de la formalité d'annexer à l'acte les documents énumérés ci-dessus, ou d'y faire référence expresse à l'acte, dans la mesure où ces pièces sont confiées en dépôt au notaire instrumentaire, entraîne la nullité de l'acte. Comme, toutefois, ces dispositions sont destinées à protéger exclusivement les intérêts de l'acquéreur, seul ce dernier peut se prévaloir de l'inobservation de cette formalité. Encore faut-il qu'il invoque cette nullité avant l'achèvement des travaux. Le législateur part en effet de l'idée que, si l'acquéreur n'a pas réclamé jusque-là, ses intérêts n'ont pas été lésés.

Quelles sont les conditions que doivent remplir les documents à annexer au contrat de vente pour satisfaire aux exigences de la loi ?

234 * **Les plans de construction**

Suivant les dispositions de l'article 1601-5, les plans à annexer consistent, au minimum, en des plans des façades, des plans des différents niveaux de l'immeuble à construire (c'est-à-dire un plan pour chaque étage que comportera la future construction), de même que d'un plan-coupe de l'immeuble.

Ces plans doivent par ailleurs:
- être de véritables plans techniques et non de simples croquis superficiels,
- comporter les cotes utiles, c'est-à-dire les mesures exactes de la construction, en général, et des différentes pièces la composant, en particulier, à l'échelle d'usage de 1: 50,
- indiquer les surfaces habitables nettes de chacune des pièces et des dégagements,
- porter l'indication de l'autorisation de bâtir délivrée par l'autorité communale compétente, afin de justifier que cette autorisation a bien été délivrée sur base de ces plans,
- porter la signature « ne varietur » par les parties contractantes, de sorte que ces plans ne peuvent plus être modifiés dans la suite, sauf d'un commun accord des parties,
- concernant un immeuble en copropriété, tracer les limites entre les différents lots individuels privatifs, de même qu'entre les lots privatifs et les parties communes sur un même niveau,

chaque lot devant par ailleurs être désigné par le numéro sous lequel il figure à l'état descriptif de division de l'immeuble.

* **La notice descriptive**

    Aux termes des dispositions de l'article 1601-5, la notice descriptive doit indiquer la consistance et les caractéristiques techniques de l'immeuble, ainsi que les matériaux à employer pour sa construction, les travaux à effectuer et les éléments d'équipement à installer. La loi ne fournit toutefois pas d'autres indications quant au degré de précision que le promoteur doit respecter en élaborant sa notice descriptive, afin d'assurer une information utile et suffisante de l'acquéreur quant à la valeur qualitative de l'immeuble qu'il se propose d'acquérir.

* **Le règlement de copropriété** **235**

    Lorsque la vente a pour objet un lot dans un immeuble en copropriété, l'article 1601-5 oblige le vendeur à annexer à l'acte de vente un règlement de copropriété de l'immeuble concerné ou à faire mention expresse dans l'acte d'un dépôt fait de ce règlement en l'étude du notaire instrumentaire.

Ce règlement de copropriété est à communiquer à l'acquéreur préalablement à la vente, et un exemplaire doit lui en être remis lors la signature de l'acte de vente notarié. Il est rappelé que l'acte de vente doit, à peine de nullité, comporter une clause expresse, par laquelle l'accomplissement de ces formalités est constaté. Le législateur veut en effet assurer que l'acquéreur a eu connaissance du contenu de ce règlement de copropriété avant de conclure l'acte de vente de son lot et qu'il dispose d'un exemplaire de ce règlement.Il est souhaitable que ce règlement de copropriété comporte en même temps un état descriptif de division, afin de permettre à l'acquéreur d'identifier plus facilement le lot qu'il se propose d'acquérir. La loi n'exige toutefois pas de faire figurer un tel état descriptif de division dans le règlement de copropriété.

LE CONSTAT DE PARFAIT ACHÈVEMENT **236**

Comme nous l'avons déjà vu dans le cadre du contrat de vente à terme, la notion d'achèvement de la construction à fournir par le vendeur revêt une importance particulière.

L'achèvement détermine en effet le transfert de propriété de chaque tranche de la construction, l'exigibilité de la portion du prix qui s'y rattache, le terme de la garantie bancaire d'achèvement, dont il sera question ci-après, de même que le commencement du cours des délais de la garantie légale du chef de défauts et vices affectant la construction livrée.

Pour la définition de la notion d'achèvement, nous rappelons à cet endroit celle que nous avons déjà donnée concernant la vente à terme. Ainsi, on parle d'achèvement de la construction, ou d'une tranche déterminée de celle-ci, lorsque les travaux de construction sont avancés à un point tel, que les ouvrages sont exécutés et les éléments d'équipement, qui sont indispensables à son utilisation conformément à sa destination, sont installés (article 1601-6).

L'immeuble est donc réputé achevé, s'il est en état d'être utilisé aux fins et pour les besoins auxquels le contrat conclu entre les parties l'a destiné. Ainsi, lorsqu'il s'agit d'une maison destinée à servir de logement familial, l'immeuble est réputé achevé, lorsqu'il est habitable, c'est-à-dire lorsqu'il est équipé de tous les éléments d'équipement nécessaires à cette fin (eau, électricité, chauffage, sanitaire). En règle générale, la constatation de l'achèvement est faite d'un commun accord des parties et résulte d'un écrit, désigné « procès-verbal d'achèvement », signé par les parties au contrat.

L'article 1601-6 précise toutefois que pour l'appréciation de cet achèvement, les défauts de conformité avec les prévisions du contrat ne sont pas pris en considération, lorsqu'ils n'ont pas un caractère substantiel, ni les malfaçons, qui ne rendent pas les ouvrages impropres à leur utilisation.

Le loi ne prévoit toutefois pas, contrairement à ce qui est le cas pour la vente à terme, une procédure particulière pour la constatation de l'achèvement de la construction en l'état futur d'achèvement. En règle générale, le contrat de vente définit la procédure, d'après laquelle la constatation de l'achèvement de la construction se fera, et les parties auront à suivre cette procédure contractuellement arrêtée. Toutefois, en cas de désaccord des parties sur la question de savoir si la construction est réputée achevée, il y a lieu d'avoir recours à la lumière d'un homme de l'art, en règle générale, un architecte, pour concilier les parties ou, en cas de maintien de leur désaccord, pour les départager dans l'appréciation de cette question.

L'article 1601-6 prévoit toutefois que la constatation de l'achèvement n'emporte par elle-même ni reconnaissance de la conformité aux prévisions du contrat, ni renonciation aux droits que l'acquéreur tient de l'article 1642-1. Nous étudierons dans la suite les dispositions de cet article, qui a trait à la garantie légale à charge du vendeur contre les vices de construction.

237 E) LA GARANTIE D'ACHÈVEMENT ET LA GARANTIE DE REMBOURSEMENT

Aux termes de l'article 1601-5, l'acte notarié, documentant la vente d'un immeuble en l'état futur d'achèvement, doit obliger le vendeur à fournir à l'acquéreur une garantie financière par un établissement bancaire. Cette garantie financière peut, aux termes de l'article 1601-5 f) se présenter sous deux formes différentes:

– soit sous la forme d'une garantie d'achèvement complet de l'immeuble à construire,
– soit sous la forme d'une garantie de remboursement des versements effectués par l'acquéreur, en cas de résolution du contrat de vente, à la suite du défaut du vendeur d'achever la construction.

Il appartient au vendeur, tenu de fournir cette garantie bancaire, d'opter pour la forme de garantie qu'il accorde à l'acquéreur. Or, nous allons voir que ces deux formes de garantie présentent des divergences notables, surtout du point de vue de l'exécution de la garantie pour l'acquéreur et du résultat final à escompter quant à l'achèvement de la construction lui vendue.

LA GARANTIE D'ACHÈVEMENT

Cette garantie financière est destinée à mettre l'acquéreur à l'abri du risque que le vendeur, en situation financière critique, n'achève pas l'immeuble vendu.

FORME DE LA GARANTIE D'ACHÈVEMENT **238**

Elle se présente sous deux formes possibles:
- soit, sous celle d'une ouverture de crédit, consentie par un établissement bancaire,
- soit, sous celle d'une convention de cautionnement.

Les conditions et les modalités de ces deux formes de la garantie d'achèvement sont arrêtées par le règlement grand-ducal du 24 février 1977 pris en exécution de la loi du 28 décembre 1976, règlement qui a, à son tour, été modifié par celui du 3 septembre 1985.

* Lorsque la garantie d'achèvement prend la forme d'une ouverture de crédit, la banque s'oblige à avancer au vendeur, sinon à payer à sa décharge, les montants nécessaires à financer l'acquisition du matériel et de la main-d'oeuvre indispensable pour achever la construction.
* Lorsque la garantie d'achèvement emprunte la forme d'une convention de cautionnement, la banque s'oblige elle-mêne envers l'acquéreur à payer, solidairement avec le vendeur, le coût nécessaire à l'achèvement complet de l'immeuble.

Cette garantie donnée par un établissement bancaire, établi au Grand-Duché de Luxembourg, ou dans un autre Etat membre de l'Union européenne, quelle que soit sa forme choisie, doit remplir les exigences légales suivantes, fixées par le règlement grand-ducal modifié précité:
- elle doit porter sur un montant indéterminé, en ce sens que l'établissement bancaire doit s'engager à avancer toutes les sommes nécessaires à l'achèvement de la construction, au sens de l'article 1601-6. Toute limitation de la garantie bancaire à un montant prédéterminé serait contraire à l'objectif poursuivi par les textes légaux, et partant réputée non écrite.
- La convention de garantie conclue entre la banque et le vendeur doit toujours conférer un droit direct à l'acquéreur. Ce dernier est donc autorisé, en tous cas, à agir directement contre la banque en paiement des montants pour lesquels la garantie a été consentie. En ce sens, la convention

de garantie s'analyse juridiquement comme une stipulation pour autrui en faveur de l'acquéreur, qui n'a pas besoin de limiter son action contre le seul vendeur.

D'ailleurs, lorsque la garantie d'achèvement a été conclue sous forme d'un cautionnement, par la banque, des engagements du vendeur à l'égard de l'acquéreur, le paiement direct, par celle-ci, des fonds nécessaires à l'achèvement de la construction se dégage des termes mêmes de la convention de garantie. En effet, l'institut de crédit est devenu, par la convention de cautionnement, codébiteur solidaire avec le vendeur vis-à-vis de l'acquéreur. En vertu de cette solidarité stipulée, l'acquéreur peut actionner, à son choix, le vendeur et/ou la banque.

Lorsque la garantie d'achèvement a été conclue sous forme d'une ouverture de crédit, la convention de garantie, signée entre la banque et le vendeur, doit comporter une stipulation expresse, conférant un droit direct à l'acquéreur d'un immeuble en état futur d'achèvement, d'exiger le paiement des montants nécessaires à l'achèvement de la construction directement à l'établissement bancaire.

239 L'EXÉCUTION PRATIQUE DE LA GARANTIE

L'acquéreur d'un immeuble en l'état futur d'achèvement doit, avant de faire appel à la garantie d'achèvement fournie par le vendeur, d'abord rapporter la preuve que le vendeur est resté en défaut d'exécuter l'obligation contractuelle à sa charge, à savoir celle d'achever la construction de l'immeuble vendu.

Cette preuve ne fait pas de difficultés dans l'hypothèse où le vendeur arrête à un moment donné tous travaux de construction et quitte le chantier sans intention d'achever la construction engagée.

Cette preuve est toutefois plus difficile à rapporter au cas où le vendeur, éprouvant des difficultés financières passagères, arrête momentanément le paiement des corps de métier engagés sur le chantier, qui suspendent alors l'achèvement des travaux de construction. Y a-t-il dans cette hypothèse inexécution définitive de la part du vendeur de son obligation contractuelle d'achever la construction ?

Au cas où il y a désaccord sur la question de savoir s'il y a inexécution fautive du vendeur entre la banque, débitrice de la garantie d'achèvement fournie, et l'acquéreur, créancier de cette même garantie, il appartient aux tribunaux de les départager.

Quelle est la nature de la garantie d'achèvement fournie par la banque? Il est évident que la seule obligation assumée par l'établissement bancaire, débiteur de la garantie, à l'égard de l'acquéreur est de nature financière, en ce sens que la banque ne doit mettre à la disposition de l'acquéreur que les fonds nécessaires à l'achèvement des travaux de construction, au sens des dispositions de l'article 1601-6.

L'acquéreur ne peut toutefois jamais contraindre le garant à assumer l'achèvement matériel de la construction engagée. Il doit partant, en cas d'inexécution du vendeur d'achever les travaux de construction de l'immeuble vendu, prendre lui-même l'initiative d'engager d'autres corps de métier ou de réengager les anciens corps de métier, après paiement de leur rémunération en souffrance, afin d'achever la construction. Le montant de la garantie à fournir par la banque reste toutefois indéterminé, alors que l'ampleur et donc le coût des travaux restant à réaliser pour parfaire l'achèvement peut varier en fonction du moment et du stade des travaux, auxquels le vendeur a arrêté l'exécution de la construction.

En principe, et eu égard à la définition donnée par l'article 1601-6 quant à la notion d'achèvement de la construction, le garant doit mettre à la disposition de l'acquéreur les fonds nécessaires pour financer l'ensemble des ouvrages et des travaux d'installation des éléments d'équipement nécessaires pour rendre la construction apte à l'usage auquel le contrat la destine.

L'acquéreur ne peut toutefois pas faire appel à la garantie d'achèvement dans l'hypothèse où la construction est achevée avec des retards considérables quant aux délais d'exécution des travaux, fixés par le contrat de construction. La garantie ne couvre en effet l'acquéreur que contre le défaut d'achèvement, et non contre le retard dans celui-ci. La garantie bancaire couvre toutefois la non-conformité des travaux de construction avec les prévisions du contrat, à condition que ces non-conformités revêtent un caractère substantiel, de même que les vices de construction et les malfaçons, qui rendent l'immeuble impropre à son utilisation. Il est en effet rappelé que l'article 1601-6 répute inachevé l'immeuble vendu en l'état futur d'achèvement, qui est affecté de non-conformités substantielles, ou de malfaçons graves, le rendant impropre à son usage.

A contrario, la garantie d'achèvement ne couvre pas les non-conformités ou les vices de construction, qui ne correspondent pas aux critères exigés par l'article 1601-6, en ce qui concerne leur degré de gravité.

LA GARANTIE DE REMBOURSEMENT **240**

Cette garantie financière poursuit l'objectif de mettre l'acquéreur d'un immeuble, vendu en l'état futur d'achèvement, qui a déjà versé au vendeur les tranches du prix de vente correspondant aux travaux d'ores et déjà réalisés, à l'abri du risque d'insolvabilité du vendeur, lorsque ce dernier est actionné par cet acquéreur en résolution de la vente pour défaut d'achèvement de la construction, et partant en remboursement des tranches du prix de vente déjà payées.

FORME DE LA GARANTIE DE REMBOURSEMENT

Cette garantie doit être fournie sous forme d'une convention écrite, conclue entre un établissement bancaire ou d'épargne, établi, soit dans le Grand-

Duché, soit dans un autre Etat membre de l'Union européenne, et le vendeur.

Elle emprunte toujours la forme d'un cautionnement par la banque, débitrice de la garantie, couvrant les engagements contractés par le vendeur envers l'acquéreur. La banque s'engage à l'égard de l'acquéreur comme codébiteur solidaire du vendeur.

Elle confère donc le droit à l'acquéreur d'agir directement contre la banque garante, en remboursement des versements effectués au profit du vendeur pour les tranches de construction déjà réalisées, dans la mesure où le vendeur reste en défaut d'achever la construction. L'acquéreur se trouve ainsi couvert contre le risque d'insolvabilité du vendeur, actionné en paiement, alors qu'il a le choix d'agir directement contre l'établissement bancaire, au lieu d'actionner le vendeur insolvable.

Contrairement toutefois à la garantie d'achèvement, la garantie de remboursement porte toujours sur un montant déterminé, ou du moins déterminable facilement, dans la mesure où le total des versements faits par l'acquéreur au profit du vendeur est connu au moment du paiement.

241 *EXÉCUTION PRATIQUE DE LA GARANTIE DE REMBOURSEMENT*

L'acquéreur ne peut faire appel à la garantie de remboursement fournie par le garant qu'à la condition que le vendeur soit lui-même tenu à la restitution à l'acquéreur des versements d'ores et déjà touchés de sa part. Cette obligation au remboursement n'est toutefois donnée à charge du vendeur qu'après que celui-ci, mis en demeure d'achever la construction en souffrance, a failli de s'exécuter. Il s'en suit, qu'avant toute demande en garantie dirigée contre la banque garante, le contrat de construction doit au préalable être résolu à la demande de l'acheteur pour cause d'inexécution par le vendeur de son obligation contractuelle d'achever l'immeuble.

Il est évident que la garantie financière n'est due à l'acquéreur que si le contrat est résolu à la suite de la non-exécution fautive par le vendeur d'une des obligations contractuelles à sa charge. Cette garantie n'est donc pas due à celui qui a provoqué la résolution du contrat, en omettant de régler au vendeur les tranches du prix aux échéances convenues, et que le vendeur n'a suspendu les travaux qu'à la suite de ce défaut de paiement. Le garant est toutefois tenu de s'exécuter, même si le contrat de construction conclu est résolu d'un commun accord entre les parties contractantes (article 3 du règlement grand-ducal du 24 février 1977).

L'acquéreur est investi d'un droit propre à réclamer le remboursement de ses paiements directement contre le garant, la banque. Pour prospérer dans sa demande, l'acheteur de l'immeuble n'a qu'à rapporter la preuve de l'inexécution fautive de terminer la construction dans le chef du vendeur, de même que la résolution définitive du contrat de construction. Cette dernière preuve se fait de préférence par un écrit, par lequel l'acquéreur prouve qu'il a mis le vendeur en demeure de s'exécuter et, cette mise en demeure étant restée infructueuse, qu'il a dénoncé le contrat de construction pour faute du vendeur.

S'il y a désaccord entre les parties quant à la question de savoir si la dénonciation du contrat par l'acheteur est intervenue à bon droit, la partie la plus diligente saisira la justice pour apprécier cette question.

L'acquéreur ne doit, toutefois, pour obliger le garant à exécuter son obligation de garantie des engagements du vendeur, prouver ni le refus de ce dernier à opérer le remboursement sollicité, ni son insolvabilité.

Il se dégage des développements qui précèdent que l'acquéreur d'un immeuble en état futur d'achèvement, investi d'une garantie bancaire de remboursement, est en fait placé dans une situation identique à celle de l'acheteur d'un immeuble vendu à terme. Ce dernier ne peut en effet, en cas de non-achèvement des travaux de construction, exiger que le seul remboursement des montants qu'il a versés au vendeur défaillant.

La liberté de choix entre les deux catégories de garanties

242

Suivant la première version de la loi du 28 décembre 1976, le vendeur avait, sous réserve de l'accord de la banque, qui offre de se constituer garant pour lui, la liberté de choix entre les deux régimes de garanties que nous venons d'étudier sous les numéros précédents.

Le règlement grand-ducal du 24 février 1977, pris en exécution de l'article 1601-5, avait même prévu en faveur du vendeur de changer, en cours d'exécution du contrat, le régime de garantie initialement choisi et de lui substituer, en accord avec le garant, l'autre régime. La loi ne lui imposait à cet égard pas l'obligation de recueillir également l'accord de l'acquéreur. L'objectif du texte précité a surtout été de réduire le coût de la garantie bancaire, qui reste en définitive à charge de celui qui achète un immeuble à construire.

Le législateur avait toutefois pris soin, afin de garantir l'acquéreur contre des changements opérés intempestivement et unilatéralement de sa garantie pour amoindrir ses droits, de stipuler, d'une part, que la faculté de substituer un régime à l'autre devrait être expressément réservée dans l'acte de vente et, d'autre part, que le vendeur serait tenu de notifier ce changement du régime de garantie par écrit à l'acquéreur.

La loi du 28 décembre 1976 ne prévoyait d'autre part pas une substitution *automatique et de plein droit* d'une garantie d'achèvement à une garantie de remboursement, lorsqu'il devenait techniquement ou matériellement impossible d'achever la construction entamée suivant les prévisions du contrat. Une telle impossibilité matérielle peut, par exemple, résulter de ce que le permis de construire est retiré et que la construction ne peut dès lors plus être poursuivie. Dans ce cas, lorsque l'acte de vente ne stipulait, au bénéfice de l'acquéreur, qu'une garantie d'achèvement, ce dernier ne pouvait pas se retourner contre le garant en remboursement des versements déjà effectués au profit du vendeur. Il ne pouvait, d'autre part, pas solliciter la transformation de sa garantie d'achèvement en une garantie de remboursement. Il est évident qu'une telle situation laissait l'acquéreur complètement désemparé, dans la mesure où il se retrouvait, d'une part, sans possibilité de parachever la construction entamée et, d'autre part, sans les moyens financiers investis d'ores et déjà dans les travaux de construction partiels.

La loi du 22 avril 1985 est venue remédier à cette situation désavantageuse pour l'acquéreur. Elle a en effet introduit *une transformation de plein droit* de la garantie d'achèvement en une garantie de remboursement, « lorsqu'il est établi que la construction ne peut être réalisée matériellement ou juridiquement », tel que l'alinéa 5 de l'article 1601-5 est libellé actuellement.

Il se dégage donc du texte précité que cette substitution de la garantie de remboursement à la garantie d'achèvement s'opère de plein droit et de façon automatique, sans qu'il soit besoin d'une demande expresse et motivée de la part de l'acheteur. Il n'en reste pas moins que ce remplacement automatique ne s'opère qu'à la condition, expressément prévue par l'article 1601-5 alinéa 5, qu'il est établi que la construction ne peut matériellement ou juridiquement pas être achevée.

En cas de divergence entre les parties impliquées (vendeur, acquéreur et garant) quant à la notion d'"impossibilité matérielle ou juridique", il appartiendra à la justice de les départager, en appréciant si les conditions légales de la transformation automatique de garantie sont remplies.

 F) LA GARANTIE LÉGALE CONTRE LES VICES DE CONSTRUCTION

La loi du 28 décembre 1976 sur la vente d'immeubles à construire a institué un régime de garantie spécifique contre les vices de construction en matière d'immeubles à construire. Ce régime de garantie se distingue tant des règles de droit commun, imposant au vendeur une obligation de garantie contre les vices cachés de la chose vendue (articles 1648 et suivants) que de la responsabilité qu'encourent les architectes et entrepreneurs du chef des vices et malfaçons affectant les ouvrages qu'ils fournissent à un maître d'ouvrage (articles 1792 et 2270).

Le régime de garantie spécifique, que doit le vendeur d'un immeuble à construire à son client en raison des vices de construction, se dégage des dispositions des articles 1642-1 et 1646-1.

Nous étudierons ci-après ces règles.

243 *Les différents vices pouvant affecter l'immeuble vendu*

La garantie légale contre des vices de construction s'applique au vendeur d'un immeuble tant dans le cadre d'un contrat de vente à terme, que dans celui d'une vente en l'état futur d'achèvement.

Cette garantie couvre en fait trois catégories de défauts pouvant affecter la construction, à savoir:
– les défauts de conformité,
– les vices de construction apparents,
– les vices de construction cachés.

Chacune des catégories précitées de malfaçons répond à un régime de garantie propre, que nous analyserons ci-dessous.

Afin de permettre toutefois une meilleure compréhension de ces règles, il est d'abord utile de définir les notions précitées, pour les distinguer entre elles.

* L'immeuble est affecté d'un défaut de conformité, lorsqu'il n'est pas livré par le vendeur conformément aux prévisions du contrat de vente conclu, pour ce qui est, par exemple, des matériaux employés, de l'installation des éléments d'équipement convenus, du nombre de niveaux construits et celui des pièces composant la construction, ou de sa surface habitable.

* L'immeuble présente par contre des vices de construction, lorsqu'il est livré, bien que parfaitement conforme aux stipulations du contrat de vente, mais avec des défauts, présentant un caractère plus ou moins grave.

Parmi les vices de construction, il y a lieu de distinguer entre les vices apparents et les vices cachés.On entend par vice *apparent*, un défaut qui apparaît tout de suite *lors de la réception de l'immeuble* et de visu à un acquéreur normalement prudent.

Par contre, lorsque le défaut ne se manifeste qu'*après la réception de l'immeuble*, ou s'il existait déjà à la réception, mais qu'il n'était à ce moment pas encore perceptible au simple coup d'oeil, le vice en question est qualifié de *vice caché*.

Nous verrons dans la suite qu'il importe, pour déterminer le régime de garantie spécifique applicable, de distinguer ces notions.

Contenu de la garantie légale

LA GARANTIE DUE PAR LE VENDEUR POUR DES DÉFAUTS DE CONFORMITÉ DE LA CONSTRUCTION LIVRÉE **244**

La loi n'a pas édicté une réglementation spécifique pour le régime de la garantie du vendeur d'un immeuble à construire, lorsqu'il livre une construction, qui ne correspond pas aux prévisions du contrat de vente conclu entre les parties. Tel est le cas, par exemple, lorsqu'il a érigé la construction à l'aide de matériaux autres que ceux prévus dans la notice descriptive des travaux à fournir, ou lorsqu'il n'a pas installé les éléments d'équipement convenus (installation de chauffage central, électricité, eau courante). On ne trouve référence à de tels défauts de conformité de la construction avec les prévisions du contrat que dans l'article 1601-6, qui traite de la présomption d'achèvement de l'immeuble à construire. Cette disposition se limite à faire référence aux seuls défauts de conformité, qui présentent un caractère substantiel, pour décider qu'un immeuble construit à terme ou en l'état futur d'achèvement n'est pas à qualifier d'achevé.

En matière de vente à terme d'un immeuble à construire, nous avons vu que le transfert de propriété ne s'opère au profit de l'acquéreur qu'au moment de l'achèvement des travaux de construction, au sens des dispositions de l'article 1601-6. Il s'ensuit que si le vendeur délivre à l'acquéreur un immeuble sensiblement non conforme par rapport aux prévisions du contrat de vente, celui-là peut en refuser la délivrance.

Le vendeur, gardant par ailleurs les pouvoirs de maître de l'ouvrage jusqu'à la constatation de l'achèvement de la construction, a dès lors tout intérêt, afin de hâter le transfert de propriété de l'immeuble vendu à l'acquéreur et de toucher le prix de vente convenu, de remédier aux non-conformités de la construction et de l'adapter aux stipulations du contrat.

Nous avons vu que, dans le cadre d'une vente en l'état futur d'achèvement, le transfert de propriété à l'acheteur s'opère de plein droit au fur et à mesure de l'avancement des travaux de construction, généralement après que les parties ont constaté, d'un commun accord, l'achèvement de chaque tranche de cette construction. C'est à ce moment que la partie du prix de vente, relative à la tranche de construction correspondante, devient exigible par le vendeur.

Au cas où la tranche de construction, dont il s'agit, n'est pas conforme aux prévisions du contrat de vente, et que ce défaut de conformité présente un caractère substantiel, l'acheteur refusera simplement de reconnaître la finition de cette tranche et, par conséquence, le règlement de la part du prix de vente y relative.

Dans cette hypothèse, il ne se pose de problème en pratique que lorsqu'il y a désaccord fondamental entre le vendeur et l'acquéreur quant à l'appréciation de la question s'il y a non-conformité substantielle ou non. Si les parties n'arrivent pas à trouver un accord quant à cette question, ce point doit alors être tranché par une décision judiciaire, rendue généralement après expertise.

Si le vendeur refuse toutefois de redresser les non-conformités constatées, il ne satisfait pas à son obligation de délivrance de l'immeuble. L'acquéreur peut alors demander, par la voie judiciaire, soit la résolution de la vente pour faute du vendeur, soit l'exécution forcée du contrat sous peine d'astreintes.

245 *LA GARANTIE DUE PAR LE VENDEUR DU CHEF DES VICES DE CONSTRUCTION APPARENTS*

En droit commun de la garantie due par le vendeur des vices affectant la chose vendue, il se dégage de la règle inscrite à l'article 1642 que le vendeur n'est pas tenu des vices apparents de la chose vendue, c'est-à-dire de ceux dont l'acheteur a pu, ou dont il aurait dû se rendre compte lui-même, lors de la livraison de la marchandise. Ainsi, lorsque l'acheteur d'une marchandise constate, lors de la livraison de celle-ci, qu'elle est affectée d'un défaut bien visible, il est tenu de refuser la livraison et d'insister sur une fourniture en parfait état et conforme à sa commande. S'il ne refuse pas la livraison faite et ne proteste pas contre ses défauts, il a tacitement agréé la marchandise viciée et reconnu son parfait état. Il ne peut plus dans la suite se prévaloir du défaut apparent de la chose livrée et en refuser le paiement du prix.

Le législateur a toutefois introduit un autre régime de garantie des vices apparents en matière de ventes d'immeubles à construire. Cette réglementation spécifique se dégage des dispositions de l'article 1642-1, qui est libellé comme suit: « Le vendeur d'un immeuble à construire ne peut être déchargé, ni avant la réception de l'ouvrage par l'acquéreur, ni avant l'expiration d'un délai d'un mois après la prise de possession par l'acquéreur, des vices de construction alors apparents. »

Le législateur a ainsi voulu mettre à point un régime de protection renforcé pour l'acquéreur d'un immeuble nouvellement construit, qui ne dispose pas, en règle générale, de connaissances techniques lui permettant de détecter tout de suite, lors de la remise des clés de l'immeuble, les vices et défauts dont ce dernier est affecté.

L'étendue de la garantie:

La garantie légale, incombant au vendeur du chef des vices au niveau des travaux de construction, couvre *tous* les défauts, même mineurs, qui affectent la construction livrée à l'acquéreur, quelles que soient leur origine et leur cause. La garantie légale inclut ainsi les vices de la construction, qui ne mettent pas en péril la solidité de la construction, ou qui ne rendent pas l'immeuble construit impropre à sa destination ou à son usage. Les défauts précités sont donc également couverts par la garantie légale de l'article 1642-1. Il en est de même des défauts de qualité des matériaux employés par le constructeur ou des éléments d'équipement mis en place.

Le vice apparent, en matière de vente d'immeubles à construire est donc celui qui peut être constaté de visu par un acquéreur normalement prudent et diligent, qui se livre à des investigations normales de l'immeuble livré, soit avant sa réception, soit avant l'expiration du délai d'un mois après que l'acquéreur en a pris possession. Le vice est par contre caché, lorsqu'il n'apparaît que postérieurement aux échéances précitées.

Le régime de la garantie

246

L'article 1642-1 dispose que le vendeur ne saurait obtenir une décharge pour les vices apparents affectant la construction érigée avant l'expiration d'un certain délai. Le jour d'expiration de ce délai est, soit à celui de la réception de la construction par l'acquéreur, soit un mois après la prise de possession de l'immeuble par l'acheteur, le jour retenu en définitive étant la plus tardive des deux dates précitées. Cet article rend responsable le vendeur des vices apparents se manifestant jusqu'à l'arrivée de l'échéance précitée.

Quant aux dates susvisées, il convient de souligner que le jour de la réception de la construction par l'acquéreur correspond à la signature du procès-verbal de réception par les parties. La prise de possession de l'immeuble est, en règle générale, équivalente à la remise des clés de l'immeuble construit.

L'interdiction légale de se faire consentir une décharge du chef des vices apparents avant cette échéance est impérative. Son non-respect entraîne la nullité de toute décharge accordée au vendeur avant l'expiration des délais fixés par la loi.

Cette disposition est motivée par le fait que la loi entend faire bénéficier l'acquéreur d'un délai raisonnable, afin de lui permettre de constater, ou de faire constater par une personne techniquement plus qualifiée que lui, tous les défauts affectant la construction, dont il vient de prendre possession. Ces délais légaux valent même pour les défauts, dont il aurait pu se rendre compte tout de suite. Il ne saurait, pendant le cours de ces délais, valablement reconnaître que la construction livrée est parfaitement conforme, en tous points, aux prévisions du contrat et exempte de tous défauts. Toute déclaration dans ce sens, intervenant pendant les délais sus-visés, serait nulle et de nul effet. Il en est de même si le contrat de vente contenait une clause, en vertu de laquelle l'acquéreur déclare accorder décharge immédiate et inconditionnelle au vendeur du chef des vices apparents, au moment de la prise de possession des lieux.

La décharge accordée par l'acheteur au vendeur, intervenant après l'expiration des délais, dont il est question à l'article 1642-1, ne saurait valoir que pour les seuls vices apparents de la construction livrée. Elle ne joue, en aucun cas, pour les vices cachés affectant l'immeuble. Toute stipulation contraire du contrat de vente ou d'une décharge écrite, signée par l'acquéreur, serait nulle de plein droit, comme valant limitation de la responsabilité du vendeur, en vertu des dispositions de l'article 1601-14. Elle peut toutefois viser en même temps les défauts de conformité de la construction avec les prévisions du contrat de vente.

Si l'acquéreur n'a accordé aucune décharge au vendeur après l'expiration du plus long des deux délais visés par l'article 1642-1, et s'il a dénoncé le ou les vice(s) en question au vendeur, il dispose d'une action en garantie des vices apparents contre ce dernier. Aux termes de l'article 1648 alinéa 2, cette action n'est recevable que si elle est introduite dans un délai d'un an à partir du jour d'échéance le plus tardif des événements visés à l'article 1642-1. Comme, en règle générale, la réception effective et formelle de l'immeuble par l'acquéreur a lieu après la prise de possession des lieux, on peut dire qu'en pratique, le délai d'action commence à courir un mois après la remise à l'acquéreur des clés de l'immeuble construit.

L'acheteur lésé peut ainsi obtenir en justice, soit la résolution du contrat de vente, si le vice est suffisamment grave pour justifier une telle sanction, par exemple, s'il rend l'immeuble inhabitable ou impropre à l'usage auquel il est destiné, soit une diminution du prix de vente.

L'alinéa 2 de l'article 1642-2 précise toutefois qu'il n'y a pas lieu à résolution de la vente ou à diminution du prix, si le vendeur s'oblige à réparer le vice.

LA GARANTIE DUE PAR LE VENDEUR DU CHEF DE VICES CACHÉS **246**bis

La garantie légale incombant au vendeur en raison des vices cachés affectant la construction livrée se dégage des dispositions de l'article 1646-1.

Contrairement à la garantie légale du vendeur d'un immeuble à construire du chef des vices apparents, qui résulte seulement indirectement des dispositions de l'article 1642-1, celle lui incombant en matière de vices cachés est clairement et expressément affirmée par l'article 1646-1. " Le vendeur d'un immeuble à construire est tenu pendant 10 ans, à compter de la réception de l'ouvrage par l'acquéreur, des vices cachés dont les architectes, entrepreneurs et autres personnes liées au maître de l'ouvrage par un contrat de louage d'ouvrage sont eux-mêmes tenus en application des articles 1792 et 2270 du présent Code.

Le vendeur est tenu de garantir les menus ouvrages pendant deux ans à compter de la réception de l'ouvrage par l'acquéreur. Ces garanties bénéficient aux propriétaires successifs de l'immeuble. »

L'étendue de la garantie **247**

Cette garantie légale couvre tous les défauts que l'acquéreur ne constaterait qu'après la prise de possession de l'immeuble construit et livré par le vendeur. Ainsi que cela résulte de la définition donnée ci-dessus, de tels défauts sont qualifiés de vices de construction cachés.

Il n'est d'autre part pas exigé, pour que l'acquéreur puisse faire jouer la garantie assumée par le vendeur, que les défauts au niveau des travaux de construction invoqués mettent en péril la solidité de l'immeuble, ainsi que cette condition est exigée par les articles 1792 et 2270 pour la responsabilité contractuelle incombant à l'architecte, à l'entrepreneur ou à toute autre personne liée au maître de l'ouvrage par un contrat d'entreprise, ou encore qu'ils revêtent un certain degré de gravité ou d'ampleur, ou qu'ils rendent même l'immeuble construit impropre à la destination ou à l'usage de celui-ci.

En ce sens, le renvoi fait par l'article 1646-1 à la responsabilité des architectes, entrepreneurs et autres corps de métier, travaillant pour compte du maître de l'ouvrage, telle que cette responsabilité est régie par les articles 1792 et 2270 précités, peut induire en erreur.

Les vices constatés par l'acquéreur peuvent être, soit des malfaçons causées au niveau de l'exécution matérielle des travaux de construction, soit des défauts tenant à la qualité des matériaux employés pour la construction.

La garantie légale à assumer par le vendeur d'un immeuble à construire englobe, en vertu de l'alinéa 2 de l'article 1646-1, également les menus ouvrages, c'est-à-dire les parties de la construction, qui ne tombent pas dans la catégorie des gros oeuvres, telle que la construction des murs et des fondations.

Dans le cadre de son action en garantie, l'acquéreur n'a qu'à prouver l'existence du vice incriminé et non que le vice n'était pas encore apparu lors de la réception des travaux ou lors de la prise de possession des lieux. Le caractère caché du vice en question est présumé et il appartient au vendeur, afin de se décharger de toute responsabilité, de rapporter la preuve que le vice s'était déjà manifesté lors de la réception des travaux, ou lors de la prise de possession de l'immeuble par l'acquéreur. En d'autres termes, le vendeur, pour échapper à la responsabilité encourue, doit établir que le vice n'est pas caché, mais bien apparent. La jurisprudence a toutefois souvent décidé que le vice doit être qualifié de caché, alors même qu'il avait déjà existé lors de la réception des travaux, ou lors de la prise de possession par celui-ci, lorsqu'il n'a pas été décelable par l'acquéreur en l'absence de connaissances techniques avancées.

248 *Le régime de la garantie*

Les pouvoirs du maître de l'ouvrage étant réservés par le vendeur d'un immeuble à construire, et l'acquéreur n'ayant aucune relation contractuelle ni avec l'architecte, ni avec les entrepreneurs engagés par le vendeur, le propriétaire de l'immeuble ne peut actionner en garantie, du chef des vices cachés de la construction, que son seul cocontractant, à savoir le vendeur de l'immeuble. C'est donc ce dernier que la loi rend responsable vis-à-vis de l'acquéreur. Evidemment, le vendeur peut se retourner, soit pendant l'instance judiciaire engagée contre lui par l'acquéreur, soit après celle-ci, contre les architectes et entrepreneurs, avec lesquels il avait conclu un contrat d'entreprise, pour se faire tenir quitte et indemne de toute condamnation intervenue contre lui à la requête de l'acquéreur. Il peut baser son action sur les fautes professionnelles commises par ces architectes et entrepreneurs dans l'exécution du contrat d'entreprise conclu avec eux.

L'acquéreur doit intenter son action en garantie par une assignation devant le tribunal, sous peine de la forclusion:
– endéans un délai de 10 ans pour les vices cachés affectant les gros oeuvres,
– endéans un délai de 2 ans pour les vices cachés touchant les menus ouvrages.

Ce délai commence à courir à la réception de l'ouvrage par l'acquéreur, c'est-à-dire lors de la signature, par les deux parties, du procès-verbal de réception de la construction érigée. Il est évident que si ce procès-verbal n'est signé par l'acquéreur que sous réserve de certains défauts signalés et constatés d'un commun accord, le délai d'action ne prend son cours que pour les travaux, qui ont fait l'objet de la réception. Pour les autres travaux, ayant fait l'objet des réserves expresses, le délai d'action ne court que du jour où les réserves sont levées, c'est-à-dire où le vendeur a fait procéder au redressement des malfaçons critiquées, et que les travaux redressés ont à leur tour été réceptionnés par l'acquéreur.

Comme le texte ne précise pas quels travaux tombent dans la catégorie des gros ouvrages et lesquels dans la catégorie des menus ouvrages, il appartient à la juridiction, saisie de l'action en garantie formée par l'acquéreur, d'apprécier souverainement si les gros ou les menus ouvrages de l'immeuble sont concernés et, par conséquence, quel est, en fonction de cette décision préalable, le délai d'action applicable.

Il se dégage d'autre part d'une jurisprudence constante que les délais de prescription des actions en garantie ne peuvent être valablement interrompus que par l'une des circonstances suivantes:
- par une reconnaissance expresse ou implicite par le vendeur de sa responsabilité. Une telle reconnaissance implicite peut résulter du fait que le vendeur a chargé l'entrepreneur responsable des travaux mal faits, de procéder à la remise en état de ceux-ci;
- par une assignation en justice devant les juges du fond. Ainsi, une assignation devant le tribunal des référés en nomination d'un expert pour faire constater les défauts à la construction, même intervenant dans le délai légal, ne saurait valablement interrompre le délai de prescription sus-visé.

Lorsque le délai d'action a été valablement interrompu par l'une des circonstances développées ci-avant, un nouveau délai de même durée, soit de 10 ans, soit de 2 ans, suivant que les gros ou les menus ouvrages de l'immeuble sont concernés par les vices, reprend son cours à compter de l'achèvement des travaux de redressement entrepris par le vendeur.

L'article 1646-1 alinéa 3 dispose finalement qu'il n'y a pas lieu à résolution du contrat de vente ou à diminution du prix, si le vendeur s'engage à réparer le vice. Ce vendeur n'encourt les sanctions préqualifiées que lorsqu'il ne respecte pas ses engagements et ne procède pas à la réparation promise, ou encore, lorsque la réparation du vice s'avère matériellement ou techniquement impossible.

Relevons en fin de compte encore que:
1) Le vendeur engage sa responsabilité en vertu de l'article 1646-1, non seulement quant au vice de construction constaté, mais encore du chef de toute conséquence dommageable que ce vice a pu créer, soit à l'égard de l'acquéreur lui-même, soit vis-à-vis d'un tiers, à condition qu'il soit établi que le dommage causé trouve sa cause directe dans le vice affectant la construction.

2) Le vendeur est responsable, en vertu de l'article 1646-1, non seulement à l'égard du premier acquéreur de l'immeuble construit, mais encore à l'encontre des acquéreurs successifs de cet immeuble, pour autant que le délai d'action légal ne soit pas encore révolu. Il n'est pas requis à cet égard que le contrat de vente conclu avec les acquéreurs successifs de l'immeuble stipule une telle cession expresse de la garantie légale.

L'alinéa final de l'article 1646-1 dispose toutefois que l'action née de ce texte ne peut être exercée par les acquéreurs successifs de l'immeuble que contre le vendeur originaire et non pas contre les vendeurs intermédiaires.

En vertu de l'article 1601-14, toute clause du contrat de vente originaire, tendant à limiter la responsabilité du vendeur à l'égard des acquéreurs ultérieurs de l'immeuble construit, est réputée non écrite et ne peut pas produire le moindre effet juridique.

LA POSSESSION

Généralités   **249**

En-dehors du droit de propriété portant sur une chose, on peut aussi avoir une simple possession de celle-ci.

L'article 2228 définit la possession comme étant "la détention ou la jouissance d'une chose ou d'un droit que nous tenons ou que nous exerçons par nous-mêmes ou par un autre, qui la tient ou qui l'exerce en notre nom."

Si le droit de propriété est une relation de droit par rapport à une chose, la possession est simplement un rapport de fait. Par celui-ci, le possesseur a la faculté d'accomplir sur cette chose des actes qui, aux yeux de tiers, correspondent à l'exercice d'un droit de propriété.

Efficacité juridique de la possession   **250**

La possession est un pur fait. Comment celui-ci peut-il alors produire des effets juridiques? La loi accorde en effet au possesseur certains avantages, notamment la protection de la situation, dont il jouit en fait.

Le Code civil fait produire à la possession certaines conséquences juridiques, dont les principales sont les suivantes:

1. Même si le possesseur n'est pas le véritable titulaire du droit de propriété, il peut cependant acquérir celui-ci, à la suite d'une possession plus ou moins longue, par le jeu de *la prescription acquisitive.*
2. La loi accorde au possesseur certaines garanties judiciaires, au cas où sa possession est contestée dans le cadre d'un procès ou d'un trouble de droit. Ces garanties consistent dans les *actions possessoires*, que nous examinerons sous les numéros 271 et suivants.

La protection légale du possesseur est plus étendue, quand celui-ci a été de bonne foi, c'est à dire lorsqu'il a cru être titulaire du droit de propriété. Cette protection existe également, bien qu'à un moindre degré, en cas de possession de mauvaise foi.

RAISONS DE LA PROTECTION LÉGALE DE LA POSSESSION

Ces raisons sont différentes, suivant que le possesseur est en même temps propriétaire, ou qu'il ne l'est pas.

251 Le possesseur est également propriétaire

C'est le cas usuel, car le droit de propriété englobe nécessairement la possession. On peut donc se poser la question pourquoi il faut protéger également la possession dans le chef d'un propriétaire? Celui-ci n'a qu'à faire valoir son titre de propriété.

Cette objection est évidemment fondée, mais ne résout pas, dans tous les cas, les problèmes qui peuvent se poser.

On n'a qu'à supposer que le droit de propriété d'une personne soit contesté, et que ce propriétaire doive établir l'existence de son droit. Cette preuve peut être compliquée.

Si le propriétaire produit en effet son titre de propriété, le tiers peut contester ce titre, en argumentant qu'il n'a pu transférer la propriété que s'il émane d'un propriétaire. Cette contestation obligerait donc le demandeur à produire le titre de la personne, de laquelle il tient lui-même le droit de propriété. Mais son adversaire pourrait continuer le jeu et exiger la preuve que cette personne produise le titre de son propre auteur, pour prouver son droit de propriété, et ainsi de suite.

On voit donc qu'en s'en tenant strictement à la preuve de son droit de propriété, on n'arrivera que difficilement à établir ce droit. Les anciens auteurs qualifiaient cette preuve, quasi impossible, de "probatio diabolica."

On peut conclure de ce qui précède que le propriétaire ne trouve pas toujours une preuve suffisante de sa propriété dans son titre de propriété lui-même. Mais il peut trouver cette protection dans sa possession. On fait produire des effets juridiques à cette dernière, en admettant qu'une possession prolongée d'un immeuble, et souvent instantanée pour un meuble, produit les effets juridiques du droit de propriété. Il suffit donc au propriétaire de prouver qu'il a la possession de l'immeuble contesté depuis une période prolongée.

252 Le possesseur n'est pas propriétaire

Dans ce cas, la prise en considération de la possession se justifie pour trois raisons:

a) Dans l'intérêt de la paix publique et pour empêcher des actes de violence, il peut être indiqué de protéger le possesseur d'un immeuble contre les revendications du propriétaire, qui a perdu la propriété de cet immeuble.

Ce propriétaire pourrait être tenté de recourir à la force pour reprendre son bien, si le possesseur n'était pas protégé légalement.

La loi défend donc le possesseur contre tout acte de violence, même provenant du vrai propriétaire. Si le possesseur a été privé de sa possession du bien, la loi lui accorde une action pour reprendre cette possession. Cette action est qualifiée *action en réintégrande*, une des trois actions possessoires (cf. numéro 277).

b) L'efficacité de la protection de la possession est dans l'intérêt des tiers.

Lorsqu'une personne a exercé sur un bien les prérogatives d'un droit de propriété à l'égard des tiers, qu'il a donc constitué une apparence de droit, la sécurité des relations avec ceux-ci exige que ces prérogatives soient protégées.Quand des tiers ont traité avec un possesseur, en le croyant propriétaire, il faut que, soit la possession de leur contractant, soit leur propre possession, les rende propriétaires.

On serait tenté de croire que la théorie sur la propriété apparente (cf. numéros 210 et suivants) soit à même de résoudre ces problèmes. Il n'en est pas toujours ainsi, alors que la preuve à rapporter pour prouver une propriété apparente est assez stricte et ne réussit pas dans tous les cas.

En faisant, dans ces cas, produire des effets juridiques à la possession, la loi assure la protection des tiers intéressés.

c) La possession répond, dans certains cas, à une fonction sociale. Un propriétaire, qui ne prend pas soin de sa propriété et qui laisse un tiers se mettre en possession d'un de ses immeubles, ne mérite pas une protection spéciale de la loi.

Le possesseur, qui jouit de cet immeuble et l'exploite, au lieu de le laisser à l'abandon, remplit une fonction sociale. Il a donc droit à une certaine protection légale et mérite, si cette possession a duré pendant une certaine période, d'être considéré comme le véritable titulaire du droit, qu'il exerce sur cet immeuble.

CARACTÉRISTIQUES ET OBJET DE LA POSSESSION **253**

La possession se distingue de la simple détention, qui a généralement un caractère précaire. En effet, le détenteur d'un bien le détient à la prière d'un tiers, d'où l'origine du terme "précaire" (preces = prière), et il doit le rendre à la demande de ce tiers. Tel est le cas d'un locataire, d'un fermier ou de l'emprunteur d'une chose.

La possession peut s'appliquer à un bien. Elle s'approche alors du droit de propriété, sauf qu'il lui en manque le titre.

La possession peut également porter sur un droit, ce qui est d'ailleurs expressément prévu par l'article 2228 cité ci-dessus. On peut donc avoir la possession d'un droit réel, tel d'un usufruit, d'une servitude, d'un droit d'usage ou d'habitation, ou encore d'un droit d'emphytéose.

La possession ne s'applique cependant qu'à un bien, qui est dans le commerce et qui est susceptible d'appropriation privée. Ainsi, elle ne porte pas sur un immeuble, qui relève du domaine public ou sur des choses communes, comme l'eau des rivières ni navigables, ni flottables.

La possession porte sur des meubles, tout comme sur des immeubles. Elle ne peut néanmoins pas avoir pour objet une universalité, comme une succession ou un fonds de commerce, bien qu'elle puisse s'appliquer à un bien individuel, composant cette universalité.

Ce ne sont pas uniquement les droits réels, qui sont susceptibles de faire l'objet d'une possession, mais, au sens large, également les créances. Ainsi, on parle de possession d'une créance.

Il est question de possession même dans le droit de la famille, où la possession d'état joue un grand rôle, notamment en matière de filiation (possession d'état d'enfant légitime ou d'enfant naturel).

Evidemment, la possession de créances et la possession d'état, dans le droit de la famille, répondent à un régime différent de celui de la possession de droits réels.

254 ELÉMENTS QUI CONSTITUENT LA POSSESSION

La possession implique un élément matériel objectif, c'est *le corpus*, et un élément subjectif ou psychologique, qui est *l'animus*. Cette analyse des éléments de la possession et leur qualification nous viennent du droit romain.

Nous examinons ci-après chacun de ces deux éléments.

a) Le corpus

C'est l'élément objectif de la possession. Le corpus est le fait de se comporter comme un propriétaire, d'exercer donc les attributs du droit de propriété, qui sont, rappelons-le, l'usus, le fructus et l'abusus.

Le corpus ne comporte pas seulement l'exercice d'actes matériels sur une chose, comme son utilisation ou son exploitation, mais également des actes juridiques, telles que la passation d'un bail ou la conclusion d'un contrat d'assurance.

b) L'animus

Il ne suffit pas d'accomplir en fait des actes matériels ou juridiques sur un bien, dont on a la possession. Il faut en outre avoir l'intention de se comporter comme propriétaire et de ne pas agir comme simple détenteur précaire de cette chose, par exemple, en payant un loyer à une personne, documentant ainsi que la propriété de ce bien appartient à ce tiers.

Généralement, la propriété et la possession sont réunies dans une seule main. Mais le possesseur peut également être de mauvaise foi, pour s'être mis en possession d'un immeuble que le vrai propriétaire a laissé sans surveillance. Cette possession est néanmoins, jusqu'à un certain degré, protégée par la loi.

ACQUISITION DE LA POSSESSION

La possession s'acquiert par la jonction du corpus et de l'animus. Normalement, cette réunion se fait dans la main d'une seule personne. Il peut cependant aussi arriver que quelqu'un acquiert la possession par le biais d'une tierce personne.

a) Acquisition par le possesseur **255**

Pour acquérir la possession, il est requis d'exercer sur la chose des prérogatives correspondant au droit qu'on entend accomplir, donc des actes présupposant le droit de propriété, si on exerce la possession comme un propriétaire.

Il n'est pas indispensable que le possesseur se saisisse matériellement du bien. Il suffit qu'il ait la possibilité d'agir matériellement sur cette chose. Ainsi, la remise des clés suffit pour que l'acquéreur d'un immeuble soit mis en possession. La mise en possession peut se réaliser par des actes matériels ou par des actes juridiques.

Généralement, la possession devient effective par l'appréhension d'un bien avec l'intention de le faire sien.

Comme il a été exposé ci-avant, la possession, pour qu'elle produise des effets juridiques, doit réunir les deux éléments, qui sont le corpus et l'animus.

Ainsi, une personne, qui a le corpus d'un bien et qui exerce sur lui seulement des actes matériels de jouissance, tel qu'un locataire, n'a pas la possession au sens sus-visé. Il lui manque en effet l'animus.

En revanche, le possesseur d'un bien, qui se trouve entre les mains d'un tiers, se comportant comme s'il en était propriétaire, ne possède pas non plus une possession conforme aux exigences légales. En effet, il ne détient pas le corpus du bien en question.

b) Acquisition par un tiers **256**

Il n'est pas indispensable qu'on acquiert et qu'on détient le corpus par soi-même. On peut aussi l'acquérir par l'intermédiaire d'un tiers. Une personne peut ainsi donner mandat à une autre de prendre possession d'une chose. Le corpus s'acquiert alors par l'intermédiaire de ce mandataire. L'animus, par contre, doit exister dans le chef du mandant. On ne devient, en règle générale, pas possesseur à son insu.

Exceptionnellement, on peut devenir possesseur, en empruntant l'animus d'autrui. Cette situation assez paradoxale se rencontre chez les incapables, les enfants mineurs et les majeurs en tutelle. Ceux-ci étant légalement incapables d'exercer des actes d'administration et, à fortiori, des actes de disposition, ces actes sont accomplis, pour leur compte, par leur tuteur. Celui-ci exerce donc, en leur nom, la possession.

257 PERTE DE LA POSSESSION

On n'a évidemment plus la possession, si on perd à la fois le corpus et l'animus. Le cas classique est la situation d'un propriétaire, qui vend son bien. Les deux éléments de la possession passent alors au nouvel acquéreur.On peut aussi perdre la possession, si on abandonne un bien. Le possesseur jette une chose avec l'intention de s'en défaire. Cependant, la perte de la possession n'est, dans un tel cas, possible que pour un meuble.

Quant aux immeubles, la situation est plus compliquée. En effet, l'abandon d'un immeuble à la suite du désintérêt du propriétaire ne signifie pas nécessairement la perte de la possession.

Nous avons vu au numéro 179 qu'il n'existe, au Grand-Duché de Luxembourg, pas de procédure officielle de renonciation à un immeuble. D'autre part, le fait de laisser un immeuble à l'abandon est aussi une façon d'exercer ses prérogatives sur lui.

Perte de l'élément corporel

Cette perte ne signifie pas nécessairement la perte de la possession. Cela vaut surtout pour un immeuble. Nous avons vu que le fait d'abandonner son immeuble, en renonçant à exercer sur lui des actes d'administration et de disposition, ne fait pas perdre nécessairement la possession.

Il en est cependant autrement, si un tiers s'est mis en possession de cet immeuble avec l'intention d'exercer sur lui les attributions d'un propriétaire.

On ne perd pas non plus l'élément corporel d'un bien, si on transfert celui-ci à un tiers par un contrat dénotant l'intention du possesseur de garder l'animus. Il en est notamment ainsi en cas de bail à loyer, ou de bail à ferme, ou si le mandant confie son bien à un mandataire.

Cependant, en ce qui concerne la perte du corpus, il existe une différence sensible entre une chose mobilière et une chose immobilière.

En ce qui concerne les meubles, la possession est perdue, dès que le possesseur ne peut plus exercer sur eux son pouvoir de fait, donc s'il a jeté ou perdu sa chose.

Quant aux immeubles, nous avons vu qu'il n'est pas facile de perdre le corpus, à moins qu'un tiers ait pris possession de cet immeuble, avec l'intention d'exercer sur lui les prérogatives d'un propriétaire.

Perte de l'élément intentionnel

Cette hypothèse est peu pratique. Il est difficilement imaginable qu'une personne puisse cesser d'avoir l'intention de posséder un bien, tout en continuant à accomplir sur celui-ci les actes matériels de gestion.

On peut cependant concevoir un exemple, documentant une telle situation. C'est l'hypothèse du vendeur d'un bien, qui, à la demande de l'acheteur, est d'accord pour le garder, pendant un certain délai, jusqu'à ce que ce dernier soit en mesure d'en prendre possession.

LA DÉTENTION PRÉCAIRE

Différences avec la possession

Nous avons examiné ci-dessus les éléments caractéristiques de la possession et nous avons relevé que ces éléments ne sont pas donnés en cas de simple détention précaire.

Possession et détention précaire étant des notions différentes, en ce qu'elles ne produisent pas les mêmes effets juridiques, il importe de préciser les caractéristiques de la détention précaire.

Le détenteur précaire est la personne, qui détient un bien temporairement, parce que le propriétaire le lui a remis à une fin convenue. Ce détenteur doit le restituer au propriétaire, soit à la demande de celui-ci (prêt à usage), soit après l'expiration d'un terme fixé par une convention (contrat de bail).

Le détenteur a donc l'usage de cette chose en vertu d'un titre (par exemple, un contrat de bail), qui vaut de sa part reconnaissance de la propriété d'une autre personne.

Le détenteur précaire peut exercer sur le bien des actes d'administration et de jouissance, mais non pas des actes de disposition. Il n'a donc jamais l'animus d'un propriétaire.

QUI EST DÉTENTEUR PRÉCAIRE?

L'article 2236 cite à cet égard le fermier, le locataire, le dépositaire, l'usufruitier "et tous autres qui détiennent précairement la chose du propriétaire........". Parmi ces derniers, on peut compter l'emphytéote, le créancier gagiste, le séquestre, le commoditaire (celui qui a reçu la chose à titre de prêt à usage) et le titulaire d'une servitude.

Il faut cependant remarquer que, malgré la distinction que le Code civil fait entre le possesseur et le détenteur précaire, une même personne peut réunir, dans son chef, ces deux qualités. Il en est ainsi de l'usufruitier, qui est possesseur en tant qu'il exerce, pour son compte, le droit d'usufruit, et détenteur précaire, en ce qui concerne le droit de nue-propriété qu'il ne revendique pas. Ce dernier droit est possédé par le nu-propriétaire, par l'intermédiaire de l'usufruitier. La même situation se présente en ce qui concerne l'emphytéote.

259 EFFETS DE LA DÉTENTION PRÉCAIRE

Deux prérogatives essentielles, conférées légalement au possesseur, manquent au détenteur précaire. Il ne dispose pas des actions possessoires. Par ailleurs, sa détention ne conduit pas à la prescription acquisitive, quelle qu'ait été la durée de cette détention.

L'absence des deux prérogatives sus-visées dans le chef du détenteur précaire s'explique par le fait qu'il lui manque l'animus d'un propriétaire.

Cependant, ce qui a été exposé ci-dessus, doit être nuancé. La détention précaire n'est pas totalement inefficace juridiquement.

Si le détenteur n'a pas l'animus d'un propriétaire, il peut, par contre, avoir l'animus correspondant au droit qu'il exerce, par exemple, celui d'un usufruitier.

Or, la possession d'un droit d'usufruit peut permettre à l'usufruitier d'acquérir ce droit, s'il n'en était pas véritablement titulaire, par l'effet de la prescription acquisitive. Si donc cette dernière ne peut pas conférer à l'usufruitier le titre de propriétaire, elle est cependant en mesure de lui faire acquérir celui d'usufruitier.

Même au cas où le détenteur précaire ne dispose que d'un droit de créance, tel qu'un locataire, il peut néanmoins, en vertu de la jurisprudence, tirer profit, dans une mesure limitée, des actions possessoires. La jurisprudence fait ainsi bénéficier le locataire de la réintégrande, qui est l'une des trois actions possessoires prévues par le Code de procédure civile. Au moyen de la réintégrande, le locataire peut recouvrer l'exercice de son droit d'usage sur la chose.

260 PREUVE DE LA POSSESSION ET DE LA DÉTENTION PRÉCAIRE

Il existe des situations équivoques, dans lesquelles il est assez difficile de savoir si on traite avec un vrai possesseur ou avec un détenteur précaire.

Pour faciliter la preuve à cet égard, le Code civil, dans ses articles 2230 et 2231, a établi deux importantes présomptions, à savoir tant une présomption relative à la véritable possession (article 2230) qu'une présomption concernant la détention précaire (article 2231).

a) Présomption de possession

L'article 2230 dispose que: "On est toujours présumé posséder pour soi et à titre de propriétaire, s'il n'est pas prouvé qu'on a commencé à posséder pour un autre." L'application de cette présomption présuppose cependant que cette possession soit exempte des vices de la possession, dont il sera question ci-dessous.

Cette présomption implique, d'autre part, que le possesseur qui l'invoque, ait la détention matérielle de la chose et qu'il prétend exercer sur elle un droit de propriété. Si cette condition est remplie, cette personne est présumée, jusqu'à preuve du contraire, être un vrai possesseur. Elle n'a rien de plus à prouver. Il appartient donc à celui, qui conteste cette possession, de prouver que cette personne n'est en réalité qu'un détenteur précaire et que sa prétendue possession, à titre de propriétaire, est affectée d'un vice de la possession.

b) Présomption de précarité

Elle est formulée par l'article 2231, aux termes duquel "Quand on a commencé à posséder pour autrui (qu'on est donc un détenteur précaire), on est toujours présumé posséder au même titre, s'il n'y a preuve du contraire." Cette présomption est la contrepartie de celle citée sous a) ci-dessus.

Ainsi, le locataire, le fermier ou l'usufruitier ne sont pas admis à prouver, qu'au cours de leur détention précaire, ils ont changé de titre et qu'ils sont devenus de véritables possesseurs, sauf suivant une preuve très spéciale, que l'article 2238 qualifie d'interversion du titre et que nous étudierons ci-après.

PORTÉE DE LA NOTION D'INTERVERSION DU TITRE   **261**

a) Aspect négatif

L'interversion du titre peut transformer la détention précaire en une véritable possession. Mais en quoi consiste-elle?-

Elle ne résulte pas d'un simple changement d'intention dans le chef du détenteur précaire. Cette constatation se dégage clairement de l'article 2240. Ainsi, un locataire a bien prétendre qu'il est entretemps devenu un véritable possesseur, puisqu'il exerce depuis un certain temps les prérogatives d'un propriétaire, une telle preuve ne serait pas suffisante. En effet, ce changement d'animus, étant un phénomène d'ordre psychologique, est difficile à extérioriser et donc à faire l'objet d'une preuve.

N'est pas considéré non plus comme interversion du titre, le décès du détenteur précaire. L'article 2237 dispose en effet que "les héritiers de ceux qui tenaient la chose à quelqu'un des titres désignés à l'article précèdent (détenteurs précaires) ne peuvent pas non plus prescrire."

Ces héritiers sont en effet tenus des mêmes obligations à l'égard du propriétaire que leur auteur lui-même, à savoir de celle de rendre à celui-ci la chose à l'expiration du contrat, le liant au propriétaire.

262 *b) Actes pouvant constituer une interversion du titre*

L'article 2238 prévoit à cet égard deux causes, à savoir:

1. une cause venant d'un tiers,
2. une contradiction opposée au droit du propriétaire par le détenteur précaire.

1. Cause venant d'un tiers

Cette cause se réalise, si le détenteur précaire, par exemple, le locataire, acquiert la chose qu'il détient, non de celui, qui en est le véritable propriétaire, mais d'un tiers, qui se fait passer pour tel. Il y a ainsi changement de titre, à savoir de celui de détenteur précaire en celui de possesseur. Le titre de la possession est donc inverti et, en principe, rien ne s'oppose à ce que désormais la possession s'exerce à titre de propriétaire.

Cependant, cette interversion du titre ne se fera que si le détenteur précaire a agi de bonne foi, c'est à dire s'il a ignoré que la personne, avec laquelle il a traité, n'était pas le véritable propriétaire. Il faut de plus que l'ancien détenteur adapte sa conduite au changement de son titre. Ainsi, ayant été auparavant locataire, il ne devra désormais plus payer de loyer, sinon sa possession serait entachée du vice d'équivoque.

2. Contradiction opposée au droit du propriétaire

Cette cause requiert qu'il y ait un conflit entre le propriétaire et le détenteur précaire au sujet du titre de ce dernier. Par exemple, le locataire refuse de payer son loyer, avec le motif que la chose louée lui appartient désormais.

Ce conflit ne doit pas nécessairement aboutir à un procès, pour qu'il y ait contradiction opposée au droit du propriétaire. Il suffit que le locataire adresse à ce dernier un acte extrajudiciaire, dans lequel il déclare ne plus vouloir lui payer de loyer, n'étant plus locataire.

Cette contradiction peut consister également dans un acte matériel, documentant que le détenteur précaire se considère dorénavant comme propriétaire, par exemple, s'il démolit un immeuble, qu'il a pris antérieurement en location.

263 *Effet de l'interversion du titre*

Celle-ci rend le détenteur précaire véritable possesseur du bien qu'il détient.

Ce changement de titre s'opère à la date à laquelle il s'est produit. C'est donc à partir de ce délai que ce possesseur peut prescrire sa possession ou exercer l'une des actions possessoires.

C'est également à compter de cette date que disparaît, à l'égard de tout tiers, le vice de la précarité.

LES VICES DE LA POSSESSION

264

Pour que la possession produise des effets juridiques, il faut qu'elle réponde à certaines exigences, qui sont définies par l'article 2229. Ainsi, la possession doit être *continue, paisible, publique* et *non équivoque*.

L'absence d'une de ces qualités est désignée par *vice de la possession*.

Il existe donc quatre vices de la possession, à savoir:
1. le vice de discontinuité,
2. le vice d'équivoque,
3. le vice de violence,
4. le vice de clandestinité.

Les deux premiers vices cités, à savoir ceux de discontinuité et d'équivoque, ont un caractère absolu, c'est à dire qu'ils peuvent être invoqués par tout intéressé.

Les deux derniers vices, à savoir ceux de violence et de clandestinité, ont un caractère relatif, ce qui signifie qu'ils ne sauraient être invoqués que par les parties directement concernées.

Nous examinerons ci-après ces quatre vices pouvant affecter la possession.

1. Vice de la discontinuité

La possession doit être continue. Cette condition implique que le possesseur accomplit les actes correspondants au droit qu'il entend exercer sur le bien de façon régulière, sans interruption anormale, tout comme le ferait le véritable maître de ce bien. Cette exigence ne requiert pas que le possesseur ait un contact permanent avec la chose, mais un contact régulier suivant les besoins que requiert son exploitation.

2. Vice d'équivoque

C'est l'un des vices les plus courants en pratique. Une possession est équivoque, quand le prétendu possesseur ne manifeste pas clairement son animus et que les actes posés par lui ne dénotent pas nécessairement la prétention qu'il entend exercer sur la chose. Le cas classique est celui du cohériter dans une indivision successorale. Celui-ci s'installe dans une maison dépendante de la succession. S'il le fait en qualité de copropriétaire, il use d'un droit appartenant à tout autre co-indivisaire. Dans ce cas, il ne prescrira pas la possession de cet immeuble. Pour cela, il faut qu'il le fasse en qualité de propriétaire individuel, qu'il manifeste donc son intention de se considérer comme *seul* propriétaire de cet immeuble. A défaut, son comportement est donc équivoque et il ne saurait, en aucun cas, prescrire la possession de cet immeuble.

Une autre équivoque se présente en matière mobilière, quand une personne ayant vécu en contact permanent avec le de cujus, est trouvé, après le décès de celui-ci, en possession de titres ou de bijoux, ayant appartenu au défunt.

3. Vice de violence

A l'égard de ce vice, l'article 2233 dispose que "les actes de violence ne peuvent fonder non plus une possession capable d'opérer la prescription." Cette constatation est évidente, alors que l'article 2229 exige que la possession soit paisible.

L'article 2233 ajoute que la possession utile ne commence que lorsque la violence a cessé. Est assimilé à la violence, le fait de proférer des menaces à l'égard de celui qui a possédé auparavant.

En règle générale, c'est seulement la violence exercée lors de l'entrée en possession, qui vicie cette dernière.

4. Vice de clandestinité

L'article 2229 exige que la possession soit publique, qu'elle soit donc exercée ouvertement, aux yeux de tout le monde et cela par des actes apparents.

Ce vice se manifeste le plus facilement en matière de meubles, par exemple, lorsqu'un héritier recèle des titres ou des bijoux, ayant appartenu au défunt.

Le vice de clandestinité peut ne présenter qu'un caractère temporaire. Il est purgé quand la possession est documentée par des actes ostensibles. Par ailleurs, n'est pas seulement déterminante la clandestinité manifestée lors de l'entrée en possession. La possession peut devenir clandestine à un moment quelconque de son exercice.

LES EFFETS DE LA POSSESSION

265 Généralités

Ces effets dépendent de différentes circonstances entourant la possession.

Une première différence est à faire, suivant que la possession est viciée, ou qu'elle ne l'est pas. Ensuite, ces effets diffèrent, selon la bonne ou la mauvaise foi du possesseur. Finalement, ces effets ne sont pas les mêmes, suivant que la possession concerne un immeuble ou un meuble.

Nous examinerons ci-après les deux premiers cas. En ce qui concerne la possession appliquée aux meubles, nous l'analyserons aux numéros 306 et suivants.

266 Les effets de la possession viciée

En principe, une telle possession ne produit pas d'effets juridiques. C'est ainsi qu'elle ne conduit pas à la prescription. Elle ne donne pas non plus ouverture aux actions possessoires.

Finalement, celui, qui a une possession viciée, ne bénéficie pas d'une présomption de propriété. Le demandeur en revendication peut faire la preuve de son droit par tous les moyens.

Toutefois, une possession viciée n'est pas entièrement dépourvue d'effets. En effet, les vices peuvent être temporaires et sont susceptibles d'être purgés. Une possession utile peut alors commencer.

D'autre part, les vices de violence et de clandestinité ne sont que relatifs et ne sont opposables qu'aux personnes directement concernées par ces vices. Ceux-ci n'affectent pas la possession à l'égard des autres tiers.

Les effets de la possession non viciée, mais de mauvaise foi **267**

Une telle possession, contrairement à une possession viciée, produit des effets juridiques.

En premier lieu, elle fait présumer que le possesseur est titulaire d'un droit. Celui-ci conserve la possession tant qu'un tiers ne prouve pas qu'il est propriétaire de l'immeuble aux mains du possesseur. Le possesseur de mauvaise foi est défendeur dans un procès en revendication intenté par le vrai propriétaire.

En second lieu, le possesseur de mauvaise foi, si sa possession est contestée, dispose des actions possessoires, qui lui permettent de rester en possession, tant que son adversaire n'a pas triomphé dans son procès.

Finalement, si la possession de mauvaise foi a duré pendant trente ans, elle conduit à la prescription acquisitive de la propriété de l'immeuble possédé.

EFFETS SPÉCIAUX DE LA POSSESSION DE BONNE FOI

Le possesseur de bonne foi est mieux traité que celui de mauvaise foi. Le possesseur est de bonne foi, lorsqu'il s'estime titulaire du droit qu'il exerce. Par exemple, il croit être propriétaire de l'immeuble contesté, parce qu'il l'a acheté. Malheureusement, il avait traité avec une personne qui n'était pas le vrai propriétaire, par exemple, parce qu'il avait reçu cet immeuble par un legs, qui a été annulé.

Les effets spéciaux en faveur du possesseur de bonne foi sont les suivants:

a) le délai de prescription, pour acquérir la propriété de l'immeuble possédé, n'est pas de trente ans, mais est réduit à une période de dix à vingt ans,
b) si la possession porte sur un meuble corporel, le possesseur de bonne foi en devient immédiatement propriétaire, en vertu de l'article 2279, disposant qu' "en fait de meubles, la possession vaut titre",
c) si le possesseur de bonne foi a fait des constructions ou plantations sur le terrain, dont il a la possession, il est mieux traité que s'il était de mauvaise foi, quant à l'indemnisation pour ces investissements (cf. numéro 40 ci-avant),

d) le possesseur de bonne foi, lorsqu'il doit rendre le bien possédé au vrai propriétaire, a droit aux fruits de ce bien. Celui de mauvaise foi doit rendre tous les fruits, même ceux qu'il a consommés.

268 *Le régime des fruits en matière de possession*

Pour la définition des différentes espèces de fruits, nous renvoyons le lecteur au numéro 22 ci-avant. Il en est de même pour la différence entre fruits et produits.

Normalement, les fruits d'une chose appartiennent à son propriétaire, en vertu du droit d'accession (article 547). Si donc la chose est aux mains d'un non-propriétaire, celui-ci doit rendre au vrai propriétaire, non seulement la chose elle-même, mais également les fruits de celle-ci, que le possesseur a perçus et éventuellement consommés.

L'article 550 fait exception à cette règle en faveur du possesseur de bonne foi. Celui-ci n'a pas à rendre les fruits qu'il a consommés.

La justification de cette exception est la suivante. Le possesseur de bonne foi se croit propriétaire et estime donc avoir droit aux fruits du bien. Il a, du moins en partie, employé ces fruits pour son entretien. Si on l'obligeait à rembourser tous les fruits, qu'il a perçus pendant plusieurs années, on risquerait de le ruiner.

Par ailleurs, le vrai propriétaire de la chose n'a généralement qu'à s'en prendre à lui-même, car il aurait dû veiller à une meilleure sauvegarde de son bien et ne pas le laisser trop longtemps aux mains d'un non-propriétaire.

Le possesseur de mauvaise foi, par contre, sait qu'il n'est pas propriétaire de la chose qu'il possède et qu'il doit la rendre, si le propriétaire la réclame.

Il ne saurait évidemment pas invoquer l'argumentation dont peut se prévaloir le possesseur de bonne foi. Il doit donc rendre au propriétaire tous les fruits, ceux qu'il a perçus et ceux qu'il a négligé de percevoir.

Cette distinction de régime nous mène à la question de savoir quand le possesseur est-il de bonne foi, et quand ne l'est-il pas.

269 *Les critères relatifs à la possession de bonne foi*

La bonne foi est une notion courante en droit civil. Cependant, sa portée diffère souvent suivant le domaine auquel on entend l'appliquer.

La bonne foi implique toujours une erreur dans le chef de la personne, qui croit être le titulaire légitime du droit qu'il exerce. La loi déclare cette erreur excusable, en ne faisant pas porter à son auteur les conséquences de son action erronée.

En ce qui concerne le droit aux fruits perçus par un possesseur, l'article 550 déclare celui-ci de bonne foi, lorsqu'il possède comme un propriétaire, en vertu d'un titre de propriété, dont il ignore le vice.

Il est donc exigé que le possesseur ait acquis ce bien par un titre, pouvant transférer la propriété, donc par un achat, un échange, une donation ou un legs. Sont donc exclus, des contrats qui ne transfèrent pas la propriété, comme, par exemple, un contrat de bail.

Toutefois, ce titre n'est pas exigé comme élément séparé de la bonne foi, à l'instar du juste titre requis pour la prescription abrégée de dix à vingt ans. Ce titre est en l'occurrence un élément de justification de la bonne foi.

Il s'en suit que le titre, autorisant le possesseur à garder les fruits, qu'il a perçus, en raison de sa bonne foi, ne doit pas répondre à des conditions très strictes. Ce titre peut donc être atteint de vices de forme ou de fond. Il peut entraîner la sanction de la nullité relative et même absolue. La seule condition requise est celle que le titulaire ait ignoré les vices affectant son titre.

Ainsi, même un *titre putatif* entre en ligne de compte. Il s'agit en l'occurrence d'un titre, qui n'existe pas effectivement, mais seulement dans l'imagination du possesseur. Par exemple, celui-ci se croit héritier ou légataire, alors qu'il existe en réalité un héritier plus proche que lui, ou son legs a été révoqué par un testament postérieur, dont il ignore l'existence.

Cessation de la bonne foi

270

La bonne foi du possesseur cesse, lorsque celui-ci apprend les vices affectant son titre (article 550 alinéa 2). A partir de ce moment, il n'a plus droit aux fruits.
La bonne foi est perdue également à partir du jour où le propriétaire intente contre le possesseur une action en revendication du bien que ce dernier a en mains. A partir de ce jour, le possesseur doit compter avec l'éventualité de perdre son immeuble et il ne peut donc plus disposer librement des fruits, qu'il doit tenir en réserve pour le cas où l'action intentée contre lui le prive de son bien.

Signalons par ailleurs que la jurisprudence a étendu la règle, régissant la restitution des fruits, à des hypothèses autres que celles visant l'action en revendication du propriétaire contre le possesseur de son bien. Ce régime s'applique aussi aux possesseurs appelés à perdre la chose par suite d'une action en nullité ou en rescision, par exemple, à l'occasion d'un partage.

Preuve de la bonne foi

A cet égard, l'article 2268, qui est d'application générale, dispose que "la bonne foi est toujours présumée et c'est à celui qui allègue la mauvaise foi à la prouver."

Rapportée à notre sujet, cette règle signifie qu'un possesseur, qui se voit confronté à la restitution d'un bien, n'a pas à prouver sa bonne foi. Il n'a aucune preuve à rapporter.

Au contraire, il appartient à son adversaire de prouver qu'il s'agit d'un possesseur de mauvaise foi, donc d'une personne qui, lorsqu'elle s'est mise en possession du bien, savait qu'elle était un usurpateur.

271 *LES ACTIONS POSSESSOIRES*

Généralités

Les actions possessoires assurent la protection judiciaire de la possession immobilière. Elles ne s'appliquent en effet pas à la possession des meubles, pour lesquels de telles actions sont inutiles, alors que le régime de la possession mobilière s'apparente à leur propriété (cf. numéros 306 et suivants).

Par contre, la possession des immeubles est protégée en elle-même, indépendamment de leur propriété.

Ces actions permettent au possesseur de se faire maintenir en possession, quand il est troublé dans celle-ci, ou de la recouvrer, quand il l'a perdue.

272 JUSTIFICATION DES ACTIONS POSSESSOIRES

Ces actions répondent à un double but: assurer la protection de la propriété et garantir la paix publique.

a) En ce qui concerne le premier objectif, il est manifeste que la possession appartient généralement au véritable propriétaire. Les actions possessoires sont dans l'intérêt de ce dernier, alors qu'elles lui donnent une occasion de se défendre, de façon assez simple et rapide, contre des troubles ou empiétements que des tiers exercent contre sa propriété. Par ailleurs, ces actions lui épargnent la preuve parfois difficile de son titre de propriétaire.

b) Quant au second objectif, les actions possessoires ont leur raison d'être, même quand le possesseur n'est pas propriétaire. Il a une situation de fait, qui mérite protection, surtout si cet état a duré pendant une période prolongée. Dans cette hypothèse, le possesseur est plus digne d'intérêt que le tiers, qui vient le troubler dans sa possession et qui risque de troubler par là-même la paix publique. Ces actions épargnent donc au possesseur toute tentation de recourir éventuellement à des voies de fait pour défendre son bien.

273 DOMAINE DES ACTIONS POSSESSOIRES

Ces actions ne protègent que la possession immobilière. Elles ne se limitent pas à la protection du droit de propriété, mais s'appliquent également à d'autres droits réels immobiliers, comme l'usufruit, le droit d'usage et d'habitation, ainsi que les servitudes.

L'une de ces actions, à savoir la réintégrande, appartient même à de simples détenteurs, comme les fermiers et les locataires.

Les actions possessoires ne concernent cependant que les immeubles qui sont dans le commerce. En ce sens, les immeubles dépendant du domaine public échappent, en principe, à l'exercice des actions possessoires.

Toutefois, la jurisprudence permet à l'Etat et aux communes de recourir aux actions possessoires contre des usurpations commises par un tiers sur un immeuble ressortissant au domaine public, à moins que ces autorités ne préfèrent avoir recours à la voie administrative.

La jurisprudence permet également à des personnes qui, suivant une concession leur accordée par l'Etat ou une commune, disposent d'un droit d'usage ou de jouissance sur un immeuble du domaine public, d'exercer une action possessoire contre des tiers, qui les troublent dans l'exercice de leur activité.

En ce qui concerne d'éventuels troubles occasionnés par l'Administration au détriment de la personne exerçant, en vertu d'un contrat, notamment d'une concession, un acte de jouissance sur des immeubles du domaine public, cette personne ne jouit pas de l'action possessoire contre l'Administration.

CARACTÉRISTIQUES ET CONDITIONS D'OUVERTURE DES ACTIONS POSSESSOIRES

Généralités

Nous examinerons ci-après quels sont les traits caractéristiques des actions possessoires, les différentes actions possessoires entrant en ligne de compte, ainsi que les faits ou actes donnant ouverture à chaque action.

Nous verrons également quelles personnes jouissent de la protection de ces actions et quelle est la procédure judiciaire à suivre par elles.

ENUMÉRATION ET CARACTÉRISTIQUES DES ACTIONS POSSESSOIRES   **274**

Les actions possessoires sont réglées par les articles 23 à 27 du Code de procédure civile.

L'article 23 de ce Code est libellé comme suit: "Les actions possessoires ne seront recevables qu'autant qu'elles auront été formées, dans l'année du trouble, par ceux qui, depuis une année au moins, étaient en possession paisible par eux ou les leurs, à titre non précaire."

Ledit article, pas plus d'ailleurs que les articles 24 à 27 du Code de procédure civile, ne donnent une énumération des différentes actions s'offrant au possesseur troublé dans sa possession, et ne fixent les règles, présidant à l'ouverture de chacune d'elles.

Ces actions sont cependant énumérées à l'article 4 du Code de procédure civile. Cet article rend compétent à leur égard, quelle que soit la valeur du litige, le juge de paix du lieu de situation de l'immeuble, sur lequel le trouble de possession est causé.

Les articles 23 à 27 précités trouvent leur origine dans l'ancien droit français, spécialement le droit coutumier, et leurs conditions d'application ont été précisées au fil du temps par la jurisprudence.

L'article 4 du Code de procédure civile énumère les trois actions possessoires, pouvant être mises en œuvre.

Ce sont: la complainte, la dénonciation de nouvel œuvre et la réintégrande.

Nous examinerons ci-après les conditions d'ouverture de chacune de ces actions. Avant cet examen, il y a néanmoins lieu de préciser leurs traits caractéristiques communs. Il convient, en premier lieu, de définir le *trouble possessoire*. Il s'agit en l'occurrence de faits ou d'actes, qui sont en contradiction avec la possession et qui impliquent une contestation du droit, que prétend exercer le possesseur sur son immeuble.

Pour constituer un trouble de la possession, il est requis qu'un acte ait été commis volontairement par un tiers.

Toutefois, l'intention, dans le chef de l'auteur de cet acte, de contester la possession n'est pas nécessaire. Il suffit que les faits en eux-mêmes impliquent nécessairement cette contestation. La bonne foi de l'auteur du trouble n'est pas non plus exclusive de l'exercice d'une action possessoire. Celle-ci reste donc possible, si la personne exerçant ce trouble a cru agir dans l'exercice d'un droit.

Il n'est pas exigé non plus que ce trouble cause un préjudice au possesseur. Ainsi, le fait de circuler assez régulièrement sur le terrain d'autrui donne ouverture à une action possessoire.

Généralement, toutefois, ce trouble est accompagné d'un dommage causé à la possession d'autrui. Mais le fait de causer un tel dommage ne donne pas nécessairement droit à l'exercice d'une action possessoire, si l'acte ne comporte pas contestation de la possession d'autrui. Ainsi, le fait de faire périr, au moyen d'un herbicide, des plantes sur la propriété voisine ne représente pas une contestation de la possession d'autrui. De tels faits n'autorisent pas l'exercice d'une action possessoire, mais permettent uniquement d'intenter une action en dommages-intérêts contre l'auteur de l'acte incriminé.

LES DIFFÉRENTES ACTIONS POSSESSOIRES ET LEUR CAUSE D'OUVERTURE

275 1. La complainte

Il s'agit d'une action possessoire générale, ouverte dans tous les cas de trouble actuel. Ce trouble peut être un trouble de fait ou un trouble de droit.
- a) *trouble de fait*: Celui-ci consiste dans une agression matérielle contre la possession, comme, par exemple, le passage sur le terrain d'autrui ou l'aménagement d'une clôture sur un chemin utilisé également par le voi-

sin. Ce trouble peut s'exercer tant sur le terrain d'autrui (cf. exemple ci-avant) que sur le terrain appartenant à l'auteur du trouble, par exemple, l'ouverture d'une vue contraire aux prescriptions du Code civil.

b) *le trouble de droit*: Celui-ci est plus rare que le trouble de fait. Il résulte d'une manifestation de volonté, documentée par un acte juridique et impliquant de la part de son auteur une prétention contraire à la possession d'autrui. A titre d'exemple, on peut signaler la sommation adressée à un possesseur de déguerpir de son bien ou de payer un loyer à l'auteur de la sommation.

Ce trouble de droit résulte également de toute dénégation en justice de la possession d'autrui.

2. La dénonciation de nouvel œuvre   276

Elle constitue une variété de la complainte. Elle est accordée en vue d'obtenir la suspension de travaux, qui, s'ils étaient menés à terme, provoqueraient un trouble à la possession d'autrui. Il s'agit donc de prévenir un trouble éventuel. Ainsi, une personne a pris des dispositions sur son terrain pour construire un mur empiétant sur la propriété de son voisin.

Il est donc nécessaire que lesdits travaux aient déjà débuté, sans avoir encore causé un trouble, sinon la complainte serait à mettre en œuvre.

La dénonciation de nouvel œuvre est une action relativement rare. En effet, dans la mesure où un trouble de la possession est seulement éventuel, il y a des moyens de s'arranger à l'amiable pour éviter que le trouble ne devienne actuel. Ce n'est généralement que si ces tentatives d'arrangement n'aboutissent pas, et que le trouble est devenu effectif, que la victime de ce trouble a toujours à sa disposition la complainte.

3. La réintégrande   277

Cette action possessoire est accordée contre toute *dépossession violente*. On entend par cette notion, toute privation de la possession, réalisée par une violence ou une voie de fait, constituant un acte agressif sur la personne ou sur un immeuble appartenant au possesseur.

La dépossession se caractérise par l'usurpation de l'immeuble d'autrui, de façon que son possesseur ne peut plus en disposer, sans rencontrer une résistance. La dépossession se distingue du trouble par le fait que cette première crée un obstacle persistant, empêchant le possesseur de reprendre l'usage de son immeuble.

Cette dépossession peut être totale ou partielle. Elle présuppose un acte agressif, en ce sens que l'auteur s'est fait justice à lui-même, au lieu d'avoir recours au juge. Cet acte agressif ne doit pas nécessairement constituer un délit pénal, comme une violation de domicile ou un bris de clôture.

La réintégrande peut être mise en œuvre dans les hypothèses suivantes: l'occupation d'un terrain par un tiers, la commission d'actes d'obstruction, comme l'établissement d'une clôture ou d'une barrière rendant impossible au possesseur l'accession à son terrain. La réintégrande est même possible contre une administration publique. Cela peut être le cas, si cette administration occupe un terrain privé hors du cadre légal, lui permettant d'utiliser temporairement un domaine privé.

278 LES PERSONNES PROTÉGÉES PAR LES ACTIONS POSSESSOIRES

Ce sont normalement les possesseurs, dont la possession présente certaines qualités, qui bénéficient de ces actions. Celles-ci sont en effet refusées, en principe, aux détenteurs précaires.

a) *Possesseurs*: L'article 23 du Code de procédure civile prévoit que la possession doit être paisible. La jurisprudence et la doctrine exigent par ailleurs comme condition supplémentaire que cette possession revête tous les caractères d'une possession véritable et qu'elle soit exempte des vices, que nous avons signalés au numéro 264. Il n'est pas exigé en plus que le possesseur soit de bonne foi. Cependant, il ne bénéficie pas des actions possessoires dès qu'il entre en possession. L'article 23 précité exige un délai minimum de possession d'un an, sauf en ce qui concerne la réintégrande. Cette dernière doit satisfaire seulement à la condition que la possession ait été paisible et publique, sans condition quant à sa durée.

b) *Détenteurs précaires*: En principe, les actions possessoires leur sont refusées. D'ailleurs, souvent ceux-ci n'ont pas besoin de défendre leur droit par de telles actions, alors qu'ils bénéficient d'autres moyens juridiques.

Ces moyens de défense résultent de la relation avec la personne, de laquelle ce détenteur tient le bien.

Aussi, ce détenteur précaire peut se baser sur le contrat conclu avec le propriétaire de l'immeuble, donc notamment sur le contrat de bail, si ce propriétaire le trouble dans sa jouissance ou s'il entend récupérer son bien, avant que le contrat, en vertu duquel ce détenteur détient le bien, ne soit arrivé à terme. Ce locataire peut alors exercer contre son bailleur une action basée sur la violation du contrat de bail.

Quand le détenteur précaire est troublé dans sa jouissance par un tiers, il peut avoir recours au droit pénal, si ce trouble est un délit. Mais il dispose en plus d'une action relevant du droit civil, quand il est locataire. Il lui appartient alors de dénoncer ce trouble au bailleur (article 1726). Ce dernier, véritable possesseur, peut ensuite intenter une action possessoire contre le tiers, auteur de ce trouble.

Mais la jurisprudence a assuré une protection supplémentaire au locataire et au fermier. Elle a permis à ces derniers d'exercer la réintégrande contre un tiers, qui les a dépossédés par une voie de fait.

Cela résulte d'un arrêt de la Cour Supérieure de Justice du 19 mars 1902 (Pas. 6, page 46). Il suffit à cet égard, que ce détenteur ait une possession paisible et publique sur le bien, dont il a été dépossédé par une voie de fait.

279 PROCÉDURE JUDICIAIRE APPLICABLE AUX ACTIONS POSSESSOIRES

Généralités

Le juge de paix est compétent pour une action possessoire, quelle que soit la valeur du litige. L'appel devant le tribunal civil contre la décision du juge de paix est toujours possible.

Pour pouvoir intenter une telle action, il faut justifier être possesseur depuis au moins un an, sauf en ce qui concerne la réintégrande (qui peut également être exercée par un détenteur précaire).

Une autre caractéristique des actions possessoires est qu'elles doivent être intentées dans l'année du trouble. Ce délai commence à courir à partir du jour où le trouble s'est manifesté par des actes extérieurs, lorsque des travaux ont été exécutés sur le fonds même du possesseur.

Par contre, si le perturbateur a posé les faits sur son propre fonds, le trouble prend naissance, dès que les travaux se trouvent dans un état d'avancement tel qu'ils impliquent une entrave à la jouissance du possesseur, ou font suffisamment prévoir les charges et servitudes, qui pourraient en résulter (Cour de Cassation du 25 juillet 1902, Pas. 6, page 67).

Capacité requise

La capacité requise dans le chef du demandeur d'une telle action n'est pas celle exigée pour disposer d'un droit. En effet, l'exercice de ces actions ne met pas en cause le droit de propriété lui-même.

L'initiative d'une action possessoire peut donc être prise par le tuteur d'un mineur ou d'un majeur incapable, sans autorisation du conseil de famille. Elle peut être intentée, sans l'assistance du curateur, par la personne placée sous curatelle.

280 *LE NON-CUMUL DU POSSESSOIRE ET DU PÉTITOIRE*

Généralités

Un des grands principes, régissant les actions possessoires, est qu'elles ne peuvent pas être intentées cumulativement avec une action pétitoire. Cette dernière met en effet en cause le droit de propriété d'un immeuble.

Or, si un cumul entre actions possessoires et actions pétitoires était possible, la possession cesserait d'être protégée pour elle-même. Si, dans le cas où un possesseur intente une action possessoire du chef du trouble dont il se plaint, son adversaire était admis à invoquer un droit de propriété, ou un autre droit réel, sur l'immeuble litigieux, ce possesseur ne saurait se défendre, en invoquant lui aussi un tel droit. Sa possession, prise en elle-même, perdrait alors toute utilité.

Cette règle du non-cumul est formulée par l'article 25 du Code de procédure civile, qui dispose que: "le possessoire et le pétitoire ne seront jamais cumulés". Ce principe est à tel point essentiel que la Cour de Cassation, par un arrêt du 18 janvier 1962 (Pas. 18, page 375), a décidé que la violation du principe touche à l'ordre public et peut être soulevé pour la première fois devant la Cour de Cassation.

La règle du non-cumul précitée entraîne des conséquences, tant à l'égard des parties que du juge saisi d'un trouble de possession. Nous examinerons ci-après ces conséquences, en ce qui concerne, 1. le demandeur, 2. le défendeur, 3. le juge.

281 PARTIES CONCERNÉES

1. Le demandeur

S'il a intenté une action au pétitoire, il ne sera plus recevable à introduire par après une action au possessoire. En agissant immédiatement au pétitoire, le demandeur a implicitement reconnu la possession de son adversaire et il ne peut plus revenir sur cet aveu implicite.

Par contre, si le demandeur a intenté une action au pétitoire, le défendeur à cette action a le moyen de se pourvoir encore au possessoire. Il peut, en effet, avant que le litige au pétitoire ne soit tranché, avoir intérêt à faire cesser le trouble apporté à sa possession.

2. Le défendeur

Aux termes de l'article 27 du Code de procédure civile, "le défendeur au possessoire ne pourra se pourvoir au pétitoire qu'après que l'instance sur le possessoire aura été terminée".

Ce défendeur pourrait avoir intérêt à se pourvoir immédiatement au pétitoire, pour faire constater son droit de propriété, ou un démembrement de celui-ci. Mais, en ce faisant, il priverait le demandeur au possessoire de la protection, que la loi lui accorde pour se défendre contre les troubles à sa possession.

Si le défendeur a succombé au possessoire, il peut évidemment se pourvoir au pétitoire, mais à la condition, expressément visée à l'article 27, d'avoir "satisfait aux condamnations prononcées contre lui". Si le juge de paix l'a donc condamné à cesser un trouble ou à démolir un ouvrage, par lequel il a intenté à la paisible jouissance de son adversaire, il doit d'abord se conformer à ce jugement, avant d'entamer une action au pétitoire.

3. Le juge

Le juge aussi doit éviter tout ce qui pourrait opérer un cumul entre le possessoire et le pétitoire. Il ne peut donc pas statuer ni directement, ni indirectement, sur le pétitoire.

Cette règle n'implique pas que ce juge ne puisse pas avoir recours à des titres, produits par les parties à l'appui de leur cause. Mais il doit les apprécier du seul point de vue de la possession, donc y rechercher, non pas le droit, mais le caractère de la possession invoquée. La possession doit résulter, avant tout, d'actes matériels de jouissance. Les titres ne sauraient jouer qu'un rôle accessoire.

La règle du non-cumul invoquée joue particulièrement en ce qui concerne le jugement. Ainsi, ce dernier ne doit ni affirmer, ni préjuger l'existence du droit de propriété des parties. Ce jugement ne peut donc notamment pas justifier la possession d'une des parties par son caractère immémorial, ce qui impliquerait l'accomplissement d'une prescription acquisitive, donc une acquisition de la propriété.

Le juge ne peut pas non plus se baser sur des motifs tirés exclusivement du fond du droit. Il est obligé de se limiter à rechercher s'il existe des faits de possession.

Pouvoirs du juge dans les différentes actions possessoires **282**

Ces pouvoirs diffèrent selon la nature de l'action possessoire, dont le juge est saisi.

En matière de complainte, le juge, s'il estime fondée la prétention du possesseur, prononce son maintien en possession. Il doit donc, le cas échéant, ordonner la modification ou la destruction des travaux constituant un trouble de jouissance. Le juge peut condamner aussi l'auteur du trouble à des dommages-intérêts et à une astreinte.

Dans le domaine de la dénonciation de nouvel œuvre, le juge ne peut qu'ordonner l'interruption des travaux commencés, mais non leur destruction immédiate.

Quant aux effets de la réintégrande, le juge doit ordonner la restitution de l'objet litigieux, ou la remise des choses en leur état antérieur.

LA PRESCRIPTION ACQUISITIVE (USUCAPION)

283 Généralités

On peut acquérir la propriété, en général, et la propriété immobilière, en particulier, de différentes façons.

On devient propriétaire, de son vivant, ou à la suite de la mort du propriétaire antérieur. Dans ce dernier cas, cette propriété est acquise par succession ou testament.

Du vivant d'une personne, celle-ci peut acquérir la propriété d'un tiers à titre gratuit, par une donation, ou à titre onéreux, par contrat (achat, échange).

La propriété peut être acquise également par l'effet de la loi. Nous avons déjà vu un cas d'acquisition par effet légal, il s'agit de l'accession (cf. numéros 24 et suivants).

Nous verrons au présent chapitre un autre cas où la propriété est obtenue en vertu de la loi. Il s'agit de la prescription acquisitive, encore appelée usucapion, terminologie qui nous vient du droit romain.

Le Code civil ne connaît pas seulement une prescription acquisitive, mais également une prescription libératoire. Ainsi, l'article 2219 dispose que: "la prescription est un moyen d'acquérir ou de se libérer par un certain laps de temps et sous les conditions déterminées par la loi."

La prescription est un mode d'extinction des droits de créance et des droits réels, ainsi que de toutes les actions réelles ou personnelles.

La prescription libératoire joue, quand le titulaire d'un droit ne l'exerce pas pendant une période prolongée, généralement pendant trente ans. Ce droit est alors éteint.

La prescription libératoire s'applique, avant tout, aux créances et à la propriété mobilière. Quant à la propriété immobilière, il est difficile de perdre celle-ci par la prescription libératoire.

Nous avons en effet vu au numéro 23 sub b) que le fait de ne pas se servir, même pendant une longue période, de sa propriété n'entraîne pas ipso facto la perte de celle-ci. Pour que tel soit le cas, il faut que, pendant cet abandon, quelqu'un se soit mis en possession de cet immeuble, avec l'intention de le posséder à titre de propriétaire (animo domini). Si cette possession a duré pendant trente ans, nous sommes en présence d'une prescription acquisitive, qui fait l'objet de notre examen.

LE FONDEMENT DE LA PRESCRIPTION ACQUISITIVE

Elle poursuit un double but. Suivant le cas, elle constitue un mode d'acquisition de la propriété immobilière ou un mode de preuve de celle-ci. Nous examinerons ci-après ce double aspect.

1. Mode d'acquisition de la propriété — **284**

Lorsqu'une personne a acheté un immeuble d'un non-propriétaire, elle n'a pas pu en acquérir la propriété en vertu de ce titre juridique que constitue l'acte de vente. En effet, la transmission des droits est subordonnée au respect du principe que "nul ne peut transmettre à autrui plus de droits qu'il n'en a lui-même".

Dans l'hypothèse sus-visée, la possession prolongée durant trente ans fait acquérir au possesseur la propriété de l'immeuble, même s'il est de mauvaise foi, et cela au préjudice du vrai propriétaire.

Justification de la prescription acquisitive

On pourrait mettre en cause la justification morale de cette prescription, alors qu'elle peut avoir pour effet de préférer un usurpateur au propriétaire légitime d'un immeuble.

Si effectivement, du point de vue moral, une telle règle pouvait être critiquée, ce reproche devrait néanmoins céder le pas devant l'intérêt du commerce juridique de stabiliser, au bout d'une période prolongée, une situation de fait. Il ne faut en effet pas seulement considérer le possesseur de mauvaise foi, mais également le tiers de bonne foi, qui, ignorant que son auteur n'était pas propriétaire, a conclu un contrat avec celui-ci.

Par ailleurs, peut-on vraiment considérer comme victime le propriétaire d'un bien, qui en perd sa propriété pour s'en être désintéressé durant trente ans?

285 2. **La prescription acquisitive est un mode de preuve de la propriété**

Il arrive que l'acquéreur d'un immeuble, bien que l'ayant acheté du vrai propriétaire, ne détient pas un titre inattaquable de sa nouvelle propriété. Nous avons exposé sous le numéro 251 quel problème un propriétaire pourrait avoir, en l'absence de la disposition sur la prescription acquisitive, à faire la preuve de sa propriété en cas de contestation.

La prescription acquisitive présente un réel intérêt dans les cas, heureusement rares de nos jours, où les parties, en concluant un contrat de vente immobilière, ont cru pouvoir se passer de la rédaction d'un acte notarié.

Ce cas n'était néanmoins pas tellement rare dans le passé dans les milieux agricoles. Il arrivait qu'un agriculteur achetait à un autre un lopin de terre jouxtant ses propres terres. Ce transfert se faisait seulement oralement et le prix convenu était payé comptant.

Tant que le nouvel acquéreur entend garder ce champ, il n'y a, en règle normale, pas trop de problèmes. Ceux-ci surviennent quand ce propriétaire décide de vendre cette parcelle, généralement ensemble avec d'autres, dont il dispose d'un titre juridique en règle.

Ces problèmes se présentent, notamment, pour le notaire, chargé de documenter cette vente. En vertu de la loi du 20 juin 1953 portant désignation des personnes et des biens dans les actes à transcrire ou à inscrire au Bureau des hypothèques, le notaire est obligé d'indiquer, dans l'acte de vente, le titre de propriété du vendeur, c'est à dire l'origine de cette propriété dans le chef du vendeur ou du donateur de l'immeuble.

Du moment que ce vendeur détient le lopin de terre depuis trente ans, le notaire peut invoquer, comme titre de propriété du vendeur, la prescription acquisitive. Pour faire la preuve que ce vendeur ou donateur a acquis la propriété par prescription acquisitive, le notaire dresse un acte de prescription acquisitive.

Dans cet acte interviennent des témoins, qui déclarent qu'il est de notoriété publique que le vendeur a, depuis au moins trente ans, la possession continue, paisible, publique, non équivoque et à titre de propriétaire, dudit labour, et qu'il en est donc devenu propriétaire par prescription acquisitive.

Dans la mesure où une prescription trentenaire n'est pas encore intervenue, le notaire se gardera de rédiger l'acte de vente, n'étant pas en mesure d'indiquer le titre de propriété du vendeur. Celui-ci, s'il veut vendre à tout prix, se voit donc obligé de s'adresser au propriétaire, de qui il détient cette parcelle, pour dresser un acte notarié en bonne et due forme, afin de confirmer la vente orale, intervenue dans le temps. Il est toutefois fort probable que cet ancien propriétaire se fera prier pour conclure ce contrat aux mêmes conditions, notamment de prix, que celles ayant été appliquées lors de la conclusion orale de la vente.

L'exemple invoqué ci-dessus documente donc bien l'utilité de la prescription acquisitive. Il existe évidemment d'autres raisons de justifier cette règle. En effet, sans elle, le droit d'un acquéreur resterait soumis à toutes les causes de résolution ou d'annulation, qui peuvent mettre à néant une aliénation antérieure.

Si le droit du vendeur de l'immeuble est annulé, le droit de l'acquéreur le sera également, sauf si le vendeur est protégé par la prescription acquisitive. Ces risques sont plus grands, si le vendeur tient cet immeuble en vertu d'un titre gratuit, (donation, succession ou legs), plutôt que d'un acte à titre onéreux, comme une vente. En effet, les causes d'annulation d'un acte à titre gratuit sont plus nombreuses que celles s'appliquant à un acte à titre onéreux.

En l'absence des règles sur la prescription acquisitive, le risque couru par les acquéreurs paralyserait les transactions immobilières.

Ainsi, la prescription n'aboutit pas nécessairement à priver un propriétaire légitime de son droit, comme on pourrait le reprocher à cette institution. Au contraire, elle est utile au propriétaire lui-même, dont elle consolide le droit, en lui fournissant un moyen de preuve de sa propriété.

D'ailleurs, si une possession de fait a duré pendant trente ans, sans qu'elle ait été contestée, il y a de fortes raisons d'admettre que cette situation de fait correspond à la situation de droit.

Donc, en règle générale, la loi, en affirmant la propriété du possesseur, qui peut invoquer la prescription acquisitive, donne satisfaction à un intérêt public de sécurité, sans heurter la justice.

Même si un usurpateur est susceptible de tirer, à de rares occasions, profit de la prescription acquisitive, il existe quantité de propriétaires légitimes, qui, à juste titre, tirent profit de son existence. On peut donc dire que l'usucapion répond aussi à un souci d'équité, en donnant satisfaction à un intérêt public, sans heurter la justice.

LES DEUX SORTES DE PRESCRIPTION ACQUISITIVE **286**

Il existe non seulement une prescription trentenaire, faisant d'un possesseur un propriétaire, mais également une prescription acquisitive plus courte. Celle-ci est d'une durée, variant entre dix et vingt ans, si la possession répond à des conditions spéciales. Celles-ci sont l'existence d'un juste titre dans le chef du possesseur et sa bonne foi.

Le fondement de la prescription trentenaire et de la prescription abrégée est essentiellement différent. La prescription trentenaire est, comme il a été exposé ci-dessus, parfois un mode d'acquisition de la propriété, et généralement un mode de preuve de celle-ci. Par contre, l'usucapion abrégé répond manifestement au premier mode sus-visé. Elle est ouvertement acquisitive, en ce sens qu'elle consolide un titre imparfait, pour la raison que l'acquéreur tient son bien d'une personne, qui n'en était pas propriétaire.

Ces deux sortes de prescription répondent à certaines règles communes. Mais, l'usucapion abrégé doit satisfaire également à des exigences spécifiques. Nous étudierons dans un premier chapitre ces règles communes et, dans un second, les règles spéciales s'appliquant à la prescription abrégée.

RÈGLES COMMUNES

Ces règles se rapportent 1. aux biens et droits susceptibles d'une prescription acquisitive; 2. à la nature de la possession; 3. au calcul du délai pour pouvoir prescrire.

287 **1. Les biens et droits susceptibles d'une prescription acquisitive**

Peut seule se prescrire l'acquisition des droits réels principaux (propriété, usufruit et certaines servitudes). Ne peuvent pas être acquis par usucapion, les droits accessoires (hypothèques), ni les droits de créance et les droits intellectuels (droits d'auteur et la propriété littéraire et artistique).

Ne sauraient pas non plus se prescrire les immeubles relevant du domaine public. L'article 2226 dispose: "On ne peut prescrire le domaine des choses qui ne sont point dans le commerce." Il n'est pas possible non plus de prescrire les universalités juridiques (comme un héritage ou des universalités de fait, tel qu'un fonds de commerce).

Il s'en suit que, si quelqu'un a possédé, pendant le délai requis pour la prescription, un immeuble faisant partie d'une succession, il ne peut pas prétendre avoir prescrit tous les immeubles relevant de cette succession.

288 **2. Caractère requis pour la possession**

Pour conduire à la prescription, il est requis que la possession soit *utile*, c'est à dire qu'il s'agisse d'une possession véritable, à titre de propriétaire, et exempte de vices.

La possession véritable implique que le possesseur ait eu le corpus et l'animus et donc qu'il ait fait des actes matériels sur la chose, dénotant sa qualité de propriétaire. Ainsi, un simple détenteur d'un bien, comme un locataire ou un fermier, ne peut jamais prescrire ce bien, à moins qu'il n'y ait interversion du titre (cf. numéros 261-263 ci-avant).

D'autre part, pour pouvoir prescrire, la possession doit être exempte de vices. Elle ne peut donc être ni violente, ni clandestine, ni discontinue, ni équivoque.

L'absence de ces vices est présumée. Il appartient en conséquence à celui qui conteste la possession utile, de prouver l'existence d'au moins un de ces vices.

Actes ne menant pas à la prescription

Certains actes ne conduisent jamais à la prescription, même quand ils ont été accomplis durant une période trentenaire. Il s'agit des actes de *simple tolérance* et les actes de *pure faculté.*

Les *actes de simple tolérance* sont des actes s'exerçant en vertu de la permission expresse ou tacite du propriétaire du fonds, sur lequel ils sont accomplis.

Ainsi, un propriétaire permet à son voisin de garer sa voiture sur son terrain ou le laisse passer sur son chemin. Cet acte est fait normalement dans un esprit de bon voisinage et de politesse. Ce propriétaire peut toujours révoquer son accord. L'utilisateur de tels services ne saurait donc pas prétendre prescrire ainsi une servitude d'utilisation du fonds voisin. En effet, en accomplissant les actes précités, il n'entend pas contredire le droit de propriété de son voisin sur son fonds.

Les *actes de pure faculté* sont des actes, qui, par opposition aux actes de simple tolérance, ne présupposent pas l'accord du propriétaire du fonds, sur lequel ils s'exercent. Il s'agit d'actes accomplis dans l'exercice d'un droit, qui appartient à un propriétaire et qui n'impliquent pas d'empiétement sur le fonds appartenant à un autre.

A titre d'exemple, l'on peut citer le cas d'une personne qui pratique des jours dans un mur privatif. Il use d'un droit lui concédé par le Code civil et qui ne comporte pas de revendication sur le fonds voisin. Si ces jours existent depuis trente ans, cette personne ne peut pas opposer une servitude de vue, quand ce voisin entend acquérir la mitoyenneté de ce mur, droit que le Code civil lui concède sans restriction. Le voisin peut donc exiger la suppression de ces jours. Le réalisateur de ces derniers a simplement tiré profit d'une situation donnée, ne conférant aucun droit.

De même, un propriétaire jouissant depuis trente ans d'une belle vue, parce que le terrain voisin n'est pas construit, ne peut pas s'opposer à ce que ce voisin érige une construction sur ce fonds, avec l'argumentation qu'il a prescrit une servitude de vue.

3. Calcul du délai de prescription

289

Si les délais des deux espèces de prescription diffèrent, les règles de computation de des délais sont les mêmes pour les deux sortes de prescription. Ces règles sont fixées par les articles 2260 et 2261.

Ainsi, la prescription se calcule par jours et non par heures, ce qui implique que le premier jour de la possession ne compte pas.

La prescription est acquise lorsque le dernier jour du délai est expiré.

Pour les années, on compte par douze mois, sans considération du nombre de jours de chaque mois. Ainsi une possession qui a commencé, le 1er mars

1965, sera prescrite à minuit du 1er mars 1995. Il en est ainsi, même si ce dernier jour est un jour férié.

INTERRUPTION ET SUSPENSION DE LA PRESCRIPTION

290 Généralités

Il s'agit en l'occurrence de deux obstacles juridiques, empêchant la prescription de s'accomplir normalement. Il existe cependant une sensible différence entre *l'interruption* et *la suspension* de la prescription.

L'interruption met à néant le temps de la prescription déjà couru jusqu'au jour où elle intervient. Un nouveau délai de prescription peut bien débuter après cette interruption, mais il faudra alors accomplir une nouvelle période de trente ans, sans pouvoir y compter le temps écoulé avant l'interruption de cette prescription.

L'interruption suppose que la durée de la prescription a déjà commencé à courir. Elle ne peut jamais s'appliquer au début de la possession pouvant mener à la prescription.

La *suspension* de la prescription, ainsi que le terme l'indique, ne met pas à néant le temps de la prescription déjà couru, avant qu'elle se produise. Elle arrête seulement le laps de temps déjà couru jusqu'à ce que la cause, qui a occasionné cette suspension, a cessé son effet. La cause de la suspension est inhérente à une personne, empêchée de défendre sa propriété, et ne réside jamais dans la possession elle-même.

A l'opposé de l'interruption de la prescription, la suspension peut avoir lieu tant à l'entrée en possession qu'au cours de celle-ci.

I. L'INTERRUPTION DE LA PRESCRIPTION

Les causes d'interruption de la prescription peuvent être de deux sortes:
1. l'interruption naturelle,
2. l'interruption civile.

291 **1. L'interruption naturelle**

Elle est due à une privation de la jouissance dans le chef du possesseur, donc à une perte de sa possession. Cette perte peut résulter d'un abandon volontaire de l'immeuble par le possesseur, ou être le fait du propriétaire ou d'un tiers, qui se met en possession de ce bien.

En cas d'abandon volontaire, la prescription est immédiatement interrompue. Si la privation de la possession est due à un tiers ou au véritable propriétaire, l'interruption de la possession ne se réalise qu'à l'expiration d'un an. Cette règle se dégage de l'article 2243. L'explication de ce décalage de temps réside dans le fait que le possesseur évincé conserve, pendant un an, l'exercice des actions possessoires, qui lui permettent de reprendre la possession perdue.

L'interruption naturelle de la possession produit un effet absolu. La prescription, qui avait commencé à courir, est anéantie au profit de toute personne ayant un intérêt à ce qu'il n'y ait pas de prescription.

2. L'interruption civile

292

Elle n'implique pas, comme l'interruption naturelle, une perte matérielle de la possession. Elle peut être le fait, soit du propriétaire, soit du possesseur.

a) Interruption provenant du propriétaire

Il est logique que la manifestation du vrai propriétaire, qui entend reprendre son bien, interrompt la prescription courant au profit du possesseur de ce bien.

Comment cette action du propriétaire doit-elle se manifester? C'est la citation en justice par ce propriétaire qui produit cet effet (article 2244), bien que le défendeur conserve la possession pendant la durée du procès.

Cette citation en justice ne saurait être suppléée par aucun acte conservatoire. Une citation en référé ne satisfait pas non plus à cette exigence, alors qu'elle ne porte que sur des mesures provisoires.

Cas où la citation en justice est inopérante

Dans un certain nombre de cas, cette citation ne produit pas d'effet interruptif de la prescription en cours.

Cet effet a lieu cependant par une citation devant un juge incompétent (art. 2246). La raison justifiant cette disposition est que les règles sur la compétence judiciaire sont assez complexes, et que l'on ne saurait donc tenir rigueur au demandeur, qui a lancé cette citation, d'avoir commis une erreur au sujet du tribunal compétent.

La même indulgence ne s'applique pourtant pas au demandeur, dont l'assignation est nulle pour un défaut de forme. Dans cette hypothèse, l'effet interruptif de la possession ne se produit pas. Il en est de même, si le demandeur se désiste de sa demande, s'il laisse périmer l'instance, c'est à dire s'il n'a plus posé d'acte de procédure depuis plus de trois ans, ou si sa demande est rejetée. Tous ces motifs, constituant une non-interruption de la prescription, résultent de l'article 2247.

b) Interruption émanant du possesseur

Le possesseur peut reconnaître le droit du vrai propriétaire. Dans ce cas, la prescription courant à son profit est interrompue. Cette reconnaissance peut être expresse ou tacite, être judiciaire ou extra-judiciaire. La seule condition requise est que l'auteur de cette reconnaissance ait la capacité requise pour poser un acte de disposition sur un bien.

Deux situations sont à distinguer à cet égard:

- Le possesseur, en reconnaissant le droit d'une autre personne, a avoué être un détenteur précaire (locataire ou fermier). L'effet interruptif de la prescription est alors absolu, c'est à dire qu'il peut être invoqué par tout intéressé. Ce détenteur précaire ne peut plus, le cas échéant, commencer une nouvelle prescription, sauf interversion du titre.
- Le possesseur avoue n'être qu'un usurpateur, sans invoquer aucun titre, même précaire. Dans ce cas, il ne renonce qu'au temps antérieurement couru, mais peut commencer une nouvelle prescription. L'interruption de la prescription n'a qu'un effet relatif, invocable seulement par le bénéficiaire de la reconnaissance.

293 II. LA SUSPENSION DE LA PRESCRIPTION

On distingue entre les causes de suspension indiquées par le Code civil et celles développées par la jurisprudence.

a) Causes légales de suspension

Aux termes de l'article 2252, "la prescription ne court pas contre les mineurs non émancipés et les interdits, sauf ce qui est dit à l'article 2278 (ne concerne pas la prescription acquisitive) et à l'exception des autres cas déterminés par la loi". Le Code civil entend donc protéger les incapables contre d'éventuelles négligences de leur représentant légal.

La prescription ne court pas non plus entre des époux (article 2253). Cette mesure produit un double effet. D'un côté, on veut empêcher qu'un époux, pour éviter l'accomplissement de la prescription au profit de son conjoint, doive citer celui-ci en justice, ce qui ne favoriserait pas leur bonne entente. En second lieu, sans la suspension de la prescription, les conjoints pourraient contourner la règle qui leur interdit de faire, durant le mariage, des donations irrévocables. L'époux donataire aurait échappé, après une possession trentenaire, à tout risque de révocation de la donation.

b) Causes de suspension introduites par la jurisprudence

Aux termes de l'article 2251, "la prescription court contre toutes personnes, à moins qu'elles ne soient dans quelque exception établie par la loi." Il semble donc que les causes de suspension de la prescription soient énumérées limitativement par le Code civil, et qu'il ne soit donc pas possible d'y ajouter des causes y non expressément prévues.

Ce n'est cependant *pas* la position de la jurisprudence. Elle a fait application du principe valable dans l'ancien droit, aux termes duquel "contra non valentem agere non currit prescriptio" (la prescription ne court pas contre celui qui n'est pas en mesure d'agir).

Ainsi, la jurisprudence étend la suspension de la prescription à tous les cas où, en raison de la force majeure, une personne n'est pas à même d'interrompre une prescription qui court contre elle.

Cette extension se dégage également d'un arrêt de la Cour de Cassation du 19 décembre 1963 (Pas. 19, page 199), qui dispose que "La prescription de l'action civile est suspendue au profit de la partie civile, toutes les fois que l'exercice de l'action est empêchée par un obstacle provenant, soit de la loi, soit de la force majeure."

Les tribunaux considèrent comme cas de force majeure la guerre, une invasion ou une épidémie, qui ont empêché le propriétaire d'agir.

Même abstraction faite de la force majeure, la jurisprudence a prévu la suspension de la prescription contre un propriétaire sous condition suspensive, bien que ce dernier ait la possibilité de faire des actes conservatoires, donc d'interrompre une prescription. A plus forte raison, la prescription ne court pas à l'encontre des droits purement éventuels.

LA JONCTION DES POSSESSIONS 294

Si la prescription, notamment trentenaire, devait, pour mener à la propriété, être réalisée par une seule et même personne, cette institution ne remplirait pas son rôle de consolidation du droit de propriété. Aussi la jonction de la possession, exercée par divers possesseurs, est-elle possible.

Cette conclusion résulte de façon expresse des dispositions de l'article 2235, dont la teneur est la suivante: "Pour compléter la prescription, on peut joindre à sa possession celle de son auteur, de quelque manière qu'on lui ait succédé, soit à titre universel ou particulier, soit à titre lucratif ou onéreux."

Si donc une personne, ayant eu la possession durant vingt ans, décède, ses héritiers n'ont plus qu'à accomplir une possession de dix ans pour prescrire celle-ci.

Cependant, bien que l'article précité mette sur une même ligne les ayants cause à titre universel (les héritiers légaux et les légataires universels) et les ayants cause à titre particulier (acheteurs, donataires et légataires à titre particulier), il existe néanmoins une distinction à faire entre ces deux catégories d'ayants cause, en ce qui concerne la jonction des possessions.

a) Ayants cause à titre universel

Ceux-ci continuent la personne du défunt. La possession conserve donc pour eux les mêmes caractères qu'elle avait dans le chef du de cujus. Si ce dernier avait une possession animo domini, l'héritier légal ou le successeur universel, continue une possession à titre de propriétaire, même s'il n'avait pas cet esprit de propriétaire. La possession continue donc vers la prescription, tout comme si le de cujus était encore le possesseur.

En revanche, si l'auteur décédé était un locataire ou un fermier, donc un détenteur précaire, son héritier serait considéré également comme tel, même si ce dernier estime posséder à titre de propriétaire.

Cette constatation implique que cet hériter ne peut pas joindre la possession du défunt à la sienne pour prescrire. Il lui faut donc une possession personnelle trentenaire pour arriver à la prescription.

b) Ayants cause à titre particulier

Ceux-ci ne continuent pas la personne de l'auteur de qui ils tiennent la possession. Il existe donc en l'espèce deux possessions distinctes qui peuvent, sous certaines conditions, faire l'objet d'une jonction.

A l'opposé de l'ayant cause à titre universel, celui à titre particulier commence une nouvelle possession. Il ne continue pas celle de son auteur. Les qualités de cette nouvelle possession et les vices pouvant l'affecter, s'apprécient donc dans son chef.

Cette constatation a comme conséquence:

- que l'acquéreur d'un immeuble ne peut pas ajouter à sa propre possession, exempte de vices, celle de son auteur, si la possession de celui-ci a été viciée ou précaire. Il doit donc, pour pouvoir prescrire, commencer une possession nouvelle,
- que l'acquéreur, dont la possession est viciée, ne saurait prescrire, en joignant à sa possession viciée, celle de son auteur affectée également d'un vice. Cet acquéreur ne saurait donc prescrire qu'en comptant sur une possession personnelle trentenaire, non viciée de surcroît.

Dans le chef d'un ayant cause à titre particulier, sa propre possession ne peut donc se joindre à celle de son auteur en vue de la prescription que si *l'une et l'autre possession sont exemptes de vices.*

295 EFFETS DE LA PRESCRIPTION

La prescription fait acquérir au possesseur la propriété du droit qu'il a exercé, à moins qu'il ne l'ait déjà eue lors de la prise de possession, qu'il soit donc devenu un vrai propriétaire dès le début de sa possession. Dans ce cas, la prescription sert uniquement comme titre de preuve de sa propriété.

Dans l'un et l'autre cas, la prescription crée un titre nouveau et légal, qui ne saurait plus être contesté.

Il faut cependant remarquer que si l'immeuble, dont le titre de propriété est devenu légal par suite de la prescription, était grevé d'un droit réel, par exemple, d'une servitude, ce droit réel est maintenu, malgré la prescription acquisitive.

RÉTROACTIVITÉ DE LA PRESCRIPTION 296

Le titre créé par la prescription remonte, quant à ses effets, au jour où la possession a commencé. La prescription a donc un effet rétroactif.

Cette rétroactivité peut également trouver application en matière de régimes matrimoniaux. Si un époux, marié sous le régime légal de la communauté réduite aux acquêts, possède un immeuble au jour du mariage, mais dont la prescription s'achève seulement au cours du mariage, cet immeuble reste propre, malgré la règle que les biens acquis après le mariage sont des biens communs. Cette disposition résulte de l'article 1405.

La rétroactivité de la prescription a encore d'autres effets. Si, au cours du délai de prescription, un droit réel est né du chef du vrai propriétaire, par exemple, si un créancier de ce dernier a inscrit une hypothèque ou un privilège sur son immeuble, ce droit réel n'est pas opposable au possesseur qui a prescrit cet immeuble. Par contre, les droits réels créés par ce dernier sur cet immeuble sont rétroactivement validés.

CARACTÈRE FACULTATIF DE LA PRESCRIPTION 297

La prescription acquisitive ne se produit pas de plein droit, quand son délai est expiré. Le possesseur, qui a prescrit, doit invoquer la prescription pour qu'elle s'applique. Cette règle résulte de l'article 2223, qui dispose que: "les juges ne peuvent pas suppléer d'office le moyen résultant de la prescription". Ce moyen n'est donc pas d'ordre public (arrêt de la Cour Supérieure de Justice du 15 mars 1978, Pas. 24, page 106).

La raison d'être de cette règle est que la prescription repose sur une présomption, qui ne se vérifie pas dans tous les cas. La loi laisse donc à la conscience de chaque possesseur le droit d'user ou non de cette faculté.

Néanmoins, si un intéressé néglige d'invoquer la prescription, ses créanciers, en exerçant l'action oblique, prévue par l'article 1166, peuvent se prévaloir, en son nom, de cette prescription.

Ce droit est expressément prévu par l'article 2225. La renonciation peut être opposée par l'Etat, les communes et les établissements publics (article 2227). Elle peut également être opposée à ceux-ci, sauf en ce qui concerne les biens relevant du domaine public.

La prescription ne doit pas nécessairement être invoquée en première instance. L'article 2224 prévoit qu'elle peut être opposée en tout état de cause, même devant la Cour d'appel, à moins qu'en première instance, la partie intéressée ait expressément renoncé à ce moyen.

298 RENONCIATION À LA PRESCRIPTION

La Cour Supérieure de Justice a décidé, par arrêt du 10 juin 1968 (Pas. 20, page 418), que "la renonciation ne peut résulter que d'un acte accompli volontairement, en pleine connaissance de cause et sans équivoque possible par le renonçant."

On ne peut pas renoncer d'avance à la prescription. Cela est l'évidence même, car on ne voit pas un possesseur de la chose d'autrui, qu'il soit de bonne ou de mauvaise foi, déclarer qu'il s'interdit de ne jamais faire valoir la prescription à la revendication du propriétaire.

N'est cependant pas équivalente à la renonciation, la reconnaissance faite par le possesseur du droit d'autrui. En faisant cette reconnaissance, il interrompt le cours de la prescription.

299 FORME DE LA RENONCIATION

La renonciation peut être expresse et résulter d'une déclaration faite par le possesseur, soit dans un écrit, soit oralement dans une instance judiciaire.

La renonciation peut aussi être tacite. Tel est le cas, si, postérieurement à la réalisation de la prescription, la personne pouvant l'invoquer accomplit volontairement et en pleine connaissance de cause, des actes ne pouvant s'interpréter que comme constituant une renonciation tacite à la prescription (exemples, accepter de prendre l'immeuble à bail ou se faire consentir sur lui un droit réel, comme une servitude).

Pour pouvoir renoncer à une prescription acquisitive, il faut disposer de la capacité d'aliéner un bien. Ainsi, un tuteur ne pourrait renoncer à une prescription acquisitive qu'avec l'autorisation du conseil de famille.

Si la renonciation à la prescription était faite en fraude des droits des créanciers du renonçant, ceux-ci pourraient obtenir son annulation au moyen de l'action paulienne (article 1167). Ayant obtenu cette annulation, ils pourraient ensuite, au moyen de l'action oblique, invoquer la prescription acquisitive au nom de leur débiteur ayant renoncé.

300 *EXIGENCES SPÉCIFIQUES POUR LA PRESCRIPTION ACQUISITIVE ABRÉGÉE*

Dans certaines hypothèses, la durée de l'usucapion peut être réduite de trente à une période de dix à vingt ans.

Cette faveur existe au profit du possesseur, qui a acquis un immeuble d'un non-propriétaire en vertu d'un titre, dont il ignore le vice. La possession de bonne foi consolide le titre imparfait, après l'expiration d'un délai plus bref que celui de la prescription trentenaire, normalement applicable.

Cette prescription abrégée ne s'applique qu'aux immeubles acquis individuellement et non aux universalités (un héritage, par exemple).

Elle permet d'acquérir non seulement la propriété, mais aussi d'autres droits réels, comme l'usufruit.

Deux conditions sont requises pour bénéficier de l'usucapion abrégée:
1. Il faut un juste titre,
2. Le possesseur doit être de bonne foi.

Les deux conditions sont visées par l'article 2265.

1. Le juste titre **301**

Qu'est ce qu'un juste titre?

Quatre conditions sont à cet égard requises:
a) il faut un acte translatif,
b) il doit s'agir d'un titre particulier,
c) le titre doit réellement exister,
d) il faut un titre valable.

a)   Constitue un titre translatif, la vente, l'échange, la donation et le legs à titre particulier. Ne constituent pas un acte translatif, et donc pas un juste titre, les actes étrangers à toute idée de transfert de propriété, comme le contrat de bail ou de fermage, ainsi que les actes déclaratifs, comme le partage, la transaction (contrat par lequel les parties terminent une contestation) et les jugements, autres que ceux d'adjudication sur saisie.

b)   Il faut un titre particulier et propre au possesseur. Une acquisition à titre universel (héritier) ne constitue pas un juste titre. En effet, le successeur universel continue la possession du de cujus. Il n'a partant pas de titre qui lui soit propre.

c)   Ce titre doit réellement exister. Cette exigence exclut le titre putatif, qui n'existe que dans la pensée du possesseur. Par exemple, celui-ci ignore que le legs de l'immeuble à son profit a été révoqué par un testament postérieur.

    Nous avons vu au numéro 269 ci-avant que le titre putatif constitue une justification de la bonne foi, conférant certains avantages en matière de perception de fruits par le possesseur, qui doit rendre l'immeuble au véritable propriétaire. Mais, dans le domaine de l'usucapion abrégée, l'existence d'un titre constitue une condition distincte de la bonne foi, ce qui exclut le titre putatif.

d)   Il est exigé que ce titre soit valable. L'article 2267 exclut, en effet, de l'usucapion abrégée le titre nul pour défaut de forme, par exemple, une donation ou un testament ne répondant pas à la forme légale. Cette exclusion vaut pour tout acte nul pour cause de nullité absolue. Cela est évident, car un titre frappé de nullité absolue n'aurait pas transféré la propriété, s'il était émané du véritable propriétaire.

Par contre, une cause de nullité relative, comme un vice du consentement, n'enlève pas au titre d'acquisition sa validité. Cette nullité relative ne peut d'ailleurs être invoquée que par le vendeur et non par le véritable propriétaire, qui est un tiers par rapport à l'acte de transfert de propriété.

302 2. **La bonne foi**

Elle consiste dans la croyance de l'acquéreur que son titre lui a fait acquérir la propriété ou un autre droit réel, qu'il entendait acquérir. La bonne foi consiste donc pour l'acheteur à être convaincu que son vendeur était propriétaire, et que la vente lui a conféré ce même titre.

Il n'est cependant pas nécessaire que la bonne foi de l'acquéreur ait duré pendant toute la durée de la possession. Il suffit qu'elle ait existé au début de l'acquisition de l'immeuble. Quant à l'erreur, dont a été victime l'acquéreur, il peut s'agir tant d'une erreur de droit que d'une erreur de fait. Il convient encore de rappeler que la bonne foi est toujours présumée. Il appartient en conséquence à celui qui allègue la mauvaise foi de l'acquéreur, de la prouver.

303 DÉLAI DE LA PRESCRIPTION ABRÉGÉE

Etant donné que l'usucapion à délai réduit exige l'existence d'un juste titre, elle ne commence pas à courir avant que ce titre n'ait acquis date certaine. Une telle date certaine existe pour un acte authentique ou pour un acte sous seing privé, soumis à l'enregistrement.

Quant à la durée de cette prescription, elle se situe entre dix et vingt ans. Elle est de dix ans, lorsque le véritable propriétaire de l'immeuble vendu a habité, pendant le délai précité, dans le ressort de la Cour d'appel.

Comme l'action en revendication du véritable propriétaire relève du tribunal civil, l'appel est porté devant la Cour Supérieure de Justice. Etant donné que celle-ci constitue la seule Cour d'appel des jugements des tribunaux civils au Luxembourg, la prescription acquisitive de dix ans s'applique dans tous les cas où le propriétaire précité a habité, de façon permanente, pendant dix ans au Grand-Duché. Si ce propriétaire a toujours habité à l'étranger, la durée de la prescription est de vingt ans. Au cas où cette personne a vécu pendant la durée de la prescription, tant au Grand-Duché qu'à l'étranger, la durée de cette prescription se situe entre dix et vingt ans.

On calcule dans ce cas le délai de prescription, en suivant l'article 2266, aux termes duquel il faut "ajouter à ce qui manque aux dix ans de présence, un nombre d'années d'absence double de celui qui manque, pour compléter les dix ans de présence."

Si donc le véritable propriétaire a habité seulement pendant sept ans au Grand-Duché, il faut 3 x 2 ans = 6 ans au possesseur pour compléter les dix ans de présence. Il doit donc justifier en tout de 7 + 6 = 13 ans de possession pour prescrire son immeuble par usucapion abrégée.

Combinaison de la prescription trentenaire avec la prescription abrégée **304**

Cette question se pose dans les cas où une personne ne peut pas elle-même réunir le temps requis pour accomplir la durée de la prescription abrégée et qu'il lui faut joindre à sa propre possession celle de son auteur (vendeur, donateur). Il y a donc la possibilité de jonction des possessions.

Il se peut que les deux possessions, qu'il s'agit de joindre, ne présentent pas les mêmes caractères. Ainsi, une seule a un titulaire de bonne foi. A laquelle de ces deux possessions faut-il alors se référer pour déterminer la prescription applicable? Par exemple, le vendeur a été de bonne foi, l'acquéreur de mauvaise foi? Est-ce la prescription trentenaire ou la prescription abrégée qui s'applique?-

Distinction entre les ayants cause à titre universel et ceux à titre particulier **305**

La combinaison des deux prescriptions acquisitives se fait suivant les règles que nous avons exposées sous le numéro 294, en ce qui concerne la jonction des possessions pour la prescription trentenaire.

Il y a lieu de distinguer entre les ayants cause à titre universel, et ceux à titre particulier.

1. Ayants cause à titre universel

Ceux-ci continuent la même possession que leurs auteurs. C'est donc dans la possession de ces derniers qu'il convient de rechercher le caractère de la prescription à appliquer. Il faut donc savoir si l'auteur a ou n'a pas réuni les exigences de l'usucapion abrégée, qui sont, rappelons-le, le juste titre et la bonne foi.

Si l'auteur commence la prescription abrégée, réunissant les exigences requises à cet effet, son ayant cause à titre universel, donc essentiellement son héritier, peut prescrire par une durée de dix à vingt ans, en joignant sa propre possession à celle du de cujus. Inversement, si cet auteur n'a pas possédé un juste titre et la bonne foi, son ayant cause à titre universel peut éventuellement joindre la possession de son auteur à la sienne, mais seulement pour accomplir une possession trentenaire.

2. Ayants cause à titre particulier

La situation diffère avec celle des ayants cause à titre universel, ainsi que nous l'avons déjà vu au numéro 294.

Dans le cas des ayants cause à titre particulier, les deux possessions ne peuvent s'ajouter que si elles sont de même nature. Il faut donc que les possessions remplissent toutes les deux les conditions exigées pour une usucapion abrégée.

Dans le cas contraire, elles ne suffisent que pour une prescription trentenaire. En effet, il manque alors à l'une de ces deux possessions la bonne foi et/ou le juste titre.

Si au contraire les deux possessions répondent à cette double exigence, le second possesseur peut joindre, à sa possession, celle de son auteur pour prescrire par dix à vingt ans.

Lorsque l'une des possessions satisfait aux exigences requises pour la prescription abrégée et que l'autre n'y satisfait pas, la règle à appliquer est la suivante. Le temps de possession, qui a compté pour la prescription abrégée, peut être mis en compte pour la prescription trentenaire. L'inverse n'est cependant pas possible, c'est à dire que le temps de possession, permettant la prescription trentenaire, ne peut pas être utilisé pour accomplir la prescription abrégée.

Exemple 1:

Le vendeur avait un juste titre et la bonne foi, mais l'acquéreur est de mauvaise foi. Dans ce cas, ce dernier ne peut prescrire que par trente ans. Mais, pour réaliser cette prescription, il peut mettre en compte la durée de possession de son auteur.

Exemple 2:

Le vendeur possédait de mauvaise foi. Son acquéreur a un juste titre et la bonne foi. Cet acquéreur peut prescrire par usucapion abrégée. Toutefois, il ne peut pas mettre en compte, pour compléter ce délai de prescription raccourci, la durée de possession de son vendeur. Il a néanmoins une alternative. Il a la faculté de prescrire à lui seul la durée exigée pour la prescription abrégée. Il peut aussi opter pour la prescription trentenaire, en mettant en compte la durée de possession de son vendeur. Si ce dernier a eu une longue possession, par exemple, vingt et un ans, l'option pour la possession trentenaire est plus favorable. Alors une possession de neuf ans dans le chef de l'acquéreur est suffisante, tandis que la durée minimum pour la prescription abrégée est de dix ans.

LA PROPRIÉTÉ MOBILIÈRE - SON RÉGIME

Généralités **306**

Bien que l'objet de notre ouvrage soit la propriété immobilière, il paraît néanmoins indiqué de traiter sommairement aussi les règles régissant la propriété mobilière.

Cette étude est utile pour avoir une vue d'ensemble sur le régime auquel est soumis le transfert des biens. Cette analyse est d'autre part intéressante pour mettre en relief ce qu'ont de spécifiques les règles qui régissent la propriété immobilière.

Les biens meubles sont destinés à changer plus rapidement de propriétaire. Ils ont généralement une vie économique plus courte que les immeubles. Finalement, leur transfert s'effectue généralement sans formalités notables.

Bien que, par rapport au Code civil originaire, la fortune mobilière ait beaucoup gagné en importance économique, les règles, régissant la preuve de la propriété mobilière et le transfert de celle-ci n'ont pas changé sensiblement. Une exception s'applique cependant à certains biens incorporels, comme les titres et la propriété littéraire et artistique.

Le grand principe qui domine le régime de la propriété mobilière, est contenu à l'article 2279 alinéa 1, qui est libellé comme suit:"En fait de meubles, la possession vaut titre".

Portée de cette règle **307**

Cette règle ne signifie pas seulement que la possession fait présumer la propriété mobilière, alors que le même principe s'applique également à la propriété immobilière. Mais, elle indique essentiellement que la possession mobilière vaut titre, donc dispense le possesseur d'un meuble de produire tout titre spécial.

La possession confère au possesseur d'un meuble un titre nouveau, distinct de celui qu'il tient de son auteur, par exemple, un contrat de vente. Il s'en suit que ce titre n'est pas affecté d'un vice, pouvant avoir invalidé ce contrat. Le possesseur sera considéré comme propriétaire. La possession d'un meuble équivaut donc à la propriété.

La seule condition exigée dans le chef de celui qui possède le meuble en question, est qu'il doit être de bonne foi. Celle-ci existe quand le possesseur a cru contracter avec le véritable propriétaire de ce meuble. Rappelons d'autre part que cette bonne foi est toujours présumée et qu'il appartient à l'adversaire de prouver que celui, qui a le meuble en sa possession, est de mauvaise foi.

LA DOUBLE SIGNIFICATION DE LA RÈGLE DE L'ART. 2279

La règle de l'article 2279 comporte deux sens et répond à une double fonction. Elle est, en premier lieu, un mode d'acquisition de la propriété mobilière. Elle constitue, en second lieu, un élément de preuve de cette propriété.

308 1. MODE D'ACQUISITION DE LA PROPRIÉTÉ MOBILIÈRE

Si une personne achète de bonne foi un meuble à un non-propriétaire, ce n'est pas le contrat de vente, qui lui transfert la propriété de ce bien. En effet, ce contrat est vicié, parce qu'un vendeur ne peut pas transmettre un droit, dont il n'est pas titulaire lui-même.

L'acquéreur devient propriétaire du fait même de la possession, consistant dans la détention matérielle de cette chose. Cette possession crée, à son profit, un titre nouveau, indépendant de son titre d'acquisition.

Raison d'être de la règle

Ce mode simplifié de transfert de la propriété mobilière se justifie par les besoins du commerce.

Les meubles sont destinés à circuler sans grandes formalités, pour ainsi dire de mains en mains. L'acquéreur d'un bien corporel n'est souvent pas en mesure de vérifier d'où son vendeur tient ce bien. Il n'est même généralement pas dressé d'écrit de ce transfert de propriété.

La sécurité du commerce interdit donc que l'acheteur d'un meuble puisse être soumis à la revendication du vendeur. L'équité s'oppose également à un retransfert de ce bien à son vrai propriétaire, qui a peut-être commis une faute, en confiant cette chose à une personne indigne de sa confiance, alors que l'acquéreur de bonne foi n'a aucun reproche à se faire.

2. LA FONCTION PROBATOIRE DE LA RÈGLE **309**

La possession d'un meuble fait présumer une acquisition régulière de la propriété de ce meuble par le possesseur. Parfois, ce dernier est en mesure de prouver sa propriété par un contrat en bonne et due forme. Mais souvent il n'en est pas ainsi, alors qu'il n'est pas d'usage de dresser une preuve écrite pour la vente de certains meubles d'usage courant. Parfois aussi, il s'agit d'un don manuel, donc d'une donation faite de la main à la main, ce qui exclut généralement toute idée de se ménager une preuve écrite.

Il peut arriver qu'une personne demande le retransfert d'un bien, en argumentant qu'il ne l'a remis au possesseur qu'à titre précaire, donc comme un prêt ou un dépôt. N'ayant pas d'écrit documentant le contraire, le possesseur serait mal à l'aise pour prouver que ce meuble lui a été remis à titre de propriété. Il a donc besoin d'une preuve facile à opposer à son adversaire. Cette preuve lui est offerte par l'article 2279. Ce dernier présume que le possesseur a été mis en possession en vertu d'un titre d'acquisition régulier et non sur base d'un titre précaire. Le possesseur n'a donc aucune preuve à faire. Il peut se limiter à invoquer l'article 2279. Il appartient au revendicateur de prouver que ce possesseur n'est qu'un détenteur précaire.

Ce sont aussi des raisons d'équité et d'utilité, qui sont à la base de l'article précité. Il faut éviter que des acquéreurs de meubles de bonne foi, qui n'ont pas fait dresser d'écrit de leur acquisition, soient évincés par des aliénateurs de mauvaise foi, par exemple, par un emprunteur de la chose, qui l'a vendue.

Cet acquéreur peut aussi entrer en conflit avec les héritiers de celui qui lui a vendu cette chose, ou lui en a fait donation. L'existence de l'article 2279 dispense donc le possesseur de prouver cette possession et met cette preuve à charge de son adversaire.

Cas dans lesquels le propriétaire dépossédé peut revendiquer le meuble **310**

En principe, ce propriétaire ne peut pas revendiquer un meuble contre le possesseur de bonne foi, qui le détient d'une personne à qui le propriétaire l'a confié.

Cette revendication deviendrait possible, si l'acquéreur était de mauvaise foi, c'est à dire qu'il savait que la personne, dont il a acquis cette chose, n'en était qu'un détenteur obligé de rendre celle-ci à son vrai propriétaire. Dans cette hypothèse, la revendication demeurerait possible pendant trente ans.

Il existe un autre cas, dans lequel le vrai propriétaire peut revendiquer son meuble contre le possesseur, même quand celui-ci est de bonne foi.

Ce cas est prévu par l'article 2279 alinéa 2. Cet alinéa vise l'hypothèse où le vrai propriétaire a été privé de sa chose à la suite d'une perte ou d'un vol. Toutefois, dans ces cas, cette revendication n'est possible que dans les trois ans de la perte ou du vol. Nous examinerons cette exception à l'article 2279 plus en détail sous les numéros 314 et 315 ci-après.

311 A QUELS BIENS S'APPLIQUE L'ARTICLE 2279?

Cet article ne concerne évidemment que les meubles. Il est donc étranger aux immeubles. L'article 2279 ne vise d'autre part que les meubles corporels, susceptibles de se transmettre de la main à la main. Même parmi ces derniers, certains biens corporels sont exclus de son champ d'application. Il en est ainsi notamment de tous ceux relevant du domaine public, comme les œuvres-d'art des musées, ou les manuscrits des bibliothèques publiques.

Ne sont pas non plus concernés par l'article 2279 les meubles inaliénables, comme ceux classés monuments historiques, en application de la loi du 18 juillet 1983. Sont encore exclus de la règle sus-visée, les meubles qui sont soumis à un régime d'immatriculation, tels que les aéronefs ou les bâteaux.

Meubles incorporels soumis à l'article 2279

Bien qu'en principe, cet article se limite aux meubles corporels, il régit néanmoins également la possession de certains meubles incorporels. Tel est le cas:

1. des droits réels portant sur les meubles corporels. Malgré la nature de droits incorporels qui leur est, en principe, reconnue, les droits réels portant sur des choses corporelles, comme l'usufruit et le gage, sont susceptibles de possession et sont partant soumis au régime de l'article 2279.

2. des titres au porteur, donc des billets de banque, des actions ou des obligations. Dans ces titres, la créance, qu'ils représentent, est, en quelque sorte, incorporée. Le droit à ces titres est lié à la propriété de la feuille de papier, sur laquelle est inscrite sa preuve.

Bénéficiaires de l'article 2279

Est considéré comme bénéficiaire dudit article, celui qui est entré en possession d'un meuble, soumis à son régime, dans des conditions qui sont requises pour l'application de la maxime "en fait de meubles, la possession vaut titre".

Les deux conditions exigées à cet effet sont:

1. une possession utile,
2. la bonne foi.

312 1. La possession utile

Pour que la possession soit utile, il faut qu'elle respecte les trois exigences suivantes:

a) une possession à titre de propriétaire,
b) une possession réelle,
c) une possession exempte de vices.

a) La possession à titre de propriétaire

La possession utile implique une possession véritable, à titre de propriétaire (animo domini), à l'exclusion d'une détention précaire, telle qu'elle s'applique à un emprunteur ou à un créancier gagiste.

Cette constatation ne signifie cependant pas que ces détenteurs précaires ne sauraient d'aucune façon bénéficier des dispositions de l'article 2279. Ceux-ci ne peuvent opposer l'article 2279 à la personne, qui prouve leur avoir remis la chose à titre de prêt ou de gage, et prétendre en être devenus propriétaire.

Cependant, le créancier gagiste peut se prévaloir, à l'égard d'un tiers, non pas d'un titre de propriété, mais d'un droit réel, né à son profit du gage constitué. La jurisprudence a décidé que le créancier gagiste a une véritable possession de son droit de gage. Il a donc droit, à ce titre, à la protection que la loi attache à la possession de bonne foi. Il peut invoquer sa possession à l'égard d'un tiers, qui lui réclame l'objet mis en gage, en prétendant en être le véritable propriétaire.

b) La possession réelle

Il est exigé que la possession soit réelle, dans le sens d'effective, impliquant qu'elle se concrétise par la détention matérielle de la chose.
Cette exigence ne résulte pas directement de l'article 2279, mais indirectement de l'article 1141. Cet article a le libellé suivant: "Si une chose, qu'on est obligé de donner ou de livrer à deux personnes successivement, est purement mobilière, celle des deux qui en a été mise en possession réelle, est préférée et en demeure propriétaire, encore que son titre soit postérieur en date, pourvu toutefois que la possession soit de bonne foi".

Cette détention réelle peut d'ailleurs s'exercer indirectement. Il suffit d'avoir cette chose à sa disposition.

c) La possession exempte de vices

En ce qui concerne les immeubles, on ne peut prescrire leur acquisition que si leur possession est continue, paisible, publique et non équivoque.

Quant à la possession des meubles protégés par l'article 2279, il suffit que ces trois dernières conditions soient remplies. La continuité de la possession n'est pas exigée, alors que la possession des meubles est prise en considération, indépendamment de toute condition de durée. Une durée de possession minimale n'est pas requise, contrairement au régime valable pour les immeubles.

La possession, pour être protégée par les dispositions de l'article 2279, doit être paisible. Si elle ne l'était pas, le possesseur ne serait pas de bonne foi. La possession doit encore être publique et non équivoque.

Les vices de clandestinité et/ou d'équivoque se rencontrent le plus souvent en pratique. Ils se manifestent quand une personne, ayant vécu, pendant un certain temps, dans l'intimité d'une autre, affirme, après la mort de celle-ci, être propriétaire d'objets ayant appartenu au défunt (titres, bijoux). Interpellées, ces personnes déclarent généralement avoir reçu ces choses à titre de don manuel du défunt.

313 2. **La bonne foi**

L'exigence de la bonne foi n'est pas formulée par l'article 2229. Mais nous avons vu que l'article 1141, cité ci-dessus, en fait état. La bonne foi consiste dans la croyance du possesseur d'un meuble d'avoir traité avec le propriétaire de celui-ci.

La bonne foi constitue d'ailleurs la raison d'être de l'article 2279. Cette dernière a pour objet d'assurer la sécurité du commerce et la protection de ceux qui sont entrés, dans des conditions normales et honnêtes, en possession d'une chose. Protéger de la même façon un possesseur malhonnête constituerait une anomalie et même une injustice.

Comme nous l'avons déjà vu à plusieurs reprises, le possesseur d'un meuble n'a pas à prouver sa bonne foi, ni d'ailleurs le respect des autres conditions exigées pour l'application de l'article 2279. Il appartient au contraire à son adversaire de rapporter la preuve de sa mauvaise foi ou de sa possession viciée. Il suffit d'ailleurs que la bonne foi ait existé au moment de la prise de possession du bien.

NON-EXIGENCE D'UN TITRE

Si le possesseur d'une chose mobilière est de bonne foi, son acquisition s'est faite nécessairement en vertu d'un titre, notamment d'un contrat de vente ou d'un don manuel. Cependant, ce possesseur n'a pas à prouver l'existence de ce titre. Rappelons qu'en matière immobilière, le juste titre est requis, conjointement avec la bonne foi, pour accomplir la prescription acquisitive abrégée de dix à vingt ans.

La raison d'être de cette différence de régime est que l'article 2279 a précisément pour but de dispenser le possesseur d'une chose mobilière de prouver le titre de son acquisition. D'ailleurs, l'article 2279 ne protège pas seulement l'acquéreur de bonne foi d'un bien mobilier, mais également le possesseur de bonne foi.

Cet article joue donc une fonction analogue à celle de la prescription acquisitive en matière immobilière, qui est également un mode d'acquisition et un mode de preuve.

Une différence sensible existe cependant entre ces deux catégories de biens, car contrairement aux choses mobilières, l'acquisition de la propriété immobilière se fait toujours seulement après l'écoulement d'un certain laps de temps.

CONDITIONS DE LA REVENDICATION PAR LE VRAI PROPRIÉTAIRE **314**

Ces conditions dépendent de la bonne ou de la mauvaise foi du possesseur de ce meuble.

Quand ce dernier est de mauvaise foi, le propriétaire peut revendiquer son bien pendant trente ans. Il suffit au revendicateur de prouver qu'il avait la possession de ce meuble, celle-ci lui vaut alors titre de propriété. Il doit prouver également que le possesseur actuel est de mauvaise foi, ce dernier n'ayant pas à prouver sa bonne foi, qui est présumée.

Quand le possesseur actuel du meuble est de bonne foi, la revendication du propriétaire n'est pas admise, sauf dans des cas exceptionnels. Cette exception joue si le propriétaire a été privé involontairement de sa chose, à la suite d'une perte ou d'un vol. Deux hypothèses doivent être distinguées, en ce qui concerne le possesseur de bonne foi opposé au propriétaire du bien.

Si ce propriétaire s'est déssaisi volontairement de sa chose, en la confiant à une autre personne, comme un emprunteur ou un dépositaire, qui, trompant sa confiance, vend cette chose à un tiers de bonne foi, la revendication du propriétaire contre ce tiers possesseur n'est pas possible. En effet, ce tiers, ne pouvant contrôler le titre de celui qui lui a vendu le bien, n'a pas de reproche à se faire. Il en est autrement du propriétaire, qui aurait dû être plus prudent dans le choix de la personne, à laquelle il a confié sa chose.

La situation est autre, si le propriétaire a été privé de son bien à son insu. Dans ce cas, on ne saurait lui reprocher une négligence. L'article 2279 alinéa 2 lui accorde alors un droit de revendication en cas de perte ou de vol de sa chose. Cependant, la revendication doit être exercée dans un délai de trois ans.

Portée des notions de vol et de perte

On entend par *perte*, au sens de l'article 2279 alinéa 2, une dépossession involontaire imputable, soit à une négligence du propriétaire, soit au fait ou à la négligence d'un tiers (marchandise délivrée à une fausse adresse par un transporteur), soit à un événement de force majeure.

Quant au *vol*, il y a lieu de s'en tenir à la définition donnée par le Code pénal à son article 461. Il s'agit donc de la soustraction frauduleuse de la chose d'autrui.

La notion de vol ne saurait être étendue à d'autres délits, ayant pour effet de priver frauduleusement un propriétaire de son bien, comme l'abus de confiance (art. 491 du Code pénal) ou l'escroquerie (art. 496 du Code pénal). Le critère de la distinction réside dans la question de savoir si le propriétaire a, ou n'a pas, remis volontairement la chose à une personne qui la détourne. La réponse est certainement négative dans l'hypothèse d'un vol.

Elle est cependant toujours affirmative en matière d'abus de confiance. Il en est de même en matière d'escroquerie, avec la différence que le délinquant emploie dans ce cas des moyens frauduleux pour se faire remettre la chose, qu'il vendra à un tiers, qui ignore l'origine de ce bien.

315 *Rapports naissant dans le cadre de l'article 2279*

Ledit article peut mettre en relation les personnes suivantes:

a. le propriétaire de la chose et l'auteur du vol ou celui ayant trouvé la chose,
b. le propriétaire et l'acquéreur de la chose,
c. le possesseur évincé et la personne qui lui a transmis la chose.

a) Relations du propriétaire avec celui ayant volé ou trouvé la chose

Comme l'auteur du vol ou celui ayant trouvé la chose perdue et la gardant pour lui, sont de mauvaise foi, le propriétaire du bien peut revendiquer sa propriété contre ces personnes. Cette revendication est possible pendant trente ans.

L'action en revendication est indépendante de l'action civile, que la victime peut intenter contre l'auteur du vol du chef du préjudice lui causé.

b) Relations du propriétaire avec l'acquéreur de la chose

Rappelons que, si l'acquéreur de la chose ne remplit pas les conditions d'application de l'article 2279, notamment s'il est de mauvaise foi, la revendication du propriétaire est admise et elle peut être exercée pendant trente ans.

Contre un acquéreur de bonne foi, qui a ignoré que son auteur n'était pas le vrai propriétaire de la chose, l'action en revendication n'est possible que si le propriétaire a été privé involontairement de son bien, à la suite d'un vol ou d'une perte.

Dans cette dernière hypothèse, cette action en revendication peut être exercée pendant trois ans. Ce délai court à partir du jour de la perte ou du vol de la chose et non à compter du jour où l'acquéreur de celle-ci est entré en possession.

Ce délai de trois ans est considéré, non comme un délai de prescription, mais comme un délai préfixe. La différence réside dans le fait qu'une prescription peut être interrompue (cf. supra numéros 291 et 292) ou suspendue, notamment en faveur des incapables (cf. supra numéro 293), alors que tel n'est pas le cas d'un délai préfixe.

Pour que l'action du revendicateur aboutisse, il faut que celui-ci prouve à la fois sa possession antérieure et la perte ou le vol de l'objet qu'il revendique.

c) Relations du possesseur évincé avec la personne qui lui a transféré la chose

L'article 2279 alinéa 2 permet au possesseur évincé d'exercer un recours contre celui, de qui il tient le bien volé ou perdu. Ce recours constitue une application du droit commun. Le transfert de la chose est intervenu sur base d'un contrat, généralement, d'une vente. C'est donc la nature du contrat qui détermine le recours applicable. Ainsi, dans le cas d'une vente, l'acheteur évincé par le vrai propriétaire de la chose peut agir en garantie contre son vendeur.

Il est vrai que ce recours n'aboutit qu'assez rarement, alors que souvent le voleur ou celui, ayant gardé pour lui la chose trouvée, est insolvable.

Remboursement du prix à l'acheteur ayant dû rendre le bien au propriétaire **316**

Heureusement, l'acquéreur de bonne foi d'une chose volée ou perdue, qui a dû la rendre à son propriétaire, ne dispose pas seulement d'une action contre son vendeur, sinon il resterait souvent sur ses frais.

Pour le dédommager de son préjudice, consistant dans la privation du bien qu'il a acheté, l'article 2280 lui concède, sous certaines conditions, le droit de se faire rembourser par ce propriétaire le prix qu'il a payé pour acquérir l'objet en question.

La condition de ce remboursement de prix est que l'acquéreur ait acheté la chose, qu'il a dû rendre au propriétaire, "dans une foire ou dans un marché ou dans une vente publique ou d'un marchand, vendant des choses pareilles".

Les circonstances de l'acquisition d'une chose, conformément aux usages du commerce, renforcent la bonne foi du possesseur. Celui-ci, en achetant un objet chez un commerçant, ne saurait se douter que ce bien provient d'un vol. Le remboursement du prix d'acquisition au possesseur évincé s'impose en vue d'éviter un trouble fâcheux dans la circulation des biens. Il faut donner confiance au client, qui achète une marchandise chez un commerçant, qu'il ne court pas le risque d'être privé à la fois de la chose achetée et du prix d'achat.

La même protection ne s'impose pas, si le possesseur évincé a acheté l'objet, qu'il a dû rendre, chez une personne de sa connaissance ou chez un non commerçant, ou bien qu'il l'a acheté dans la rue ou chez lui d'un colporteur. Dans ces cas, l'acheteur a commis une imprudence et il doit en tirer les conséquences.

Evidemment, l'obligation pour le propriétaire de rembourser au possesseur évincé le prix, que celui-ci a payé pour acquérir la chose, n'arrange pas ce propriétaire.

Généralement, son intérêt n'est pas très grand d'exercer l'action en revendication, alors qu'il ne gagne financièrement pas à l'affaire, si l'on considère les frais qu'il doit souvent exposer pour récupérer son bien. D'autre part, cette chose peut avoir diminué en valeur et le propriétaire doit quand-même rembourser le prix d'achat payé par le possesseur évincé.

Son intérêt à revendiquer son bien perdu ou volé existe seulement, si celui-ci présente pour lui un intérêt spécial (souvenir de famille ou un objet, dont la valeur morale dépasse sa valeur économique) ou si ce bien a augmenté sensiblement en valeur depuis qu'il lui a été volé ou qu'il la perdu.

Il reste à signaler que, dans le cas où le possesseur évincé réclame au propriétaire le remboursement du prix d'achat, il lui appartient de prouver qu'il a acheté cet objet dans une foire, un marché ou chez un commerçant.

A défaut de pouvoir rapporter cette preuve, le possesseur doit rendre l'objet, sans obtenir le remboursement de son prix d'achat.

Il est évident que le possesseur de mauvaise foi, même s'il a acheté la chose volée ou perdue chez un marchand ou dans une foire ou un marché, n'a pas droit au remboursement du prix d'achat.

317 *Recours du propriétaire contre le commerçant ayant vendu la chose*

La question se pose si le propriétaire qui, pour récupérer son objet volé ou perdu, a dû rembourser au possesseur de bonne foi évincé le prix d'achat du bien, peut exercer un recours contre le commerçant, qui a vendu cette chose au possesseur.

Un tel recours donnerait évidemment plus d'intérêt économique à l'action en revendication du propriétaire contre le possesseur, recours que nous avons examiné au numéro ci-avant. Nous avons en effet constaté, qu'en général, cette action ne présente guère d'intérêt financier.

En France, la Cour de Cassation a décidé qu'en principe, le propriétaire revendiquant ne peut pas réclamer au commerçant le remboursement du prix, qu'il a payé au possesseur de bonne foi pour récupérer son bien. Suivant la jurisprudence, le recours en question ne serait possible que si ce commerçant a commis une faute au sens des articles 1382 et 1383. Cela revient donc à prouver que le commerçant connaissait la provenance de l'objet, qu'il a vendu au possesseur de bonne foi, ou du moins, qu'il devait avoir des doutes sur l'origine de cet objet.

ACQUISITION DE LA PROPRIÉTÉ IMMOBILIÈRE PAR CONVENTION

Généralités **318**

Nous avons examiné, dans un chapitre précédent, l'acquisition de la propriété immobilière par prescription acquisitive à la suite d'une possession prolongée.

La prescription acquisitive, bien que non négligeable, n'est évidemment pas la façon normale d'acquérir la propriété immobilière. Le mode normal, c'est l'acquisition par un contrat.

A titre d'acquisition entre vifs, il existe deux possibilités de devenir propriétaire, soit à titre gratuit, soit à titre onéreux. Dans le premier cas, il s'agit de la donation, contrat dans lequel une seule des parties effectue un transfert de biens et s'appauvrit au profit d'une autre. Nous avons analysé le régime des donations dans la seconde partie de notre ouvrage "Successions et Donations".

Dans les contrats à titre onéreux, chaque partie consent des sacrifices, l'une en livrant un bien, l'autre en payant le prix convenu. Le type des contrats à titre onéreux est la vente.

Nous examinerons ci-après les règles fondamentales régissant l'acquisition de la propriété par convention. En grande partie, ces règles sont les mêmes pour la propriété mobilière et pour la propriété immobilière.

Ces règles fondamentales se résument par deux principes:

1. *la liberté contractuelle des parties,*
2. *le transfert instantané de la propriété par la convention.*

319 *I. LA LIBERTÉ CONTRACTUELLE DES PARTIES*

Celle-ci résulte de la combinaison des articles 711 et 1134. L'article 711 a la teneur suivante: "la propriété des biens s'acquiert et se transmet par l'effet des obligations". L'article 1134 dispose que: "les conventions légalement formées tiennent lieu de loi à ceux qui les ont faites".

Les deux articles impliquent que chaque personne, dont la capacité de conclure n'est pas limitée (comme l'est celle des mineurs et des incapables majeurs), peut librement céder ou acquérir des biens, qui sont dans le commerce, à moins que la loi ait, pour elle, apporté expressément une entrave à la liberté contractuelle.

Ces cas sont relativement rares. Ils peuvent consister dans une interdiction absolue d'aliéner ou d'acquérir. Ils concernent souvent le domaine des donations et testaments. Ce sont notamment la substitution fidéicommissaire (article 1049) et l'interdiction pour certaines personnes d'être légataires si elles ont assisté le testateur pendant la maladie dont il est mort (article 909).

Citons encore, en-dehors du domaine des donations et des testaments, l'interdiction pour le tuteur d'acquérir des biens de son pupille (article 450 alinéa 3) et la prohibition pour le notaire, chargé d'une adjudication publique, d'acquérir l'immeuble mis en adjudication.

Parfois, l'interdiction d'aliéner ou d'acquérir n'est pas absolue, mais ces opérations sont seulement soumises à une autorisation judiciaire ou administrative.

Nous signalons à ce sujet l'interdiction visée à l'article 1125-1, sauf autorisation de justice, pour les personnes, exerçant une fonction dans un établissement hébergeant des personnes âgées, ou visées par l'article 488, alinéas 2 et 3, d'acquérir un bien appartenant à ces personnes.

Comme cession soumise à une autorisation administrative, nous mentionnons l'article 53 de la loi modifiée du 25 mai 1964 concernant le remembrement des biens ruraux. Cet article interdit, après la finalisation d'un remembrement et sauf autorisation du Ministre de l'agriculture, tout morcellement d'un terrain, si ce morcellement a pour effet de créer des parcelles d'une contenance inférieure à un hectare pour les labours, et à vingt ares pour les vignobles.

Forme des contrats portant transfert de la propriété ou des droits réels

Dans le cadre de la liberté contractuelle, il se pose la question de savoir si les parties sont libres de donner à leur accord de céder ou d'acquérir un bien, la forme qu'elles souhaitent (orale ou écrite), ou si la loi exige d'elles une forme déterminée.

Cette question se pose sous une double optique. Faut-il une forme écrite pour qu'un contrat soit valable et, si tel n'est pas le cas, qu'en est-il en matière de preuve, quand l'une des parties, ou un tiers, conteste ce contrat, comportant transfert de propriété?-

Nous allons examiner ci-après cette double question.

1. La validité du contrat

320

Un contrat, comportant aliénation d'un bien, conclu sous une forme orale, est-il juridiquement valable?-

A cet égard, il convient de distinguer entre *les contrats à titre gratuit*, comme les donations, et *les contrats à titre onéreux*, donc essentiellement la vente et l'échange.

En ce qui concerne la donation, l'article 931 exige expressément qu'elle soit faite sous une forme écrite, et même par un acte passé devant notaire, donc par voie d'un acte authentique. Le Code civil ne fait à cet égard pas de différence entre les donations portant sur des meubles et celles relatives à des immeubles. Une donation, qui ne respecte pas la forme notariée, est nulle.

Nous avons cependant exposé dans notre ouvrage "Successions et Donations" qu'il y a moyen de se passer d'un acte notarié pour faire certaines donations, qu'on veut cacher à son entourage. On peut ainsi recourir aux dons manuels ou aux donations indirectes et, éventuellement, aux donations déguisées.

Pour *les actes à titre onéreux*, portant transfert de propriété d'un droit réel, sauf l'hypothèque, la loi n'exige pas de forme spéciale.

Un tel contrat peut donc être simplement consensuel, donc oral. Nous rappelons à cet égard ce que nous avons dit au numéro 285 sur les ventes orales de parcelles de terres conclues dans le temps entre agriculteurs. De tels contrats de vente sont valables entre parties.

2. La preuve du contrat

321

Cependant, il ne suffit pas toujours qu'un contrat de vente soit valable, il est souvent exigé de prouver son existence. Cette preuve peut devenir nécessaire entre parties, quand l'une d'elles n'exécute pas ses obligations résultant de ce contrat, notamment ne paye pas le prix de vente convenu.

Des tiers, non parties au contrat, peuvent en contester l'existence et refuser d'en tirer les conséquences juridiques. Dans ce cas, celui qui prétend être devenu propriétaire à la suite d'un contrat, doit en faire la preuve. A cet égard, il convient de rappeler le régime régissant le transfert de la propriété mobilière régi par l'article 2279.

Souvent pour le transfert de biens mobiliers, il n'est pas d'usage de dresser un écrit. D'où la règle de l'article 2279 "en fait de meubles, la possession vaut titre", qui dispense le possesseur d'un bien corporel de prouver la propriété de celui-ci.

Il en est autrement en matière immobilière, où il n'existe pas de règle analogue aux dispositions de l'article 2279 précité.

Nous avons vu au numéro 251 que prouver sa propriété immobilière se réduit souvent à en prouver la possession. Mais, celle-ci n'est juridiquement protégée que si elle a une durée d'existence minimale.

Comment une personne, qui vient d'acquérir un immeuble, sans qu'un écrit ait été dressé, peut-elle prouver être devenue propriétaire à la suite d'un contrat?-

A cet égard, il faut faire une distinction entre le régime de preuve applicable entre les parties au contrat et les tiers. Cette notion de tiers nécessite également certaines explications, alors qu'elle n'englobe pas toutes les personnes, qui n'ont pas conclu ce contrat de vente (cf. numéro 349 ci-après).

322 *Preuve entre les parties contractantes*

Ce régime de preuve est déterminé par les articles 1341 et suivants.

L'article 1341 a la teneur suivante: "Il doit être passé acte devant notaire ou sous signatures privées de tous les actes juridiques portant sur une somme ou valeur excédant celle qui est fixée par un règlement grand-ducal, (le règlement grand-ducal du 22 décembre 1986 a fixé cette limite à 100.000.- francs), même pour dépôts volontaires, et il n'est reçu aucune preuve par témoins contre et outre le contenu aux actes, ni sur ce qui serait allégué avoir été dit avant, lors ou depuis les actes, encore qu'il s'agisse d'une somme ou valeur moindre".

On serait tenté d'interpréter cet article comme visant la validité du contrat, en ce sens qu'un tel acte, dont l'objet dépasse en valeur 100.000.- francs, exigerait, pour être valable un écrit, tandis que tel ne serait pas le cas, si la valeur en est inférieure au montant sus-visé.

Tel n'est cependant pas la portée de cet article, qui concerne uniquement le régime de la preuve, ainsi que cela se dégage du contexte, dans lequel cet article est placé. Ce texte se trouve en effet dans la section II du chapitre VI du Code civil. Cette section est intitulée "de la preuve testimoniale". Le sens de l'article 1341 est qu'au cas où la valeur d'un acte juridique dépasse cent mille francs, cet acte ne saurait être prouvé par témoins, mais uniquement par écrit, acte authentique ou acte sous seing privé. Si l'objet d'un tel acte a par contre une valeur inférieure à cent mille francs, la preuve testimoniale est admise.

On ne peut pas non plus prouver par témoins que le contrat convenu entre parties aurait encore porté sur d'autres dispositions, non reprises à l'acte écrit. Il n'est pas permis non plus de prouver, par voie testimoniale, que la convention ne contiendrait pas réellement l'accord intervenu entre parties et que celles-ci auraient convenu oralement d'autres clauses plus favorables pour celui, qui met en cause certaines dispositions de l'écrit.

Le Code civil apporte quelques dérogations au régime de l'article 1341, si certaines conditions spéciales sont remplies. Il en est ainsi du commencement de preuve par écrit, défini par l'article 1347 alinéa 2 comme étant "tout acte par écrit qui est émané de celui contre lequel la demande est formée, ou de celui qu'il représente, et qui rend vraisemblable le fait allégué."

A part la preuve écrite, le Code civil admet, en l'absence d'un écrit, comme preuve d'un acte juridique encore l'aveu judiciaire de la partie, contre laquelle un acte juridique est invoqué (article 1356) ou le serment litisdécisoire (articles 1358 et suivants).

L'écrit sous seing privé, pour être valable, donc abstraction faite de la preuve de son contenu, doit encore correspondre aux exigences de l'article 1325. Cet article dispose que "les actes sous seing privé, qui contiennent des conventions synallagmatiques (engageant les deux parties) ne sont valables qu'autant qu'ils ont été faits en autant d'originaux qu'il y a de parties ayant un intérêt distinct".

Un contrat, rédigé en un seul exemplaire, n'est donc pas valable et ne saurait être opposé à l'autre partie. La jurisprudence apporte cependant un tempérament à cette rigueur. Elle a décidé qu'un acte sous seing privé, n'ayant pas été fait en double, peut valoir comme commencement de preuve par écrit (cf. ci-dessus) de la convention, qu'il est appelé à constater (Cour Supérieure de Justice 19 mai 1882, Pas. 2, page 99). Un tel acte peut donc servir de preuve, non en lui-même, mais ensemble avec une preuve testimoniale, de la convention invoquée ou appuyée d'une présomption légale, par exemple, de l'aveu ou du serment.

La validité de l'acte sous seing privé en matière de vente d'immeubles

323

Souvent les parties, en concluant une vente d'immeuble, rédigent au préalable un acte sous seing privé, constatant les conditions essentielles de la vente intervenue, en qualifiant cet écrit de "compromis de vente" (en fait cette qualification est juridiquement erronée, alors que le compromis est l'acte, par lequel les parties conviennent de soumettre un litige, non au tribunal, mais à un arbitre).

Dans l'acte sous seing privé, les parties conviennent qu'un acte notarié, documentant cette vente, sera rédigé, dans un délai déterminé, par un notaire désigné par elles. La question se pose si la vente de l'immeuble sera parfaite seulement si l'acte notarié est établi, ou dès l'établissement de l'acte sous seing privé.

Cette question est importante, si l'une des parties, après avoir signé l'acte sous seing privé, refuse ultérieurement de passer chez le notaire pour signer l'acte notarié.

La question sus-visée a été tranchée par la jurisprudence, et plus particulièrement par un jugement du Tribunal civil de Luxembourg du 31 mai 1961 (Pas. 18, page 363). Ce Tribunal a décidé que "la vente d'un immeuble, consentie par acte sous seing privé, est parfaite, dès lors que cet acte constate l'accord des parties sur la chose et le prix. Il s'en suit que l'énonciation d'un pareil écrit qu'un acte notarié sera ultérieurement dressé, n'est en principe qu'une modalité du contrat de vente, définitivement formé.

Il n'en est autrement que s'il résulte clairement, soit des termes de la convention, soit des circonstances, que les parties ont voulu subordonner la formation et l'efficacité du contrat à l'accomplissement de cette formalité".

En règle générale, la vente intervenue est donc parfaite par la signature de l'acte sous seing privé par l'acheteur et le vendeur de l'immeuble, dans la mesure où cet acte marque l'accord des parties sur l'identité de l'immeuble vendu et le prix de vente à payer.

Cette constatation soulève pourtant deux questions:
1. Que peut faire l'une des parties, si l'autre refuse de passer l'acte notarié prévu?
2. Pourquoi un tel acte notarié est-il requis, si la vente est déjà devenue parfaite par la signature de l'acte sous seing privé?

324 a) **Moyens d'action d'une partie, si l'autre refuse de passer l'acte notarié**

Ce cas se présente assez souvent. C'est généralement l'acheteur qui, regrettant l'achat de l'immeuble qu'il vient de réaliser, croit échapper à cet achat, en refusant de signer l'acte notarié. Que peut faire dans ce cas le vendeur?

Constatons d'abord qu'il a intérêt à agir. Car, en restant passif, il est toujours lié lui aussi par le contrat de vente sous seing privé. Il saurait difficilement vendre son immeuble à un autre amateur, tant que le sort de l'acte sous seing privé, documentant la première vente, n'est pas tranché.

Le vendeur doit d'abord adresser, par acte d'huissier, une sommation à l'acheteur de passer l'acte à tel jour et à telle heure chez le notaire désigné.

Si l'autre partie ne se présente pas chez le notaire à la date fixée, le notaire dresse un acte de carence, documentant la non-comparution de l'acheteur. Le vendeur a alors une alternative, il peut, soit demander au tribunal la résiliation de la vente intervenue pour non-respect par l'acheteur de ses engagements, et l'allocation de dommages-intérêts, soit demander au tribunal de suppléer à l'acte notarié non intervenu, par un jugement constatant officiellement cette vente.

En ce qui concerne la première alternative, l'acte sous seing privé prévoit généralement une clause pénale, c'est à dire un dédit forfaitaire, par exemple, dix pour cent du prix de vente convenu, à payer par la partie qui se désiste du contrat, à l'autre partie.

Le contractant, qui entend respecter ses engagements, demandera donc, après avoir adressé à l'autre partie une sommation de passer acte restée infructueuse, la résiliation judiciaire du contrat, avec attribution des dommages-intérêts forfaitaires, stipulés par le contrat de vente.

Pour échapper à la contrainte de devoir demander la résiliation judiciaire du contrat de vente sous seing privé, on pourrait aussi stipuler à cet acte sous seing privé que ce contrat est réputé non intervenu si, dans un délai à fixer, l'acte de vente notarié n'est pas signé. Dans cette hypothèse, le vendeur, notamment s'il se méfie de la solvabilité de l'acheteur, ou de sa possibilité de mobiliser le crédit nécessaire au financement du prix d'acquisition, a l'assurance d'être délié des obligations du contrat de vente.

Si, par contre, le vendeur entend voir rendre parfaite la vente intervenue, il demandera au tribunal de constater, par jugement, le caractère définitif de cette vente. Ce jugement tiendra alors lieu d'acte de vente notarié.

Ce n'est évidemment pas toujours l'acheteur, qui refuse de passer l'acte notarié prévu. Ce peut être également le vendeur, qui regrette la vente intervenue, ayant trouvé par après un amateur disposé à lui payer un meilleur prix pour son immeuble.

Quelle que soit la partie, qui se montre réticente à passer l'acte notarié prévu à l'acte sous seing privé, l'autre partie, entendant respecter son engagement, peut toujours demander au tribunal un jugement constatant officiellement la vente intervenue.

Ceci nous amène à la deuxième question.

b) **La nécessité d'un acte notarié** **325**

Comme la vente, par acte sous seing privé, d'un immeuble est parfaite, pourquoi faut-il en plus un acte notarié ou, si celui-ci ne se réalise pas, un jugement constatant la vente immobilière intervenue?-

La raison en est que chaque partie intervenant à cette vente a intérêt à ce que celle-ci soit parfaite, non seulement à l'égard des parties contractantes, mais également à l'égard des tiers.

L'opposabilité de cette vente aux tiers se réalise dans notre pays, comme aussi dans les pays voisins, par un système de publicité spéciale, la transcription de l'acte de vente au Bureau des hypothèques. Nous examinerons ce système de la transcription dans un des prochains chapitres.

Nous pouvons nous limiter, à ce stade, à mentionner que sont seuls admis à la transcription les actes authentiques, donc les actes notariés et les jugements, ce qui exclut donc les actes sous seing privé. Cette règle est prévue par l'article 1er de la loi modifiée du 25 septembre 1905 sur la transcription des droits réels immobiliers.

En conclusion, si l'acte sous seing privé est parfaitement valable et suffisant pour documenter une vente immobilière entre l'acheteur et le vendeur de l'immeuble concerné, cet acte ne suffit pas pour rendre cette vente opposable aux tiers.

Avant de passer à l'analyse de ce régime de transcription, il y a lieu d'examiner au préalable la question de savoir à partir de quel moment s'opère, entre les parties, le transfert de la propriétaire immobilière.

II. PRINCIPE DU TRANSFERT INSTANTANÉ DE LA PROPRIÉTÉ

326 Généralités

En droit luxembourgeois, reprenant les dispositions du Code civil français, le droit de propriété, tant mobilière qu'immobilière, se transmet instantanément au moment où se réalise l'accord entre les parties sur la chose à transférer par l'une des parties, et le prix à payer par l'autre. Cette disposition résulte de l'article 1138, dont le texte est le suivant "L'obligation de livrer la chose est parfaite par le consentement des parties contractantes. Elle rend le créancier propriétaire et met la chose à ses risques, dès l'instant où elle a dû être livrée, encore que la tradition n'en ait point été faite, à moins que le débiteur ne soit en demeure de la livrer, auquel cas la chose reste aux risques de ce dernier".

C'est donc le contrat lui-même (vente, donation acceptée, ou échange) qui fait passer la propriété ou le droit réel (usufruit, droit d'habitation) du vendeur à l'acheteur.

Aucun autre acte juridique n'est donc requis pour transférer ce droit de l'aliénateur à l'acquéreur, même si l'entrée en possession de ce dernier doit se faire plus tard. Si le vendeur conserve la chose vendue pendant un certain temps, ce n'est pas à titre de propriétaire, mais à titre de détenteur pour compte de l'acheteur.

Ce principe du transfert instantané du droit de propriété par le contrat n'existe pas dans le droit allemand ou suisse. Ceux-ci restent plus dans la ligne du droit romain.

En droit allemand, la naissance du droit de propriété et son transfert à l'acquéreur se réalisent dans deux actes juridiques différents. Le contrat en lui-même ne fait que naître l'obligation de transférer la propriété. Pour les meubles, ce transfert se réalise par la tradition, donc par la livraison volontaire.

Pour les immeubles, le transfert de propriété s'opère par un acte d'exécution distinct. Cet acte doit revêtir la forme authentique. Dans cet acte, l'aliénateur et l'acquéreur déclarent leur accord de transférer la propriété (Auflassung). Cela résulte notamment du paragraphe 925 du BGB, libellé comme suit:

"Die zur Übertragung des Eigentums an einem Grundstück nach § 873 erforderliche Einigung des Veräusserers und des Erwerbers (Auflassung) muss bei gleichzeitiger Anwesenheit beider Teile vor einer zuständigen Stelle erklärt werden. Zur Entgegennahme der Auflassung ist, unbeschadet der Zuständigkeit weiterer Stellen, jeder Notar zuständig. Eine Auflassung kann auch in einem gerichtlichen Vergleich erklärt werden.

Eine Auflassung, die unter Bedingung oder einer Zeitbestimmung erfolgt, ist unwirksam".

Cette "Auflassung" fait l'objet d'une inscription dans le "Grundbuch". Ladite inscription est indispensable pour transférer le droit de propriété immobilière même entre parties (§ 873 BGB).

Le droit allemand, contrairement au droit luxembourgeois ou français, ne distingue donc pas entre la validité d'un tel acte entre parties et son opposabilité aux tiers.

PORTÉE DE LA RÈGLE SUR LE TRANSFERT INSTANTANÉ DU DROIT DE PROPRIÉTÉ 327

La règle définie par l'article 1138 n'est pas d'ordre public, en ce sens que les parties au contrat, portant sur le transfert de propriété d'un immeuble, pourront y déroger.

Etant donné que cet effet translatif instantané repose sur une volonté présumée des parties, ces dernières ont la possibilité juridique de modifier cette règle et de différer la période de transfert de la propriété.

Ainsi, les parties contractantes pourraient disposer que le transfert de propriété se réalisera seulement si l'acquéreur a payé intégralement le prix de vente stipulé.

Souvent aussi, le vendeur ou l'acquéreur d'un immeuble signent d'abord un contrat de vente sous seing privé, dans lequel ils conviennent que le transfert de propriété aura lieu seulement le jour de la rédaction de l'acte notarié, documentant officiellement cette vente.

CONSÉQUENCES DE CETTE RÈGLE 328

Ces conséquences résultent, en grande partie, de l'article 1138 que nous venons de citer.

Ces règles s'appliquent aux parties à l'acte, mais aussi à leurs successeurs universels (héritiers et légataires universels et à titre universel), ainsi qu'aux créanciers de chaque partie au contrat. Ces créanciers subissent les conséquences des transferts de propriété de leur débiteur avec les effets favorables (acquisition d'un nouveau bien) ou défavorables (aliénation d'un bien par leur débiteur).

Les conséquences du transfert instantané du droit de propriété pour les parties et les personnes, qui leur sont assimilées, sont les suivantes:

1. Dès la conclusion du contrat d'aliénation d'un bien, les risques de ce dernier passent à l'acquéreur, même au cas où le vendeur conserve encore le bien pour le livrer seulement plus tard, si une telle stipulation est contenue au contrat. Si donc cet immeuble périt au cours de cette période, la perte sera pour l'acquéreur, qui devra néanmoins payer le prix.

Cette dernière règle que les risques sont pour l'acquéreur ne s'applique plus, quand le vendeur a été mis par l'acquéreur en demeure de lui livrer l'immeuble acheté. Cela implique que le vendeur n'a pas respecté le délai de la livraison, signifiant en l'occurrence la mise à disposition de l'immeuble à l'acquéreur, par exemple, par la remise des clés. Il faut que l'acheteur ait sommé le vendeur de livrer cet immeuble, ou que cette mise en demeure résulte déjà de l'acte d'aliénation lui-même.

Si le vendeur est en demeure de livrer l'immeuble, les risques pouvant affecter celui-ci, restent à sa charge.

2. A partir du jour de la conclusion du contrat d'aliénation, les fruits civils et naturels (cf. supra numéro 22) sont dus à l'acheteur, sauf convention contraire.
3. C'est l'acquéreur, qui est devenu responsable à l'égard des tiers du dommage causé par l'immeuble.
4. L'immeuble entre, à partir du jour de la naissance du droit, dans le patrimoine de l'acquéreur, et ce sont ses créanciers (et non plus ceux de l'aliénateur), qui peuvent saisir cet immeuble. Les créanciers du vendeur pourraient cependant maintenir leurs droits, en exerçant l'action paulienne (article 1167) et en prouvant que l'aliénation a été faite en fraude de leurs droits.

329 CONDITIONS D'APPLICATION DE CETTE RÈGLE

Les conséquences, visées au numéro précédent, ne s'appliquent pas dans tous les cas d'aliénation d'un droit de propriété. Il faut que certaines conditions soient respectées, pour que ces conséquences puissent jouer.

Ces conditions sont les suivantes:

1. Il faut que le vendeur ait été titulaire du droit transmis. Personne ne peut en effet transmettre plus de droits qu'il n'en possède. Toutefois, la jurisprudence admet, en vertu du principe "error communis facit jus", la validité d'un contrat à titre onéreux, passé avec un propriétaire apparent, c'est à dire avec celui que tout le monde considère comme véritable titulaire du droit qu'il aliène, bien que, juridiquement, il ne le soit pas. Un tel contrat transmet donc la propriété à l'acquéreur, qui a, de bonne foi, partagé, lors de l'acte de vente, l'erreur commune avec le vendeur.
2. Il est exigé que le contrat soit valable. Cette validité concerne la forme du contrat. Une telle exigence ne vise pratiquement que la donation, alors que, pour la vente, un acte authentique ne s'impose que dans l'intérêt de la publicité à l'égard des tiers.
3. Il faut que le transfert de propriété opéré concerne un corps certain.

   Rapportée à propriété mobilière, cette exigence implique que la règle du transfert instantané du droit de propriété ne saurait pas s'appliquer à des choses fongibles ou de genre (autant d'hectolitres de vin ou de quintaux de blé). Dans un tel genre de contrat, l'acquéreur ne devient propriétaire que le jour où ces biens fongibles ont été individualisés, par exemple, où le blé acheté a été pesé.

Rapportée aux immeubles, la règle du transfert instantané du droit de propriété ne saurait s'appliquer qu'à des bâtiments, dont la construction est entièrement achevée. Pour un immeuble en voie de construction, le transfert de propriété se fait suivant les stipulations du contrat, soit lorsque la construction est achevée (vente clés en main), soit au fur et à mesure de l'avancement de la construction.

4. Cet transfert instantané ne s'applique pas non plus, quand les parties ont expressément entendu différer le transfert de propriété (cf. numéro 328 ci-avant).

Application du principe du transfert instantané à l'égard des tiers **330**

Ce principe ne vaut pleinement qu'entre les parties contractantes et à l'égard des personnes qui leur sont assimilées (cf. supra numéros 327 à 329).

Cette règle ne saurait jouer que difficilement à l'égard des autres personnes, n'étant pas intervenues au contrat, qui a transféré la propriété immobilière. Appliquer une telle règle à leur égard, apporterait une grande insécurité dans le commerce des immeubles. En effet, comment de tierces personnes pourraient-elles savoir qu'un individu, qu'ils savent propriétaire, ne l'est plus, parce qu'il a vendu son immeuble.

Aussi, le législateur a-t-il dû modifier le principe du transfert instantané de la propriété à l'égard des tiers, en organisant, à leur intention, une publicité spéciale, consistant dans la transcription de l'acte d'aliénation d'un immeuble au Bureau des hypothèques.

Anomalie dans notre droit sur la propriété immobilière **331**

Un droit de créance ne s'applique qu'entre les parties contractantes et ne concerne pas les tiers, ceux-ci n'étant pas intervenus au contrat.

Par contre, le droit de propriété est un droit absolu opposable à tous, sauf les restrictions apportées à ce droit par des dispositions légales. Il devrait donc s'en suivre logiquement qu'un contrat, portant transfert de la propriété d'un immeuble du vendeur à l'acheteur a ce même effet absolu et est opposable aux tiers.

Nous avons cependant vu ci-dessus qu'il n'en est rien et qu'il faut une publicité spéciale pour rendre une aliénation immobilière opposable à des personnes non présentes, ou non représentées à l'acte.

Ce sont des raisons de sécurité juridique, qui ont imposé cette publicité. Nous avons vu que le droit immobilier allemand ne connaît pas ces problèmes (cf. numéro 326 ci-dessus).

Le Code civil originaire a ignoré en principe cette publicité, sauf en matière de donations (articles 939 à 941). Dans un tel contexte, l'article 1138 sus-visé était logique. Il ne l'est plus aujourd'hui, du moins en qui concerne les immeubles. A quoi bon maintenir une règle, qui à chaque fois subit des dérogations par la nécessité de rendre la vente d'un immeuble opposable à des tiers?

La publicité foncière a été organisée dans notre pays par la loi modifiée du 25 septembre 1905 sur la transcription des droits réels immobiliers. Nous allons examiner dans les chapitres suivants pour quels actes juridiques cette publicité est requise, comment elle s'effectue et quels en sont les effets.

LA TRANSCRIPTION DES DROITS RÉELS IMMOBILIERS

Généralités **332**

Le Code civil originaire n'a pas connu, de façon générale, une publicité des actes translatifs de la propriété d'un immeuble.

Cette transcription n'est cependant pas totalement inconnue de ce Code. Nous avons vu que l'article 939 exige la transcription des donations, même mobilières. L'article 1069 prévoit de même la transcription des substitutions fidéicommissaires portant sur des immeubles, c'est à dire des donations faites par les parents à l'un ou à plusieurs de leurs enfants, à charge de restituer ces mêmes biens à tous leurs propres enfants.

Quant aux actes à titre onéreux, le Code civil prévoit, dans quelques cas, une transcription de ces actes. C'est ainsi que l'article 2108 dispose que le vendeur privilégié conserve son privilège par la transcription du titre, qui a transféré la propriété à l'acquéreur.

Enfin, l'article 2181 prévoit que "les contrats translatifs de propriété d'immeubles ou de droits réels immobiliers, que les tiers débiteurs voudront purger des privilèges et hypothèques, seront transcrits en entier par le conservateur des hypothèques dans l'arrondissement duquel les biens sont situés."

Mais le Code civil n'a pas prévu la transcription du transfert d'immeubles le plus courant, à savoir des actes de vente à l'amiable.

333 *Généralisation de la transcription*

Comme mesure générale, la transcription des droits réels immobiliers a été instituée dans notre pays par la loi du 25 septembre 1905. Cette loi est inspirée de la loi française du 23 mars 1855, qui a réglé cette matière en France. La loi du 25 septembre 1905 précitée a été itérativement modifiée, en dernier lieu par la loi du 12 décembre 1972 sur les droits et devoirs des époux.

L'obligation générale de transcrire un certain nombre d'actes juridiques, portant transfert de la propriété immobilière, se dégage de l'article 1er de cette loi, qui a la teneur suivante: "Tous actes entre vifs, à titre gratuit ou onéreux, translatifs de droits réels immobiliers, autres que les privilèges et hypothèques, seront transcrits au Bureau de la conservation des hypothèques, dans le ressort duquel les biens sont situés".

Si l'article sus-visé excepte les privilèges et hypothèques, c'est que ceux-ci font l'objet d'une publicité spéciale, l'inscription. Leur régime a été réorganisé postérieurement à la loi de 1905. Nous examinerons ce régime dans la troisième partie de notre ouvrage.

L'article 1er précité vise tant les actes à titre gratuit que ceux à titre onéreux. Nous avons cependant déjà vu que l'article 939 vise également l'obligation de transcrire les donations immobilières. Cependant, à certains égards, le régime de la transcription prévu pour les donations ne cadre pas avec celui institué par la loi du 25 septembre 1905 sus-visée (cf. numéros 350 à 352 ci-après).

PORTÉE DE LA NOTION "DROITS RÉELS IMMOBILIERS"

Cette notion ne vise pas uniquement le droit de propriété, mais également les droits réels, autres que les privilèges et hypothèques.

Il s'agit en l'occurrence de l'usufruit, de la nue-propriété, du droit d'usage ou d'habitation, des servitudes autres que celles créées par l'effet de la loi, de l'emphytéose et du droit de superficie.

Les principaux actes juridiques, documentant le transfert de droits réels immobiliers, sont la vente, la donation, l'échange, l'apport en société d'un immeuble et la cession de droits successifs, portant sur un ou plusieurs immeubles relevant d'une succession.

Renonciation à un droit réel
La loi de 1905 n'exige pas seulement la transcription d'actes juridiques portant transfert de droits réels, mais également des actes portant renonciation à ces mêmes droits faits au profit d'une personne déterminée. Doit ainsi être transcrite, la renonciation que fait l'usufruitier à son usufruit au profit du nu-propriétaire.

Toutefois, la renonciation ne doit être publiée que dans la mesure où elle transfert un droit réel à une autre personne. N'est donc pas soumise à la transcription, la renonciation par un cohéritier à une succession.

Cette dernière renonciation ne se fait pas au profit d'une personne déterminée. Elle a un caractère purement abdicatif. D'ailleurs, la renonciation à une succession est soumise elle aussi à une forme de publicité. Elle doit en effet se faire au greffe du tribunal civil, où elle est actée dans un registre spécial.

TRANSCRIPTION D'AUTRES ACTES JURIDIQUES ET DE CERTAINS JUGEMENTS

A. ACTES JURIDIQUES SPÉCIAUX

Contrairement à ce que laisse entendre l'article 1er de la loi de 1905 précitée, ce ne sont pas uniquement des actes translatifs de droits réels, qui doivent être transcrits. L'article 1er cite encore d'autres actes juridiques, qui ont seulement un caractère déclaratif et, dans certains cas, il ne s'agit même pas d'actes portant sur des droits réels, mais sur de simples créances.

Quels sont ces actes?

Les actes de partage de biens immeubles 334

Comme nous l'avons exposé dans notre ouvrage "Successions et Donations" (cf. numéro 155), le partage a un effet déclaratif. En effet, en vertu d'une fiction légale, un copartageant est censé tenir sa part successorale, non de ses cohéritiers, mais directement du de cujus. Ainsi, tout partage, qui comporte attribution d'immeubles à un ou à plusieurs des cohéritiers, doit être publié.

Malheureusement, la loi de 1905 ne prévoit pas la transcription d'un immeuble attribué à un héritier, quand il n'y a pas eu partage. Cela se produit en présence d'un héritier unique, ou si tous les immeubles, relevant d'une succession, sont attribués à un légataire universel.

Il s'agit en l'occurrence d'une lacune de notre législation sur la transcription. En effet, contrairement à la situation effective, le de cujus continue à figurer comme propriétaire d'un immeuble qui, en réalité, appartient déjà à son héritier ou à son légataire, tant que son successeur n'a pas vendu cet immeuble.

On pourrait songer à s'inspirer d'une disposition introduite en France par le décret-loi du 30 octobre 1935, qui exige la transcription des "attestations notariées, destinées à constater les transmissions par décès d'immeubles ou de droits immobiliers à un légataire ou à un seul héritier". Une telle disposition pourrait faciliter la tâche de ces héritiers ou légataires à documenter leur titre de propriété.

Les actes équipollents au partage

Les actes équipollents au partage sont des actes, qui opèrent comme un partage, tout en se présentant sous une autre forme. Il s'agit essentiellement de la vente publique d'un immeuble indivis d'une succession, au cas où son adjudicataire est un héritier (licitation). Il en est de même de la vente à l'amiable d'un immeuble de la succession, faite par l'ensemble des héritiers à un cohéritier.

335 Les actes constitutifs d'antichrèse

On appelle antichrèse le contrat, par lequel un débiteur engage, pour sûreté de sa dette, un immeuble à l'égard de son créancier (articles 2071 et 2072). Il s'agit donc en quelque sorte d'un gage immobilier.

De telles opérations ne s'appliquent plus guère de nos jours, de sorte qu'il n'y a pas lieu de traiter davantage ce cas de transcription.

336 Les baux d'une durée de plus de neuf ans

Le contrat de bail est un droit de créance et non un droit réel. On peut donc s'étonner que ce contrat doive être transcrit, s'il dépasse une certaine durée.

Néanmoins, une telle mesure présente une utilité incontestable. En effet, un acheteur d'une maison a intérêt de savoir si cette maison est grevée d'un bail et, dans l'affimative, pour quelle durée. Souvent le vendeur n'est pas pressé de révéler un bail affectant son immeuble, sans même parler d'un bail d'une longue durée. Un tel bail risque en effet de diminuer le prix de vente de l'immeuble, surtout si le loyer payé n'est que peu élevé.

Il appartient ainsi à la loi de donner une certaine sécurité à l'acheteur d'un immeuble, en exigeant la transcription des baux d'une longue durée, donc dépassant neuf ans. Par ailleurs, l'article 11 alinéa 2 de la loi modifiée de 1905 prévoit que "les baux qui n'ont point été transcrits ne peuvent jamais leur (c'est à dire aux acquéreurs) être opposés pour une durée de plus de neuf années".

Deux hypothèses sont possibles. Un bail d'une durée supérieure à neuf ans a été transcrit. Dans ce cas, l'acquéreur potentiel sait à quoi s'en tenir quant au prix à offrir pour acheter l'immeuble. Si aucun bail n'est transcrit, cet acheteur sait du moins qu'un éventuel bail ne peut lui être opposé que pour une durée maximale de neuf ans.

Le régime des baux ruraux

La règle préexposée pour les baux s'applique aussi au bail à ferme. Elle présente cependant une particularité quant à ce dernier. En effet, la loi du 18 juin 1982, portant réglementation du bail à ferme, prévoit pour ces baux une durée minimum avec une prorogation automatique, si le bail n'a pas été dénoncé avec un certain préavis. Ainsi, pour la location d'une ferme entière, la durée minimum est de neuf ans avec une reconduction tacite par périodes de trois ans, si le bail n'a pas été dénoncé après six ans de durée.

Est-ce qu'un tel bail doit être transcrit? Tel n'est pas le cas, aux termes de l'article 5 dernier alinéa de la loi du 18 juin 1982 précitée.

Les actes constatant quittance ou cession d'une somme équivalente à 3 années au moins de loyers ou fermages non échus. **337**

Il est douteux si la pratique de la cession anticipée de loyers équivalents à au moins trois ans, répond toujours à une pratique actuelle.

Quoi qu'il en soit, il est évident que si un bailleur a touché anticipativement un loyer d'une telle importance, ceci ne manquerait pas de diminuer sérieusement la valeur de cet immeuble en cas de vente. Un acquéreur éventuel aurait donc manifestement intérêt à connaître ce fait.

Pour le protéger, l'article 11 alinéa 2 déjà cité, prévoit que, si aucune cession anticipée de loyer n'a été transcrite, "les quittances ou cessions de loyers ou fermages ne peuvent leur (acquéreurs) être opposées que pour le terme de trois années, qui resteront encore à courir".

B. *LES JUGEMENTS SOUMIS À TRANSCRIPTION* **338**

L'article 1er de la loi modifiée du 25 septembre 1905 précitée vise deux catégories de jugements. Il s'agit des jugements suivants:

1. les jugements tenant lieu de conventions ou d'actes assujettis à transcription

En ce qui concerne les jugements tenant lieu de conventions, le cas classique est celui que nous avons signalé sous le numéro 324 ci-dessus. Si, en cas de signature d'un contrat de vente sous seing privé, l'une des parties refuse de passer l'acte notarié correspondant, l'autre partie peut le citer en justice pour faire constater officiellement cette vente. Dans ce cas, le jugement intervenu tient lieu d'acte de vente notarié et doit être transcrit.

Même en l'absence d'une vente documentée par écrit, une partie peut faire constater l'existence de cette vente par la justice, dans la mesure où elle est admise à prouver celle-ci en-dehors d'un écrit (par exemple, si la valeur de l'immeuble vendu est inférieure à 100.000.- francs). Le jugement constatant l'existence de la vente doit alors être transcrit.

Quant aux jugements tenant lieu d'actes assujettis à transcription, ils concernent essentiellement les adjudications de droits immobiliers faites en justice.

Il s'agit surtout du jugement d'adjudication sur saisie immobilière. Entre également en ligne de compte, l'adjudication sur surenchère. Une surenchère, c'est à dire une nouvelle vente après l'adjudication en matière de saisie immobilière, est toujours de droit pour garantir le plus haut prix possible pour les créanciers saisissants. Souvent la surenchère, qui doit toujours être au moins du dixième du prix de vente obtenu, ne produit pas une plus haute mise. Dans ce cas, l'adjudicataire, ayant fait l'offre la plus élevée, devient définitivement propriétaire, et le jugement entérinant la vente est transcrit.

Si par contre, lors de la surenchère, l'immeuble est adjugé à un nouvel acquéreur, le jugement constatant cette deuxième adjudication fera l'objet d'une transcription.

2. Les décisions judiciaires rendues au profit de l'un des époux, portant interdiction provisoire de l'aliénation d'immeubles ou de leur affectation hypothécaire et des décisions de main-levée de cette mesure

Cette nouvelle catégorie de droits à transcrire a été ajoutée par la loi du 12 décembre 1972 sur les droits et devoirs des époux.

Ladite mesure est à voir en rapport avec l'article 213 alinéa 3, libellé ainsi: "Si l'un des époux manque gravement à ses devoirs ou met en péril les intérêts de la famille, l'autre époux peut exercer le recours réglementé par les articles 864-1 à 864-6 du Code de procédure civile".

L'article 864-1 précité, habilite le président du Tribunal civil à statuer sur le recours à exercer dans le cadre de l'article 213 alinéa 3 et à "interdire à l'un des époux pour la durée qu'il déterminera d'aliéner ou d'hypothéquer. des immeubles communs ou non, sans le concours de l'autre".

Une telle mesure judiciaire doit être transcrite, de façon à avertir les tiers appelés à traiter avec l'époux concerné par cette décision. La levée de cette mesure doit être publiée également.

339 C. AUTRES ACTES NON PRÉVUS PAR LA LOI MODIFIÉE DU 25 SEPTEMBRE 1905

Un certain nombre de lois, intervenues postérieurement à celle du 25 septembre 1905 prévoient la transcription de décisions administratives ou de jugements, dont la connaissance intéresse d'éventuels acquéreurs d'immeubles, affectés d'une entrave à leur libre circulation.

Signalons ci-après, sans souci d'être complet, quelques lois prévoyant une telle transcription:

1. La loi du 15 mars 1979 sur l'expropriation pour cause d'utilité publique.

   L'article 28 de cette loi, ayant trait à la procédure judiciaire en matière d'expropriation, prévoit à son alinéa 5 la disposition suivante: "Le jugement constatant l'accomplissement régulier des formalités est transcrit à la diligence de l'expropriant sur le registre du conservateur des hypothèques compétent et produit à l'égard des tiers les mêmes effets que la transcription de l'acte de cession".

Pour plus de détail sur cette procédure judiciaire en matière d'expropriation, le lecteur voudra bien se référer aux numéros 185 à188 ci-avant.

2. La loi du 18 juillet 1983 concernant la conservation et la protection des sites et monuments nationaux. L'article 5 alinéa 2 de cette loi exige que "tout arrêté, qui prononce un classement (d'un immeuble comme monument national) est transcrit par les soins du Ministre au bureau des hypothèques de la situation de l'immeuble classé."

3. La loi modifiée du 25 mai 1964, concernant le remembrement des biens ruraux, prévoit en son article 40: "L'acte de remembrement est transcrit par les soins de l'Office National du Remembrement au Bureau des hypothèques. Il produit ses effets à l'égard des tiers par cette transcription".

Transcription des actions en résolution ou en rescision et des actions en nullité des actes ayant été transcrits

Sous cette rubrique, nous visons une double série de dispositions qui intéressent la transcription.

Il s'agit, en premier lieu, des clauses de résolution contenues dans des actes soumis à transcription.

Sont visées, en second lieu, la rescision et l'annulation d'un acte transcrit.

Inscription de la clause résolutoire dans un acte à titre onéreux ou gratuit **340**

Il arrive souvent que le vendeur ou le donateur d'un immeuble fait insérer dans le contrat, documentant cette vente ou cette donation, une clause aux termes de laquelle l'acte en question pourra être résolu, si l'autre partie ne respecte pas ses engagements, par exemple, si elle ne paye pas le prix de vente convenu, ou si elle n'exécute pas les charges stipulées par l'acte de donation.

Pour qu'une telle clause soit valable à l'égard des créanciers inscrits sur l'immeuble ou des tiers, auxquels des droits réels ont été accordés sur l'immeuble vendu ou donné, il faut que la condition résolutoire ait été formellement stipulée à l'acte sus-visé et qu'elle ait été rendue publique par la transcription.

Cette exigence résulte de l'article 13 de la loi modifiée de 1905. L'article 14 de cette loi oblige, sous peine de responsabilité, le notaire, qui reçoit un acte de vente ou de donation, à interpeller les parties, si elles entendent se réserver le droit de résolution du contrat en cause. Il doit être fait mention expresse à l'acte de la décision prise à cet égard par les parties.

Lorsque cette clause a été prévue à l'acte de vente ou de donation, le conservateur des hypothèques est tenu de faire d'office l'inscription sur son registre du droit de résolution réservé dans le contrat à transcrire. Cette inscription conserve le droit de résolution pendant dix ans. Elle doit donc être renouvelée après ce délai pour conserver son effet (article 15 de la loi modifiée de 1905).

Pour protéger les tiers, l'article 16 de la loi précitée interdit de stipuler dans un acte de vente ou de donation que la résolution de celle-ci aura lieu de plein droit pour inexécution des conditions. Il est donc toujours nécessaire de demander cette résolution en justice.

341 Procédure à respecter par le propriétaire antérieur, qui entend exercer la clause résolutoire prévue dans un acte de vente ou de donation

L'exercice de la clause résolutoire menace les droits des créanciers, disposant d'une hypothèque sur l'immeuble vendu, ou des tiers, ayant acquis des droits réels sur lui, droits qu'ils ont dûment transcrits.

Pour ménager les intérêts des personnes précitées, l'article 18 de la loi modifiée de 1905 exige du propriétaire, décidé à intenter l'action résolutoire, de notifier une copie de l'exploit, contenant la demande en justice, à ces personnes.

Les intéressés peuvent intervenir à l'instance judiciaire pour empêcher la résolution, sous la condition de désintéresser le demandeur. Celui-ci peut leur réclamer seulement la partie du prix de vente restant due, ainsi que les intérêts de trois années au plus sur cette somme.

Le jugement, qui prononce la résolution, n'a pas d'effet à l'égard des créanciers et des tiers concernés, auxquels la notification sus-visée n'a pas été faite.

342 Demande en résolution, en rescision ou en annulation d'un acte transcrit

But de la mesure

Il arrive qu'une partie à un acte, portant transfert de la propriété immobilière, demande, après la transcription de cet acte, la résolution, la rescision (en cas de lésion) ou l'annulation dudit acte.

En ce qui concerne ces demandes, l'article 17 de la loi modifiée de 1905 exige une procédure de publicité spéciale.

Celle-ci a pour but d'avertir des tiers, éventuellement intéressés à acquérir l'immeuble sur lequel porte la demande en justice, ou un créancier hypothécaire, ayant inscrit une hypothèque sur cet immeuble, de la mesure projetée.

En effet, si la résolution ou l'annulation de l'acte transcrit était prononcée par le tribunal, un tiers qui, au cours de la procédure judiciaire, a acquis l'immeuble en question, verrait son droit de propriété mis en cause par l'annulation ou la résolution de l'acte de vente du précédent propriétaire.

Mention en marge

343

La procédure de publicité visée au numéro précédent s'effectue par une mention de la mesure demandée en marge de l'exemplaire ou de l'expédition déposée au Bureau des hypothèques de l'acte transcrit, dont la nullité, la résolution ou la rescision est poursuivie en justice, ainsi que de l'inscription prévue à l'article 15 (inscription d'office du droit de résolution réservé dans un acte de vente ou de donation).

Cette inscription en marge est à faire à la requête de l'avocat du demandeur, qui intente l'une des actions judiciaires visées ci-dessus. A défaut de l'accomplissement de cette procédure de publicité, la demande judiciaire est déclarée irrecevable par les tribunaux.

Si un jugement définitif a été rendu dans une affaire judiciaire, telle que visée ci-dessus, qu'il ait fait droit à cette demande ou qu'il l'ait rejetée, ce jugement doit également être mentionné à la suite de l'inscription visée à l'alinéa précédent.

Cette publicité est à faire dans le mois, qui suit la date du jugement intervenu. L'avocat, qui a obtenu ce jugement et qui a négligé cette mesure de publicité dans le délai requis, encourt de plein droit une amende.

Il arrive qu'une demande en justice soit intentée pour solliciter l'annulation, la résolution ou la rescision d'un acte transcrit et que la mention en marge sus-visée soit réalisée, sans cependant qu'un jugement intervienne dans cette affaire.

Cela peut être notamment le cas, parce que les parties se sont arrangées à l'amiable en cours de procédure. Dans cette hypothèse, il y a également intérêt à ce que la mention en marge transcrite soit privée d'effet, sinon l'immeuble en question resterait affecté de cette restriction à sa libre transmission.

La loi modifiée de 1905 est toutefois muette sur cette question. La pratique suivie dans ce cas par l'Administration de l'enregistrement et des domaines veut que les parties à l'instance judiciaire lui soumettent un jugement de radiation de l'affaire, constatant donc que celle-ci n'est plus pendante devant le tribunal.

Jusqu'à quelle phase de la procédure judiciaire, la publicité sus-visée doit-elle être effectuée?

La loi modifiée de 1905 ne s'est pas prononcée expressément sur cette question. A lire l'article 17 sus-visé, on serait incliné à dire que cette publicité doit être effectuée dès que le tribunal est saisi de la demande.

Néanmoins, la jurisprudence, après avoir décidé que la fin de non-recevoir de la demande judiciaire pour cause de non-publicité en application de l'article 17 de la loi modifiée de 1905 est d'ordre public, et qu'elle peut être soulevée en tout état de cause (arrêt de la Cour Supérieure de Justice du 2 juillet 1915, (Pas. 9, page 547), se montre assez libérale en ce qui concerne le délai ultime. Ainsi la Cour, dans un arrêt du 18 juillet 1918 (Pas. 11, page 66), a décidé que "l'inscription d'une demande en annulation peut encore être valablement faite en cours d'instance et même en appel, l'inscription en cours d'instance fait disparaître le vice, dont la procédure antérieure était entachée".

344 FORME DES ACTES À SOUMETTRE À LA TRANSCRIPTION

L'article 2 de la loi modifiée du 25 septembre 1905 prévoit que "Les jugements, les actes authentiques et les actes administratifs seront seuls admis à la transcription.

Pour autant que l'authenticité des procurations n'est pas requise par un texte spécial, elles pourront être données en la forme sous seing privé".

Malgré cette énonciation restrictive, la loi de 1905 avait admis à la transcription également, sous certaines conditions, des actes sous seing privé. Néanmoins, cette faculté a été supprimée par l'arrêté grand-ducal du 31 décembre 1938, de sorte qu'actuellement les actes sous seing privé ne sont plus admis à la transcription. Il faut donc recourir à la forme notariée pour tous les actes, comportant aliénation d'un immeuble, ou créant sur lui des droits réels soumis à transcription.

Cette exigence est justifiée, alors que des actes de vente sous seing privé, rédigés par des profanes, comporteraient, dans un domaine assez complexe, trop d'irrégularités et de lacunes, ce qui augmenterait considérablement l'insécurité en matière de transmission de la propriété immobilière.

Actes authentiques passés et jugements rendus à l'étranger

Aux termes de l'article 3, alinéas 5 et 6, de la loi de 1905, "les jugements rendus en pays étrangers ne seront admis à la transcription que lorsqu'ils auront été rendus exécutoires dans le Grand-Duché.

Les actes authentiques passés en pays étrangers devront être revêtus du visa du président du Tribunal d'arrondissement de la situation des biens".

345 COMMENT SE FAIT LA TRANSCRIPTION?

Suivant l'article 3 de la loi de 1905, la transcription s'opère par le dépôt, au bureau de la conservation des hypothèques, d'une expédition de l'acte ou du jugement à transcrire. Pour les actes administratifs, intéressant l'Etat ou les communes, non dressés par un notaire, la transcription se fait par le dépôt d'une copie de l'acte administratif.

Il existe dans notre pays, par arrondissement judiciaire, un ou deux bureaux pour la conservation des hypothèques.

L'arrondissement de Luxembourg comprend deux bureaux de conservation des hypothèques.

Le premier bureau est compétent pour les cantons de Luxembourg, de Mersch, de Grevenmacher et de Remich.

Le second bureau comprend les cantons d'Esch-Alzette et de Capellen.

L'arrondissement de Diekirch dispose d'un seul bureau de conservation des hypothèques, compétent pour les autres cantons non énumérés ci-dessus.

Le bureau de conservation des hypothèques compétent est celui de la situation de l'immeuble, qui fait l'objet de l'acte authentique, administratif ou du jugement à transcrire.

Si ces immeubles sont situés dans deux arrondissements judiciaires, la transcription doit avoir lieu dans le bureau de conservation des hypothèques de chaque arrondissement. Quant aux actes, documents ou jugements remis pour la transcription, ils sont reliés en un volume dans l'ordre, dans lequel ils se trouvent inscrits au registre de dépôt, dont il est question ci-après.

Avant cette reliure, le conservateur doit porter sur les documents déposés, le jour même du dépôt, un numéro d'ordre, la date du dépôt, ainsi que les numéros, sous lesquels ces documents ont été inscrits au registre de dépôt.

DÉLAI DE LA TRANSCRIPTION **346**

Ce délai est de deux mois, qui suivent le dernier jour fixé pour l'enregistrement de l'acte à transcrire.

L'enregistrement d'un acte notarié doit avoir lieu au plus tard dans les dix jours après la passation de cet acte, si le notaire réside dans la commune où est situé le bureau d'enregistrement, et dans les quinze jours, si le notaire ne réside pas dans cette commune. L'enregistrement d'un acte notarié doit toujours précéder sa transcription.

Pour le cas où l'acte doit être transcrit dans plusieurs bureaux, le délai de deux mois, indiqué ci-dessus, est prolongé d'un mois pour chaque bureau.

But de la transcription

La transcription des actes portant sur des droits réels immobiliers sert à la publicité des transactions immobilières, c'est à dire à informer toute personne intéressée à acquérir un immeuble, qui en est le propriétaire et quels droits réels (servitude, usufruit, droit d'habitation) grèvent, le cas échéant, cet immeuble.

347 *Procédure d'information des tiers*

Une personne, qui désire avoir les informations visées ci-dessus, doit indiquer au conservateur des hypothèques le nom du propriétaire présumé de cet immeuble. Le conservateur lui délivre alors un "état", mentionnant tous les actes passés par ce propriétaire, pour autant que ces actes ont fait l'objet d'une transcription, voire d'une inscription, s'il s'agit d'une hypothèque ou d'un privilège.

Pour que le conservateur soit à même de fournir facilement les renseignements souhaités par un intéressé, il ne peut évidemment pas fouiller dans les actes transcrits pour rechercher ces indications. Il doit disposer de répertoires capables de le renseigner assez rapidement.

Ces répertoires sont constitués par deux registres, à savoir:

1. un registre de dépôt,
2. un registre à souches.

Ces deux registres sont tenus en application de l'article 2200, tel qu'il a été modifié par la loi du 25 mars 1896, et de l'arrêté grand-ducal du 25 mars 1896 concernant la conservation des registres hypothécaires et leur reconstitution partielle.

Registre de dépôt

Le conservateur des hypothèques est tenu d'inscrire dans ce registre, jour par jour, et par ordre numérique, toutes les remises d'actes ou de pièces produits pour être inscrits (privilèges ou hypothèques), ou transcrits (actes portant transmission de droits réels immobiliers), ou seulement inscrits en marge.

Il en est de même des jugements, constatant un transfert de droits réels immobiliers, ou prononçant la résolution, la nullité ou la rescision d'actes transcrits (voir numéros 342 et 343).

Registre à souches

Immédiatement après la remise des documents visés ci-dessus, le conservateur est tenu de délivrer d'office, sur papier libre et sans frais, à la personne, ayant effectué les remises en question, une reconnaissance des titres et documents remis.

Cette reconnaissance doit être détachée d'un registre à souche, à fournir par l'Administration de l'enregistrement et des domaines.

Cette reconnaissance mentionne, en toutes lettres, le numéro d'ordre du registre de dépôt, sur lequel le titre a été transcrit.

L'article 2200 prévoit de plus une procédure détaillée sur la forme de tenue de ce registre, qui n'est cependant par relevante pour le présent ouvrage.

Les tables alphabétiques

Les tables alphabétiques ne sont pas prévues par une disposition légale. Elles sont d'inspiration administrative et sont réglées par une circulaire du Directeur de l'Administration de l'enregistrement et des domaines. Elles contiennent, par ordre alphabétique, une énumération des noms des personnes figurant aux registres de dépôt.

L'établissement de ces tableaux est facilité par le fait que la loi du 26 juin 1953 exige que les notaires certifient, dans les actes qu'il reçoivent, le nom, le prénom usuel, la date et le lieu de naissance de chacune des parties à l'acte, ainsi que le titre de propriété, c'est à dire l'acte qui a fait entrer l'immeuble dans le patrimoine de la personne, qui en dispose.

Les tables alphabétiques ont pour seul objet de faciliter les recherches à effectuer par le conservateur des hypothèques.

EFFETS DE LA TRANSCRIPTION 348

Dans notre droit, la transcription constitue simplement une publicité.

Elle consolide la propriété immobilière à l'égard des tiers et fixe le moment de la transmission de cette propriété à l'égard de ceux-ci.

A côté de cet effet principal, la transcription remplit encore certaines fonctions accessoires. Ainsi, elle conserve le privilège du vendeur. Elle constitue une formalité indispensable pour la purge des hypothèques. Finalement, elle arrête le cours des hypothèques soumises à inscription contre le précédent propriétaire.

Cependant, cette transcription ne confère pas, par elle-même, des effets spéciaux au contrat passé par les parties. Ainsi, elle ne leur attribue pas le droit de propriété ou un autre droit réel. Celui-ci demeure transmis par l'acte juridique, qui est publié.

Si cet acte est affecté d'un vice, qui entraîne sa nullité (non-respect des formes pour une donation, ou vice du consentement dans le chef de l'aliénateur), la transcription ne purge pas ce vice.

En effet, dans notre droit, le conservateur des hypothèques a un rôle plutôt passif. Il ne peut refuser de transcrire un acte juridique que dans des cas limitativement prévus par la loi, par exemple, il peut refuser de transcrire un acte sous seing privé ou un acte notarié, n'indiquant pas le titre de propriété de la personne, qui aliène un immeuble à titre gratuit ou à titre onéreux.

PERSONNES PROTÉGÉES PAR LA TRANSCRIPTION 349

Nous avons déjà relevé que la transcription d'un acte portant transfert du droit de propriété, ou d'un autre droit réel, n'est pas exigée entre parties. Ainsi, l'une de ces parties ne peut pas opposer à l'autre l'inopposabilité d'un acte pour cause de non-transcription.

La non-transcription ne concerne donc que les tiers. Or, la notion de "tiers" est l'une des plus floues en droit civil, alors que sa portée varie souvent suivant l'acte juridique en cause.

En ce qui concerne la matière de la transcription des droits réels immobiliers, la définition de "tiers" concernés par la transcription, est donnée par l'article 11 de la loi modifiée de 1905. Cet article est libellé comme suit: "Jusqu'à la transcription, les droits résultant des actes et jugements énoncés à l'article 1er ne peuvent être opposés aux *tiers qui du même auteur ont acquis des droits sur l'immeuble et qui se sont conformés aux lois*".

Cette formule assez ambiguë est reprise de la loi française du 23 mars 1855 déjà citée. On interprète généralement ce texte, comme exigeant quatre conditions pour son application. Il faut:

1. tenir son droit du même auteur,
2. avoir acquis un droit sur l'immeuble,
3. avoir conservé ce droit, en se conformant à la loi,
4. ne pas être responsable du défaut de transcription.

Première condition: il faut tenir son droit du même auteur

C'est uniquement entre deux ayants cause du même aliénateur que la transcription sert à régler les conflits possibles. Ne remplissent donc pas la présente condition:

a) l'aliénateur lui-même et ses successeurs universels, qui continuent sa personne,

b) les ayants cause, même à titre particulier, de l'acquéreur, donc également ses créanciers hypothécaires. S'il s'élève un conflit de priorité entre deux créanciers hypothécaires, c'est la date de l'inscription de chaque hypothèque qui règle ce conflit,

c) des tiers étrangers à l'aliénateur et à l'acquéreur, par exemple, un possesseur de bonne foi opposé au vrai propriétaire de cet immeuble. Ce possesseur ne peut pas opposer la non-transcription au propriétaire.

Deuxième condition: il faut avoir acquis un droit sur l'immeuble

Il faut disposer d'un droit réel sur l'immeuble. Répondent à cette exigence, l'acheteur, le donataire, l'acquéreur d'une servitude, le créancier hypothécaire, le preneur d'emphytéose et le légataire à titre particulier.

Ne sont pas des tiers, au sens de l'article 11 de la loi de 1905, les créanciers chirographaires de l'aliénateur, qui n'ont qu'un gage général sur le patrimoine de leur débiteur et non un droit spécial sur l'immeuble soumis à transcription.

Cependant, il existe certaines exceptions à cette règle, fixées par les lois spéciales, comme en matière de séparation des patrimoines, en cas d'acceptation d'une succession sous bénéfice d'inventaire ou en cas de faillite.

D'autre part, le locataire ou le fermier est un tiers, si son bail est supérieur à neuf ans.

Troisième condition: il faut avoir conservé son droit, en se conformant à la loi

Cette formule assez générale signifie que le tiers intéressé doit avoir acquis sur l'immeuble un droit soumis lui-même à transcription et avoir accompli effectivement cette dernière formalité.

Perd partant le bénéfice de la loi de 1905, celui qui n'effectue pas la publicité requise légalement. Ainsi, dans le conflit entre deux acquéreurs successifs du même immeuble, sera préféré celui qui, le premier, a transcrit son acte d'acquisition. Il en est de même des autres transferts de droits réels immobiliers.

Quatrième condition: il ne faut pas être responsable du défaut de transcription

Cette situation peut se présenter, si un représentant légal acquiert un immeuble pour compte d'un incapable.

Ainsi, un tuteur achète un immeuble pour un mineur et néglige de faire transcrire cette acquisition. Si, plus tard, ce tuteur acquiert le même immeuble du même propriétaire pour son propre compte, il ne saurait opposer le défaut de transcription de la première vente, qu'il aurait dû faire effectuer, pour écarter son pupille de la propriété de cet immeuble.

Il faut convenir que l'hypothèse sus-visée se rencontre rarement en pratique, compte tenu notamment de la surveillance exercée par les organes tutélaires sur la gestion du tuteur, et du fait que la transcription est faite à la diligence du notaire, qui engagerait sa responsabilité, en négligeant de faire transcrire cette acquisition immobilière.

Indifférence de la mauvaise foi du tiers

Les quatre conditions énumérées ci-dessus sont suffisantes pour permettre à une personne d'être considérée comme tiers au sens de l'article 11 de la loi modifiée du 25 septembre 1905. Ainsi, il n'est pas requis que ce tiers soit de bonne foi, c'est à dire qu'il ait ignoré en fait l'aliénation précédemment réalisée par le vendeur et qui n'a pas été transcrite.

Cette règle ne joue cependant pas en cas de collusion frauduleuse du vendeur et d'un tiers. Ainsi, lorsque le vendeur sait que son premier acquéreur ne fera pas publier immédiatement son acte de vente, il s'entend avec un second acheteur, qui va transcrire immédiatement. Dans ce cas, la jurisprudence décide que le premier acheteur sera préféré au second, nonobstant le défaut de transcription, à condition évidemment de prouver la collusion frauduleuse entre le vendeur et le second acheteur.

350 LA TRANSCRIPTION DES DONATIONS

Ainsi que nous l'avons exposé, le Code civil originaire a déjà prévu la transcription des donations portant sur un immeuble. Cette transcription est prévue à l'article 939, libellé comme suit: "Lorsqu'il y aura donation de biens susceptibles d'hypothèques, la transcription des actes contenant la donation et l'acceptation, ainsi que la notification de l'acceptation, qui aurait eu lieu par acte séparé, devra être faite aux bureaux des hypothèques dans l'arrondissement desquels les biens sont situés".

L'article 941 prévoit que "le défaut de transcription pourra être opposé à toutes personnes ayant intérêt, excepté toutefois celles qui sont chargées de faire la transcription, ou à leurs ayants cause et le donateur".

Quant à son objectif, la transcription de la donation immobilière répond à la même fonction que la publicité des actes à titre onéreux, portant transfert de la propriété immobilière. Elle rend la donation opposable aux tiers.

La donation immobilière non transcrite reste valable entre le donateur et le donataire et leurs successeurs universels respectifs, mais elle n'est pas opposable aux tiers, énumérés à l'article 941.

A cet égard, il convient de relever que la notion de "tiers" n'a pas la même signification qu'elle revêt à l'article 11 de la loi modifiée du 25 septembre 1905. En matière de donations, le concept de "tiers" a une portée plus large. Il englobe toutes les personnes ayant intérêt, à l'exception de celles énumérées à l'article 941.

351 *Quelles personnes ne peuvent pas invoquer le défaut de transcription?*

1. En premier lieu, le *donateur* lui-même. Celui-ci pourrait avoir intérêt à relever le défaut de transcription, s'il regrette d'avoir fait la donation. Mais, nous avons vu qu'il est tenu par celle-ci.

    Le donataire n'a évidemment pas intérêt à invoquer une non-transcription de la donation, qui lui a été faite. Il ne voudrait certainement pas se voir priver des bienfaits de celle-ci.

2. Ne peuvent pas se baser non plus sur le défaut de transcription, les héritiers et légataires universels du donateur. En effet, ceux-ci continuent légalement la personne du donateur et ne sauraient avoir plus de droits que celui-ci.

3. Les ayants cause à titre universel, ou à titre particulier du donataire, y compris les créanciers chirographaires du donataire.

    Ces personnes n'ont pas intérêt à se prévaloir de cette non-transcription de la donation qui, augmentant le patrimoine du donataire, accroît leur gage.

4. Les personnes chargées de veiller à la transcription ou leurs ayants cause. Il s'agit essentiellement du tuteur d'un mineur, ou d'un majeur incapable

ou de l'administrateur d'une personne morale, par exemple, d'une œuvre de bienfaisance.

Personnes considérées comme tiers **352**

1. Sont visés, en premier lieu, les créanciers chirographaires du donateur. Ceux-ci ont un intérêt évident à ce que l'immeuble, donné et sorti du patrimoine de leur débiteur, en fasse de nouveau partie.

    Nous signalons l'importante différence avec le régime de la transcription institué par la loi de 1905, qui ne considère, en principe, pas les créanciers chirographaires du vendeur comme des tiers, pouvant invoquer le défaut de transcription.

2. Peuvent également invoquer la non-transcription de la donation, les ayants cause à titre particulier du donateur, à savoir l'acheteur, un autre donataire, un créancier hypothécaire et un légataire à titre particulier.

    Si partant une personne, après avoir donné un immeuble à un donataire, qui ne transcrit pas cette donation, vend cet immeuble à un tiers, qui effectue la transcription, ce dernier l'emportera sur le donataire.

    Il existe donc également, en ce qui concerne ces ayants cause, une différence avec le régime de la transcription des droits réels immobiliers.

LA PROTECTION ET LA PREUVE DU DROIT DE PROPRIÉTÉ

353 Généralités

La protection de la propriété, en général, et de la propriété immobilière, en particulier, est nécessaire tant à l'égard de la puissance publique, comme l'Etat et les communes, qu'à l'égard des particuliers.

La protection contre les pouvoirs publics peut s'exercer, suivant le cas, devant la juridiction administrative, ou devant la juridiction civile.

Elle a lieu généralement devant les tribunaux administratifs, quand il s'agit de faire annuler un acte irrégulier de l'administration, qui prive une personne de la libre disposition d'un bien. Le cas classique est l'expropriation pour cause d'utilité publique.

Les tribunaux civils sont compétents, quand l'administration cause un trouble de fait ou de droit à la propriété privée.

Nous n'entrerons pas dans la discussion des moyens juridiques, dont disposent les particuliers pour se défendre contre les actes juridiques ou les troubles en provenance des pouvoirs publics.

354 TROUBLES CAUSÉS PAR DES PARTICULIERS AU DROIT DE PROPRIÉTÉ

Ces troubles sont plus sensibles et plus fréquents que ceux que les pouvoirs publics peuvent occasionner à la propriété privée.

De quels moyens de défense dispose une personne, qui est lésée dans son droit de propriété par un individu, qui entend notamment mettre en cause l'existence de ce droit?

Ce propriétaire peut, en premier lieu, exercer une action en responsabilité contre l'auteur de ce trouble qui lui a causé un dommage, en se basant, soit sur les articles 1382 et suivants, relatifs à la responsabilité civile, soit sur l'article 544, en invoquant les "troubles excédant les inconvénients normaux du voisinage, rompant l'équilibre entre droits équivalents".

Ces deux sortes d'actions rentrent dans la catégorie des actions personnelles, en tant qu'elles sanctionnent un droit de créance.

Mais, à côté des actions personnelles, un propriétaire, dont le droit de propriété est contesté par un tiers, peut également exercer des actions réelles.

Celles-ci sont de deux sortes. *Les actions possessoires*, que nous avons étudiées aux numéros 271 et suivants ci-dessus, ainsi que l'action en revendication, qui est la sanction du droit de propriété.

Le succès de cette dernière action implique la preuve du droit de propriété. En étudiant les modalités de cette action, il sera nécessaire d'examiner accessoirement la preuve du droit de propriété.

L'ACTION EN REVENDICATION

Généralités **355**

Cette action implique que le droit de propriété d'une personne soit contesté. L'exercice de cette action présuppose qu'un immeuble est détenu indûment par un tiers, qui n'entend pas le rendre. Cette action se fonde donc sur l'existence du droit de propriété dans le chef du revendicateur. Elle est dirigée contre le possesseur du bien.

On peut revendiquer, soit un immeuble, soit un meuble. Quant à ce dernier, la revendication n'aboutit que rarement, étant donné que le tiers possesseur peut généralement invoquer la règle "en fait de meubles, la possession vaut titre", que nous avons étudiée sous les numéros 306 et suivants.

Nous nous limitons en conséquence à examiner la revendication de la propriété immobilière.

Nous étudierons dans ce contexte:

1. les cas dans lesquels la revendication d'un immeuble peut avoir lieu,
2. la procédure de l'action en revendication immobilière,
3. les effets de cette revendication.

Domaine de l'action en revendication **356**

Cette action impose au revendicateur l'obligation de prouver son droit de propriété. Cette preuve est difficile à faire. Un propriétaire a donc intérêt d'essayer d'abord d'autres actions judiciaires pour rentrer en possession de son bien.

Ainsi, si le propriétaire a remis son immeuble à un tiers en vertu d'un contrat, par exemple, un contrat de bail, et que le tiers refuse de rendre cet immeuble après l'expiration du bail, le propriétaire peut exercer contre lui l'action personnelle en déguerpissement forcé, issue du contrat de bail.

Si le tiers ne détient pas l'immeuble, qu'il refuse de rendre, en vertu d'un contrat, le propriétaire, qui le revendique comme sien, a intérêt à exercer d'abord une action possessoire, avant d'être réduit à l'action en revendication.

Une telle action peut garantir un succès, lorsque le propriétaire a été privé de son immeuble depuis moins d'un an. Dans ce cas évidemment, le possesseur n'a pas encore une possession annale, de sorte qu'il ne peut pas triompher au possessoire.

Par contre, si le possesseur a une possession annale, qu'en plus, sa possession est continue, non-interrompue, paisible et publique, et qu'il a l'animus domini, il ne reste au revendicateur, qui veut rentrer en possession de son immeuble, qu'à intenter l'action en revendication.

La procédure de cette action

Est compétent le tribunal civil du lieu de la situation de l'immeuble revendiqué. L'action en revendication se déroule suivant les règles normales de la procédure.

Autorité du jugement à intervenir

En considération du fait que le droit de propriété est opposable à tous, on serait tenté de croire que le jugement à intervenir, et faisant droit à la prétention du revendicateur, trancherait une fois pour toutes et à l'égard de tout le monde la question du droit de propriété de l'immeuble concerné.

Il n'en est rien. En vertu du principe général de l'autorité relative de la chose jugée, un tel jugement n'a autorité qu'entre les parties en cause (article 1351).

Pour conférer au droit de propriété un titre, ayant une valeur probante absolue, il faudrait que ce titre soit accordé par une autorité publique qualifiée à cet effet. Or, il n'existe pas du point de vue juridique, dans notre pays, d'instance pouvant attribuer un tel titre.

Ce rôle ne revient pas au tribunal, qui ne fait que trancher un litige entre les parties en conflit et sur base des prétentions de ces dernières. Le jugement rendu est donc un titre parmi d'autres. En effet, notre organisation judiciaire est dominée par le principe de l'autorité relative des jugements, valables seulement entre parties.

Ce jugement est néanmoins, dans une certaine mesure, opposable aux tiers, en ce sens qu'il confère à la partie gagnante une forte présomption de propriété.

Pour qu'un tiers puisse ultérieurement contester le titre de propriété conféré par ce jugement, il faudrait qu'il apporte des moyens de preuve établissant, en sa faveur, un droit encore plus probable et meilleur que celui du plaideur ayant gagné son procès en revendication d'immeuble. En effet, une partie est dans l'impossibilité de faire la preuve absolue de son droit de propriété.

Il faut donc se contenter d'une présomption de propriété. Celui, qui a un droit meilleur et plus probable que son adversaire, l'emportera.

Effets de la revendication immobilière

L'effet principal de l'action en revendication, si elle aboutit, est évidemment la restitution de l'immeuble par le tiers possesseur. Le revendicateur reprend son immeuble libre de toutes charges et servitudes, que le possesseur a pu consentir sur lui.

Mais, à côté de cette restitution, le possesseur peut avoir à rendre au propriétaire certains accessoires de l'immeuble et lui devoir éventuellement des indemnités. En revanche, le possesseur peut, à son tour, avoir droit à une indemnité pour des améliorations, qu'il a apportées à l'immeuble en question.

Il peut donc y avoir lieu à reddition de comptes entre le propriétaire, ayant triomphé dans le procès, et le possesseur de l'immeuble, qui doit restituer celui-ci.

Indemnités à payer par le possesseur évincé **357**

L'étendue de ces prestations varie, en grande partie, suivant que le possesseur évincé a été de bonne ou de mauvaise foi.

Les principaux accessoires de l'immeuble à restituer sont les fruits et les produits (pour la distinction cf. numéro 22).

Les *produits* doivent être restitués avec l'immeuble, que le possesseur évincé ait été de bonne ou de mauvaise foi.

En ce qui concerne *les fruits*, il convient de distinguer entre le possesseur de bonne foi et celui de mauvaise foi.

Le possesseur de bonne foi, obligé de restituer l'immeuble, ne doit les fruits qu'à compter du jour de la demande en justice. Il peut donc garder les fruits perçus antérieurement, qu'il est censé avoir consommés.

Le possesseur de mauvaise foi doit rembourser tous les fruits perçus antérieurement et postérieurement à la demande en justice. Il est même redevable des fruits qu'il a négligé de percevoir. Toutefois, il ne doit que le remboursement des fruits nets, c'est à dire qu'il peut déduire les frais qu'il a déboursés pour obtenir ces fruits (par exemple, les frais de labour et le prix des semences pour les fruits naturels). En ce qui concerne d'éventuelles *indemnités* à payer par le possesseur évincé, elles ont leur source, soit dans des détériorations causées à l'immeuble à restituer, soit dans l'aliénation de meubles, faisant partie dudit immeuble.

Dans ce domaine encore, le possesseur de bonne foi est mieux traité que celui qui a été de mauvaise foi. Le premier cité ne répond pas, du moins jusqu'à la demande en justice, des détériorations causées à l'immeuble, soit de son fait, soit, à fortiori, des dommages dus à un cas fortuit. En cas d'aliénation de meubles, il n'est tenu qu'à restituer le prix de vente effectivement touché, même quand il est inférieur à la valeur des biens vendus.

La possesseur de mauvaise foi répond de toutes les détériorations occasionnées à l'immeuble à restituer, même si celles-ci sont dues à un cas fortuit. En cas d'aliénation, il doit restituer, non pas le prix de vente réalisé, mais la valeur effective de l'immeuble aliéné.

358 *Indemnités dues au possesseur évincé*

Ce possesseur a pu avoir effectué, durant sa possession, des travaux sur l'immeuble qu'il doit rendre au propriétaire. Les dépenses engagées en faveur de l'immeuble sont qualifiées *d'impenses*. Dans quelle mesure le possesseur évincé a-t-il droit au remboursement de ces impenses?
La réponse à cette question ne dépend pas, comme pour la restitution des fruits, de la bonne ou de la mauvaise foi du possesseur, mais de la nature des améliorations faites à l'immeuble en question.

On a déjà vu qu'en droit civil, on connaît trois catégories d'impenses:

1. **Les impenses nécessaires** sont celles, qui ont été indispensables pour la conservation de la chose (réparation de la toiture, reconstruction d'un mur menaçant ruine). Ces dépenses n'améliorent pas nécessairement la valeur de l'immeuble. Elles doivent néanmoins être remboursées dans leur intégralité par le propriétaire qui reprend son immeuble, que le possesseur évincé soit de bonne ou de mauvaise foi.

2. **Les impenses utiles** sont des dépenses, qui n'étaient pas indispensables pour conserver un bien, mais qui entraînent une plus-value pour celui-ci (installation d'une salle de bain, du chauffage central ou d'un ascenseur).

    Le remboursement de cette catégorie d'impenses, même à l'égard du possesseur de mauvaise foi, se fait suivant la plus-value que ces dépenses ont procurée à l'immeuble à restituer. Ces impenses supposent des travaux effectués sur des constructions ou plantations déjà existantes. Un régime spécial s'applique aux constructions et plantations nouvelles. Celles-ci sont régies par l'article 555, régime que nous avons analysé sous les numéros 37 et suivants.

3. **Les impenses voluptuaires** sont des dépenses de pure luxe, effectuées en vue de satisfaire le goût spécial de celui qui les réalise (exemple, pose de marbre très coûteux). Le possesseur évincé ne peut jamais réclamer le paiement de telles impenses au propriétaire qui reprend son immeuble. Tout au plus, le possesseur évincé peut-il enlever les objets de luxe installés, sous condition de ne pas causer de dégradation à l'immeuble à restituer.

Règlement de comptes entre propriétaire et possesseur évincé- droit de rétention **359**

Au cas où ce possesseur a réalisé des améliorations sur l'immeuble à restituer et donnant lieu à un remboursement total ou partiel par le propriétaire et s'il doit en même temps à ce dernier une indemnité pour des causes visées au numéro 357, il y a lieu d'établir entre ces deux personnes une reddition de comptes. C'est seulement le solde de ce que le possesseur évincé doit et de l'indemnité qui lui est due, qui est à payer.

La question se pose si, au cas où ce solde est en faveur du possesseur évincé, celui-ci peut refuser de restituer l'immeuble jusqu'au moment où il a touché la somme qui lui est due.

La jurisprudence distingue, quant à cette question, entre le possesseur de bonne foi et celui de mauvaise foi. Elle accorde un droit de rétention au possesseur de bonne foi et le refuse à celui qui est de mauvaise foi.

LA PREUVE DU DROIT DE PROPRIÉTÉ

Généralités **360**

On rechercherait vainement dans le Code civil des articles régissant le régime de preuve de la propriété. Cela n'est pas étonnant. Le Code civil n'envisage en effet pas la preuve directe du droit de propriété. Il règlemente uniquement la preuve d'un acte juridique ou d'un fait juridique déterminé qui comporte un transfert du droit de propriété (vente, échange, legs).

Il faut donc, d'une façon générale, se référer au droit commun de la preuve, tel qu'il résulte des articles 1315 à 1369, tout en se rendant compte que le seul droit commun n'est pas suffisant, étant données les particularités de la preuve de la propriété immobilière. Une preuve absolue de celle-ci n'est pas possible. En effet, chaque titulaire de ce droit devrait prouver que son auteur, et les auteurs antérieurs, avaient un droit de propriété non vicié et qu'ils ont donc pu transmettre un tel droit à leur ayant cause (acheteur, donataire, légataire). Cette preuve est évidemment impossible, d'où la prescription acquisitive (cf. supra numéro 283 et suivants).

En l'absence d'une preuve absolue du droit de propriété, la jurisprudence et la doctrine ont dû élaborer un régime de preuve de la propriété immobilière, qui donne une plus ou moins grande certitude au propriétaire et qui favorise la circulation des biens immobiliers. Nous verrons ci-après quels sont ces modes de preuve.

Auparavant, nous examinerons encore les questions suivantes:

1. l'objet de la preuve,
2. la charge de la preuve.

361 Objet de la preuve

On sait qu'on ne peut pas, dans notre droit, produire une preuve directe et formelle de la propriété. Le propriétaire n'a pas la possibilité de se préconstituer une preuve de sa propriété, comme un créancier peut se créer une preuve de sa créance contre son débiteur.

La différence réside dans le fait que la créance n'a qu'un effet relatif et ne concerne que deux personnes, le créancier et le débiteur. Le droit de propriété, par contre, est absolu et est opposable à tous. Il faudrait donc disposer d'un titre, qui puisse être opposé à tout le monde. Or, nous répétons qu'il n'existe pas, dans notre droit, d'instance officielle, habilitée à délivrer un tel titre à caractère général.

De ce fait, il y a un déplacement de l'objet de la preuve. Le propriétaire immobilier, qui veut prouver son titre de propriété, doit donc invoquer, en l'absence d'une preuve formelle de son droit, des actes ou des faits juridiques, qui rendent vraisemblable l'existence de son droit. Il doit apporter la preuve d'un droit de propriété meilleur et plus probable que celui de son adversaire.

362 La charge de la preuve

Cette charge incombe, conformément au droit commun, au demandeur à l'action. C'est celui qui se prétend propriétaire d'un immeuble, qui doit établir la réalité de son droit. Ceci le met dans une situation difficile, étant donné que son adversaire peut prendre une attitude purement passive, n'ayant rien à prouver.

En pratique, c'est généralement le possesseur de l'immeuble, qui se trouve dans cette situation favorable.

C'est donc son adversaire, revendiquant l'immeuble, qui aura la charge de la preuve. Nous avons vu dans quelle mesure ce propriétaire peut à cet effet exercer une action possessoire (cf. supra numéro 271 et suivants). Si le propriétaire n'est pas en mesure d'exercer une telle action, il doit intenter l'action en revendication, ce qui implique nécessairement la preuve de son droit de propriété.

MODES DE PREUVE

La jurisprudence admet quatre modes de preuve, à savoir:

1. les titres de propriété,
2. la possession,
3. les indices matériels,
4. la prescription acquisitive.

1. Les titres de propriété
363

Les titres de propriété sont souvent invoqués en pratique. Il s'agit d'un écrit, documentant un transfert de propriété au profit d'une personne (acte de vente ou de donation). Mais l'invocation d'un tel acte ne se fait pas pour preuve de la convention translative du droit. Il ne s'agit pas d'établir la régularité du transfert, par exemple, de la vente d'un immeuble. En effet, une telle preuve est quasi impossible. En prouvant, à l'aide d'un titre, qu'on a acheté un immeuble, on ne prouve pas qu'on est nécessairement devenu propriétaire. Il faudrait en effet apporter la preuve que le vendeur de cet immeuble était lui-même propriétaire de l'immeuble vendu, de même que ses auteurs antérieurs.

Un titre de propriété, s'il ne constitue pas une preuve absolue, a néanmoins son importance. Il fournit, pour le moins, une présomption de propriété. Le titre rend vraisemblable ce droit et permet au juge de donner gain de cause au plaideur qui le produit.

La nature de ce titre n'est pas relevante. Il peut s'agir tant d'un titre déclaratif (jugement, partage, transaction) que d'un titre translatif (vente, donation). Toutefois, il ne peut pas émaner du demandeur, alors qu'on ne peut pas se créer de titre à soi-même. La jurisprudence admet que, contrairement au droit commun, le titre produit peut être opposé à l'adversaire, même quand il n'émane pas de celui-ci ou d'un auteur commun. Ce titre ne doit pas non plus constituer un juste titre, en ce sens qu'il permettrait une prescription acquisitive abrégée de dix à vingt ans.

On peut donc dire, pour conclure, que le titre n'est pas invoqué comme faisant preuve d'un acte juridique (vente ou donation), opposable à tous et ayant opéré un transfert de propriété valable à l'égard de tous tiers. Ce titre n'est produit que comme un fait constitutif d'une présomption, rendant vraisemblable la réalité de la prétention de celui qui invoque la propriété d'un immeuble.

2. La possession
364

En l'absence d'un titre, un revendicateur peut invoquer, comme preuve de sa propriété, une possession non entachée de vices. La possession crée en effet une présomption de propriété. Il est vraisemblable que celui qui possède ou qui a possédé, avec une brève interruption, un immeuble, est ou a été propriétaire de celui-ci. C'est une preuve invoquée généralement par le défendeur en possession de l'immeuble revendiqué par le demandeur.

Une possession viciée peut constituer en revanche une présomption négative de propriété dans le chef du possesseur.

3. Les indices matériels
365

Outre les titres ou la possession, la jurisprudence admet encore comme preuve rendant vraisemblable la propriété, des indices matériels. Sont considérés comme tels: les indications du cadastre (le fichier de l'Administration du cadastre renseigne le demandeur comme propriétaire de l'immeuble sur lequel porte le litige), le paiement des impôts fonciers par le demandeur, ou l'existence d'une borne découverte au cours d'une expertise.

L'appréciation de la valeur de ces présomptions relève du juge du fond et échappe au contrôle de la Cour de Cassation.

366 4. **La prescription acquisitive**

Celle-ci constitue certainement un mode de preuve de la propriété immobilière. Elle peut être un moyen de détruire la présomption de propriété, qui est attachée à la possession utile du défendeur, en ce sens que le demandeur peut prouver que lui-même ou ses auteurs (vendeur, donateur, testateur) ont possédé, antérieurement à la possession du défendeur, l'immeuble pendant le temps requis pour la prescription acquisitive.

367 LES CONFLITS ENTRE LES MODES DE PREUVE

Ces conflits naissent, lorsque les parties en cause invoquent des modes de preuve semblables ou différents. Trois hypothèses sont possibles à cet égard:

1. aucune des deux parties n'invoque un titre pour justifier sa propriété,
2. une seule des parties se base sur un titre, l'autre sur un des autres modes de preuve susvisés,
3. chacune des parties invoque un titre.

Nous examinerons ci-après ces trois alternatives.

1. Aucune des parties ne base ses prétentions sur un titre

On pourrait admettre que, dans le cas où le demandeur n'invoque pas une possession plus ancienne ou mieux caractérisée que le défendeur, c'est ce dernier, en possession de l'immeuble, qui triomphe dans le procès (in pari causa, melior est possidentis). Il n'en est toutefois ainsi que si la possession du défendeur est exempte de vices, et que le revendicateur n'est pas possesseur et ne l'a jamais été.

Lorsque, ni le demandeur, ni le défendeur, ne peut invoquer une possession exempte de vices, le juge doit trancher le litige, en comparant les diverses présomptions invoquées, notamment les indices matériels visés ci-dessus. Enfin, lorsque le défendeur est en possession de l'immeuble, le demandeur gagnera le procès, s'il peut justifier d'une possession plus ancienne et mieux caractérisée que celle du défendeur. Cela peut être le cas, si sa possession est exempte de vices, alors que celle du défendeur est affectée d'un vice, ou que la possession du demandeur est de bonne foi, alors que celle du possesseur actuel est de mauvaise foi.

Si la possession ancienne du demandeur n'est en rien mieux caractérisée que celle de son adversaire en possession, sa revendication doit être rejetée par le tribunal.

2. Une seule des parties invoque un titre

Si c'est le défendeur en possession, qui produit ce titre, il l'emporte sur son adversaire, alors qu'il détient à la fois la possession et un titre.

Si le titre est produit par le demandeur, il y a conflit entre ce titre et la possession. En règle générale, dans ce cas, le demandeur l'emporte, si son titre est antérieur en date au commencement de la possession du défendeur. Ce titre perd cependant sa valeur, si le défendeur prouve que ce titre ne correspond pas à une possession antérieure.

3. Les deux parties au litige produisent un titre

Il convient dans ce cas de distinguer, si les deux titres en présence émanent de la même personne ou d'auteurs différents.

Dans le premier cas, il s'agit d'examiner si les titres en question sont soumis au régime de la publicité. Si tel est le cas, la partie qui a transcrit son titre avant l'autre, l'emportera.

Si les titres invoqués sont des testaments, c'est le testament le plus récent qui l'emporte, alors qu'il a révoqué, de façon expresse ou implicite, le testament antérieur.

Si les deux titres proviennent d'auteurs différents, la jurisprudence n'est pas très claire. En tout cas, la thèse, selon laquelle la préférence devrait être donnée à la partie qui invoque le titre le plus ancien, n'a pas été admise par la Cour de Cassation française. Celle-ci a en effet décidé que l'ancienneté d'un titre n'est pas décisive et qu'il appartient aux tribunaux de se prononcer d'après les documents et les circonstances de la cause.

Si aucune des parties n'a un titre meilleur que l'autre, on revient pratiquement au cas où aucune des deux parties n'a un titre. Le juge apprécie donc les présomptions invoquées par les parties (possession, ou indices de propriété). Si à cet égard, le revendicateur ne parvient pas à soumettre au juge des présomptions mieux caractérisées que celles de son adversaire, ce dernier triomphera. Il est en effet en possession, ce qui établit en sa faveur une présomption de propriété.

CONFLITS DE PROPRIÉTÉ EN DROIT LUXEMBOURGEOIS

Les règles exposées ci-dessus sur la preuve à faire pour défendre sa propriété immobilière, ne sont pas faciles à assimiler et pas très transparentes.

Un profane a certainement des difficultés à comprendre que, s'il a passé un acte notarié pour documenter l'acquisition d'un immeuble, et que cet acte a été transcrit au Bureau des hypothèques, on puisse lui contester son droit.

Dans la très grande majorité des cas, ce propriétaire n'a pas de soucis à se faire à ce sujet, alors que le notaire, qui a rédigé l'acte, est un homme de l'art, possédant à la fois les connaissances juridiques et l'expérience professionnelle nécessaires pour que l'acte de vente ou de donation, qu'il rédige, ne puisse pas donner lieu à une contestation ultérieure.

Par ailleurs, la législation luxembourgeoise a veillé à éviter des litiges en matière de propriété immobilière, en n'admettant plus à la transcription des actes sous seing privé et en obligeant le notaire à indiquer, dans les actes portant transfert de la propriété immobilière, le titre de propriété du vendeur, ou du donateur d'un immeuble.

Ces exigences comportent l'avantage que les intéressés, désirant vendre ou acquérir un immeuble, doivent avoir recours à un notaire, de sorte que des erreurs juridiques ou des formules ambiguës dans ces actes peuvent être évitées.

En second lieu, l'obligation pour le notaire de rechercher le titre de propriété de celui qui aliène un immeuble, a pour conséquence qu'il fera les recherches nécessaires à ce sujet. En cas de doute sur ce titre de propriété, il s'obstinera de rédiger l'acte correspondant. Si les vices affectant ce titre de propriété, sont de nature à pouvoir être supprimés, il rédigera les dispositions complémentaires nécessaires à cet effet (par exemple, pour constater officiellement que le vendeur est devenu propriétaire par la prescription acquisitive).

Finalement, le notaire doit certifier, sur base de documents officiels, l'identité des parties. Il sera ainsi évité que de faux vendeurs ou donateurs, trompant le notaire sur leur identité, puissent vendre un immeuble ou en faire donation.

Ces précautions juridiques font que des litiges, portant sur la propriété d'un immeuble, devraient être rares dans notre pays.

Néanmoins, de tels litiges restent toujours possibles.

Nous avons relevé, sous le numéro 285, un cas assez fréquent où il n'y a pas eu transcription du droit de propriété, parce qu'un acte notarié n'avait pas été rédigé.

Il existe encore actuellement d'autres situations en matière immobilière, qui continuent à soulever des problèmes. Il s'agit en l'occurrence d'un certain nombre de chemins syndicaux, c'est à dire des chemins ruraux créés sur base de la loi du 23 décembre 1883. Pour aménager ces chemins, les agriculteurs intéressés ont cédé, dans le temps, une bande de terrain de leur propriété, longeant le chemin à construire. Malheureusement, cette cession de terrains n'a souvent pas été documentée par un acte notarié et, en conséquence, il n'y a pas eu transcription de cette aliénation. Il s'en suit qu'à l'égard des tiers, les anciens propriétaires continuent à le rester et peuvent vendre, ensemble avec le restant de cette parcelle, la bande de terre ayant constitué partie du chemin syndical. De telles ventes ont effectivement eu lieu, ce qui a mis en difficulté les utilisateurs de tels chemins.

La situation légale actuelle de ces chemins syndicaux est difficile à établir. En effet, il faudrait l'accord des anciens propriétaires, ou plutôt de leurs successeurs, pour redresser les omissions commises dans le passé, ce qui n'est souvent pas facile à obtenir. Par ailleurs, le syndicat pour l'exploitation d'un chemin syndical n'existe souvent plus, parce qu'il n'a pas été renouvelé. Il est compréhensible qu'une telle situation ne manque pas de créer des problèmes, chaque fois qu'une parcelle, longeant un tel chemin, est mise en vente.

D'autre part, dans les cas où le transfert de propriété s'est réalisé par testament, il peut toujours y avoir matière à surprise, soit que ce testament peut ultérieurement être annulé, soit qu'il est découvert, après la vente de l'immeuble, un second testament, révoquant le premier.

Finalement, il n'est pas exclu qu'il puisse y avoir litige même au cas où un acte notarié a été rédigé. Dans de rares cas, même un tel acte peut être contesté quant à sa validité, notamment en cas de donations immobilières, pour lesquelles le Code civil, dans un souci de défiance à leur égard, prévoit des dispositions assez compliquées. Ainsi, ces donations peuvent être révoquées pour ingratitude ou pour inexécution des charges, ce qui a pour but d'annuler également les actes de disposition portant sur l'immeuble donné.

Même si l'acte notarié ne donne pas en lui-même lieu à critique, un litige sur un immeuble vendu reste possible. Ce conflit a lieu, si une personne, figurant au Bureau des hypothèques comme propriétaire, a vendu cet immeuble et qu'un tiers conteste ultérieurement cet acte, en invoquant qu'il est devenu propriétaire de cet immeuble, généralement d'une parcelle de terre, par la prescription acquisitive.

De tels cas ne sont pas des hypothèses d'école, mais ont effectivement occupé nos tribunaux.

2ième PARTIE
LES DÉMEMBREMENTS DE LA PROPRIÉTÉ

LES DÉMEMBREMENTS DE LA PROPRIÉTÉ

Généralités **369**

Si nous avons traité, dans la première partie de cet ouvrage, le droit de propriété sous ses divers aspects, nous examinerons, dans la seconde partie, les démembrements du droit de propriété.

Il s'agit en l'occurrence des droits réels qui, tout comme le droit de propriété, portent sur un bien. Ces droits réels sont également opposables à tous et comportent un droit de préférence et un droit de suite, mais ne confèrent à leur titulaire que certains actes de jouissance ou d'usage sur le bien sur lequel ils portent. D'autres prérogatives sont enlevées au droit de propriété, qui est ainsi démembré.

Quels sont ces droits réels démembrés?

Il s'agit de l'usufruit, des servitudes foncières et du droit d'usage et d'habitation. Ces droits réels sont prévus par le Code civil. Par contre, l'emphytéose et le droit de superficie ont été créés par deux lois postérieures, à savoir celles portant toutes les deux la date du 10 janvier 1824.

Cette énumération est complète. Les droits réels ne sauraient être créés que par une loi. Nous avons en effet vu au numéro 5 que les particuliers ne peuvent pas faire naître, par contrat, un droit réel non prévu par le Code civil, ou par une loi postérieure.

Nous examinerons ci-après les différents démembrements de la propriété cités ci-dessus.

L'USUFRUIT

370 DÉFINITION ET CARACTÈRES

L'usufruit est un droit réel viager, qui donne à son titulaire le pouvoir d'user, sa vie durant, et de jouir de biens appartenant à un autre, comme celui-ci en jouirait lui-même, mais à charge d'en conserver la substance.

L'usufruit peut porter aussi bien sur des immeubles que sur des meubles. Généralement, il a pour objet des biens corporels, mais il peut se rapporter également à des créances (actions, obligations, livrets d'épargne) et à des droits incorporels (droits d'auteur).

Dans la mesure où l'usufruit porte sur des créances, il n'est plus un droit réel, mais il en conserve certaines prérogatives.

L'usufruit enlève certaines qualités au droit de propriété. Celui, au détriment duquel est faite cette amputation, s'appelle le *nu-propriétaire*. Au plus tard à la mort de l'usufruitier, l'usufruit revient à ce nu-propriétaire, qui, du fait de cette confusion, devient alors plein propriétaire.

1. Droit viager

L'usufruit a toujours un caractère temporaire, par opposition au droit de propriété, qui a un caractère perpétuel.

L'usufruit peut être créé pour un temps fixe, par exemple, pour dix ans, ou être viager, c'est à dire durer aussi longtemps que vit l'usufruitier. Sa durée ne peut jamais dépasser le temps de vie de son titulaire.

Si l'usufruit a été constitué au profit d'une personne morale, par exemple, une association sans but lucratif, il peut durer au maximum trente ans (article 619).

2. Avantages économiques de l'usufruit

L'usufruit se rencontre le plus souvent en matière de donations et de successions.

En raison de son caractère viager, il présente une assez grande souplesse, ce en quoi il se prête assez bien pour gratifier un parent généralement âgé, sans dépouiller les héritiers les plus proches. En effet, les biens affectés à un usufruit, notamment une maison d'habitation, reviennent, après le décès de l'usufruitier, aux héritiers légaux, tels que les descendants, qui deviennent alors pleins propriétaires.

Dans les actes à titre onéreux, on rencontre moins souvent l'usufruit, en raison du caractère aléatoire de ce dernier. On ne sait pas, lors de la conclusion d'un contrat à titre onéreux, quelle partie aura fait une opération avantageuse. Ce sera l'usufruitier, s'il vit longtemps. Dans le cas contraire, ce sera le nu-propriétaire.

Ceci explique que des actes juridiques, ayant pour objet l'usufruit, se rencontrent le plus souvent dans les contrats dits aléatoires, comme la vente à fonds perdu.

Ainsi, une personne âgée, propriétaire d'une maison d'habitation, ayant besoin d'argent liquide, tout en désirant continuer à habiter pour le restant de sa vie dans sa maison, peut vendre la nue-propriété de celle-ci, en gardant pour elle l'usufruit. Cette vente se fait souvent, en partie du moins, contre paiement d'une rente viagère. Au décès de l'usufruitier, l'acquéreur devient plein propriétaire de cet immeuble.

3. Désavantages économiques de l'usufruit

L'avantage décrit ci-dessus, peut être amoindri par les inconvénients inhérents à l'usufruit. En effet, l'usufruitier et le nu-propriétaire ont souvent des intérêts contraires. L'usufruitier peut être enclin à accroître le revenu de l'immeuble, objet de l'usufruit, au détriment de sa bonne conservation. Il néglige donc parfois le bon entretien de ce bâtiment, son usufruit n'ayant qu'un caractère temporaire. Le nu-propriétaire, par contre, qui est privé de la jouissance de cet immeuble et de ses revenus, peut également être incité à refuser les dépenses nécessaires pour faire de grosses réparations à cet immeuble.

D'autre part, un immeuble grevé d'un usufruit se vend assez difficilement. Pour aliéner sa pleine propriété, il faut l'accord tant de l'usufruitier que du nu-propriétaire. Par contre, l'usufruit et la nue-propriété se vendent mal séparément, en raison du caractère aléatoire de l'usufruit. En effet, un acquéreur intéressé ignore pendant combien de temps l'usufruit subsiste encore.

371 *Comparaison de l'usufruit et du droit au bail*

L'usufruit présente certaines similitudes avec la location ou le fermage. Dans les deux cas, il y a répartition d'un droit sur une même chose entre deux parties. De même, ces droits sont limités dans le temps.

Cependant, les différences entre l'usufruit et le droit au bail sont plus prononcées que les similitudes.

En effet, l'usufruit est un droit réel, et le contrat de location confère un droit de créance. Dans cette qualité, le bail engendre des obligations réciproques. Le preneur n'a qu'un droit de créance à faire valoir contre le bailleur, qui doit lui garantir la bonne jouissance de l'immeuble loué.

Par contre, entre l'usufruitier et le nu-propriétaire, il n'y a pas, en principe, de rapports réciproques. L'un et l'autre ont un droit concurrent sur l'immeuble.

Il résulte de cette constatation les conséquences suivantes:

1. L'usufruitier peut se prévaloir d'un droit réel contre toute personne, par exemple, contre un tiers possesseur de l'immeuble, sur lequel porte l'usufruit. L'usufruitier dispose ainsi d'une action réelle, qualifiée *d'action confessoire d'usufruit*. Il a à sa disposition de même des actions possessoires.

   Le locataire, par contre, ne peut pas opposer son droit aux tiers qui le contestent. S'il est troublé dans sa jouissance, il n'a qu'une action personnelle contre le bailleur, qui lui a promis la paisible jouissance du bien loué.

2. L'usufruitier prend l'immeuble, sur lequel porte son usufruit, dans l'état où il se trouve au jour de l'ouverture de l'usufruit. Le locataire, par contre, a le droit d'exiger que l'immeuble lui soit livré en bon état d'habitation.

3. Le nu-propriétaire n'est pas obligé de faire, durant l'usufruit, des réparations à l'immeuble. Le bailleur a l'obligation de faire celles dépassant le niveau des réparations locatives.

372 RELATIONS JURIDIQUES ENTRE L'USUFRUITIER ET LE NU-PROPRIÉTAIRE

Ces relations sont caractérisées, en principe, par l'indépendance réciproque des deux titulaires. Chacun a sur le bien un droit réel, coexistant et juxtaposé. Il n'y a pas communauté, mais séparation d'intérêts entre l'usufruitier et le nu-propriétaire.

Cette séparation des droits respectifs a pour conséquence que l'usufruitier et le nu-propriétaire ne sont pas tenus d'obligations personnelles l'un à l'égard de l'autre. Il n'y a entre eux ni indivision, ni société.

Des tempéraments sont cependant apportés à cette règle, qui sont les suivants:
1. L'usufruitier est soumis par la loi à certaines obligations. Ainsi, il doit jouir du bien en bon père de famille. Il supporte, par ailleurs, les charges usufructuaires. Pour ces obligations, il est référé au numéro 389 ci-après.
2. Les actes que chacun fait sur l'immeuble, dans la limite de son droit, sont opposables à l'autre. Cela vaut notamment pour les actes conservatoires (interruption d'une prescription, inscription d'une hypothèque).

BIENS SUSCEPTIBLES D'USUFRUIT 373

Bien que nous traitions essentiellement de la propriété immobilière et donc de l'usufruit seulement dans la mesure où il concerne un immeuble, il est néanmoins utile de connaître à quel degré l'usufruit porte également sur des meubles.

Nous analysons ci-après brièvement ces aspects.

USUFRUIT MOBILIER

L'usufruit est possible sur toutes espèces de meubles corporels ou incorporels, comme les créances, les droits d'auteur, les brevets d'invention ou les fonds de commerce. Bizarrement, l'usufruit peut porter même sur un autre usufruit. Ainsi, les parents ont la jouissance légale de l'usufruit donné ou légué à leurs enfants mineurs.

LE QUASI-USUFRUIT

Un véritable usufruit ne peut pas s'établir sur certains meubles corporels. Un droit limité à la jouissance n'est pas concevable pour ceux-ci. Il s'agit des choses qu'on ne peut pas user sans les consommer. Elles sont qualifiées de choses consomptibles (denrées alimentaires, argent liquide).

Or, l'usufruitier ne peut pas consommer les biens, sur lesquels s'exerce son droit. Il n'en a pas l'abusus, mais seulement l'usage et la jouissance.

Néanmoins, pour ne pas soustraire ces choses courantes et parfois vitales, à l'usufruit, la notion de quasi-usufruit a été créée pour ces choses consomptibles.

Le quasi-usufruitier est une espèce de propriétaire avec la charge de rendre, à l'expiration du quasi-usufruit, soit des choses de même qualité et en même quantité, soit une somme d'argent correspondant à leur valeur.

Le quasi-usufruit est réglé par l'article 587, qui a le libellé suivant: "Si l'usufruit comprend des choses, dont on ne peut pas faire usage sans les consommer, comme l'argent, les grains, les liqueurs, l'usufruitier a le droit de s'en servir, mais à la charge d'en rendre de pareille quantité, qualité et valeur, ou leur estimation, à la fin de l'usufruit".

La notion de quasi-usufruit a d'ailleurs comporté une certaine extension jurisprudentielle, notamment à propos de l'usufruit d'un fonds de commerce, en ce qui concerne les marchandises destinées à être vendues dans le cadre de ce commerce. Par ailleurs, la volonté des parties peut assimiler à des choses consomptibles des objets, qui sont susceptibles d'un usufruit normal. Ainsi, elles peuvent convenir que l'usufruitier est autorisé à disposer librement de tout le mobilier, à charge de rendre au nu-propriétaire des meubles de même espèce ou équivalents.

Le régime du quasi-usufruit peut être défini comme suit:
- le nu-propriétaire a cessé d'être propriétaire des biens soumis au régime du quasi-usufruit, pour devenir un simple créancier du quasi-usufruitier. Ce dernier est donc devenu propriétaire de la chose et peut en disposer, en la consommant ou en l'aliénant,
- devenu propriétaire, le quasi-usufruitier supporte les risques et n'est pas libéré par la perte de la chose,
- le quasi-usufruitier doit restituer, à la fin de son usufruit, l'équivalent de ce qu'il a reçu (cf. article 587 cité ci-dessus).

374 LA CONSTITUTION DE L'USUFRUIT

L'usufruit peut être constitué de deux manières:

1. par la loi,
2. par la volonté de l'homme (article 579).

Dans ce dernier cas, l'usufruit naît à la suite d'un contrat (vente ou donation) ou par testament. Un autre cas de constitution de l'usufruit n'est pas mentionné par l'article 579. L'usufruit peut également s'établir par prescription.

L'usufruit légal

Le Code civil connaît deux cas d'usufruit légal.
1. L'usufruit du conjoint survivant sur l'immeuble habité par les deux conjoints et des meubles meublants, qui le garantissent (article 767). Il faut que cet immeuble a été la propriété exclusive de l'époux prédécédé ou leur soit commun. Pour les conditions d'application de cet usufruit, il est référé à l'ouvrage "Successions et Donations", no 27, page 52.
2. L'usufruit des père et mère sur les biens de leurs enfants mineurs, jusqu'à ce que ceux-ci aient atteint la majorité (articles 382 à 387).

L'usufruit constitué par la volonté de l'homme

Généralement, cet usufruit est créé par une disposition à titre gratuit, par voie de donation ou de testament.

Il peut être constitué également par contrat à titre onéreux, et nous avons vu au numéro 370-2° un cas concret d'application.

L'usufruit peut aussi être constitué de façon directe, par la vente de celui-ci, le vendeur gardant pour lui la nue-propriété. Il redeviendra plein propriétaire au décès de l'usufruitier.

Cette forme de constitution de l'usufruit devrait être plutôt rare, alors qu'elle ne répond guère à un besoin économique.

L'usufruit né par la prescription acquisitive

L'usufruit peut naître aussi à la suite de la prescription acquisitive. Le délai de prescription peut être abrégé à dix ans au minimum, en cas d'acquisition de l'usufruit d'un non-propriétaire, à condition que l'acquéreur soit de bonne foi et dispose d'un juste titre.

La prescription trentenaire est évidemment aussi possible, mais son application est peu probable. En effet, une personne, pouvant justifier d'une possession trentenaire, ne sera pas assez naïve pour prétendre qu'elle a possédé seulement comme un usufruitier. Elle revendiquera évidemment une possession en qualité de plein propriétaire.

LA SITUATION DE L'USUFRUITIER

375

SITUATION DE L'USUFRUITIER AVANT L'OUVERTURE DE L'USUFRUIT

L'usufruitier peut éprouver des difficultés juridiques pour se mettre en possession des biens grevés de son usufruit. De quelles actions dispose-t-il à cet égard ?-

Même si les difficultés précitées n'existent pas, l'usufruitier doit satisfaire à certaines obligations, avant de pouvoir jouir des biens soumis à usufruit.

Nous examinerons ci-après ces divers problèmes.

1) Actions judiciaires appartenant à l'usufruitier

L'usufruitier dispose d'abord d'une action réelle pour se faire délivrer les biens grevés de son usufruit, détenus par un tiers, notamment par un héritier, qui refuse de les lui délivrer.

Cette action réelle est qualifiée *d'action confessoire d'usufruit*. Elle peut être exercée contre toute personne qui possède des biens, sur lesquels l'usufruitier peut exercer son droit.

Lorsque son usufruit est né d'un contrat ou d'un testament, l'usufruitier dispose, par ailleurs, d'une action personnelle en délivrance contre la personne, qui a constitué cet usufruit, ou contre ses héritiers. En effet, ce contrat ou testament a fait naître, à charge des héritiers, et au profit de l'usufruitier, une obligation de délivrance.

L'usufruitier peut défendre la possession de son droit réel au moyen des actions possessoires.

Signalons encore que, contrairement au locataire, l'usufruitier ne peut pas exiger que les choses soumises à usufruit lui soient délivrées en bon état. Il les prend, aux termes de l'article 600, "dans l'état où elles sont".

376 2) **Obligations de l'usufruitier avant son entrée en jouissance**

Ces obligations sont de deux sortes. L'usufruitier doit:
1. établir un inventaire des meubles et un état des immeubles,
2. fournir une caution, garantissant le respect de ses obligations durant l'usufruit.

1. Inventaire des meubles et état des immeubles

Suivant l'article 600, "l'usufruitier ne peut entrer en jouissance qu'après avoir fait dresser, en présence du propriétaire ou lui dûment appelé, un inventaire des meubles et un état des immeubles sujets à usufruit".

Cet acte peut être dressé à l'amiable, sous seing privé, quand les parties intéressées sont majeures et capables. En présence de mineurs, ou d'incapables majeurs, l'acte en question doit obligatoirement être établi par un notaire.

L'inventaire des meubles consiste à énumérer, à décrire et, généralement, à estimer les meubles sur lesquels porte l'usufruit. Grâce à cet inventaire, on sait avec précision ce que l'usufruitier a reçu et ce qu'il doit rendre à la fin de son usufruit.

La confection de l'état des immeubles poursuit un but semblable à celui de l'inventaire des meubles. C'est un acte qui indique la consistance matérielle et l'état dans lequel ces immeubles se trouvent. Ces constatations permettent de reconnaître, à la cessation de l'usufruit, si son titulaire a commis des dégradations à l'immeuble.

Dispense de l'inventaire

Une telle dispense n'est pas prévue par le Code civil pour des actes déterminés de constitution de l'usufruit. Elle doit partant résulter du titre constitutif d'usufruit. Cette dispense peut être stipulée notamment par un testament ou par une donation. Elle est généralement accordée, quand une personne vend la nue-propriété d'un immeuble, en se réservant l'usufruit.

Par ailleurs, cette dispense n'a qu'un effet limité. Elle libère l'usufruitier des sanctions qu'il peut encourir, s'il a négligé de dresser un inventaire. Mais rien n'empêche cependant le nu-propriétaire de faire dresser, à ses frais, un inventaire, pour disposer de certaines preuves à la fin de l'usufruit.

Sanction du défaut d'inventaire

Ce défaut n'entraîne pas, à charge de l'usufruitier, la déchéance de son droit. Il est même admis par la jurisprudence qu'il n'est pas privé de son droit aux fruits par le retard ou l'absence des formalités en question.

Mais cette omission comporte une sanction préventive, en ce sens que le nu-propriétaire peut refuser à l'usufruitier la délivrance des biens soumis à usufruit, aussi longtemps que l'inventaire précité n'a pas été établi.

Si l'usufruitier est déjà entré en possession des biens, le nu-propriétaire peut encore exiger cet inventaire. Il est autorisé également à ordonner à cet effet le séquestre provisoire des biens sur lesquels porte l'usufruit.

Une autre sanction s'attache au défaut d'un inventaire. Elle s'applique à la fin de l'usufruit. Cette sanction consiste dans la faculté pour le nu-propriétaire de faire la preuve de la consistance et de la valeur du mobilier par tous les moyens, témoins ou même commune renommée, c'est à dire par une déclaration de personnes rapportant, non des choses constatées personnellement, mais déclarant ce qu'elles ont entendu dire par d'autres personnes ayant fait des constatations personnelles.

En ce qui concerne les immeubles, si un état y relatif n'a pas été établi par l'usufruitier, ce dernier est présumé avoir reçu ces immeubles dans un bon état d'entretien.

2. Fourniture d'une caution

377

A la fin de l'usufruit, l'usufruitier, ou plutôt ses héritiers, doivent rendre au nu-propriétaire les biens, dont il a joui. Si donc cet usufruitier n'a pas bien soigné ces choses et y a commis des dégradations, il doit une indemnité au nu-propriétaire.

Pour garantir ce dernier contre l'insolvabilité de l'usufruitier, celui-ci doit lui donner caution de jouir en bon père de famille des biens, qui lui ont été confiés (article 601). Cette caution est une personne, qui garantit personnellement au propriétaire que l'usufruitier se comportera en bon père de famille. Si tel n'a pas été le cas, le nu-propriétaire peut prendre recours contre la caution.

Si l'usufruitier ne trouve pas de caution disposée à garantir sa gestion, il a le moyen de présenter une alternative au nu-propriétaire. Celle-ci peut consister en une hypothèque sur un de ses immeubles ou dans une mise en gage de biens mobiliers. L'usufruitier peut également faire convertir des titres au porteur en des titres nominatifs, immatriculés auprès de la société émettrice au nom du propriétaire. L'usufruitier est cependant autorisé à toucher les dividendes dans ce cas.

Dispense de fournir caution

Dans un certain nombre de cas, l'usufruitier est dispensé de fournir une caution. Cette dispense peut être légale ou conventionnelle.

Les dispenses légales sont indiquées à l'article 601. Il s'agit de deux cas. En premier lieu, n'ont pas à fournir une telle caution, les père et mère, qui ont l'usufruit légal des biens appartenant à leurs enfants mineurs. En second lieu, le vendeur ou le donateur d'un bien, qui s'en est réservé l'usufruit, n'a pas non plus à fournir une caution. On considère en effet que, dans ce cas, c'est le vendeur ou le donateur, qui pose les conditions régissant le contrat conclu entre eux, cela surtout s'il s'agit d'une donation.

Rien ne s'opposerait évidemment à ce que les parties conviennent, notamment dans un contrat de vente, que le vendeur, qui s'est réservé l'usufruit sur l'immeuble vendu, se déclare prêt à fournir une caution.

Même dans les cas où la loi n'a pas prévu de dispense d'office de fournir caution, de telles dispenses sont courantes en pratique. On peut dire que ces dispenses constituent souvent des clauses de style dans les testaments.

En cas de dispense de fournir caution, l'usufruitier, qui a dressé l'inventaire des meubles et l'état des immeubles, peut partant entrer, sans autres formalités, en possession des biens sur lesquels porte son usufruit. Tel est également le cas si, parmi ces objets, figurent des choses périssables ou consomptibles, transformées, du moins partiellement, en quasi-usufruit.

Mais la dispense de caution sus-visée n'a pas nécessairement un caractère définitif. Les tribunaux reconnaissent au nu-propriétaire le droit de demander, au cours de l'usufruit, à l'usufruitier de fournir pour l'avenir une telle caution. Cette faculté résulte d'une décision du Tribunal civil de Luxembourg du 1er juillet 1908 (Pas. 7, page 428). Ce jugement concède ce droit au nu-propriétaire; "lorsqu'il est établi que l'usufruitier met en péril, par des actes personnels, les droits du nu-propriétaire".

Les tribunaux pourraient encore prescrire d'autres mesures conservatoires, telles qu'ordonner à l'usufruitier de faire un emploi déterminé des sommes qu'il doit toucher (par exemple, celui d'acheter un immeuble), ou de convertir des titres au porteur en des titres nominatifs.

SITUATION DE L'USUFRUITIER AU COURS DE L'USUFRUIT
378 NATURE DES RELATIONS AVEC LE NU-PROPRIÉTAIRE

Nous avons déjà signalé que l'usufruitier et le nu-propriétaire sont les titulaires de deux droits réels, coexistant sur une même chose, mais différents et indépendants. Il n'existe, sauf exceptions, ni rapports d'obligations, ni communauté d'intérêts, entre eux.

De cette constatation se dégagent les conséquences suivantes. Si le nu-propriétaire ne peut rien faire qui nuise aux droits de l'usufruitier, ce dernier n'est pas en droit de réclamer, au premier cité, une indemnité pour les améliorations qu'il a apportées aux biens dont il a l'usufruit.

Ni l'un, ni l'autre, ne sont obligés de faire les grosses réparations aux immeubles soumis à usufruit. Si la loi met ces réparations à charge du nu-propriétaire, en revanche, elle ne le contraint pas à les exécuter. Ainsi, l'article 607 décide que: "ni le propriétaire, ni l'usufruitier ne sont tenus de rebâtir ce qui est tombé de vétusté ou ce qui a été détruit par cas fortuit".

Néanmoins, dans une certaine mesure, la pratique et la jurisprudence ont tenté de remédier aux désavantages, se dégageant d'une trop forte séparation des droits légaux respectifs des deux titulaires.

LES DROITS ET OBLIGATIONS DE L'USUFRUITIER

LES DROITS DE L'USUFRUITIER

Le droit de l'usufruitier est double. Il peut user de la chose sur laquelle il a un usufruit, et il en perçoit les fruits. Il dispose, d'autre part, de certaines actions judiciaires pour assurer l'efficacité de ses droits.

USAGE DE LA CHOSE **379**

L'usufruitier peut se servir de la chose pour ses besoins personnels ou céder cette jouissance à un autre. Ainsi, il a la faculté d'habiter la maison dont il a l'usufruit, ou de la louer et d'en percevoir le loyer. Il a de même le droit de cultiver personnellement les terres ou de les affermer. Il exerce les droits dont le propriétaire bénéficie lui-même. Cette prérogative résulte de l'article 597.

L'usufruitier peut consommer les choses consomptibles. D'autre part, l'article 589 dispose que, si l'usufruit comprend des choses qui, sans se consommer tout de suite, se détériorent peu à peu par l'usage, comme le linge ou les meubles meublants, l'usufruitier a le droit de s'en servir pour l'usage auquel elles sont destinées et n'est obligé de les rendre à la fin de l'usufruit, que dans l'état où elles se trouvent, non détériorées par son dol ou sa faute.

JOUISSANCE **380**

L'usufruitier perçoit les fruits provenant par des choses sujettes à usufruit. Il n'a cependant pas droit aux produits. Les fruits s'opposent à ces derniers par leur périodicité et leur reproduction indéfinie.

a) Distinction entre fruits et produits

Cette distinction résulte parfois de la nature même de ces deux catégories de revenus. D'autre part, il convient de tenir compte de la volonté de l'homme et de l'aménagement qu'il a donné à ses biens. La distinction entre fruits et produits s'avère, dans quelques cas, assez délicate.

Pour certaines catégories de revenus, leur qualification ne soulève pas de problèmes (loyers, fermages, intérêts d'une créance, récoltes annuelles). D'autres, par contre, constituent des fruits ou des produits, selon la façon dont ils sont exploités par leur propriétaire.

Une première difficulté se présente pour les coupes de bois effectuées dans les forêts.

On oppose à cet égard les arbres de haute futaie et les bois taillis. Dans la première catégorie, on laisse atteindre aux arbres leur plein développement, avant de les abattre. Dans l'autre cas, les arbres sont destinés à être coupés à intervalles assez rapprochés, sans qu'ils aient atteint leur pleine croissance.

Les coupes effectuées dans les bois taillis sont des fruits, car une fois coupés, ces arbres repoussent de leur souche. Le prix de vente de ce coupes revient donc à l'usufruitier, sous condition de se conformer à l'ordre et à la quotité des coupes pratiquées par les précédents propriétaires.

Les coupes dans les hautes futaies sont normalement des produits et appartiennent partant au nu-propriétaire. Il en est autrement, lorsque ces forêts sont soumises à des coupes périodiques, suivant un plan d'aménagement. L'usufruitier a, dans ce cas, droit au résultat financier de ces coupes, à condition de se conformer à l'aménagement arrêté et à l'usage constant des propriétaires (article 591).

En ce qui concerne les matières extraites des carrières ou tourbières, elles doivent normalement être considérées comme des produits, alors que les extractions ont pour effet d'épuiser peu à peu les richesses du sol. Néanmoins, l'article 598 considère, sous certaines conditions, ces extractions comme des fruits, devant revenir à l'usufruitier. Cette condition est que ces carrières ou tourbières étaient en exploitation déjà avant l'ouverture de l'usufruit et que l'usufruitier se conforme au mode d'exploitation suivi.

L'article 598 alinéa 2 précise encore que l'usufruitier n'a pas droit au trésor qui est trouvé, durant l'usufruit, dans le fonds. Ce trésor appartient au nu-propriétaire. L'usufruitier a cependant droit à la moitié de ce trésor, si c'est lui qui l'a trouvé.

b) Distinction entre les diverses catégories de fruits et droits, et leur perception par l'usufruitier

Nous avons déjà vu que le Code civil connaît trois catégories de fruits:
- les *fruits naturels*, qui sont les fruits de la nature, poussant sans intervention de l'homme, comme les fruits sauvages et les herbages,
- les *fruits industriels*: il s'agit des fruits que la nature donne, grâce au travail de l'homme (vignobles, vergers, cultures de céréales),
- les *fruits civils*, qui sont les revenus en argent qu'un bien fournit périodiquement (loyers, fermages, intérêts, dividendes).

Ces trois catégories de fruits échoient à l'usufruitier, s'ils naissent au cours de l'usufruit.

Il y a néanmoins une différence à faire quant au moment où se fait la perception des fruits. L'époque de cette perception peut en effet avoir pour conséquence que les fruits reviennent au nu-propriétaire et non à l'usufruitier. Nous devons donc examiner de quelle manière l'usufruitier acquiert les différentes sortes de fruits.

PERCEPTION DES FRUITS NATURELS ET INDUSTRIELS   381

Les *fruits naturels et industriels* s'acquièrent par leur perception, c'est à dire par leur séparation du sol et par leur récolte.

Ces fruits, quand ils ont atteint leur stade de maturité au moment de l'ouverture de l'usufruit, appartiennent à l'usufruitier. Les fruits, qui sont dans le même état à la fin de l'usufruit, sont pour le nu-propriétaire.

Ainsi, celui qui perçoit les fruits, n'est pas nécessairement celui qui a fait les travaux de culture et qui a exposé des frais pour la production de ces fruits. Néanmoins, dans aucun cas, celui qui a droit aux récoltes, ne doit une récompense à celui qui a exposé des frais pour la culture. Ainsi, on évite des règlements de comptes, qui seraient assez délicats. La chance peut donc être pour l'usufruitier ou pour le nu-propriétaire, suivant le moment où commence et finit l'usufruit.

Les chances sont maximales pour l'usufruitier, s'il entre en jouissance peu de temps avant les récoltes, et si son usufruit se termine peu après la perception des fruits.

Le nu-propriétaire sera favorisé au maximum, si l'usufruit débute après que la récolte a été faite et finit peu avant la récolte de l'année, au cours de laquelle l'usufruit prend fin.

L'époque normale de la perception des fruits est celle de leur maturité. Une récolte anticipée pourrait être contestée par l'autre partie, qui serait autorisée à réclamer ces fruits ou leur contrevaleur.

PERCEPTION DES FRUITS CIVILS   382

Ces fruits, notamment les loyers, fermages ou intérêts de créances, sont réputés s'acquérir jour par jour et appartiennent à l'usufruitier à proportion de la durée de son usufruit.

Cette question se pose seulement pour la première et la dernière année de l'usufruit. Pour les années intermédiaires, les fruits civils reviennent entièrement à l'usufruitier.

En supposant que l'usufruit commence le 1er avril d'une année déterminée et se termine le 1er juillet d'une autre année, la répartition des fruits entre l'usufruitier et le nu-propriétaire se fait de la manière suivante.

Pendant la première année: un quart revient à l'usufruitier, et les trois quarts sont pour le nu-propriétaire. Pendant la dernière année: la moitié des fruits est pour chacun des deux titulaires.

RÈGLES SPÉCIALES POUR CERTAINS BIENS   383

Dans quelle mesure l'usufruitier a-t-il droit aux créances, rentes viagères, valeurs mobilières et droits de propriété incorporelle, qui existent pendant l'usufruit?

a) les créances

L'usufruitier a évidemment droit aux intérêts des créances qui échoient durant son usufruit. Toutefois, seul le nu-propriétaire reste titulaire de ces créances elles-mêmes. L'usufruitier ne peut rien faire qui diminuerait leur valeur. Ainsi, il n'aurait pas le droit de céder cette créance à un tiers ou de prolonger le délai de paiement en faveur du débiteur.

A l'échéance, l'usufruitier peut poursuivre le remboursement de la dette et toucher le capital. Il devient ainsi un quasi-usufruitier. En effet, l'argent est une chose consomptible. Le nu-propriétaire ne pourrait demander à l'usufruitier le placement du capital touché ou son emploi, que si ses droits étaient mis en péril par la mauvaise gestion de l'usufruitier.

b) les rentes viagères

L'usufruitier a le droit de percevoir les arrérages de la rente (paiements périodiques par le débiteur) tant que dure son usufruit, sans être tenu d'aucune restitution.

c) Les valeurs mobilières

Les intérêts, dividendes ou parts de bénéfices, générés par ces valeurs mobilières, appartiennent à l'usufruitier. Ils constituent des fruits civils et lui sont donc acquis jour par jour et non suivant leur date d'échéance.

Il en est ainsi des bénéfices distribués à leurs associés ou actionnaires par les sociétés commerciales. Quelle règle faut-il suivre, quand ces bénéfices sont mis en réserve? Dans cette hypothèse, ils se transforment en produits, auxquels l'usufruitier n'a pas droit.

Si plus tard, la société émettrice procède à leur distribution, l'usufruitier n'a qu'un droit de jouissance sur ces sommes. Il en est de même, si la société fait cette distribution sous la forme de nouvelles actions.

L'usufruitier ne saurait pas négocier seul ces valeurs mobilières. Il lui faut l'accord du nu-propriétaire. L'inverse est évidemment vrai aussi. Cependant, chacune des parties pourrait vendre, selon le cas, son usufruit ou sa nue-propriété sur les titres sus-visés, sans l'accord de l'autre partie.

d) La propriété incorporelle

Nous visons sous cette notion, le fonds de commerce et la propriété littéraire et artistique.

En ce qui concerne le fonds de commerce, l'usufruitier en perçoit les bénéfices qui résultent d'une exploitation prudente et avisée. Il peut faire tous les actes nécessaires à une telle exploitation, par exemple, vendre les marchandises, à condition de réapprovisionner le stock, et même vendre le matériel ou l'outillage pour permettre le renouvellement du fonds.

L'usufruit des droits de la propriété artistique autorise son titulaire à percevoir tous les droits d'auteur et même à autoriser les éditions et reproductions, dans la mesure nécessaire à la mise en valeur de son droit. Toutefois, le nu-propriétaire reste titulaire du droit moral que confère également le droit de propriété littéraire et artistique.

MODES DE JOUISSANCE CONCÉDÉE À L'USUFRUITIER

L'usufruitier peut jouir lui-même des biens, dont il a l'usufruit. Mais il existe aussi d'autres façons de bénéficier de son usufruit. Ainsi, l'usufruitier peut donner à bail les immeubles grevés de son droit d'usufruit. Il peut également céder ce droit à titre gratuit ou onéreux.

Nous verrons ci-après ces modes de jouissance.

LES BAUX **384**

L'usufruitier doit évidemment respecter les baux existant lorsque son usufruit a commencé et qui ont été consentis sans fraude avant ce début par le propriétaire précédent. L'usufruitier entre donc dans les droits de ce dernier comme bailleur.

En ce qui concerne la conclusion de nouveaux baux durant l'usufruit, l'usufruitier n'est pas tenu à une durée maximale. Il peut donc fixer librement la durée de tels baux. Toutefois, à la fin de l'usufruit, cette durée n'est opposable au nu-propriétaire que pour une période maximum.

La règle correspondante est fixée à l'article 595, tel qu'il vient d'être modifié par la loi du 12 décembre 1972. Aux termes de cet article, "les baux que l'usufruitier seul a faits pour une période qui excède neuf ans ne sont, en cas de cessation de l'usufruit, obligatoires à l'égard du nu-propriétaire, que pour le temps qui reste à courir, soit de la première période de neuf ans, si les parties s'y trouvent encore, soit de la seconde période et ainsi de suite, de manière que le preneur n'ait que le droit d'achever la jouissance de la période de neuf ans où il se trouve".

Le nu-propriétaire ne doit donc jamais attendre au-delà de neuf ans avant de reprendre, libres de bail, des immeubles, qui ont été soumis à un usufruit. Ceci vaut tant pour le bail à loyer que pour le bail à ferme. Rien n'empêche évidemment le nu-propriétaire d'intervenir au contrat de bail conclu par l'usufruitier et de consentir à un bail, qui lui serait opposable au-delà de neuf ans.

L'usufruitier peut être tenté de prolonger indûment la durée du bail opposable au propriétaire, en renouvelant celui-ci anticipativement. Il pourrait ainsi, au cours d'un bail conclu pour neuf ans, déjà renouveler, après une durée de quatre ans, le bail pour une nouvelle période de neuf ans.

Pour éviter une pareille manœuvre, l'article 595 alinéa 2 décide que: "les baux de neuf ans ou au-dessous que l'usufruitier a passés ou renouvelés plus de trois ans avant l'expiration du bail courant, s'il s'agit de biens ruraux, et plus de deux ans avant la même époque, s'il s'agit de maisons, sont sans effet, à moins que leur exécution n'ait commencé avant la fin de l'usufruit".

Dans notre exemple, le nouveau bail prorogé anticipativement ne serait pas opposable au nu-propriétaire, à moins qu'il soit déjà en cours, de sorte que le nu-propriétaire verrait son bien libre de bail dans un temps inférieur à neuf ans.

385 CESSION DU DROIT D'USUFRUIT

L'usufruit est intransmissible pour cause de mort, par testament par exemple. La raison en est que l'usufruit est viager et cesse avec le décès de l'usufruitier.

L'usufruit est, par contre, cessible entre vifs. Cette cession peut se faire à titre gratuit ou à titre onéreux. Le tiers, qui a bénéficié de cette cession d'usufruit, l'exerce pour compte de l'ancien usufruitier. Mais la durée de l'usufruit cédé reste toujours déterminée par la vie du cédant. L'usufruitier ne saurait, en cédant son usufruit, modifier la durée de son droit.

L'usufruitier cédant est garant à l'égard du nu-propriétaire des indemnités dues pour mauvaise gestion par le tiers, auquel cet usufruit a été cédé. Les sûretés fournies par l'usufruitier initial, qui a fourni caution au commencement de l'usufruit, demeurent affectées à la garantie des droits du nu-propriétaire.

386 ACTIONS EN JUSTICE APPARTENANT À L'USUFRUITIER

Pour assurer son droit d'usufruit et en garantir l'efficacité, l'usufruitier dispose de plusieurs actions judiciaires. Il a d'abord *l'action confessoire d'usufruit*, qui lui permet de faire reconnaître son droit en justice. Il peut intenter cette action contre tous tiers, même contre le nu-propriétaire. Cette action ressemble à l'action en revendication que peut introduire un propriétaire contre un possesseur de son immeuble (cf. numéro 355 et suivants). L'action confessoire d'usufruit est cependant prescriptible, ce qui n'est pas le cas de l'action en revendication.

L'usufruitier peut également exercer les actions possessoires.

Il dispose aussi d'actions personnelles, comme l'action en dommages-intérêts, contre toutes les personnes ayant causé un préjudice à son droit d'usufruit.

L'usufruitier ne saurait cependant pas exercer des actions judiciaires qui appartiennent au nu-propriétaire, comme l'action en revendication.

LES OBLIGATIONS DE L'USUFRUITIER

387

Généralités

Ces obligations sont la contrepartie des droits dont jouit l'usufruitier. Elles ne sont néanmoins pas clairement définies par le Code civil. Celui-ci n'en parle qu'incidemment dans le cadre de la définition qu'il donne de l'usufruit (article 578).

Ainsi, la principale obligation de l'usufruitier est celle de conserver la substance de la chose.

L'usufruitier doit jouir de la chose *en bon père de famille*. Cette obligation est prévue par l'article 601 qui, à propos de la caution à fournir par l'usufruitier, définit l'objectif de celle-ci, qui est de garantir sa gestion de bon père de famille.

D'autres indications, qu'on retrouve dans le Code Civil relatives à la gestion de l'usufruitier, se réfèrent au "mode de gestion du propriétaire ou des propriétaires antérieurs". Nous retrouvons cette référence notamment à l'article 590 (coupes dans les forêts), à l'article 597 (jouissance des servitudes existant au profit des immeubles soumis à usufruit) et à l'article 598 (exploitation des mines, carrières et tourbières).

Pour circonscrire les obligations de l'usufruitier, le Code civil se réfère donc à la fois à des critères concrets ("les pratiques de gestion suivies par le ou les propriétaires antérieurs") et à un critère abstrait, la notion du "bon père de famille".

Ce concept, qui nous vient du droit romain, est assez courant en droit civil. Il est employé notamment en rapport avec la gestion des représentants légaux(tuteur, curateur) portant sur les biens des incapables. Le bon père de famille, au sens précité, est la personne très diligente et prévoyante dans la gestion de ses affaires.

Si le critère concret sus-visé, à savoir les pratiques suivies par le propriétaire antérieur, entre en conflit avec le critère abstrait du bon père de famille, c'est ce dernier qui l'emporte. Ainsi, l'usufruitier ne saurait se référer à la négligence du propriétaire antérieur pour justifier sa propre administration déficiente.

En-dehors des obligations auxquelles est soumis l'usufruitier, le Code civil lui impose encore un certain nombre de charges. Celles-ci sont qualifiées de *charges usufructuaires*. Elles existent en contrepartie des fruits dont bénéficie l'usufruitier. Ces charges se prélèvent sur les revenus que l'usufruitier tire des biens dont il a la jouissance. Dans certains cas, l'usufruitier doit même participer au paiement des dettes successorales.

Nous examinerons dans les trois rubriques ci-après:

1. l'obligation de l'usufruitier de jouir en bon père de famille,
2. l'étendue des charges usufructuaires,
3. la contribution de l'usufruitier aux dettes grevant les biens soumis à usufruit.

388 1. La gestion en bon père de famille

De cette obligation découlent les conséquences suivantes:

- L'usufruitier doit conserver les droits du nu-propriétaire. Ainsi, il est obligé de poursuivre le recouvrement des créances à leur échéance, d'interrompre une prescription menaçant, d'exploiter un brevet d'invention afin d'éviter sa déchéance, de dénoncer au nu-propriétaire les usurpations qui peuvent être commises sur un bien dont il a l'usufruit.

- L'usufruitier ne doit pas détériorer les biens grevés de son usufruit, par exemple, épuiser les terres par des récoltes anormalement élevées ou négliger l'entretien d'un immeuble.

  D'une façon générale, l'usufruitier est responsable de la perte de la chose due à sa faute. Ceci n'implique cependant pas qu'il doit assurer les immeubles, dont il a l'usufruit, contre les risques assurables.

- L'usufruitier ne peut pas, sans l'accord du nu-propriétaire, disposer des meubles compris dans son usufruit. Il n'a pas davantage le droit de changer la destination que le propriétaire antérieur a donnée à un immeuble, par exemple, changer le mode de culture des terres, ou transformer des locaux d'habitation en locaux de commerce.

Les moyens d'action du nu-propriétaire

Si l'usufruitier n'assure pas une gestion en bon père de famille, la jurisprudence accorde au nu-propriétaire le droit d'agir contre lui, en vue de le contraindre à exécuter ses obligations. Dans un cas extrême, le nu-propriétaire pourrait même demander la déchéance de l'usufruitier. Du moins, il peut lui réclamer immédiatement des dommages-intérêts, sans attendre la fin de l'usufruit.

389 2. Les charges usufructuaires

Ces charges sont la contrepartie des revenus que l'usufruitier encaisse en cette qualité.

Ces charges sont:
a) le paiement des impôts et taxes périodiques,
b) les réparations d'entretien des biens soumis à usufruit.

a) Les impôts et taxes

Il s'agit des charges périodiques prélevées par les autorités publiques. Il n'est pas requis à ce sujet que cette périodicité soit régulière. Il suffit que ces impôts et taxes soient prélevés annuellement. Ainsi, le paiement de l'impôt foncier fait partie des charges usufructuaires.

S'il était perçu un impôt extraordinaire sur le capital pendant la durée de l'usufruit, un tel impôt serait à charge du nu-propriétaire, du moins en ce qui concerne le capital. Le nu-propriétaire pourrait demander à l'usufruitier de lui tenir compte des intérêts.

Si l'usufruitier avait payé cet impôt, il serait en droit de réclamer, à la fin de l'usufruit, au nu-propriétaire le remboursement du capital payé, à l'exclusion des intérêts.

b) Les réparations d'entretien

En ce qui concerne les frais en rapport avec la conservation des biens et notamment des immeubles soumis à usufruit, on distingue entre réparations d'entretien, qui sont à charge de l'usufruitier, et les grosses réparations, qui sont à supporter par le nu-propriétaire. Les réparations d'entretien sont des charges ordinaires. Elles consistent, en ce qui concerne les immeubles, outre dans les réparations à faire à une maison d'habitation, dans le curage des fossés, dans l'entretien des clôtures et des haies ou dans l'élagage des arbres.

En ce qui concerne les grosses réparations, l'article 606 considère comme telles "celles des gros murs et des voûtes, le rétablissement des poutres et des couvertures entières, celui des digues et des murs de soutènement et de clôture aussi en entier". Ledit article ajoute: "Toutes autres réparations sont d'entretien". Ces dernières sont donc à charge de l'usufruitier, même quand elles ne sont pas imputables à sa faute ou à la vétusté du bien, mais sont dues à un accident. Ces dépenses représentent en effet la contrepartie des fruits perçus par l'usufruitier et doivent être payées à l'aide de ces derniers.

L'obligation d'entretien, qui incombe à l'usufruitier, est plus étendue que celle d'un locataire, qui doit prendre à sa charge seulement les réparations locatives. Ainsi, pour donner un exemple, la réfection d'une façade serait à payer par l'usufruitier, mais jamais par un locataire.

3. Contribution aux dettes grevant les biens soumis à usufruit

390

Ces dettes peuvent exister au début de l'usufruit (dettes successorales) ou naître au cours de celui-ci.

Dans quelle mesure l'usufruitier contribue-t-il à ces dettes? A cet égard, la règle est que ce dernier n'a pas à participer à ce paiement, quand son usufruit porte sur des biens déterminés (usufruit à titre particulier). Même si, parmi les biens soumis à usufruit, il se trouve un immeuble grevé d'une hypothèque, l'usufruitier peut bien être forcé, en tant que détenteur de l'immeuble hypothéqué, à payer le créancier, mais dans ce cas il a un recours contre le nu-propriétaire, qui doit supporter finalement cette dette.

Une autre règle s'applique quand l'usufruit est universel, ou à titre universel. Il est alors normal que l'usufruitier, qui a la jouissance de tout ou de partie de l'actif, contribue au paiement des dettes grevant ce patrimoine.

La quotité de cette contribution est fixée par l'article 612. La règle générale est que le nu-propriétaire doit supporter le capital de la dette, et l'usufruitier les intérêts, dans la proportion de son usufruit par rapport à la valeur totale des biens ayant à supporter cette dette. Ainsi, il doit payer la totalité des intérêts, quand il a l'usufruit de tous les biens.

Si l'usufruit ne porte que sur une quote-part de ces biens, un tiers par exemple, sa contribution aux intérêts se fait dans la même proportion.

La participation de l'usufruitier à l'acquittement du passif peut, suivant les dispositions de l'article 612 précité, se faire de deux façons différentes.

- L'usufruitier avance la somme pour laquelle le fonds, soumis à son usufruit, doit contribuer. Alors il peut réclamer, à la fin de l'usufruit, au nu-propriétaire le remboursement du capital payé, mais non les intérêts.
- Si l'usufruitier ne veut pas faire cette avance de capital, le nu-propriétaire a deux alternatives. Il peut payer la dette, et l'usufruitier lui tient compte des intérêts pendant la durée de l'usufruit. Le nu-propriétaire a aussi le choix de faire vendre, jusqu'à concurrence du montant de la dette, une certaine partie des biens sur lesquels porte l'usufruit.

LA SITUATION DU NU-PROPRIÉTAIRE

Généralités

Disposant d'un droit réel sur les biens, dont une autre personne a l'usufruit, le nu-propriétaire peut céder sa nue-propriété, la vendre, en faire donation ou l'hypothéquer. Mais, comme il a seulement la nue-propriété, ses ayants cause (acheteurs, donataires) doivent respecter les droits que l'usufruitier tient sur cette même chose.

A cet effet, le nu-propriétaire peut interrompre une prescription courant au profit d'un tiers, intenter contre lui l'action en revendication ou exercer les actions possessoires. Par ailleurs, le nu-propriétaire peut agir en bornage, en partage, ou intenter une action en dommages-intérêts, si un préjudice a été causé aux biens sur lequel il existe un usufruit.

Si le nu-propriétaire a fait assurer sa nue-propriété, cette assurance est sans effet à l'égard de l'usufruitier, à moins que le nu-propriétaire ait expressément entendu stipuler également au profit de l'usufruitier.

DROITS DU NU-PROPRIÉTAIRE **391**

Etant donné que le nu-propriétaire ne doit pas porter atteinte aux droits de l'usufruitier, ses droits sont assez limités.

- Ainsi, il a un droit général de surveillance sur la gestion de l'usufruitier. Ce droit l'autorise à agir contre lui, s'il a dépassé ses pouvoirs et compromet la conservation des biens, en commettant des abus ou en devenant insolvable. Les mesures, dont dispose le nu-propriétaire, varient suivant le degré d'atteinte à ses droits par l'usufruitier. Elles peuvent s'étendre des actes conservatoires à la déchéance du droit de l'usufruitier.
- Le nu-propriétaire peut accomplir les actes matériels nécessaires à la conservation des biens, dont l'usufruitier a la jouissance, donc faire les réparations nécessaires à ces biens, sans que l'usufruitier puisse prétendre à une indemnité pour privation de jouissance.
- Le nu-propriétaire bénéficie des produits des biens soumis à usufruit. Nous savons que l'usufruitier a seulement droit aux fruits.

OBLIGATIONS DU NU-PROPRIÉTAIRE **392**

En principe, aucune obligation ne pèse sur le nu-propriétaire, sinon celle de ne pas troubler l'usufruitier dans l'exercice de son droit. On n'exige donc du nu-propriétaire que son abstention et non une obligation spécifique.

Néanmoins, en pratique, une telle façon de voir paraît trop absolue. En effet, dans des situations déterminées, certaines obligations positives doivent être assumées par le nu-propriétaire.

Ainsi, il est tenu à garantie, lorsque l'usufruit a été constitué à titre onéreux. En cas d'éviction, l'usufruitier peut demander des dommages-intérêts au nu-propriétaire. Mais, effectivement, cette obligation découle plutôt du titre constitutif de l'usufruit que de ce dernier lui-même.

- Le nu-propriétaire doit supporter les charges extraordinaires, lorsqu'elles sont imposées sur les biens pendant la durée de l'usufruit.
- Nous avons déjà souligné que les grosses réparations à faire aux biens sont à charge du nu-propriétaire.

Toutefois, la notion "à charge" n'implique pas que le nu-propriétaire doive effectivement faire effectuer ces travaux. Il existe une assez grande différence entre le nu-propriétaire et le bailleur. Ce dernier est obligé de procurer au locataire la jouissance de la chose louée. Il peut donc être contraint de faire les réparations non locatives. Une telle obligation n'existe pas à charge du nu-propriétaire.

Si ce dernier, bien que non y obligé, a réalisé les grosses réparations, la jurisprudence dominante veut qu'il ne puisse pas réclamer à l'usufruitier les intérêts des sommes dépensées. Cette jurisprudence est motivée par la considération qu'il ne faut pas imposer à l'usufruitier plus de charges que la loi n'en prévoit expressément.

L'usufruitier, bien que non tenu à faire de grosses réparations, peut, dans certains cas, avoir intérêt à les réaliser néanmoins. Il en est ainsi, lorsqu'il a loué l'immeuble sur lequel il dispose d'un usufruit. Dans ce cas, il est tenu, en qualité de bailleur, de faire ces réparations.

Dans cette hypothèse, la jurisprudence tend à accorder à l'usufruitier un recours contre le nu-propriétaire sur base de l'enrichissement sans cause. Certains tribunaux autorisent même l'usufruitier à réclamer au nu-propriétaire le montant de la plus-value qu'il a procurée à l'immeuble.

Toutefois, ce recours n'est généralement accordé qu'à la fin de l'usufruit. C'est en effet à ce moment qu'il convient de constater s'il existe effectivement une plus-value.

FIN DE L'USUFRUIT

393 LES CAUSES DE SON EXTINCTION

L'usufruit peut se terminer pour un certain nombre de raisons.

Il y a lieu de distinguer deux causes générales d'extinction:
a) *les causes normales*, qui sont: la mort de l'usufruitier, ou l'arrivée du terme fixé pour la durée de l'usufruit,
b) les *causes inhérentes à l'objet sur lequel porte l'usufruit,* ou des raisons tenant à l'usufruitier, en-dehors du cas normal d'extinction.

Il convient de signaler dans cette deuxième catégorie:
1. la disparition de l'objet ou du droit sur lequel porte l'usufruit,
2. le non-usage de ce droit pendant trente ans,
3. la prescription acquisitive par un tiers de l'immeuble grevé d'usufruit,
4. la résolution du droit au détriment de la personne qui a constitué l'usufruit,
5. la renonciation de l'usufruitier,
6. la consolidation.

A ces deux grandes catégories, il faut ajouter une cause particulière, entraînant la fin de l'usufruit. Il s'agit de l'abus de jouissance de l'usufruitier.

Nous examinerons ci-après les différentes causes d'extinction de l'usufruit.

394 A) EXPIRATION NORMALE DE L'USUFRUIT

1. la mort de l'usufruitier

L'usufruit, étant un droit essentiellement temporaire, ne saurait durer plus longtemps que la vie de l'usufruitier. Il se termine donc par le décès de celui-ci.

Un problème se pose quand l'usufruit a été créé sur la tête de plusieurs personnes simultanément. Dans ce cas, il s'éteint partiellement au décès de chacune d'elles. Ainsi, lorsque l'usufruit existe sur deux têtes, si l'un des deux usufruitiers meurt, le nu-propriétaire devient copropriétaire en usufruit avec l'autre usufruitier.

Quand l'usufruit a été créé par convention, ou par disposition testamentaire, il est généralement stipulé qu'il est maintenu intégralement au profit du ou des usufruitiers survivants.

2. L'arrivée du terme fixé pour la durée de l'usufruit

Parfois, l'usufruit n'est pas viager, mais il est prévu pour une période fixe, par exemple, pour dix ans. Il s'éteint alors à l'échéance de ce terme. La fixation du terme peut se faire par le constituant, tel que le testateur.

Cette fixation de la durée peut aussi être légale. Cela est le cas, lorsque l'usufruit est établi au profit d'une personne morale. Pour celle-ci, l'article 619 a prévu une durée maximale de trente ans.

Une durée maximale s'impose, alors qu'à l'opposé des personnes physiques, les personnes morales ne s'éteignent que rarement. Il en est du moins ainsi pour les personnes morales de droit public, comme l'Etat ou les communes. Si donc le droit d'usufruit avait une durée indéfinie, comme l'existence de ces personnes morales, la nue-propriété serait réduite à néant.

B) CAUSES INHÉRENTES À L'USUFRUITIER OU À L'OBJET SUR LEQUEL PORTE L'USUFRUIT

395

1. Perte totale de la chose ou du droit

Quand la chose grevée de l'usufruit vient à périr, l'usufruit s'éteint, faute d'objet. Il en est de même de la disparition d'un droit grevé d'un usufruit. Ainsi, l'usufruit sur un brevet d'invention cesse, quand celui-ci ne peut plus être exploité.

L'extinction de l'usufruit n'a lieu qu'en cas de perte totale de l'objet. Si cette disparition est seulement partielle, l'usufruit subsiste sur ce qui reste de cette chose. Ainsi, en cas de destruction d'un bâtiment grevé d'un usufruit, ce dernier droit subsiste sur le sol et sur les matériaux.

L'extinction de l'usufruit présuppose encore que la destruction de l'objet soit imputable à un cas de force majeure. Si elle était due au fait du nu-propriétaire ou d'un tiers, ceux-ci devraient des dommages-intérêts à l'usufruitier. Dans ce cas, les droits de ce dernier s'exerceraient en tant que quasi-usufruit.

Subrogation réelle

Dans certaines hypothèses, la perte de la chose n'entraîne pas la fin de l'usufruit, mais, à la suite d'une subrogation réelle, ce dernier est reporté de la chose grevée d'usufruit sur une somme d'argent et transformé en quasi-usufruit.

Le transfert se produit dans les cas suivants:
- Si la perte de la chose est due à la faute d'un tiers, elle donne lieu, à charge de ce dernier, à des dommages-intérêts. L'usufruit est reporté, sous forme de quasi-usufruit, sur cette somme d'argent.
- En cas d'expropriation pour cause d'utilité publique, l'usufruitier touche de l'expropriant une indemnité du chef de la privation de son usufruit.

2. Non-usage du droit pendant trente ans

Si le droit de propriété ne s'éteint pas par le non-usage, il en est autrement du droit d'usufruit, qui cesse par un non-usage durant trente ans. Un usage partiel suffit pour maintenir le droit d'usufruit. A cet égard, un seul acte de jouissance, même abusif, est suffisant pour interrompre la prescription. L'usufruit est également maintenu, même en cas de non-usage par l'usufruitier, quand ce droit est exercé, en son nom, par un tiers, tel un locataire ou un mandataire.

3. Prescription acquisitive par un tiers

L'extinction de l'usufruit peut résulter, de façon indirecte, de l'acquisition de la propriété par un possesseur. Cette cause d'extinction est spéciale aux immeubles. Elle suppose qu'un tiers a pris possession d'un bien grevé d'usufruit et s'est substitué à l'usufruitier. Cette prescription peut être acquise contre l'usufruitier par une possession abrégée de dix à vingt ans. Cela suppose que le possesseur a un juste titre et la bonne foi (cf. numéros 301 et 302).

4. Résolution du droit de la personne qui a constitué l'usufruit

Si le constituant n'a eu sur le bien, affecté d'un usufruit, qu'un droit soumis à résolution, il n'a pu conférer à l'usufruitier qu'un droit résoluble comme le sien. Si le droit du cédant disparaît donc, cette résolution met fin en même temps à l'usufruit.

5. La renonciation

La renonciation de l'usufruitier à son usufruit suppose que ce titulaire soit majeur et capable.

La renonciation peut être abdicative, c'est à dire non réalisée au profit d'une personne déterminée, ou être spécifique, donc faite au profit d'un tiers nommément désigné.

Dans le premier cas, l'usufruit doit nécessairement revenir au nu-propriétaire, qui devient donc plein propriétaire. Ce dernier doit-il accepter cette renonciation? Il se peut en effet que l'immeuble, sur lequel porte l'usufruit, nécessite des réparations urgentes que le nu-propriétaire devrait effectuer, cela notamment si l'immeuble en question est loué. Il n'existe en jurisprudence pas de position nette quant à cette question.

L'usufruitier peut également renoncer à son usufruit au profit d'une personne déterminée, soit le nu-propriétaire lui-même, soit un tiers.

Cette renonciation peut se faire à titre gratuit, ou à titre onéreux. Cependant, les créanciers de l'usufruitier ont le droit de faire annuler la renonciation faite à leur détriment. Ce droit leur est expressément réservé par l'article 622, qui n'est qu'une application de l'article 1167 (action paulienne).

6. La consolidation

C'est la réunion, sur une même tête, de l'usufruit et de la nue-propriété. Cette consolidation peut se faire de deux façons:
1. soit l'usufruitier cède son droit au nu-propriétaire,
2. soit ce dernier transfert sa nue-propriété à l'usufruitier.

Un tel transfert, dans un sens ou dans l'autre, fait cesser l'usufruit, car on ne peut pas avoir un démembrement de la propriété sur un bien, dont on a la pleine propriété. Celui qui acquiert l'usufruit, disposant déjà de la nue-propriété, peut jouir du bien comme plein propriétaire.

CAUSE PARTICULIÈRE DE CESSATION DE L'USUFRUIT: L'ABUS DE JOUISSANCE

396

Cette cause d'extinction est visée par l'article 618. Il prévoit deux cas caractérisant cet abus de jouissance:
1. l'usufruitier fait des dégradations au bien grevé d'usufruit,
2. il le laisse dépérir, faute d'entretien.

On est d'accord pour généraliser les deux causes citées par l'article sus-visé. Ainsi, la jurisprudence considère qu'il y a abus de jouissance, lorsque l'usufruitier a manqué à ses obligations d'une manière assez grave, pour mettre en péril le bien soumis à usufruit.

Peut ainsi être considéré comme abus de jouissance, le fait de démolir des bâtiments en bon état, d'arracher des arbres fruitiers, de ne pas cultiver de façon durable des vignobles ou d'abattre des hautes futaies, sans se conformer à l'aménagement établi par le précédent propriétaire.

La déchéance de l'usufruitier doit toujours être demandée au tribunal. Elle ne s'opère jamais de plein droit. Le tribunal ne prononcera la déchéance que si l'abus de jouissance invoqué par le nu-propriétaire est grave et met en cause les intérêts futurs de ce dernier.

Plutôt que de prononcer l'extinction de l'usufruit, le tribunal a la possibilité de prendre certaines mesures intermédiaires. Il peut ainsi prononcer une déchéance partielle sur le bien le moins soigné par l'usufruitier et maintenir l'usufruit pour les autres. Le tribunal peut, d'autre part, ordonner la restitution au nu-propriétaire des biens grevés d'usufruit, à charge pour celui-ci de verser une rente à l'usufruitier.

Si l'abus de jouissance est par contre reconnu comme suffisamment grave par le tribunal, il prononcera la déchéance de l'usufruitier. Dans ce cas, ce dernier doit rendre au nu-propriétaire tous les biens, sans aucune contrepartie. Bien plus, l'usufruitier peut même être condamné à des dommages-intérêts pour les dégradations qu'il a causées aux biens restitués au nu-propriétaire.

La déchéance de l'usufruitier n'est pas dans l'intérêt de ses créanciers qui perdent ainsi un gage. Aussi l'article 618 alinéa 2 permet-il à ces créanciers d'intervenir dans le procès intenté par le nu-propriétaire à l'usufruitier.

En vue d'éviter la déchéance de ce dernier, ses créanciers pourraient offrir la réparation des dégradations occasionnées par l'usufruitier, ou des garanties pour l'avenir.

CONSÉQUENCES DE L'EXTINCTION DE L'USUFRUIT - RÈGLEMENT DE COMPTES

Généralités

Quelles que soient les causes juridiques, qui mettent fin à l'usufruit, il y a normalement lieu à restitution au nu-propriétaire des biens grevés d'usufruit, et à un règlement de comptes entre ces deux titulaires, ou leurs héritiers.

Néanmoins, les conséquences de cette extinction ne sont pas les mêmes selon les différents modes d'extinction de l'usufruit. Ainsi, en cas de consolidation (cf. N° 395-6° ci-dessus), en supposant que l'usufruitier a acheté la nue-propriété, ou en a hérité, il n'y a évidemment ni restitution à faire, ni comptes à régler. Il en est de même, si des meubles soumis à usufruit ont été complètement détruits.

L'extinction de l'usufruit comporte normalement des obligations, tant pour l'usufruitier que pour le nu-propriétaire.

397 OBLIGATIONS À CHARGE DE L'USUFRUITIER

L'usufruitier, après que ses droits ont cessé, est détenteur de la chose d'autrui et débiteur de sa restitution. Cette dernière s'opère dans des conditions différentes, suivant que l'usufruit a porté sur des choses soumises à une restitution en nature, ou sur des choses consomptibles.

BIENS RESTITUABLES EN NATURE

L'usufruitier est obligé de restituer au nu-propriétaire les choses mêmes qui ont fait l'objet de son usufruit. Il doit les rendre dans l'état où ils se trouvaient lors de l'ouverture de l'usufruit. La consistance et l'état de ces biens ont été constatés lors de l'établissement de l'inventaire et de l'état des immeubles, dressés lors de l'ouverture de l'usufruit.

Le Code civil prévoit à son article 589 un régime spécial pour les choses qui se détériorent par l'usage, comme le linge ou les meubles meublants. D'après l'article précité, l'usufruitier est libéré, en les restituant dans l'état où elles se trouvent à la fin de l'usufruit. Mais dans le cas où ces choses n'existent plus, l'usufruitier doit restituer la valeur qu'avaient ces objets au début de l'usufruit, sauf au cas où la disparition de ces choses est due à un cas fortuit.

D'une manière générale, l'usufruitier est déchargé de son obligation de restituer des choses, pour lesquelles il prouve qu'elles ont péri par cas fortuit.

Il serait cependant responsable de toute négligence qui lui est imputable, par exemple, s'il n'a pas dénoncé au nu-propriétaire l'usurpation d'un tiers sur un bien, dont il a l'usufruit, ou ne lui a pas fait connaître la nécessité de faire de grosses réparations à un immeuble.

Actions à la disposition du nu-propriétaire

Pour récupérer ses biens à la fin de l'usufruit, le nu-propriétaire dispose à la fois de l'action en revendication et de l'action personnelle en restitution, qu'il possède contre tout détenteur précaire.

L'action personnelle présente pour le nu-propriétaire l'avantage, par rapport à l'action en revendication, qu'elle le dispense de faire la preuve de son droit de propriété sur le bien qu'il veut se faire restituer. Il n'a qu'à prouver la remise de la chose à l'usufruitier.

RESTITUTION DE CHOSES CONSOMPTIBLES

Nous avons vu que l'usufruitier, ou plutôt le quasi-usufruitier, devient propriétaire de ces choses (cf. numéro 373). Il n'est donc pas redevable de la restitution d'un corps certain, à savoir des biens lui remis au début de l'usufruit, mais il est débiteur de choses semblables, ou de leur contrevaleur en argent.

Aux termes de l'article 587, il doit restituer des choses de pareille quantité, qualité et valeur ou leur estimation à la fin de l'usufruit.

La question se pose si l'usufruitier, ou ses héritiers, ont une option entre restituer des choses de pareille "quantité, qualité et valeur" (par exemple, autant d'hectolitres de vin) ou leur estimation, donc la contrevaleur de ce produit en argent.

On admet généralement que l'usufruitier n'a pas une telle option. Il convient de distinguer suivant que les choses consomptibles ont été reçues par lui avec ou sans estimation. S'il n'y a pas eu d'estimation, la restitution doit se faire par équivalent et doit donc porter sur des choses semblables.

S'il y a eu estimation dans l'inventaire ou dans un acte postérieur, l'usufruitier est tenu, suivant la volonté présumée des parties, de restituer le montant de cette estimation.

398 *Indemnités à payer par l'usufruitier ou par ses héritiers*

L'usufruitier peut avoir à payer différentes indemnités au nu-propriétaire.

Une première indemnité est celle qui est due du chef des choses consomptibles et que nous avons vue au numéro précédent. En second lieu, l'usufruitier, ou les personnes qui lui succèdent, peuvent devoir une indemnité du chef des dégradations que l'usufruitier a causées aux biens qui sont à restituer.

Le nu-propriétaire peut également réclamer la restitution des fruits que les biens ont donnés après la cessation de l'usufruit. A partir de cette date, l'usufruitier, ou ses successeurs, n'ont plus droit à ces fruits.

399 ABSENCE D'INDEMNISATION DE L'USUFRUITIER

L'article 599 alinéa 2 refuse à l'usufruitier toute indemnité pour les améliorations qu'il a apportées aux biens sur lesquels il a eu un usufruit.

Cette règle est assez rigoureuse et exorbitante des principes généraux du droit, en ce qu'elle permet au nu-propriétaire de bénéficier d'un enrichissement sans cause. Cette règle est encore assez peu justifiée, du point de vue économique, alors qu'elle n'encourage pas précisément l'usufruitier à faire une gestion rationnelle des biens sur lesquels il dispose d'un usufruit.

On a fondé cette règle sur un double motif:

d'un côté, les difficultés de constater, à la fin de l'usufruit, la nature et la valeur de ces plus-values,

d'un autre côté, le fait qu'une indemnité à payer à l'usufruitier pourrait imposer au nu-propriétaire d'importantes dépenses qu'il ne serait éventuellement pas en mesure de payer, et cela pour des améliorations dont il ne veut peut-être pas.

TEMPÉRAMENT LÉGAL

Le Code civil a apporté une exception à la règle exposée ci-dessus.

Ainsi, l'article 599 alinéa 3 permet à l'usufruitier d'enlever, à la fin de l'usufruit, les glaces, tableaux et autres ornements qu'il avait fait placer, mais à charge de rétablir les lieux dans leur état premier.

TEMPÉRAMENTS JURISPRUDENTIELS

La jurisprudence a étendu ce tempérament aux cas suivants:

Quand l'usufruitier effectue, sur le fonds dont il a l'usufruit, un ensemble de travaux ayant produit à la fois une amélioration et une dégradation, par exemple, dans le cadre de plantations ou de constructions, on admet qu'il peut déduire du montant qu'il doit pour les dégradations, celui représentant les améliorations. Ainsi, on accorde à l'usufruitier une compensation, de sorte qu'il peut être dispensé de payer une indemnité du chef des dégradations causées par lui au fonds grevé d'usufruit.

La jurisprudence est d'accord de ne pas considérer comme améliorations, au sens de l'article 599 alinéa 2, *les dépenses nécessitées pour l'exécution des grosses réparations.*

Lorsque le nu-propriétaire a négligé de faire ces travaux, il est possible que l'usufruitier les fasse exécuter à ses frais. Il a dans ce cas un recours contre le nu-propriétaire. Mais le remboursement de ces dépenses ne s'effectuera qu'à la fin de l'usufruit.

Ces travaux ne sauraient être assimilés à des améliorations. Celles-ci s'apprécient en effet suivant leur utilité. Par contre, les grosses réparations répondent à une nécessité. Sans elles, l'usufruitier ne pourrait plus jouir de son usufruit. Il y a en effet eu, non pas une amélioration, mais conservation de la chose.

Toutefois, la jurisprudence n'assimile pas les dépenses relatives à des grosses réparations à des impenses. En effet, dans le cadre de celles-ci, les coûts des réparations nécessaires sont remboursées intégralement à celui qui les a effectuées.

Dans le cas de l'usufruitier, la jurisprudence admet seulement le remboursement des dépenses relatives aux grosses réparations dans la limite de la plus-value procurée au fonds. Le raisonnement à la base de cette jurisprudence est que le nu-propriétaire, ne pouvant être contraint d'effectuer les grosses réparations, il n'appartient pas à l'usufruitier de le forcer indirectement à faire ces dépenses, en réalisant lui-même les travaux correspondants.

En consacrant le remboursement de la plus-value produite par les travaux précités, la jurisprudence se base sur la théorie de l'enrichissement sans cause. Il ne serait pas équitable que le nu-propriétaire profite, sans contrepartie, de l'amélioration de son bien réalisée par l'usufruitier.

CONSTRUCTIONS ÉLEVÉES PAR L'USUFRUITIER

400

On aurait pu admettre que la jurisprudence excepte également, du moins dans une certaine limite, de la rigueur des dispositions de l'article 599 alinéa 2, les nouvelles constructions effectuées par l'usufruitier sur le fonds grevé d'usufruit.

Or, il n'en est rien. La jurisprudence décide que ces constructions constituent des améliorations et, à ce titre, ne donnent pas droit à remboursement par le propriétaire à la fin de l'usufruit.

Bien plus, l'usufruitier n'est même pas considéré comme un constructeur de mauvaise foi (cf. numéro 38), en ce sens, qu'il pourrait réclamer une indemnité, lorsque le propriétaire décide de conserver la construction réalisée par l'usufruitier. La jurisprudence estime que le remboursement de telles dépenses serait une lourde charge pour le propriétaire. Par ailleurs, l'usufruitier a été imprudent de faire de telles dépenses, sans s'assurer du concours du nu-propriétaire avant de faire de telles constructions.

La doctrine dominante conteste cette position de la jurisprudence. Elle lui reproche de permettre au propriétaire de s'enrichir aux dépens de l'usufruitier. Elle critique par ailleurs que la jurisprudence accorde à l'usufruitier une situation inférieure à celle du possesseur de mauvaise foi, qui peut parfois réclamer une indemnité, lorsqu'il a fait sciemment une construction sur un terrain qui ne lui appartient pas. La situation de l'usufruitier est à cet égard pire que celle d'un simple locataire, que la jurisprudence assimile à un possesseur de mauvaise foi.

La doctrine estime en conséquence que l'usufruitier devrait se voir appliquer également l'article 555 et être assimilé, en ce qui concerne les constructions qu'il a réalisé sur un fonds grevé d'usufruit, à un possesseur de mauvaise foi.

LE DROIT D'USAGE ET D'HABITATION

Généralités **401**

Il est possible de modifier les règles normales de l'usufruit. Les parties peuvent ainsi convenir que le bénéficiaire a droit à une certaine partie des fruits provenant d'un bien, sans qu'il puisse faire usage de ce bien lui-même. Inversement, le propriétaire peut se dépouiller uniquement de son droit d'usage. Il confère ce droit à un tiers.

Le droit d'usage et le droit d'habitation constituent un droit réel et un diminutif de l'usufruit. Ils ne peuvent être créés que par convention ou par testament. Le Code civil ne connaît pas de droit d'usage et d'habitation légaux.

Le droit d'usage peut constituer, selon les cas, une variété d'usufruit ou une servitude réelle. C'est une variété d'usufruit, quand il est établi dans l'intérêt d'une personne déterminée.

C'est une servitude réelle, lorsqu'il est établi pour l'utilité d'un fonds: par exemple, au fonds A est attaché le droit de prendre du sable, des pierres ou du bois sur le fonds B. Dans ce dernier cas, les règles générales sur les servitudes sont applicables.

En tant que variété de l'usufruit, le droit d'usage est réglé par les articles 625 à 635.

CONTENU DU DROIT D'USAGE

Le droit d'usage est un droit réel de même nature que l'usufruit, mais inférieur en étendue. Il a son origine dans le droit romain, qui, initialement, ne conférait que le droit d'employer une chose, sans le droit de percevoir une partie des fruits. Peu à peu s'est joint à ce droit d'usage un droit limité aux fruits de la chose, dont un bénéficiaire a l'usage.

L'usager ne peut utiliser la chose sans restriction. Il est seulement autorisé à en user dans la limite de ses besoins et de ceux de sa famille. Le droit d'usage comporte, dans la même mesure, le droit de percevoir une certaine partie des fruits.

A cet égard, l'article 630 dispose que "celui qui a l'usage des fruits d'un fonds ne peut en exiger qu'autant qu'il lui en faut pour ses besoins et ceux de sa famille. Il peut en exiger pour les besoins même des enfants, qui lui sont survenus depuis la concession de l'usage".

La perception des fruits doit s'effectuer en nature, le titulaire du droit pouvant se faire mettre en possession de la chose dont il jouit.

CONTENU DU DROIT D'HABITATION

Ce droit n'est autre chose que le droit d'usage portant sur une maison d'habitation. Celui-ci comporte la même limite et le même cadre personnel ou familial que le droit d'usage.

L'article 632 prévoit que: "Celui qui a un droit d'habitation dans une maison, peut y demeurer avec sa famille, quand même il n'aurait pas été marié à l'époque où ce droit lui a été donné". L'article 633 ajoute: "le droit d'habitation se restreint à ce qui est nécessaire pour l'habitation de celui à qui ce droit est concédé et de sa famille".

Il suit de cette disposition que, si une maison comporte plus de pièces qu'il n'en faut au titulaire du droit d'habitation, celui-ci ne peut pas habiter la maison toute entière.

402 *Avantages économiques et sociaux*

Malgré les droits relativement restreints que comporte le droit d'usage et d'habitation, celui-ci trouve néanmoins encore une application assez régulière. Cela vaut notamment pour le droit d'habitation.

Celui-ci peut être conféré dans un acte à titre onéreux ou dans le cadre d'une libéralité. Dans le premier cas, il trouve souvent application quand une personne âgée, qui éprouve un besoin d'argent, ou pour qui la maison est devenue trop grande ou trop difficile à entretenir, vend celle-ci, en se réservant l'habitation d'un étage. Dans les mêmes conditions, elle aurait évidemment pu se réserver l'usufruit. Mais le droit d'habitation restreint moins les droits de l'acquéreur de cette maison que ne le ferait l'usufruit.

En matière de donation, le droit d'habitation se rencontre souvent dans le partage d'ascendant, qui est l'acte par lequel les parents partagent, de leur vivant, tout ou partie de leurs biens entre leurs enfants. Le partage d'ascendant se pratique encore régulièrement dans les milieux agricoles. Il se réalise généralement de façon que le descendant, qui continue l'exploitation agricole, se voit attribuer les immeubles composant cette dernière et les autres héritiers reçoivent des immeubles, ne relevant pas de l'exploitation et/ou une somme d'argent.

Accessoirement au partage d'ascendant, un frère ou une sœur du continuateur de l'exploitation se voit parfois accorder un droit d'habitation dans la maison familiale jusqu'au jour où il ou elle se marie ou décide de s'installer ailleurs. Ce même droit peut être concédé à un parent du donateur, frère ou sœur, qui a toujours habité la ferme et qui a participé aux travaux de celle-ci.

Le droit d'habitation peut également être concédé par testament à une personne, au profit de laquelle le testateur se sent moralement obligé de prendre soin pour le temps où il ne sera plus.

Inconvénients économiques et sociaux

Dans la mesure où ce droit ne s'étend pas sur une maison entière ou sur un appartement, il suppose une bonne entente entre les personnes, généralement des membres de famille, cohabitant dans la maison dans laquelle l'une d'elles dispose d'un droit d'habitation.
Si la cohabition devient impossible et que celui, qui a le droit d'habitation, quitte la maison pour aller vivre ailleurs, il n'a pas le droit de demander au constituant de ce droit, ou à ses ayants cause, une contrepartie financière (rente), à moins qu'une telle n'ait été expressément prévue dans l'acte constitutif du droit d'habitation. Ce titulaire n'a pas non plus le droit de céder son droit d'habitation, qui est un droit personnel incessible. A cet égard, l'usufruit est donc plus avantageux.

Du point de vue économique, le droit d'habitation ne constitue pas toujours une solution satisfaisante. Le titulaire de ce droit n'a généralement pas les moyens financiers pour entretenir convenablement l'immeuble. Par ailleurs, il n'a pas grand intérêt à faire de tels travaux, alors qu'il n'est pas indemnisé du chef de ces améliorations.

Finalement, le droit d'habitation ou le droit d'usage constitue une restriction à la liberté de vente des immeubles et, pour le moins, entraîne une perte de valeur pour le propriétaire obligé de vendre un immeuble grevé d'un droit d'habitation.

Réglementation du droit d'usage et d'habitation

403

En principe, celui-ci est soumis au même régime que l'usufruit. Il s'établit donc de la même façon que ce dernier, sauf qu'il n'y a pas de droit d'usage ou d'habitation institué par la loi.

Ce droit s'éteint de la même façon que l'usufruit. Ainsi, il cesse par suite du non-usage pendant trente ans, par l'expiration du terme pour lequel il a été constitué, et par la renonciation de son titulaire. Il disparaît au plus tard avec le décès de son bénéficiaire.

Celui-ci est soumis aux mêmes obligations et charges que l'usufruitier. L'usager doit donner caution de gérer son droit en bon père de famille, sauf dispense lui accordée à ce sujet. Il doit, à moins d'avoir été exempté dans l'acte de constitution, faire état et inventaire des biens sur lesquels porte son droit. L'usager doit également supporter les charges usufructuaires (cf.

numéro 389), intégralement, lorsque son droit absorbe la totalité des fruits ou que l'habitation porte sur toute la maison. Il participe à ces charges au prorata de ce dont il jouit, s'il n'a droit qu'à une quote-part des fruits, ou n'habite qu'une partie de la maison.

404 *Les différences avec l'usufruit*

Nous avons signalé les similitudes du droit d'usage et d'habitation avec le droit d'usufruit. Il existe cependant également des différences assez importantes avec ce dernier droit.

Ce sont les suivantes:

1. Le droit d'usage et d'habitation est strictement personnel à son titulaire. Il ne peut donc pas être cédé à un tiers. L'usufruitier, par contre, peut céder son droit ou louer les biens sur lesquels il porte.

2. Du fait que le droit d'usage et d'habitation est incessible, il suit qu'il ne peut pas non plus être hypothéqué. En effet, seulement des immeubles qui sont dans le commerce, sont susceptibles d'hypothèque.

3. Le droit d'usage et d'habitation est insaisissable, avec la réserve toutefois que l'usager peut disposer des fruits dont il est devenu propriétaire, et ses créanciers peuvent les saisir, à moins que le droit d'usage aux fruits n'ait été établi à titre alimentaire. Toutefois, ces créanciers ne pourraient pas attaquer la renonciation au droit d'usage et d'habitation faite par leur débiteur, ni intervenir dans la procédure judiciaire en déchéance, entamée par le propriétaire contre lui pour abus de jouissance.

LES SERVITUDES

Généralités   405

L'article 637 définit la servitude comme étant "une charge imposée sur un héritage pour l'usage et l'utilité d'un héritage appartenant à un autre propriétaire".

Quant à la terminologie utilisée pour désigner les servitudes, on emploie tantôt l'expression *servitudes foncières* (parce qu'elles sont relatives à un fonds), tantôt celle de *servitudes réelles*, parce qu'elles concernent une chose et non une personne. L'expression *servitudes personnelles* est ainsi inappropriée, car l'existence d'une servitude n'oblige jamais le propriétaire du fonds, sur lequel elle s'exerce, à faire une prestation déterminée. Son attitude est purement passive. Une personne ne saurait s'obliger que par contrat qui, en principe, ne comporte ni droits, ni obligations pour les tiers.

On distingue en matière de servitudes entre *le fonds dominant*, c'est à dire celui au profit duquel la servitude a été créée, et *le fonds servant*, c'est le fonds sur lequel s'exerce la servitude.

CARACTÉRISTIQUES DE LA SERVITUDE

De la définition de la servitude, donnée ci-dessus, il résulte qu'elle se caractérise par les éléments suivants:

1. La servitude est une charge imposée au fonds servant.

Cette charge entraîne une restriction des droits du propriétaire de ce fonds. Elle correspond, dans le patrimoine du propriétaire du fonds dominant, à un droit réel sur le fonds servant.

Cette charge présente les trois caractéristiques suivantes:
a) elle doit être imposée à un fonds et non à une personne. Nous avons vu que la servitude n'entraîne, pour le propriétaire du fonds servant, aucune obligation personnelle. Il est seulement tenu de supporter certains actes;
b) la charge est attachée au fonds servant et sera transmise à tous les propriétaires successifs de ce fonds;
c) tous les biens, mêmes immeubles, ne sont pas susceptibles d'être grevés de servitudes, mais seulement des terrains non bâtis et des bâtiments. Le Code civil parle à cet égard d'*héritage*. Une servitude ne peut dès lors pas porter sur les immeubles suivants:
– les arbres, bien qu'ils soient immeubles par nature,
– les meubles, même immobilisés par destination, (par exemple, le matériel agricole et le bétail affectés à une exploitation agricole),
– les immeubles, par l'objet auquel ils s'appliquent, c'est à dire les droits de nature immobilière. En effet, la servitude présuppose toujours l'exercice d'actes matériels, qui ne sauraient s'accomplir que sur une chose corporelle.

2. La servitude est une charge organisée au profit du fonds dominant.

Les choses se passent comme si ce fonds était le véritable titulaire de la servitude et non le propriétaire de ce fonds. Il suit de cette constatation que:
a) La servitude attachée au fonds se transmet avec celui-ci à ses propriétaires successifs,
b) la servitude dure, en principe, aussi longtemps que le fonds. Elle a donc un caractère perpétuel,
c) la servitude est établie dans l'intérêt du fonds, et non dans celui de son propriétaire. On ne saurait donc considérer comme servitude, un service qui profite uniquement à la personne, ou profiterait à cette personne plutôt qu'au fonds.

Cependant, en pratique, il est parfois difficile de distinguer nettement entre ces deux situations. Par exemple, le droit de prendre, sur un fonds voisin, du bois, du sable ou des pierres est-il une servitude, c'est à dire un droit attaché au fonds, qui en profite, ou est-il attaché plutôt au propriétaire de ce fonds? Dans ce dernier cas, il s'agirait d'un droit personnel et non d'une servitude. Nous reviendrons à cette question au numéro 415 ci-après.

3. La servitude présuppose que le fonds dominant et le fonds servant appartiennent à deux propriétaires différents.

Il est bien vrai qu'un propriétaire unique de deux fonds peut donner à l'un de ses fonds la même fonction que s'il avait sur ce deuxième fonds une servitude (par exemple, le passage régulier sur ce fonds pour accéder à la voie publique). Toutefois, il effectue cette action en tant que propriétaire, et non en vertu d'une servitude.

Nous verrons cependant au numéro 421 que le fait que le propriétaire de deux fonds affecte l'un au service de l'autre peut créer, sous certaines conditions, une servitude, lorsqu'il vend l'un de ces deux fonds. La servitude, pouvant ainsi naître, est qualifiée *de servitude par destination du père de famille*.

NATURE JURIDIQUE DE LA SERVITUDE **406**

1. La servitude constitue un *droit réel immobilier* au profit du fonds dominant. Ce droit peut être utilisé par toute personne devenant propriétaire ou usufruitier de ce fonds.

2. La servitude est un *droit accessoire* à la propriété du fonds dominant. Il ne peut pas être détaché de cette propriété et n'est pas susceptible de vente séparée, ni d'être hypothéqué indépendamment du fonds.

3. La servitude est un *droit perpétuel*. C'est une conséquence de son caractère accessoire à la propriété du fonds dominant. Toutefois, il est possible aux parties de créer des servitudes temporaires, ou de mettre fin à une servitude existante. Mais on ne peut pas *racheter* une servitude. Le propriétaire d'un fonds grevé d'une servitude ne pourrait pas se libérer de la servitude, en offrant de payer une somme d'argent au propriétaire du

   fonds dominant, en contrepartie de la renonciation de ce dernier à sa servitude, si celui-ci ne veut pas d'un tel rachat.

4. Les servitudes sont *indivisibles*. Cela signifie qu'elles profitent au fonds dominant en entier, de même qu'elles grèvent le fonds servant dans son intégralité. Si ce dernier fonds appartient par indivis à plusieurs copropriétaires, le consentement de tous les intéressés est requis pour constituer la servitude. Celle-ci ne peut pas naître évidemment sur une partie indivise d'un fonds. De même, si une servitude a été créée avant que l'indivision ait existé, son extinction présuppose l'accord de tous les copropriétaires du fonds dominant.

Différence avec l'usufruit **407**

La servitude et l'usufruit ont peu de choses en commun, à part qu'ils sont tous les deux des droits réels. Les différences sont assez sensibles.

1. L'usufruit est tantôt mobilier, tantôt immobilier. La servitude constitue toujours un droit immobilier.

2. L'usufruit est établi au profit d'une personne, la servitude au profit d'un héritage.

3. L'usufruit a toujours un caractère temporaire. Il est au maximum viager. La servitude est, en principe, un accessoire perpétuel d'un fonds.

4. L'usufruit constitue un droit principal, pouvant être cédé ou hypothéqué. La servitude, par contre, ne peut pas être vendue ou hypothéquée indépendamment du fonds dont elle est l'accessoire.

408 *Différence avec les obligations résultant d'un contrat*

Les servitudes, qui sont des charges réelles à supporter par un fonds au profit d'un autre fonds, diffèrent des charges que l'une des parties peut imposer à l'autre dans le cadre d'un contrat.

1. Dans ce dernier cas, il n'est pas nécessaire que la personne, qui se voit imposer une charge, ou qui en bénéficie, soit propriétaire d'un immeuble. Cette exigence est cependant indispensable pour pouvoir créer une servitude.
2. L'obligation contractuelle peut avoir pour objet une prestation, comme une fourniture ou un travail à effectuer par le débiteur. En matière de servitude par contre, aucune prestation n'est pas exigée du propriétaire du fonds servant. Celui-ci n'est tenu qu'à une abstention, celle de tolérer l'exercice de la servitude par le propriétaire du fonds dominant.
3. L'obligation contractuelle est, en règle générale, transmissible aux héritiers de l'une ou de l'autre partie. Mais les acquéreurs à titre particulier (acheteurs, donataires) d'un domaine, sur lequel s'exécute éventuellement la charge, ne sont pas tenus de cette obligation, à moins qu'ils ne l'aient assumée expressément. Ainsi, à titre d'exemple, si le propriétaire précédent a permis à un ami de venir cueillir des fruits dans son verger, l'acquéreur de ce dernier n'est pas tenu de continuer à tolérer cette pratique, à moins qu'il ne se soit personnellement engagé à cette charge dans l'acte de vente.

Par contre, la servitude grevant un domaine passe successivement à tous les propriétaires futurs de ce domaine. De même, ceux-ci sont autorisés à faire usage de cette servitude.

4. Généralement, une obligation contractuelle est limitée dans le temps. Elle s'éteint par le paiement de la créance. La servitude, par contre, est normalement perpétuelle. Elle n'est pas susceptible d'un paiement, ayant pour effet de la faire cesser.

Les différences, que nous avons relevées entre l'obligation contractuelle et la servitude, ont un intérêt pratique, ainsi que nous allons le voir au numéro 415 ci-après.

409 UTILITÉ DES SERVITUDES

Les servitudes sont un élément essentiel de l'organisation juridique de la propriété foncière, qu'il s'agisse de bâtiments ou de terrains. Elles facilitent l'exploitation des terres et l'usage des bâtiments. Elles constituent cependant une gêne pour les propriétaires dont les fonds en sont grevés.

Il faut néanmoins reconnaître que les servitudes, du moins les servitudes conventionnelles, ont perdu de leur importance, cela en raison d'une profonde réorganisation économique et juridique de la vie entre les hommes, et d'une intervention de plus en plus prononcée des pouvoirs publics.

Ainsi, en matière de construction immobilière, des règlements communaux, en prescrivant souvent des distances à respecter entre les habitations et en donnant ainsi un accès indépendant à chacune d'elles, évitent la nécessité d'une servitude de passage.

D'autre part, certaines fonctions économiques, que des servitudes remplissaient dans le temps, telles que les servitudes d'aqueduc, de puisage d'eau ou de passage, sont assumées désormais par les pouvoirs publics.

Il faut cependant concéder que, dans un certain nombre de ces cas, les servitudes d'utilité publique créées au profit de l'Etat et des communes ont remplacé certaines servitudes d'ordre privé. Ainsi, nous avons vu sous les numéros 88 à 96 que ces instances sont autorisées légalement à faire usage de la propriété privée pour installer des conduites d'eau, de gaz, de téléphone, ou d'électricité.

Il y a encore lieu de relever qu'en ce qui concerne l'exploitation des terrains agricoles, le remembrement des biens ruraux a, entre autres, pour objet de rendre superflues quantités de servitudes, par la création de chemins ruraux permettant à la très grande majorité des parcelles de jouir d'un accès indépendant.

LA CLASSIFICATION DES SERVITUDES

Les servitudes peuvent être rangées en deux grandes classes, en distinguant:
a) selon leur établissement,
b) selon leur objet ou leur mode d'exercice.

A) DISTINCTION SUIVANT LE MODE D'ÉTABLISSEMENT **410**

D'après l'article 639, il existe trois sortes de servitudes, si on les considère du point de vue de leur origine.

1. Les servitudes qui dérivent de la situation naturelle des lieux.
Rangent dans cette catégorie:
a) celles relatives à l'écoulement des eaux (articles 640 à 645 - cf. numéros 49 et les suivants),
b) le bornage (article 646 - cf. le numéro 60 et les suivants),
c) la clôture des propriétés (articles 647 et 648, cf. le numéro 67 et les suivants).

2. Les servitudes établies par la loi ou les règlements.
Sont visées les dispositions sur les murs et fossés mitoyens, ainsi que les vues et jours (articles 653 à 670 - cf. le numéro 122 et les suivants), les distances pour les plantations (articles 671 à 672-1 - cf. le numéro 69 et les suivants) le passage en cas d'enclave (articles 682 à 685 - cf. le numéro 80 et les suivants).

3. Les servitudes établies par la volonté des propriétaires
Les servitudes conventionnelles sont régies par les articles 686 à 710.

Nous les examinerons ci-après, en étudiant plus spécialement:
1. leur classification,
2. leur exercice,
3. leur extinction.

411 B) DISTINCTION SUIVANT LEUR OBJET OU LEUR MODE D'EXERCICE

Classification des servitudes conventionnelles

Dans ses articles 687 à 689, le Code civil répartit ces servitudes en trois groupes.

a) Les servitudes urbaines et rurales

Cette distinction est prévue à l'article 687.

Les servitudes urbaines sont établies pour l'usage des bâtiments, que ceux-ci soient situés à la ville ou à la campagne. Les servitudes rurales existent dans l'intérêt de l'exploitation des terres.

La distinction entre servitudes urbaines et rurales ne présente aujourd'hui plus guère d'intérêt pratique.

b) Les servitudes continues et les servitudes discontinues

Les servitudes continues sont celles dont l'usage est, ou peut être, continuelle, sans avoir besoin du fait actuel de l'homme, c'est à dire d'une intervention active de celui-ci. Suivant l'article 688, répondent à cette condition: "les conduites d'eau, les égouts, et les vues". Rangent encore dans la catégorie des servitudes continues, celles qui visent l'interdiction de faire tel ou tel acte, par exemple, la servitude de ne pas bâtir sur un terrain adjacent à une propriété voisine.

Une servitude reste continue, bien que son exercice puisse être temporairement interrompu, comme, par exemple, la servitude d'égout des eaux pluviales, qui ne joue que quand il pleut.

Les *servitudes discontinues* sont celles qui ont besoin du fait actuel de l'homme pour être exercées. Ce sont, suivant l'article 688, "les droits de passage, de puisage, de pacage et autres semblables". Ainsi, une servitude d'extraction de matériaux (sables, pierres, tourbes) est une servitude discontinue.

c) Les servitudes apparentes et les servitudes non apparentes

Les servitudes apparentes sont celles qui s'annoncent par des ouvrages extérieurs, tels qu'une porte, une fenêtre, un aqueduc" (article 689 alinéa 2).

Les servitudes non apparentes sont celles qui, "n'ont pas de signe extérieur de leur existence, comme, par exemple, la prohibition de bâtir sur un fonds, ou de ne bâtir qu'à une hauteur déterminée" (article 689 alinéa 3).

L'apparence ou la non-apparence d'une servitude n'est pas un caractère inhérent et invariable d'une servitude. Elle dépend des circonstances dans lesquelles s'exerce la servitude. Ainsi, une même servitude est apparente ou non apparente, suivant qu'elle se manifeste ou non par des signes extérieurs. A titre d'exemple, signalons la servitude de passage. Celle-ci est apparente, s'il existe, pour la marquer, une porte ou un chemin spécialement aménagé. Elle est non apparente dans le cas contraire.

Combinaison des classifications sus-visées

412

Il est possible de combiner les quatre classifications examinées ci-dessus, à savoir, les servitudes continues et non continues, avec les servitudes apparentes et non apparentes. On aboutit ainsi à répartir les servitudes en quatre groupes:

1. Les servitudes *continues* et *apparentes:*

   Est qualifié comme telle une servitude de vue, qui s'exerce au moyen d'une fenêtre.

2. Les servitudes *continues* et *non apparentes:*

   telle que la servitude de vue, sans aménagement d'une fenêtre, ou la servitude d'aqueduc, s'exerçant par une installation souterraine, ou encore la servitude de ne pas bâtir.

3. Les servitudes *discontinues* et *apparentes*:

   Comme exemple citons le droit de passage, marqué par l'existence d'une porte ou d'un chemin empierré.

4. Les servitudes *discontinues* et *apparentes*:

   comme, par exemple, le droit de passage non ostensiblement marqué, donc sans porte ou chemin spécial.

La classification combinée visée au présent numéro présente un grand intérêt du point de vue du régime juridique à appliquer aux servitudes.

A cet égard, une attention spéciale revient aux servitudes à la fois continues et apparentes (vue s'exerçant au moyen d'une fenêtre). En effet:
- ces servitudes sont seules susceptibles d'une véritable possession protégée par la loi,
- elles peuvent seules être acquises par prescription,
- elles ne s'éteignent pas par le non-usage prolongé. Ces servitudes ne disparaissent que par un acte contraire à la servitude, par exemple, la suppression de la fenêtre au moyen de laquelle s'exerce la vue.

d) *Les servitudes positives et les servitudes négatives*

Une telle distinction n'est pas prévue par le Code civil. Elle s'est développée postérieurement.

Les servitudes *positives* donnent le droit d'accomplir des actes par empiétement sur le fonds de tiers (servitudes de passage, d'aqueduc).

Les servitudes *négatives* permettent de bénéficier d'une abstention imposée à un propriétaire voisin, par exemple, une servitude de ne pas bâtir.

Les servitudes négatives sont à la fois continues et non apparentes.

MODES D'ÉTABLISSEMENT DES SERVITUDES

Les servitudes peuvent s'établir de deux façons différentes:

1. par la loi,
2. par l'effet de l'homme.

413 1. SERVITUDES CONSTITUÉES PAR LA LOI

Certains auteurs contestent que les servitudes légales constituent de vraies servitudes. En effet, suivant eux, les charges imposées par la loi concernent toutes les propriétés privées, l'une par rapport à l'autre. Leur existence constituerait donc le droit commun de la propriété immobilière.

Néanmoins, les servitudes légales présentent beaucoup d'analogies avec celles que des propriétaires peuvent constituer entre eux par convention. D'autre part, la fréquence des servitudes légales par rapport aux servitudes conventionnelles n'est pas un critère suffisant pour ne pas qualifier de servitudes, des charges que la loi impose à une propriété au profit d'une autre.

Ainsi, nous considérons les servitudes créées par la loi comme des servitudes au même titre que celles que les parties peuvent librement établir entre elles.

Nous rappelons que le Code civil distingue entre servitudes qui dérivent de la situation naturelle des lieux, et les servitudes établies par la loi ou les règlements (cf. numéro 410). Néanmoins, on peut dire que cette distinction ne comporte pas de sensible différence de régime.

Postérieurement au Code civil, des dispositions légales ont imposé à la propriété privée de nouvelles servitudes.

Les servitudes légales sont instituées, soit dans un intérêt privé (servitude de passage, en cas d'enclave), soit dans un intérêt public. Il s'agit dans ce dernier cas des servitudes de voirie, d'urbanisme et de protection de la nature, que nous avons examinées sous le numéro 88 et les suivants.

Les dispositions légales, créant les servitudes d'intérêt public, ont normalement une portée générale et ne précisent pas elles-mêmes les propriétés foncières qu'elles concernent. Il est donc nécessaire que les pouvoirs publics définissent, au besoin, avec les propriétaires concernés, l'assiette et le mode d'exercice des servitudes en question.

2. SERVITUDES ÉTABLIES PAR LE FAIT DE L'HOMME **414**

Celles-ci sont régies essentiellement par les dispositions de l'article 686, libellé ainsi: "Il est permis aux propriétaires d'établir sur leur propriété ou en faveur de leur propriété telles servitudes que bon leur semble, pourvu néanmoins que les services établis ne soient imposés ni à la personne, ni en faveur de la personne, mais seulement à un fonds et pour un fonds, et pourvu que ces services n'aient d'ailleurs rien de contraire à l'ordre public".

Il résulte de ce libellé les conséquences suivantes:
1. La liberté pour les parties d'établir les servitudes, qu'elles jugent indiquées. Néanmoins, cette liberté n'est pas absolue. A cet égard, les propriétaires, qui entendent grever leur fonds de charges, qualifiées de servitudes, doivent respecter les deux exigences précisées par l'article ci-dessus.
2. Les servitudes conventionnelles ne doivent avoir rien de *contraire à l'ordre public*, par exemple, ne pas établir sur un immeuble une servitude d'inaliénabilité perpétuelle. Cette restriction n'a rien d'anormal et constitue une règle qui domine toutes les conventions.
3. Ces servitudes ne doivent être imposées ni à la personne, ni en faveur de la personne, mais seulement à un fonds et pour un fonds.

Par cette règle, non tempérée par une exception, les auteurs du Code civil ont entendu abroger une fois pour toutes tant les prestations personnelles que les sujets ont dû fournir, sous l'ancien régime, à leur souverain (corvées consistant en autant de journées de travail), que les restrictions générales apportées à leur fonds au profit de l'agrément des nobles, pour leur garantir notamment le libre exercice du droit de chasse.

Si aujourd'hui, de tels droits concédés à une classe sociale privilégiée n'intéressent plus que l'histoire, il n'en suit pas que l'exigence sus-visée ne comporte, de nos jours, plus de problèmes. Au contraire, en pratique, la distinction entre services accomplis dans l'intérêt d'une personne, et services utilisés dans l'intérêt d'un fonds, n'est pas toujours aisée, ainsi que nous le verrons au prochain numéro.

Avant de passer à l'analyse de cette distinction, examinons quelle est actuellement la portée de la règle sus-visée.

Elle permet de différencier la servitude d'une convention instituant l'obligation de faire ou de ne pas faire et, le cas échéant, le droit d'usage ou d'habitation.
a) L'obligation contractuelle diffère nettement d'une servitude. Ainsi, une personne peut s'engager, par contrat, à cultiver et à entretenir la propriété d'une autre. Mais cette obligation vaut seulement à titre personnel. L'engagement, liant le créancier et le débiteur, ne comporte pas de droit de suite, comme la servitude. Cet engagement ne passe pas aux propriétaires successifs du fonds, qui bénéficie de la prestation personnelle d'un autre propriétaire.

b) Une personne peut avoir, sur le fonds appartenant à un autre propriétaire, un droit d'usage et d'habitation, qui est un droit réel comme la servitude. Ce droit d'usage et d'habitation profite personnellement à son titulaire. Néanmoins, ce droit, qui est personnel, est exclusivement viager et s'éteint avec le décès de son titulaire. Il est exclu légalement que l'on crée des droits réels perpétuels, comme une servitude, au profit d'une personne. De tels droits ne sont possibles que dans l'intérêt d'un fonds.

L'exigence visée par l'article 686 comporte deux conditions:
1. il ne faut pas créer de servitude au profit de la personne,
2. il ne faut pas constituer de servitude imposée à la personne.

415 **1. La servitude ne doit pas être créée au profit d'une personne**

La servitude doit être constituée au profit d'un fonds et non d'une personne. Il est vrai que le propriétaire du fonds dominant tire profit de la servitude, mais seulement en qualité de propriétaire de l'immeuble bénéficiaire de la servitude. Celle-ci est créée pour la seule utilité du fonds. Ainsi, à titre d'exemple, s'il est stipulé que le propriétaire d'un immeuble peut s'approvisionner en bois, dans l'intérêt de son ménage, dans la forêt d'un autre propriétaire, il s'agit, non d'une servitude, mais d'une obligation personnelle. Par contre, si ce bois est destiné à faire des réparations aux constructions existant sur l'autre fonds, il s'agit d'une servitude.

Pour constituer une servitude, il suffit que celle-ci procure un agrément supplémentaire au fonds dominant, comme, par exemple, une servitude de ne pas bâtir, afin de ne pas obstruer la vue sur l'horizon. Le droit accordé par une servitude ne doit s'expliquer que par et pour l'usage du fonds dominant.

On peut donc concevoir que l'article 686, par son caractère contraignant, soulève, en pratique, bien des problèmes pour distinguer quand l'intérêt du fonds l'emporte sur l'intérêt personnel de son propriétaire.

Illustrons ces difficultés à l'aide de quelques cas concrets, qui ont occupé les tribunaux. De sérieux problèmes sont nés en rapport avec les charges imposées au profit d'un fonds de commerce ou d'une industrie.

A cet égard, la jurisprudence française a décidé que ne constitue pas une servitude, donc pas un service ayant un caractère perpétuel, la charge imposée à un immeuble vendu de ne jamais servir à l'établissement d'un commerce, qui puisse concurrencer celui du vendeur. Une telle obligation peut donc être assumée seulement à titre personnel et ne saurait constituer une servitude. Il en est de même de l'interdiction d'établir un hôtel sur le terrain vendu et de l'interdiction perpétuelle, faite aux acquéreurs des terrains compris dans un lotissement, de ne jamais y installer un établissement dangereux, incommode ou insalubre.

Au contraire, la jurisprudence a vu une servitude dans les services suivants: le droit pour le propriétaire d'une verrerie de prélever dans une mine voisine le charbon nécessaire à son industrie. Il en est de même de la clause, interdisant aux adjudicataires de lots de terrains l'exercice, sur ces fonds, de professions ou d'industries déterminées ou imposant à ces acquéreurs l'obligation de participer à l'entretien des rues créées pour desservir les lots vendus.

On voit donc que, pour les différents cas d'espèces, il est difficile de trouver un critère précis, qui facilite la distinction entre obligation personnelle et servitude.

Il semble que ce critère soit le suivant: si la charge est imposée plutôt au commerce, à l'industrie ou à l'activité qui s'exerce sur un fonds, sans considération du fonds lui-même, il s'agit d'une obligation personnelle, et non d'une servitude. Quand cependant cette charge tend à accroître la valeur économique d'un immeuble déterminé, en tenant compte de son aménagement, qui en fait le siège d'une industrie ou d'un mode d'exploitation spécifique, on est en présence d'une servitude.

On voit que la distinction opérée par la jurisprudence, par les critères assez généraux qu'elle a établis, laisse toujours flotter une incertitude au sujet de la question de savoir quand une charge imposée à un fonds constitue une obligation personnelle, et quand elle répond à une servitude.

2. La servitude ne doit pas être imposée à la personne **416**

S'il n'est pas possible d'avoir une servitude au *profit* d'une personne, ainsi que nous l'avons vu au numéro précédent, une servitude *imposée* à une personne est également exclue.

Cela signifie que le propriétaire du fonds servant ne peut pas être contraint, en cette qualité, de faire des *prestations* au profit du fonds dominant.

Est donc interdite, une servitude qui imposerait au propriétaire d'un héritage l'obligation de fournir une certaine quantité de journées de travail sur l'autre propriété. Une telle obligation pourrait bien être mise à charge d'un propriétaire, non en qualité de servitude, mais en celle d'obligation contractuelle. Celle-ci n'aurait alors pas de caractère perpétuel et ne serait pas automatiquement transmissible aux propriétaires successifs du fonds servant.

La prescription visée à l'alinéa précédent n'exclut cependant pas que le propriétaire du fonds servant s'engage à assurer l'exercice d'une servitude. Ainsi, il pourrait assumer l'obligation de faire, à ses frais, les ouvrages nécessaires pour l'usage de la servitude, par exemple, celui d'aménager et d'entretenir le chemin, sur lequel s'exerce le droit de passage du propriétaire du fonds dominant.

Le propriétaire, astreint à une prestation personnelle au profit du fonds dominant, a néanmoins un moyen de se soustraire à ses obligations et en même temps de se défaire de la servitude imposée à son fonds.

Ce moyen est indiqué à l'article 699. Il consiste à abandonner le fonds assujetti au propriétaire du terrain, auquel la servitude est due. Cette formule "abandonner le fonds" ne signifie pas toujours que ce propriétaire devrait laisser à celui bénéficiant de la servitude, le terrain dans son intégralité.

Dans le cas d'une servitude de passage, le propriétaire du fonds servant peut se limiter à abandonner la parcelle occupée par le chemin, pour se décharger des services de la servitude.

CRÉATION DES SERVITUDES CONVENTIONNELLES

Ces servitudes naissent de trois manières différentes:

1. par titre,
2. par prescription,
3. par destination du père de famille.

Nous verrons cependant que toutes les servitudes ne s'acquièrent pas indifféremment par l'un ou l'autre de ces trois modes.

1. L'acquisition par titre

417 Généralités

Toutes les servitudes, quelle qu'en soit la nature, peuvent s'acquérir par titre. Cette dernière notion a le sens d'acte juridique, donc une vente, une donation ou un testament. Cette notion ne se réfère donc pas à un écrit, comme acte probatoire.

La servitude peut être acquise par une convention à titre onéreux (vente) ou à titre gratuit (donation). Le propriétaire d'un fonds peut également la constituer par testament. Le maître du fonds, sur lequel s'exerce la servitude, bénéficie alors d'un legs de servitude. Les héritiers du testateur sont tenus de respecter cette servitude.

Conditions de validité

A condition de respecter les dispositions de l'article 686, que nous avons examinées ci-dessus, la constitution d'une servitude, par convention ou testament, est libre pour autant que la partie, au détriment de laquelle elle a été créée, jouisse de la capacité nécessaire pour concéder une servitude. La capacité requise à cet égard est celle d'aliéner un bien.

La validité du titre constitutif de la servitude dépend des règles de fond et de forme de l'acte juridique employé.

Si la servitude a été constituée par une convention, elle est soumise à *publicité* par la transcription de l'acte constitutif au Bureau des hypothèques. La publicité a pour effet de rendre la servitude opposable aux tiers.

La preuve de l'existence d'une servitude constituée par titre, est soumise au droit commun prévu par les articles 1341 et suivants. Il faut donc un écrit, si la valeur de la servitude invoquée dépasse cent mille francs.

L'absence d'écrit peut être suppléée par témoins ou par présomptions, également en conformité avec le droit commun, lorsqu'il existe un commencement de preuve par écrit. La preuve de la servitude peut également se faire par l'aveu ou par le serment.

2. L'aquisition par la prescription acquisitive   418

Toutes les servitudes ne peuvent pas s'acquérir par usucapion. Ne peuvent se constituer de cette façon que les servitudes, qui sont à la fois *continues* et *apparentes*, comme la servitude de vue ou d'aqueduc. Ne peuvent donc pas être acquises par prescription, les servitudes discontinues, comme la servitude de passage ou de puisage. Il en est de même des servitudes non apparentes, comme celle de ne pas bâtir.

L'article 691 dispose expressément que "la possession même immémoriale ne suffit pas à acquérir des servitudes discontinues ou non apparentes".

Les motifs donnés pour exclure de l'acquisition par prescription une servitude discontinue, sont les suivants. Les actes constitutifs de possession d'une telle servitude sont souvent des actes peu gênants. Il s'agit généralement d'une jouissance limitée que le propriétaire d'un immeuble permet à son voisin, dans l'intérêt des relations de bon voisinage, comme celui de passer sur ce fonds. Si ces actes pouvaient aboutir à l'acquisition d'une servitude, le propriétaire devrait mettre fin à ces tolérances avant l'accomplissement du délai de prescription. Il compromettrait ainsi ces bonnes relations entre voisins.

Quant aux servitudes non apparentes, la plupart en sont des servitudes négatives qui imposent une abstention, comme les servitudes de ne pas bâtir, ou de ne pas bâtir au-delà d'une certaine hauteur. Les prétendus faits de possession, comme le fait de ne pas avoir de construction devant son immeuble, ne sont que des actes de pure faculté, qui ne peuvent fonder ni possession, ni prescription.

Prescription des servitudes continues et apparentes   419

La prescription de telles servitudes ne se limite pas à l'acquisition d'une nouvelle servitude. La jurisprudence applique la prescription également au mode d'exercice des servitudes, en se basant sur l'article 708 qui dispose que "le mode de la servitude peut se prescrire, comme la servitude même, et de la même manière".

Ainsi, les actes matériels faits au-delà de ce qui est permis par la convention constitutive de la servitude peuvent faire acquérir un mode d'exercice plus avantageux que celui qui aurait dû être respecté. A titre d'exemple, nous pouvons citer le cas de celui qui a une servitude de vue, s'exerçant au moyen d'une fenêtre, et qui a aménagé une deuxième fenêtre dans le mur de séparation de deux propriétés. Ce bénéficiaire peut acquérir par prescription une servitude de vue par deux fenêtres.

L'acquisition par prescription d'un mode d'exercice plus avantageux ne peut cependant avoir lieu que pour les servitudes continues et apparentes. Un tel mode d'exercice doit en effet être considéré comme un supplément de servitude. Or, l'acquisition d'une servitude par prescription n'est pas possible pour des servitudes discontinues ou non apparentes.

Tempéraments

Malgré les dispositions des articles 690 et 691, la possession prolongée des servitudes discontinues ou non apparentes comporte néanmoins divers effets relatifs à l'acquisition de la prescription. Ainsi, la présomption que les actes correspondant à l'exercice d'une servitude discontinue sont fondés sur une simple tolérance, et que ceux relatifs à une servitude non apparente sont des actes de pure faculté, est susceptible de preuve contraire.

Celui qui exerce de tels actes, peut donc prouver qu'il ne bénéficie pas d'une simple tolérance, mais que le propriétaire du fonds, sur lequel il accomplit certains actes, lui a concédé une servitude. Cette preuve peut être rapportée par tous les moyens.

D'autre part, lorsqu'un propriétaire a accompli, pendant le temps nécessaire à la prescription, sur le fonds voisin des actes correspondant à une servitude discontinue ou non apparente, il ne peut pas prescrire une servitude. Mais le tribunal peut, suivant les circonstances, juger que le possesseur a acquis, par prescription, la propriété ou la copropriété du terrain sur lequel il a accompli des actes exercés en qualité de maître. Ainsi, l'intéressé peut être reconnu propriétaire du terrain utilisé comme chemin.

420 *Conditions requises pour la prescription*

La Code civil n'a pas prévu les conditions qui doivent être respectées à ce sujet. La jurisprudence a établi les exigences à remplir par celui qui prétend avoir acquis une servitude par prescription. Il est d'abord exigé une possession véritable, comme titulaire d'une servitude. Il ne suffit pas d'une détention précaire. Le locataire et le fermier ne peuvent donc pas acquérir une servitude par prescription. D'autre part, les actes de simple tolérance et de pure faculté, qui ne peuvent pas fonder l'acquisition de la propriété par prescription, ne sauraient davantage faire acquérir par prescription une servitude.

Délai de la prescription

Le Code civil ne s'est pas prononcé clairement à ce sujet. La question s'est donc posée si une servitude peut être acquise par la prescription abrégée de dix à vingt ans, ou si seule la prescription trentenaire entre en ligne de compte.

La jurisprudence s'est décidée pour la prescription trentenaire. Elle invoque à cet égard l'article 690 qui dispose que "les servitudes continues et apparentes s'acquièrent par titre ou par la possession de trente ans". La doctrine a critiqué cette interprétation comme trop restrictive. En effet, la mention de la prescription trentenaire par ledit article ne signifie pas nécessairement qu'il ait voulu exclure la prescription abrégée.

3. L'acquisition par destination du père de famille **421**

Cette espèce de servitude peut être illustrée le mieux à l'aide d'un exemple. Supposons qu'un propriétaire, possédant deux terrains, construit sur l'un et aménage dans les murs des fenêtres avec vue de plusieurs côtés sur l'autre terrain. Il aurait ainsi créé une servitude de vue, si les deux immeubles avaient appartenu à deux propriétaires différents. Ensuite, ce propriétaire vend le second terrain, sans rien changer à l'aménagement des fenêtres et sans que l'acte de cession du terrain s'y réfère.

Etant donné que, suite à la vente, il y a maintenant deux fonds distincts, appartenant à deux propriétaires, l'aménagement des fenêtres se transforme en une servitude au profit du vendeur. A ce sujet, l'article 693 spécifie "il n'y a destination du père de famille que lorsqu'il est prouvé que les deux fonds, actuellement divisés, ont appartenu au même propriétaire et que c'est par lui que les choses ont été mises dans l'état duquel résulte la servitude".

Fondement de cette servitude

L'article 692 dispose que la destination du père de famille vaut titre. Cette constatation n'est pas tout à fait exacte, alors qu'elle implique que c'est la destination du père de famille, donc l'aménagement opéré par lui, qui constitue l'acte générateur de la servitude. Or, tel n'est pas le cas. En effet, lors de la séparation des deux fonds, l'acquéreur et le vendeur de ce fonds n'ont pas manifesté l'intention de modifier l'état de choses qu'ils ont trouvé établi. Ils sont donc présumés avoir entendu maintenir la situation préexistante. C'est donc la convention tacite entre les parties, qui a créé la servitude de destination du père de famille.

On peut considérer cette servitude comme un cas particulier d'acquisition par titre, et non comme un mode d'acquisition original et distinct des servitudes.

CONDITIONS REQUISES POUR SA NAISSANCE **422**

1. Il doit être prouvé que les deux fonds, actuellement séparés, ont appartenu au même propriétaire. Il n'est cependant pas exigé qu'avant leur séparation, ces fonds aient été distincts l'un de l'autre. Il n'est pas nécessaire non plus que ces derniers aient constitué une unité économique. Il suffit qu'il y ait eu unité juridique, c'est à dire une même personne a été le

propriétaire des deux fonds. Par ailleurs, la contiguïté des fonds n'est pas requise.

2. Il doit être établi que c'est par le même propriétaire que l'aménagement des lieux, ayant abouti à la servitude, a été opéré. Cet aménagement ne peut donc pas avoir été réalisé par un usufruitier, un locataire ou un fermier.

3. Il faut que l'aménagement, dont question ci-dessus, ait déjà existé et ait été maintenu au moment où la division des fonds s'est opérée. La cause de cette division n'est pas relevante. Il peut donc s'agir d'une vente, d'une donation, d'un testament ou d'un partage.

4. Suivant la jurisprudence, il est requis que l'acte de séparation des fonds ne contienne aucune disposition contraire à la présomption légale de constitution d'une servitude. En effet, cette présomption tomberait évidemment devant la preuve d'une intention contraire des parties.

5. Finalement, la destination du père de famille ne fonctionne pas pour toutes les servitudes. Elle ne s'applique pas aux servitudes non apparentes, donc à celles qui ne se manifestent pas par un ouvrage visible.

En l'absence d'un aménagement spécial, créant cette servitude de destination du père de famille, il y aurait possibilité de surprise pour l'acquéreur du fonds, sur lequel s'exerce cette servitude. Il faut donc un signe apparent de servitude, sinon on peut difficilement présumer que les parties ont entendu maintenir l'état de choses créé par le précédent propriétaire.

L'EXERCICE DU DROIT DE SERVITUDE

La servitude comporte des droits et des obligations pour le propriétaire du fonds dominant et, pour l'essentiel, des obligations à charge du propriétaire du fonds servant.

Nous examinerons, en premier lieu, la situation du propriétaire du fonds dominant, puis celle du propriétaire du fonds servant.

423 A. SITUATION DU PROPRIÉTAIRE DU FONDS DOMINANT

ETENDUE DE LA SERVITUDE

Pour déterminer cette étendue, il convient de distinguer selon l'origine de la servitude, donc suivant les trois modes d'acquisition de celle-ci.

Pour les servitudes légales, leur origine et leur étendue sont déterminées par la loi elle-même. Quant aux servitudes acquises par titre, c'est ce dernier qui en fixe l'étendue. En cas de doute, il y a lieu de rechercher quelle a été l'intention des parties en créant cette servitude.

Pour la servitude par destination du père de famille, c'est l'état de fait d'où la servitude naît, qui en détermine la nature et l'étendue.

Quant aux servitudes établies par prescription, c'est la possession, base de la prescription, qui en fixe la teneur.

RÈGLES COMMUNES À L'EXERCICE DES DIVERSES SERVITUDES **424**

Le Code civil a fixé à cet égard un certain nombre de directives qui sont les suivantes.

a) Accessoires nécessaires à l'exercice d'une servitude

L'article 696 dispose à cet égard: "Quand on établit une servitude, on est censé accorder tout ce qui est nécessaire pour en user. Ainsi la servitude de puiser l'eau à la fontaine d'autrui emporte nécessairement le droit de passage". Mais les accessoires simplement utiles ne font pas nécessairement partie d'une servitude.

b) Droit de faire les ouvrages nécessaires à l'exercice de la servitude

L'article 697 accorde au propriétaire du fonds dominant le droit de faire sur le fonds servant tous les ouvrages nécessaires pour l'usage et la conservation de la servitude, par exemple, celui d'aménager un chemin pour exercer le droit de passage. Ces ouvrages doivent être effectués à ses frais (article 697). Ils peuvent cependant, par convention, être mis à charge du propriétaire du fonds servant. La charge de ce dernier présente alors le même caractère que la servitude, c'est à dire qu'elle est perpétuelle.

c) Fixité de la servitude sur le fonds dominant et interdiction d'aggraver la servitude

L'article 702 pose, en ce qui concerne l'exercice de la servitude, deux principes, dont la conciliation soulève quelques problèmes. Cet article prévoit d'abord que le propriétaire du fonds dominant ne peut user de la servitude que dans les limites des besoins pour lesquels elle a été établie. En second lieu, ce propriétaire ne peut, par ses agissements, rendre cette servitude plus onéreuse pour le propriétaire du fonds servant.

La jurisprudence a précisé le champ d'application des règles fixées par l'article précité. Souvent, il est en effet difficile de savoir si un acte déterminé rentre ou non dans les limites de la servitude. Aussi, la jurisprudence a-t-elle combiné les règles sus-visées, en mettant l'accent sur celle interdisant d'aggraver le caractère de la servitude. Elle ne considère donc licites des modifications apportées à l'exercice de la servitude, qu'autant qu'elles respectent cette exigence.

D'autre part, la jurisprudence n'admet pas que le propriétaire du fonds dominant puisse imposer une modification de l'assiette de la servitude, même si un tel déplacement n'entraîne pas une aggravation de la servitude pour le fonds servant.

La défense sus-visée s'applique à toute servitude même légale, en l'absence de titre ou de prescription qui permet d'alourdir les charges du propriétaire du fonds servant.

La question de savoir s'il y a extension de la servitude est appréciée souverainement par le juge du fond. Il s'agit d'une question de fait, soustraite à la compétence de la Cour de Cassation.

425 *Cas concrets d'application*

La jurisprudence a pris dans ce domaine un certain nombre de décisions, dont nous en rapportons quelques-unes qui paraissent relevantes.

a) Modification de la servitude elle-même

Il a été décidé que le propriétaire du fonds dominant ne peut pas changer l'assiette de la servitude, sans le consentement du propriétaire du fonds servant, même si ce changement n'aggrave pas la servitude pour celui-ci. L'utilisateur d'une servitude ne peut pas substituer une servitude continue à un servitude discontinue, donc changer la nature de la servitude, même si ce changement n'alourdit pas le caractère de celle-ci.

b) Modifications apportées à l'exercice de la servitude

Le titulaire de la servitude doit, en principe, l'utiliser uniquement au profit du fonds, en vue duquel elle a été établie, et ne saurait l'étendre à d'autres fonds. Toutefois, une telle extension est permise, lorsqu'elle n'entraîne pas d'aggravation de la servitude. Dans le cas contraire, une telle extension est interdite.

Même si, en principe, on ne peut utiliser une servitude que pour les besoins, en vue desquels elle a été créée, la jurisprudence apprécie la légitimité des actes accomplis par le propriétaire du fonds dominant, en fonction de l'idée d'aggravation de la servitude.

Cette dernière question se pose en termes différents, lorsque le titre constitutif de la servitude a une portée générale et ne limite ni l'usage, ni les modalités d'exercice de la servitude. Dans ce cas, le titulaire peut l'exercer en modifiant cet usage ou ces modalités. On ne saurait lui reprocher une aggravation de la servitude, même si celle-ci devient plus onéreuse pour le fonds servant, puisqu'il reste dans les limites de son titre.

Ainsi, une servitude de vue, établie sans restriction au profit d'une maison d'habitation, peut être utilisée librement, même après l'affectation de cette maison à une exploitation commerciale.

c) Changements matériels à la servitude

Sont seuls licites les changements matériels, qui ne renforcent pas le caractère de la servitude. Ainsi, l'agrandissement d'une maison, jouissant d'une servitude de passage, n'entraîne pas d'aggravation de cette servitude. Celle-ci est cependant donnée par le fait de surélever le toit d'une maison et, par conséquence, la saillie de ce toit.

ACTIONS JUDICIAIRES APPARTENANT AU PROPRIÉTAIRE DU FONDS DOMINANT

Le titulaire d'une servitude doit avoir les moyens de défendre celle-ci contre le propriétaire du fonds servant, ou éventuellement contre des tiers, qui contestent sa servitude. De quelles actions dispose-t-il à ce sujet?-

Contre le propriétaire du fonds servant, le titulaire d'une servitude dispose de l'*action confessoire*, qui s'apparente à l'action en revendication intéressant le fond du droit et qui fait partie des actions pétitoires. Cette action a pour objet la reconnaissance du droit réel de servitude.

Celui qui revendique le droit à une servitude, peut demander au tribunal que l'exercice de celle-ci soit assuré par une astreinte. Il peut exiger, si c'est nécessaire, la démolition des ouvrages érigés en violation de sa servitude (porte ou clôture).

Actions possessoires

426

Le titulaire d'une servitude, qui est troublé dans l'exercice de celle-ci, dispose-t-il également d'une action possessoire pour faire cesser ce trouble?

A cet égard, il convient de distinguer suivant la nature de la servitude. D'autre part, toutes les actions possessoires ne sont pas à la disposition de celui qui réclame la cessation d'un trouble apporté à l'exercice de sa servitude. Nous examinerons ci-après ces différentes questions.

a) Les servitudes qui bénéficient de la protection possessoire

Il faut distinguer entre les servitudes, qui sont susceptibles de prescription acquisitive et donc de possession, c'est à dire les servitudes continues et apparentes, et les autres servitudes.

1. Les servitudes continues et apparentes donnent lieu, en cas de trouble, aux actions possessoires, à condition que le réclamant réunisse les conditions exigées par l'article 2229 (possession continue, non interrompue, paisible, publique, non équivoque et à titre de propriétaire) et pourvu que la possession de cette servitude ait duré pendant un an au moins.
2. Par contre, le titulaire d'une servitude discontinue ou d'une servitude non apparente ne peut pas, en règle générale, intenter une action possessoire. En effet, une telle servitude n'est pas susceptible de possession.

Toutefois, une exception est faite à cette règle, lorsqu'une servitude discontinue ou non apparente, est fondée sur un *titre*. Celui-ci fait disparaître la présomption de précarité ou de tolérance attachée à une servitude discontinue ou non apparente. Dans ce cas, la servitude est exercée en vertu d'un droit et fait l'objet d'une possession.

En ce qui concerne ce titre, la jurisprudence est assez souple. Ainsi, elle décide que les servitude légales sont fondées sur un titre, à savoir sur le texte de loi qui les a instituées. De même, l'état d'enclave équivaut à un titre.

b) Actions possessoires pouvant être exercées
par le titulaire d'une servitude

La jurisprudence permet à ce titulaire d'intenter la complainte ou la dénonciation de nouvel œuvre (cf. numéros 275 et 276). Elle lui refuse cependant la réintégrande (cf. numéro 277). Cette dernière action suppose en effet une détention matérielle, suivie d'une dépossession par un acte agressif sur la personne ou sur le fonds du plaignant. Or, celui qui exerce une servitude, n'a pas la détention matérielle du fonds servant, sur lequel ont été accomplis les actes de violence. Ces derniers ne constituent ainsi qu'un trouble apporté à sa possession.

B. SITUATION DU PROPRIÉTAIRE DU FONDS SERVANT

Nous examinerons dans ce contexte les droits et obligations de ce propriétaire, son droit au déplacement de l'assiette de la servitude et les actions judiciaires qui lui appartiennent pour contester l'existence d'une servitude.

427 *LES DROITS ET OBLIGATIONS DU PROPRIÉTAIRE DU FONDS SERVANT*

En ce qui concerne ses obligations à l'égard du propriétaire du fonds dominant, on peut dire qu'il n'est tenu que d'une obligation purement *passive*. Il doit laisser le titulaire de la servitude exercer librement celle-ci, s'il s'agit d'une servitude active, par exemple, d'une servitude de passage. Il doit s'abstenir des actes que l'existence de la servitude lui interdit de faire en cas d'une servitude négative (servitude de ne pas bâtir sur son fonds, ou de ne pas dépasser une certaine hauteur de construction).

Le propriétaire du fonds servant n'est donc tenu à aucune prestation personnelle, à moins que le titre constitutif de la servitude ne lui ait imposé une obligation précise, par exemple, celle d'entretenir le chemin sur lequel porte la servitude de passage.

Ce propriétaire conserve toutes les facultés inhérentes à sa propriété, même à la partie du fonds qui est spécialement affectée à la servitude. Il peut donc user et disposer de ce fonds, sous la seule réserve de ne rien faire qui puisse diminuer l'usage de la servitude, ou la rendre plus incommode.

Ainsi, le propriétaire du fonds grevé d'une servitude de passage peut se clore, à condition de remettre une clé de la porte au titulaire de la servitude. De même, le propriétaire d'un fonds soumis à une servitude de prise d'eau peut déplacer une vanne, si l'usine au profit de laquelle la servitude est établie, reçoit le même volume d'eau.

DÉPLACEMENT DE L'ASSIETTE DE LA SERVITUDE   **428**

En principe, le propriétaire du fonds servant ne peut pas changer l'état des lieux ou transporter l'exercice de la servitude dans un endroit différent de celui où elle s'exerçait antérieurement. Cette interdiction résulte expressément des dispositions de l'article 701 alinéa 2.

L'alinéa 3 de cet article déroge cependant, sous certaines conditions, aux prescriptions de l'alinéa 2, en disposant que: "Mais cependant, si cette assignation primitive était devenue plus onéreuse au propriétaire du fonds assujetti ou si elle l'empêchait d'y faire des réparations avantageuses, il pourrait offrir au propriétaire de l'autre fonds un endroit aussi commode pour l'exercice de ses droits, et celui-ci ne pourrait pas le refuser". Les motifs de ce déplacement sont appréciés souverainement par les juges du fond. Les dépenses, que comporte cette modification, sont à charge du propriétaire du fonds servant. Ce droit pour le propriétaire du fonds assujetti existe également si l'assiette de la servitude a été fixée par une convention et même par un jugement. Ce droit subsiste encore, si la convention établissant la servitude contient une renonciation du propriétaire du fonds grevé à demander une modification de l'assiette de cette servitude.

ACTIONS APPARTENANT AU PROPRIÉTAIRE DU FONDS SERVANT

a) Le propriétaire, qui prétend que son fonds n'est pas grevé d'une servitude, peut exercer contre celui qui revendique le droit à une telle servitude, une *action négatoire*. Celle-ci présente cette particularité qu'il suffit au propriétaire pour gagner, de faire la preuve de son droit de propriété, ceci sur base de la présomption de liberté des fonds. Il appartient donc à son adversaire de prouver qu'il est titulaire d'une servitude sur ce fonds.
b) Le propriétaire du fonds, sur lequel s'exerce une servitude, alors qu'il prétend que son fonds est libre, peut également exercer les actions possessoires, afin de faire cesser le trouble que lui cause l'exercice d'une servitude contestée. En intentant une telle action possessoire, ce propriétaire peut empêcher également une prescription qui aboutirait à l'établissement d'une servitude sur son fonds.

EXTINCTION DES SERVITUDES

Généralités   **429**

Les articles 703 à 710 précisent les conditions dans lesquelles il y a extinction des servitudes. Ils prévoient trois cas:

1. l'impossibilité d'exercer une servitude,
2. la confusion (réunion en une seule main du fonds dominant et du fonds servant),
3. le non-usage pendant trente ans.

Il convient d'ajouter aux trois cas énumérés par le Code civil, la perte de l'un des fonds qui, dans certains cas, se rapproche de l'impossibilité d'user de la servitude.

D'autre part, il convient de relever les causes d'extinction relatives à tous les droits et pouvant donc toucher également les servitudes. Ce sont la renonciation du titulaire, l'arrivée du terme extinctif pour la servitude, limitée à un délai déterminé, la condition résolutoire, l'annulation et la résolution des droits du constituant.

Les causes d'extinction visées à l'alinéa précédent représentent cependant des causes d'extinction communes à tous les droits et ne présentent pas de particularités en matière de servitudes. Nous nous limitons en conséquence aux causes d'extinction visées à l'alinéa 1er du présent numéro.

430 IMPOSSIBILITÉ D'EXERCICE

L'article 703 précise que "les servitudes cessent lorsque les choses se trouvent en un tel état qu'on ne peut plus en user". A titre d'exemple, si une source vient à tarir, la servitude d'y prendre de l'eau est éteinte par impossibilité d'exercice.

Cette extinction suppose que les changements de l'état des lieux rendent cette servitude impossible à exercer, ou absolument inutile. Il n'y aurait pas cessation de servitude, si le changement de l'état des lieux enlevait à la servitude une partie seulement de son utilité.

La cause de la cessation totale de la possibilité d'exercer la servitude n'est pas relevante. Peu importe qu'il s'agisse d'un phénomène naturel (voir exemple ci-dessus), ou du fait de l'homme.

A cet égard, il convient de signaler particulièrement les effets d'un remembrement des biens ruraux. Celui-ci, en créant de nouveaux chemins d'accès aux parcelles, rend inutiles un certain nombre de servitudes de passage.

Toutefois, si l'impossibilité d'exercice de la servitude est due à un fait illicite, soit du propriétaire du fonds servant, soit d'un tiers, le titulaire de la servitude peut exiger, si cela est possible, le rétablissement des lieux dans leur état initial. Si cela n'est plus possible, il est en droit de réclamer des dommages-intérêts.

L'extinction d'une servitude pour cause d'impossibilité d'exercice n'est pas nécessairement définitive. Cela résulte des termes de l'article 703, qui prévoit que les servitudes "revivent si les choses sont rétablies de manière qu'on puisse en user, à moins qu'il ne se soit déjà écoulé un espace de temps suffisant pour faire présumer l'extinction de la servitude" (prescription trentenaire). Ainsi, si une source ayant tari, vient à rejaillir, la servitude peut de nouveau être exercée. En fait, dans ce cas, il n'y aurait pas eu extinction de la servitude, mais un simple obstacle de fait à son exercice.

PERTE DE L'UN DES FONDS   431

La servitude implique un rapport de droit entre deux fonds, le fonds dominant et le fonds servant. Ce rapport est éteint si l'un des deux fonds disparaît.

La destruction matérielle d'un fonds, de telle façon qu'il ne puisse plus servir à l'exercice d'une servitude, est rare.

Cette perte peut également être due à une raison juridique. C'est le plus souvent l'Etat ou une commune, qui annexe cet immeuble au domaine public au moyen d'une expropriation pour cause d'utilité publique ou d'une autre procédure. Dans ce cas, le titulaire de la servitude, qui perd l'exercice de celle-ci, est dédommagé par une indemnité que lui paient les pouvoirs publics. L'extinction de la servitude est, dans ce cas, définitive et ne revivrait pas, même si le fonds exproprié était rétrocédé à son ancien propriétaire.

LA CONFUSION   432

Lorsque le fonds dominant et le fonds servant sont réunis en une seule main, la servitude s'éteint par confusion. Un propriétaire ne peut, en effet, avoir une servitude sur son propre fonds. La servitude est éteinte, quel que soit le procédé par lequel les deux fonds sont réunis en un seul (vente, donation, succession, prescription acquisitive).

La confusion de deux propriétés n'est pas nécessairement définitive. Dans quelle mesure la servitude peut-elle revivre, si les deux fonds sont de nouveau séparés?-

La jurisprudence distingue selon la cause qui a fait cesser la confusion. Si cette cause a eu un effet rétroactif, la servitude revit, la réunion des deux immeubles étant censée ne s'être jamais réalisée. Tel est le cas, si l'acte d'achat de l'un des immeubles a été annulé ou résolu. Cette annulation ou résolution produit un effet rétroactif.

Par contre, la servitude ne revit pas, si la confusion des fonds n'existe plus pour une cause ne produisant pas d'effet rétroactif, par exemple, pour cause de revente du fonds.

433 LE NON-USAGE DE LA SERVITUDE

a) Domaine d'application

L'article 706 prévoit que les servitudes s'éteignent par le non-usage pendant trente ans. C'est la prescription extinctive qui s'applique dans ce cas.

Celle-ci ne joue cependant pas à l'égard des servitudes naturelles et légales, car ces servitudes constituent le régime normal de la propriété.

Par contre, toutes les servitudes conventionnelles, qu'elles soient continues ou discontinues, apparentes ou non apparentes, s'éteignent par le non-usage durant trente ans. Nous rappelons à cet endroit que la prescription acquisitive des servitudes ne joue cependant que pour les servitudes à la fois continues et apparentes. Quelle est la justification de l'extinction des servitudes pour non-exercice de celles-ci? Il existe deux arguments motivant cette solution.

En premier lieu, le titulaire d'une servitude, qui n'en profite pas durant trente ans, est censé avoir renoncé à cette servitude.

En second lieu, la justification d'une servitude est son utilité pour le fonds dominant. Or, après trente ans de non-utilisation, l'inutilité de la servitude est documentée. Elle peut donc être supprimée légalement.

434 *b) Durée de la prescription extinctive*

L'article 706 sus-visé fixe cette durée à trente ans.

La question se pose cependant, si on ne peut pas concevoir la prescription extinctive de la servitude sous l'aspect d'une prescription acquisitive au profit du propriétaire du fonds servant. On pourrait considérer que ce propriétaire, ayant possédé son fonds libre de servitude, a acquis cette liberté du fonds par prescription acquisitive.

L'intérêt de la question réside dans l'existence de la prescription acquisitive abrégée de dix à vingt ans. Celle-ci joue au profit d'un tiers, ayant acquis le fonds dominant et qui a un juste titre et est de bonne foi.

Pouvant prescrire la propriété de ce fonds par une possession de dix à vingt ans, il serait logique qu'après cette durée, ce fonds serait libéré également de la servitude, si son titulaire ne l'a pas exercée durant la possession du tiers acquéreur, ayant un juste titre et étant de bonne foi.

La jurisprudence n'admet cependant pas ce raisonnement. Son argumentation reste toujours qu'une servitude ne peut pas s'éteindre par une période de non-exercice inférieure à trente ans, en se basant sur les dispositions de l'article 706 sus-visé.

Cette jurisprudence n'est cependant pas logique. Elle aboutit en effet à mieux traiter la servitude que le droit de propriété. Si, en effet, le fonds servant est possédé libre par un tiers, ayant un juste titre et étant de bonne foi, ce dernier prescrit la propriété contre le véritable propriétaire au bout de dix à vingt ans, mais il ne prescrit pas la servitude contre le titulaire de celle-ci.

c) Point de départ de la prescription extinctive   **435**

Ce point de départ n'est pas le même pour la servitude discontinue, qui a besoin du fait actuel de l'homme pour son exercice, et les servitudes continues.

Pour les *servitudes discontinues*, par exemple, une servitude de passage, le point de départ de la prescription extinctive est le jour où le titulaire de la servitude a cessé d'en jouir, donc au jour du dernier acte d'exercice.

Toutefois, si cette servitude a son usage soumis à des intervalles périodiques plus ou moins éloignés, comme une servitude de passage pour le débardage du bois d'une forêt, la prescription court seulement à partir du moment où, l'opportunité d'exercer la servitude s'étant présentée, son titulaire a négligé d'en user.

Sur base de la présomption de la liberté des fonds, c'est au titulaire de la servitude qui invoque le maintien de celle-ci lorsqu'il n'en a plus la possession, de prouver que le dernier acte d'exercice de la servitude remonte à moins de trente ans. Quant aux servitudes continues, c'est à dire celles qui s'exercent d'elles-mêmes, la prescription ne court qu'à dater du jour où est intervenu un acte contraire à la servitude. Tel est le cas pour une servitude de vue, à compter du jour où les fenêtres ont été bouchées. Pour une servitude de ne pas bâtir, ce délai court à partir du commencement des travaux effectués au mépris de la servitude.

Par contre, si une servitude continue n'a jamais été exercée, la prescription commence à courir immédiatement. Par exemple, lorsqu'une servitude de vue a été concédée au profit d'une maison à construire qui n'a jamais été bâtie, la prescription commence à courir immédiatement.

d) Que faut-il entendre par non-usage d'une servitude?   **436**

La notion de non-usage soulève plusieurs observations.

1. Ce n'est pas seulement l'usage par le titulaire de la servitude lui-même qui en assure le maintien. Cet usage est également conservé, même si le propriétaire du fonds dominant n'exerce pas lui-même la servitude, mais que cet exercice se fait par son représentant, comme un fermier, ou un usufruitier.
2. Si le fonds dominant est indivis entre plusieurs propriétaires, il suffit que l'un d'eux exerce la servitude, pour que la prescription soit empêchée au profit de tous (article 703). C'est la conséquence de ce que la servitude est indivisible. Elle constitue en effet un avantage au profit d'un fonds, et non au profit d'une personne.
3. Si la prescription n'a pas pu courir contre l'un des copropriétaires, par exemple, parce qu'il est mineur, le droit de tous les autres titulaires de la servitude se trouve conservé.
4. La servitude est éteinte par non-usage, même si celui-ci est dû à un cas de force majeure, par exemple, à un changement dans l'état des lieux.

Cette solution n'est pas contraire à l'équité. En effet, le propriétaire du fonds dominant, menacé par la prescription, a toujours la possibilité d'interrompre celle-ci, en obtenant, à l'amiable ou en justice, une reconnaissance de l'existence de sa servitude.

5. Si le non-usage total de la servitude pendant trente ans met fin à celle-ci de façon complète et définitive, qu'en est-il d'un non-usage partiel? La jurisprudence fait à cet égard une distinction.

Si la limitation d'exercice de la servitude résulte de l'abstention volontaire du propriétaire du fonds dominant, l'état des lieux en permettant l'usage complet, la servitude subsiste intégralement, malgré le non-usage.

On considère dans ce cas que le bénéficiaire de la servitude n'en a voulu user que conformément à ses besoins, et suivant ses goûts. Par exemple, si quelqu'un possède une servitude de passage, qui peut s'exercer à pied, à cheval et en voiture, se contente, pendant trente ans, de passer à pied, il conserve néanmoins toutes les autres prérogatives de la servitude.

Par contre, si l'exercice restreint de la servitude résulte de la disposition matérielle des lieux, ou de l'opposition du propriétaire du fonds servant, la servitude se trouve réduite par le non-usage, à la mesure où elle a été exercée depuis trente ans.

EMPHYTÉOSE ET DROIT DE SUPERFICIE

Généralités

Nous examinerons ci-après des droits réels immobiliers, non réglementés par le Code civil, mais prévus par deux lois, datant toutes les deux du 10 janvier 1824.

L'emphytéose est encore qualifiée de bail emphytéotique. Elle présente en effet beaucoup de rapports avec le contrat de bail ordinaire. Mais elle s'en distingue, notamment, par sa plus longue durée et par le fait que l'emphytéose est un droit réel immobilier, alors que le contrat de bail est un droit de créance.

Le droit de superficie est aussi un droit réel portant sur des constructions ou des plantations, appartenant à une personne autre que le propriétaire du sol.

LE DROIT D'EMPHYTÉOSE   **437**

L'article 1er de la loi du 10 janvier 1824 définit l'emphytéose comme étant un droit réel, qui consiste à avoir la pleine jouissance d'un immeuble appartenant à autrui, sous la condition de lui payer une redevance annuelle, soit en argent, soit en nature, en reconnaissance de son droit de propriété.

Comparaison avec le contrat de bail

Tout comme le locataire ou le fermier, l'emphytéote a la jouissance de l'immeuble et, tout comme lui, il doit payer une redevance au propriétaire.

L'emphytéose est un contrat de bail d'un genre spécial, en ce qu'elle constitue un droit réel et non un droit de créance. D'autre part, la loi de 1824 lui assigne une durée minimale et une durée maximale. Cette durée minimale est de vingt-sept ans, et la durée maximale de quatre-vingt-dix-neuf ans.

Hormis le bail à ferme, qui exige une durée minimale de six ans, le contrat de bail normal n'est pas soumis à un régime spécial en ce qui concerne sa durée.

Le bail emphytéotique présente encore la spécificité qu'il n'est pas possible de déroger à sa durée légale minimale et maximale par une convention particulière, ainsi que cela résulte des dispositions de l'article 16 de la loi du 10 janvier 1824 susvisée. C'est d'ailleurs la seule disposition de cette loi qui a un caractère impératif. Les autres articles de celle-ci ont seulement un caractère supplétif, c'est à dire que les parties peuvent y déroger. Finalement, le contrat de bail ordinaire, venu à terme, peut être prorogé par tacite reconduction. Tel n'est pas le cas pour le bail emphytéotique. Celui-ci est éteint par l'arrivée de son terme. Il peut cependant être conclu un nouveau bail emphytéotique à l'expiration du premier.

Pour être opposable aux tiers, le bail emphytéotique doit être transcrit au Bureau de la conservation des hypothèques. Cette publicité nécessite donc que le contrat d'emphytéose soit passé devant un notaire.

Comparaison avec l'usufruit

L'emphytéose se rapproche, à certains égards, de l'usufruit. Ce sont deux droits réels temporaires de jouissance sur la chose d'autrui, susceptibles tous les deux d'hypothèque ou d'aliénation. Tant l'usufruitier que l'emphytéote peut créer des servitudes sur le fonds.

Toutefois, l'emphytéose se distingue de l'usufruit par le fait qu'il n'est pas un droit viager. D'autre part, l'emphytéose est toujours d'ordre contractuel, alors que l'usufruit est également d'ordre légal. L'emphytéose ne s'établit toujours qu'à titre onéreux, alors que l'usufruit peut également être constitué à titre gratuit. Finalement, les droits de l'usufruitier peuvent porter tant sur des meubles que sur des immeubles, alors que ceux de l'emphytéote ne peuvent s'étendre qu'à des immeubles.

438 DROITS DE L'EMPHYTÉOTE

L'article 3 de la loi du 10 janvier 1824 dispose que l'emphytéote exerce tous les droits attachés à la propriété du fonds, mais qu'il ne peut rien faire, qui en diminue la valeur. Il n'est pas autorisé à extraire des matières du fonds (pierres, tourbes), à moins que l'exploitation de ces produits n'ait déjà commencé avant l'ouverture de l'emphytéose.

L'emphytéote peut cependant améliorer l'héritage par des constructions, des défrichements ou des plantations. A l'expiration du bail, il a le droit d'enlever les constructions et plantations qu'il a faites et auxquelles il n'était pas tenu par convention. Mais il doit réparer le dommage que cet enlèvement a causé au fonds.

L'emphytéote ne peut pas forcer le propriétaire du fonds à payer la valeur des bâtiments, ouvrages, constructions, qu'il a fait élever et qui se trouvent sur le terrain à l'expiration de l'emphytéose.

OBLIGATIONS DE L'EMPHYTÉOTE **439**

Nous avons vu qu'il ne peut rien faire sur le fonds, qui en diminue la valeur. S'il a causé des dégradations à l'immeuble, il peut être déclaré déchu de son droit. Il en est de même, s'il a commis de graves abus de jouissance. L'emphytéote peut empêcher cette déchéance, en rétablissant les choses dans leur ancien état et en donnant garantie pour l'avenir.

L'emphytéote doit évidemment payer annuellement, ou aux époques convenues, la redevance emphytéotique. Il n'a pas droit à une remise de cette redevance, soit pour diminution de la valeur du fonds, soit pour privation entière de jouissance. Par dérogation cependant, si cette privation totale a duré pendant cinq ans, l'emphytéote a droit à une remise de son loyer pour le temps de la privation.

L'emphytéote est obligé d'entretenir l'immeuble pris en bail emphytéotique et d'y faire les réparations ordinaires. Le propriétaire n'est tenu à aucune réparation.

L'emphytéote doit supporter toutes les impositions établies sur le fonds, qu'elles soient ordinaires ou extraordinaires, annuelles ou périodiques.

FIN DE L'EMPHYTÉOSE **440**

L'article 18 de la loi du 10 janvier 1824 sus-visée prévoit que l'emphytéose s'éteint de la même manière que le droit de superficie.

A cet égard, l'article 9 de la loi du 10 janvier 1824 sur le droit de superficie dispose que "le droit de superficie s'éteint, entre autres:
1. par la confusion,
2. par la destruction du fonds,
3. par la prescription de trente ans".

Il est curieux que ce dernier article ne mentionne pas, comme fin du droit de superficie, l'arrivée du terme contractuel fixé par les parties, alors que c'est la cause la plus fréquente pour mettre fin tant à l'emphytéose qu'au droit de superficie.

Le droit d'emphytéose peut se terminer également par la déchéance du droit de l'emphytéote. En effet, l'article 15 de la loi du 10 janvier 1824 sur le droit d'emphytéose prévoit que l'emphytéote peut être déclaré déchu de son droit pour cause de dégradations notables de l'immeuble et d'abus graves de jouissance. Dans ce dernier cas, l'article 13 de la loi sus-visée accorde au propriétaire une action personnelle en dommages-intérêts.

Ce propriétaire peut également mettre fin au contrat pour non-respect par l'emphytéote de ses obligations contractuelles, notamment le non-paiement de la redevance annuelle.

LE DROIT DE SUPERFICIE

441 Généralités

L'article 1er de la loi du 10 janvier 1824 définit le droit de superficie comme étant un droit réel, qui consiste à avoir des bâtiments, ouvrages ou plantations sur un fonds appartenant à autrui. Le Code civil ne traite pas de façon directe du droit de superficie. L'article 553 en parle indirectement, en disposant que "toutes les constructions, plantations et ouvrages sur un terrain ou dans son intérieur sont présumés faits par le propriétaire à ses frais et lui appartenir, *si le contraire n'est prouvé*".

Le droit de superficie a donc pour effet de diviser la propriété d'un terrain en un droit sur la surface, le titulaire de celui-ci s'appelle le *superficiaire*, et en un droit sur le dessous du fonds, dont le titulaire porte le nom de *tréfoncier*.

Forme du contrat

L'article 3 de la loi sus-visée dispose que le titre constitutif du droit de superficie devra être transcrit dans les registres publics, à ce destinés. C'est donc le même régime que celui qui s'applique au droit d'emphytéose. Cette publicité a pour but de rendre opposable ce contrat à tous tiers, se proposant d'acquérir des droits réels sur un tel immeuble.

DURÉE DU CONTRAT

Alors que pour le droit d'emphytéose la loi constitutive a fixé une durée minimale de vingt-sept ans, et une durée maximale de quatre-vingt dix neuf ans, seule une durée maximale est prévue pour le droit de superficie par l'article 4 de la loi sus-visée. Cette durée est de cinquante ans. Il n'existe pas de durée minimale.

Tout comme pour le droit d'emphytéose, le contrat de superficie, arrivé à terme, n'est pas automatiquement prorogé par tacite reconduction. Toutefois, ce contrat, ayant expiré, peut être renouvelé pour une nouvelle durée, qui sera au maximum de cinquante ans.

Les dispositions sur la durée du droit de superficie sont, tout comme pour le droit d'emphytéose, les seules qui ont un caractère impératif. Les autres règles de cette loi n'ont qu'un caractère supplétif. Les parties peuvent donc y déroger.

DROITS ET OBLIGATIONS DU SUPERFICIAIRE   **442**

Tout comme le titulaire d'un bail emphytéotique, le superficiaire est autorisé à aliéner son droit, à l'hypothéquer et à grever le fonds de servitudes, qui ne sauraient néanmoins subsister après la cessation du droit de superficie. D'autre part, le superficiaire peut utiliser ce fonds pour faire des constructions ou plantations.

A l'expiration du contrat, la propriété des bâtiments, ouvrages ou plantations passe au propriétaire du fonds, à charge par lui de rembourser la valeur *actuelle* de ces éléments à leur propriétaire. Celui-ci dispose d'un droit de rétention sur ces investissements jusqu'au remboursement de leur valeur restante. En ce qui concerne ces investissements, le superficiaire est donc mieux traité que l'emphytéote. Ce dernier ne peut pas se faire rembourser la valeur résiduelle de ses constructions et peut seulement enlever celles-ci à la fin de son contrat. Cette disposition est dans l'intérêt du propriétaire, qui peut ainsi s'approprier souvent, à peu de frais, des constructions en bon état. En effet, l'alternative pour l'emphytéote d'enlever ces constructions n'est généralement pas une bonne solution pour lui, alors qu'elle comporte des frais et il n'a souvent pas d'utilisation pour les éléments ayant composé ces investissements.

Quant aux obligations du superficiaire, la loi du 10 janvier 1824 n'en parle pas. Il appartient donc aux parties de fixer celles-ci au contrat. La principale de ces obligations est évidemment de payer la redevance annuelle qui est due au propriétaire. Généralement, le contrat fixe également la nature des investissements que le superficiaire a le droit de réaliser sur le fonds. Comme le propriétaire doit reprendre ces constructions à la fin du contrat et en payer la valeur restante, il est du moins utile qu'il sache quels investissements son contractant veut réaliser sur le fonds.

3ième PARTIE
LES
PRIVILÈGES ET HYPOTHÈQUES

LES PRIVILÈGES ET HYPOTHÈQUES

Généralités **443**

Nous avons déjà vu dans la première partie que les privilèges et hypothèques sont des droits réels, c'est à dire des droits s'exerçant sur une chose. Cependant, par opposition au droit de propriété et de ses démembrements, qui sont des droits réels principaux, les privilèges et hypothèques sont des droits réels accessoires.

Ceux-ci sont en effet des accessoires à une créance, dont ils ont pour but d'assurer le paiement. On parle encore dans ce cas de sûretés réelles, par opposition aux sûretés personnelles, telle que la caution.

Les privilèges et hypothèques ont comme trait commun qu'ils comportent l'affectation spéciale, au paiement d'une dette, d'un immeuble qui demeure cependant entre les mains du débiteur.

Le bien grevé d'une hypothèque ou d'un privilège n'est pas pour autant soustrait au gage commun des autres créanciers d'un débiteur. La différence entre créanciers privilégiés et hypothécaires, d'un côté, et créanciers chirographaires (créanciers ne jouissant pas d'une sûreté réelle), d'un autre côté, est que les premiers sont payés par préférence à ces derniers. Les créanciers non munis d'un privilège ou d'une hypothèque doivent donc se partager le reliquat des sommes laissées par les créanciers privilégiés et hypothécaires. C'est donc le droit de préférence, qui constitue la caractéristique essentielle des privilèges et des hypothèques.

Distinction entre privilèges et hypothèques **444**

Aux termes de l'article 2095, le privilège est un droit que la *qualité* de la créance donne au créancier d'être préféré aux autres créanciers, même hypothécaires.

L'hypothèque est définie par l'article 2014 comme constituant un droit réel sur un immeuble affecté à l'acquittement d'une obligation.

Les traits distinctifs entre ces deux sûretés réelles sont les suivants:

1. Les privilèges ne peuvent être créés que par la loi.

    Les hypothèques sont, suivant le cas, légales, judiciaires ou conventionnelles.

2. Les privilèges peuvent porter tant sur les meubles que sur les immeubles. Les hypothèques, par contre, ne peuvent affecter que des immeubles. Nous verrons cependant sous le numéro 491 que la législation moderne permet de créer également des hypothèques sur certains meubles de nature spéciale (avions, navires).

3. Quand les privilèges entrent en concours avec des hypothèques, ils ont priorité par rapport à ces derniers. Les créanciers privilégiés sont donc payés avant les créanciers hypothécaires.

4. Pour être opposables aux tiers, notamment aux créanciers chirographaires, les hypothèques doivent toujours être inscrites au Bureau de la conservation des hypothèques.

Les privilèges mobiliers ne requièrent pas de publicité.

En ce qui concerne les privilèges immobiliers, ils doivent également être inscrits. Mais quand ils l'ont été dans le délai prévu par la loi, ils priment les hypothèques, même celles inscrites antérieurement.

Ayant dégagé les traits communs entre privilèges et hypothèques, ainsi que les différences essentielles entre ces deux catégories de sûretés réelles, il convient maintenant d'analyser, en détail, les uns et les autres.

Nous examinerons dans un premier chapitre les privilèges, en distinguant entre privilèges mobiliers et privilèges immobiliers. Dans un deuxième chapitre, nous analyserons le régime des hypothèques.

LES PRIVILÈGES

TRAITS CARACTÉRISTIQUES DES PRIVILÈGES. 445

- *Le privilège est une faveur concédée par la loi*

    Un privilège ne saurait exister sans avoir été expressément créé par une loi. Il n'y a donc pas de privilège sans texte. Il s'en suit qu'un privilège ne peut pas être étendu, par analogie, à d'autres créances que celles, visées spécialement par la loi. Il est cependant admis que le privilège attaché à une créance s'étend aux accessoires de cette créance.

- *Prise en considération de la qualité de la créance et non de la personne du créancier*

    La loi juge le paiement de certaines créances comme tellement essentiel qu'elle leur accorde un rang de priorité par rapport à d'autres. Elle ne prend pas spécialement en considération la personne des créanciers et ne distingue pas entre créanciers, méritant une faveur spéciale, et les autres.

    C'est ainsi qu'en cas de faillite d'un commerçant, ayant à son service des salariés, ces derniers jouissent d'un privilège (et, depuis une dizaine d'années, même d'un superprivilège). La loi juge en effet nécessaire de protéger ces salaires, qui sont indispensables à la subsistance des employés et ouvriers d'une entreprise déclarée en faillite.

    La règle préexposée souffre néanmoins certaines exceptions. Il existe en effet des privilèges créés "intuitu personae", c'est à dire spécialement en considération de créanciers particuliers. Cela est le cas du privilège mobilier existant au profit du Trésor public pour garantir le paiement de certains impôts.

- Le privilège se présente sous trois formes. Il peut affecter tous les meubles d'un débiteur et accessoirement des immeubles. On parle alors de *privilège général*. Il peut porter sur certains meubles seulement. Il s'agit dans ce cas d'un *privilège spécial*. Finalement, il peut grever les immeubles du débiteur. On qualifie ce privilège de *privilège immobilier*.
- Les créances privilégiées sont payées avant toutes les autres, même avant les créances garanties par une hypothèque, sur le prix réalisé par la vente des biens grevés.

Quand donc, sur le prix d'un immeuble, il y a concurrence entre des privilèges et des hypothèques, ce sont les premiers qui l'emportent.

A. LES PRIVILÈGES MOBILIERS GÉNÉRAUX

446 Généralités

Ces privilèges sont prévus par l'article 2101, et par certaines lois postérieures au Code civil. Les privilèges généraux se caractérisent par le fait qu'ils portent sur l'ensemble des meubles appartenant au débiteur. Par ailleurs, suivant l'article 2104, les privilèges visés par l'article 2101 portent accessoirement aussi sur les immeubles du débiteur. Ceci peut être le cas, si ce débiteur n'a plus de meubles saisissables, et si le prix de vente des meubles saisis ne suffit pas pour indemniser les créanciers privilégiés.

Les privilèges généraux constituent la garantie la plus étendue qui puisse appartenir aux créanciers. Ils comportent en conséquence un grave inconvénient, c'est celui de grever lourdement le patrimoine du débiteur.

Si le législateur accordait donc un tel privilège à un trop grand nombre de créances et à des créances d'un montant élevé, le débiteur, surtout s'il est commerçant, ne trouverait plus de crédit. Le Code civil a tenu à ménager le crédit des débiteurs, en ne concédant de privilèges généraux qu'à un nombre restreint de créances, et à des créances d'un import relativement limité.

ENUMÉRATION DES PRIVILÈGES MOBILIERS GÉNÉRAUX

Ceux-ci figurent à l'article 2101. Cet article énumère les privilèges mobiliers, et accessoirement immobiliers, dont question ci-après.

447 **1. Les frais de justice**

Sont visés tous les frais relatifs aux actes de procédure, exposés par le créancier pour conserver et liquider les biens du débiteur, à savoir, les frais de saisie, de vente et de distribution du prix de vente des biens saisis. Il faut y ajouter les frais accessoires pour conserver le gage des créanciers, comme les frais pour l'apposition des scellés et l'inventaire des biens à saisir, ainsi que les frais et honoraires des avocats. Ne sont toutefois privilégiés que les frais de justice exposés dans l'intérêt de tous les créanciers. Ceci exclut donc les frais de justice, payés par un créancier dans son intérêt personnel, pour faire reconnaître son droit en justice, ou pour se procurer un titre exécutoire.

2. Les frais funéraires 448

Ce privilège a pour objectif de garantir au débiteur insolvable un enterrement décent, car il assure aux créanciers le remboursement des frais qu'ils ont avancés à cet effet.

La notion de frais funéraires couvre tous les frais se rapportant à l'inhumation du défunt. Pour bénéficier de ce privilège, ces frais doivent néanmoins être réduits à un minimum. Il peuvent cependant varier suivant la condition sociale du défunt.

Ce privilège ne garantit d'autre part pas le paiement des frais d'installation d'un monument funéraire, ni les dépenses de deuil des membres de la famille du défunt.

Par contre, ce privilège ne s'applique pas uniquement en cas de mort du débiteur lui-même, mais également de celui des personnes, qui vivent avec lui et dont il avait la charge (conjoint et enfants mineurs).

3. Les frais de dernière maladie 449

Ce privilège s'applique à tous les frais que nécessite le traitement d'une maladie, comme les honoraires du médecin et du chirurgien, ainsi que des frais du traitement à l'hôpital.

Etant donné qu'une grande partie de ces frais sont aujourd'hui pris en charge par la caisse de maladie, et que les dépenses, devant être supportées en définitive par le malade ou par ses héritiers, sont généralement réduits à un minimum, ce privilège a perdu aujourd'hui beaucoup de son importance.

Quant à la notion de "dernière maladie", il existait dans le temps une controverse relative à la question s'il s'agit de la maladie, qui a conduit au décès d'une personne, ou de la maladie, qui a précédé la faillite ou la déconfiture de cette personne.

Cette controverse a été levée par la loi du 10 juillet 1901. Cette loi a en effet complété l'article 2101-3 par l'adjonction du texte suivant "quelle qu'en ait été la terminaison pendant un an".

4. Les salaires, traitements et indemnités 450

Le Code civil a accordé un privilège quant à ces salaires, traitements et indemnités pour les six derniers mois de travail, précédant la faillite de l'employeur.

Malheureusement, étant donné que ce privilège était primé par d'autres privilèges, notamment celui du Trésor public et des organismes de sécurité sociale, les salariés étaient souvent spoliés, du moins partiellement, de leur salaire, malgré l'existence de leur privilège.

Pour cette raison, la loi du 24 mai 1989 sur le contrat de travail a créé, au profit de ces salariés, un superprivilège pour les six derniers mois de travail, ainsi que pour les créances portant sur des indemnités de toute nature, résultant de la rupture du contrat de travail.

Ce superprivilège prime même celui du Trésor public et des organismes de sécurité sociale. Il comporte néanmoins une limitation, en ce que les salaires ne sont garantis que jusqu'à concurrence d'un plafond de six fois le salaire social minimum.

Le privilège, créé, par le Code civil originaire, pour les salaires ne subsiste donc qu'en ordre accessoire pour des salaires, traitements ou indemnités non couverts par le superprivilège créé par la loi du 24 mai 1989.

451 5. **Les fournitures de substances faites au débiteur et à sa famille**

La notion de "fourniture de substances" comprend toutes les choses nécessaires à l'alimentation et à la consommation journalières de la famille.

Ne sont couvertes par ce privilège que les dépenses nécessaires, ce qui exclut donc les dépenses d'un caractère superflu (par exemple, les fournitures de spiritueux).

Quant à l'étendue du privilège, l'article 2101-5 fait une différence entre les marchands de détail, comme le boucher ou le boulanger, et les marchands de gros. Pour les premiers cités, le privilège porte sur les fournitures faites pendant les six derniers mois. Pour les marchands de gros, ce privilège s'étend aux fournitures effectuées pendant les douze derniers mois.

Ce privilège a perdu beaucoup de son importance de nos jours, par suite de l'élévation du niveau de vie et surtout par le renforcement de la protection sociale, couvrant pratiquement l'ensemble de la population de notre pays.

452 EXTENSION DES PRIVILÈGES MOBILIERS GÉNÉRAUX AUX IMMEUBLES

Dans la mesure où les meubles d'une personne en faillite ou en déconfiture ne suffisent pas pour payer les créanciers, bénéficiant d'un privilège général sur les meubles, ces créanciers peuvent faire valoir leur privilège, pour les créances non payées, sur les immeubles de leur débiteur.

Cette extension est expressément prévue par l'article 2104. Cependant, ce privilège immobilier ne saurait jouer que pour autant qu'il a été inscrit au Bureau de la conservation des hypothèques. En effet, tous les privilèges immobiliers, à l'exception d'un seul, sur lequel nous reviendrons sous le numéro 481, sont soumis à inscription.

Quand les créanciers privilégiés ont inscrit leur privilège sur un ou plusieurs immeubles du débiteur, ce privilège prime tous les autres privilèges immobiliers inscrits sur cet immeuble.

Aussi longtemps que l'immeuble, sur lequel ce privilège général est susceptible d'être inscrit, reste la propriété du débiteur, il n'existe, en principe, pas de date limite pour son inscription.

Il en est autrement en cas d'aliénation de cet immeuble. Dans ce cas, le privilège, pour primer d'autres privilèges ou hypothécaires, grevant cet immeuble, doit être inscrit dans les quarante-cinq jours à compter de cette aliénation (article 4 de la loi modifiée du 10 avril 1910 sur le régime hypothécaire).

PRIVILÈGES GÉNÉRAUX MOBILIERS CRÉÉS POSTÉRIEUREMENT AU CODE CIVIL ORIGINAIRE

Privilège du Trésor public

Généralités **453**

Le Trésor public dispose d'un privilège sur tous les meubles d'un contribuable pour assurer le recouvrement d'un certain nombre d'impôts directs.

Ce privilège tire son origine de l'article 2098 alinéa 1er, dont le libellé est le suivant: "Le privilège, à raison des droits du trésor public, et l'ordre dans lequel il s'exerce, sont réglés par les lois qui les concernent".

Diverses lois sont venues donner une expression concrète aux dispositions sus-visées.

En premier lieu, la loi du 27 décembre 1817 a créé un privilège au profit du Trésor public sur tous les meubles laissés par le de cujus. Ce privilège est destiné à garantir le recouvrement des droits de succession et des droits de mutation par décès.

La loi la plus importante est la loi modifiée du 27 novembre 1933 concernant le recouvrement des contributions directes, des droits d'accise sur l'eau de vie et des cotisations des assurances sociales.

Elle accorde un privilège général à l'Administration des contributions pour le recouvrement des impôts sur le revenu des personnes physiques et des collectivités, ainsi que pour certains autres impôts directs.

Aux termes de cette loi, le privilège en question prend origine à partir de la naissance de la créance fiscale. Il cesse ses effets le 31 décembre de la cinquième année, qui suit la naissance de cette créance.

La loi du 12 février 1979 sur la taxe sur la valeur ajoutée a créé ce même privilège au profit de l'Administration de l'enregistrement et des domaines pour la perception de la taxe sur la valeur ajoutée.

Notons encore que les garanties du Trésor public sont complétées par une hypothèque légale, dispensée d'inscription pendant les deux premières années de la naissance de la dette fiscale. Nous examinerons cette hypothèque légale aux numéros 501, 502, 504 et 505 ci-après.

454 *Nature juridique du privilège du Trésor public*

Il s'agit d'un privilège mobilier général, en ce sens qu'il porte sur tous les meubles appartenant au contribuable. Il ne s'identifie cependant pas, à tous égards, aux privilèges généraux visés par l'article 2101.

En effet, ces privilèges s'étendent, en cas d'insuffisance des meubles du débiteur pour couvrir toutes ses dettes, à ses immeubles, à condition d'avoir été inscrits sur ceux-ci. Tel n'est jamais le cas pour le privilège existant au profit du Trésor public, qui se limite, dans tous les cas, aux meubles du contribuable.

Il s'agit donc, en l'occurrence, d'un privilège général de nature spécifique. Il ne s'identifie pas aux privilèges généraux, visés par l'article 2101, pour la raison visée à l'alinéa ci-dessus. Il n'est pas non plus assimilable aux privilèges spéciaux, prévus par l'article 2102, alors qu'il ne porte pas sur des meubles spécifiques, mais s'étend à tous les meubles possédés par le contribuable.

Critique par les milieux professionnels de ce privilège

Le privilège et l'hypothèque, accordés au Trésor public pour le recouvrement de certains impôts, sont contestés surtout par les commerçants, qui leur reprochent une surgarantie au profit du fisc pour la rentrée des dettes fiscales. Ces milieux critiquent surtout que ce privilège et cette hypothèque légale compromettent gravement le crédit, tant hypothécaire que chirographaire des commerçant et diminuent, par ailleurs, fortement la valeur des privilèges de droit commun, ainsi que les sûretés réelles, que des créanciers ordinaires se font consentir.

Cet arsenal de garanties légales permet parfois aux administrations fiscales de laisser s'accumuler les impôts redus, pour présenter leur créance d'impôt en bloc, juste avant la faillite, ou même de déclencher celle-ci. Dans une telle faillite, l'importance des sommes dues aux administrations fiscales a souvent pour effet que des créanciers hypothécaires et même privilégiés ne touchent plus rien de leurs créances.

455 Privilège des organismes de la sécurité sociale et des chambres professionnelles

Les reproches précités peuvent également être adressés aux organismes de la sécurité sociale (caisses de maladie, caisses de pension, l'association d'assurance contre les accidents et la Caisse nationale des prestations familiales).

La loi du 19 juillet 1998 portant introduction d'une assurance-dépendance, a garanti le paiement des cotisations en vue de financer les prestations de cette assurance, par le même privilège mobilier, et la même hypothèque légale (article 378 alinéa 6 du Code des Assurances Sociales).

Les organismes de sécurité sociale jouissent en effet du même privilège et de la même hypothèque légale que le Trésor public (loi du 27 novembre 1933). Toutefois, en cas d'insuffisance pour recouvrir à la fois les impôts directs et les cotisations de sécurité sociale, ces premiers ont priorité.

Ce privilège et cette hypothèque légale sont également concédés aux diverses chambres professionnelles, pour le recouvrement des cotisations, taxes, droits et primes. Le recouvrement forcé de leurs créances peut d'ailleurs être effectué par l'Administration des contributions directes (article 3 avant-dernier alinéa de la loi modifiée du 4 avril 1924 sur la création de chambres professionnelles à base élective).

B. LES PRIVILÈGES SPÉCIAUX SUR LES MEUBLES 456

A la différence des privilèges généraux, qui portent sur tous les meubles dont un débiteur est propriétaire, les privilèges spéciaux sont limités à certains meubles de ce dernier, objets corporels ou droits de créance. Les privilèges spéciaux ne portent jamais sur les immeubles, en cas d'insuffisance des meubles pour payer tous les créanciers privilégiés.

Nous nous dispensons d'examiner en détail les privilèges spéciaux sur meubles énumérés à l'article 2102 et nous nous contentons de les citer ci-après.

Ceux-ci peuvent être classés en trois groupes.

Les privilèges tenant à une constitution de gage expresse ou tacite

Signalons dans ce groupe:
– le privilège du créancier gagiste sur l'objet qu'il a en gage;
– le privilège du bailleur d'un immeuble sur les meubles apportés par le locataire dans les lieux loués;
– le privilège de l'aubergiste (hôtelier) sur les effets du voyageur;
– le privilège du voiturier (transporteur) sur la chose transportée.

Les privilèges basés sur la mise de la chose dans le patrimoine du débiteur

Il convient de citer à cet égard:

- le privilège du vendeur d'effets mobiliers (meubles corporels, incorporels, créances ou fonds de commerce),

- le privilège du bailleur d'un fonds rural sur les récoltes de son fermier.

Les privilèges sur certaines créances du débiteur

Il faut mentionner à cet égard spécialement le privilège que l'article 2102-8 accorde aux victimes d'un accident, ou à leurs ayants cause, sur l'indemnité d'assurance, dont l'assureur de la responsabilité civile se reconnaît ou a été judiciairement reconnu débiteur, à raison de la convention d'assurance.

L'article 2102-8 ajoute que ce privilège n'est primé par aucun autre privilège général ou spécial, y compris celui du Trésor public.

Le privilège de l'assureur sur la chose assurée

Pour terminer cette rubrique relative aux privilèges spéciaux sur les meubles, nous relevons le privilège, qui a été institué récemment par la loi du 27 juillet 1997 sur le contrat d'assurance.

L'article 72 de cette loi a créé un privilège en faveur de l'assureur sur la chose assurée pour le paiement de la prime relative à la période, pendant laquelle il a couvert effectivement le risque. Le privilège n'existe, quelles que soient les modalités de paiement de la prime, que pour la somme correspondant à deux primes annuelles. Ce privilège est mobilier ou immobilier, suivant la nature de la chose assurée. Le privilège mobilier s'applique notamment à l'assurance des automobiles.

Ce privilège prend rang immédiatement après celui des frais de justice. Nous reviendrons à ce privilège de l'assureur, lorsque nous traiterons des privilèges immobiliers (cf. numéro 481).

457 LE CLASSEMENT DES PRIVILÈGES MOBILIERS

Il arrive que les nombreux privilèges mobiliers entrent en conflit lors de la liquidation des biens d'une personne en faillite ou en déconfiture. Rarement, les liquidités laissées par ce débiteur sont suffisantes pour satisfaire tous les créanciers privilégiés. Il faut donc établir un ordre de préférence entre les divers privilèges mobiliers.
Le Code civil lui-même n'a pas, en règle générale, défini un ordre, suivant lequel les diverses créances privilégiées doivent être payées. Il a réglé seulement le concours entre privilèges généraux. L'article 2101 opère en effet le classement de ces privilèges en même temps qu'il les énumère. Il dit en effet qu'ils "s'exercent dans l'ordre suivant".

Néanmoins, cet ordre de classement opéré par le Code civil a été, en partie, mis hors cause par des privilèges créés postérieurement au Code civil originaire et notamment par celui créé au profit du Trésor public, des organismes de la sécurité sociale et des chambres professionnelles. Nous y reviendrons sous le numéro 458.

Le Code civil a de même réglé à son article 2105 le conflit des privilèges généraux avec les privilèges spéciaux sur le prix des immeubles. Les privilèges généraux, s'étendant accessoirement sur les immeubles, priment en effet les privilèges spéciaux immobiliers.

Quant au concours des privilèges généraux avec les privilèges spéciaux, le Code civil n'a pas tranché ce conflit. Toutefois, trois lois postérieures au Code civil ont réglé la situation pour certains privilèges spéciaux.

Il s'agit en premier lieu du superprivilège pour la garantie des salaires, qui, aux termes de la loi du 24 mai 1989 sur le contrat de travail, prime tous les autres privilèges généraux et spéciaux, y compris celui du Trésor et des institutions de sécurité sociale.

Il s'agit, en second lieu, du privilège de la victime d'un accident sur l'indemnité d'assurance (article 2102-8), créé par la loi du 10 juin 1932. Cette loi a disposé que "ce privilège ne sera primé par aucun autre privilège général ou spécial, y compris celui du Trésor".

D'autre part, la loi du 27 juillet 1997 sur le contrat d'assurance a créé un privilège au profit des compagnies d'assurance sur le bien assuré (cf. numéro 456 sous 4 ci-avant). Ce privilège prend rang immédiatement après celui des frais de justice.

HIÉRARCHIE DES PRINCIPAUX PRIVILÈGES MOBILIERS, COMPTE TENU DES DERNIÈRES RÉFORMES **458**

Nous avons signalé sous le numéro ci-dessus que le classement des privilèges généraux sur les meubles, tel qu'effectué par le Code civil, a été modifié par des lois postérieures, et que certaines de ces lois ont accordé un rang prioritaire à des privilèges spécifiques.

Compte tenu de ces réformes, on peut établir une hiérarchie des principaux privilèges mobiliers.

1. La première place revient, sans conteste, au superprivilège, créé par la loi du 24 mai 1989 sus-visée en faveur des salariés et garantissant leur rémunération de travail et les diverses indemnités.
2. Le privilège de la victime d'un accident sur l'indemnité qui est due par une compagnie d'assurance.
3. Les frais de justice, pour autant qu'ils aient été exposés dans l'intérêt de tous les créanciers privilégiés.
4. Le privilège de l'assureur pour le paiement des primes d'assurance portant sur des choses mobilières.
5. Le privilège du Trésor public pour le paiement des différentes dettes d'impôt et celui pour le paiement de la taxe sur la valeur ajoutée.
6. Le privilège des organismes de sécurité sociale pour le paiement des cotisations:
   – d'assurance maladie,
   – d'assurance pension,
   – d'assurance accidents,
   – pour les allocations familiales,
   – de l'assurance dépendance.

Toutefois, cet ordre de priorité, revenant au Trésor public par rapport aux organismes de la sécurité sociale, peut être inversé, du moment que les cotisations redues sont celles dont l'employeur a dû opérer les retenues sur les salaires payés à ses employés ou ouvriers. Pour le paiement de ces cotisations sociales, le privilège des organismes de sécurité sociale prime celui du Trésor. Il en est autrement des cotisations redues par l'employeur lui-même pour sa propre sécurité sociale. Pour celles-ci, le privilège du Trésor prime celui des organismes de sécurité sociale.

7. Le privilège des chambres professionnelles. Il suit immédiatement celui des organismes de sécurité sociale.

459 *Classement d'autres privilèges généraux et spéciaux sur les meubles*

Ces privilèges sont les privilèges généraux et spéciaux créés par le Code civil originaire. Pour autant qu'il s'agisse de privilèges généraux, leur classement correspond à l'énumération faite à l'article 2101.

Quant au conflit entre privilèges généraux et privilèges spéciaux, pour autant qu'ils remontent au Code civil originaire, ce dernier n'a pas opéré de hiérarchie entre eux.

Il a donc appartenu à la doctrine et à la jurisprudence d'opérer leur rang de priorité respectif.

Toutes deux se sont prononcées pour la primauté des privilèges spéciaux sur les privilèges généraux, ceci en vertu du principe "generali per speciem derogatur", ce qui signifie que les règles spéciales l'emportent sur les règles générales.

460 *Concours des privilèges spéciaux entre eux*

Les règles fixées à cet égard par la doctrine et la jurisprudence sont assez complexes et en même temps assez flottantes. Bornons-nous à relever que le classement, généralement admis par la doctrine et la jurisprudence, est le suivant:

1. les créances garanties par un gage expresse ou tacite (privilège du créancier gagiste, et du bailleur sur les meubles de son locataire),
2. les créances relatives à la conservation de la chose grevée (par exemple, les honoraires du vétérinaire, ayant traité les animaux du fermier priment le privilège du bailleur),
3. les créances relatives à la mise d'une chose dans le patrimoine du débiteur (privilège du vendeur d'effets mobiliers).

Concours des privilèges généraux mobiliers et des privilèges immobiliers

Ce conflit ne peut avoir lieu que dans le cas où, les meubles du débiteur étant insuffisants pour couvrir toutes les dettes garanties par un privilège général, les créanciers, jouissant de ce privilège, l'ont inscrit sur un immeuble du débiteur. Ce dernier privilège prime dans ce cas tous les autres privilèges et hypothèques, inscrits sur cet immeuble. Cette règle résulte expressément de l'article 2105.

C. LES PRIVILÈGES SPÉCIAUX SUR LES IMMEUBLES   461

Généralités

Ces privilèges présentent beaucoup de similitudes avec les hypothèques. Ce sont des droits de même nature, puisque tant les privilèges immobiliers que les hypothèques comportent un droit de suite et sont soumis à publicité. Pratiquement, les privilèges immobiliers sont des hypothèques légales, munies d'une prérogative particulière. Les privilèges immobiliers sont en effet payés sur le prix de vente de l'immeuble grevé, par préférence à toutes les hypothèques, qui affectent cet immeuble du chef du débiteur.

Les privilèges immobiliers ne sont primés que par les créances munies d'un privilège général sur les meubles et, subsidiairement, sur les immeubles (article 2105).

Une comparaison entre le privilège immobilier et l'hypothèque légale fait apparaître des similitudes et des différences, il est vrai, assez subtiles. Les deux sûretés réelles ont été créées par la loi.

Elles se différencient cependant par le fait que l'hypothèque légale prend en considération avant tout la personne du créancier. Par contre, le privilège immobilier a été créé en considération de la qualité de la créance garantie.

D'autre part, le titulaire d'un privilège immobilier est payé sur le prix de vente de l'immeuble, par préférence à tous les autres créanciers hypothécaires, tenant leurs droits du débiteur.

Toutefois, l'hypothèque légale du Trésor public, dispensée d'inscription (cf. numéros 501 à 504) prend rang avant les privilèges inscrits sur un immeuble, sauf celui de l'assureur, analysé au numéro 481 ci-après.

ENUMÉRATION DES PRIVILÈGES IMMOBILIERS   462

Le Code civil énumère à son article 2103 cinq privilèges portant sur des immeubles. Ce sont:
1. le privilège du vendeur d'un immeuble pour le paiement du prix,
2. le privilège de ceux qui ont fourni des deniers pour l'acquisition d'un immeuble,
3. le privilège des cohéritiers ou copartageants sur les immeubles de la succession,
4. le privilège des architectes, entrepreneurs, maçons ou autres ouvriers sur la plus-value donnée à l'immeuble par les travaux qu'ils y ont effectués,
5. le privilège des prêteurs d'argent pour payer ou rembourser les ouvriers, ayant construit ou transformé l'immeuble.

Par ailleurs, l'article 2111 a créé le privilège des créanciers et légataires de la succession, qui demandent la séparation du patrimoine du défunt d'avec celui des héritiers.

Quant aux sûretés mentionnées sous les numéros 2 et 5 ci-dessus, il ne s'agit en fait pas de privilèges proprement dits, mais plutôt d'une subrogation, à savoir:

1. de ceux, qui ont prêté de l'argent à l'acheteur pour payer l'immeuble acheté, dans les droits du vendeur. Ces prêteurs sont donc subrogés, sous certaines conditions, dans le privilège du vendeur de l'immeuble grevé;
2. des prêteurs de fonds au propriétaire, pour payer l'architecte ou l'entrepreneur, qui se trouvent subrogés dans le privilège de ces derniers.

Etant donné le caractère accessoire des deux privilèges visés sub 2) et 5) de l'article 2103, nous nous dispensons de les analyser. Nous nous limitons donc aux trois autres privilèges immobiliers.

463 LE PRIVILÈGE DU VENDEUR D'UN IMMEUBLE

Pour assurer au vendeur d'un immeuble le paiement de son prix de vente, le Code civil le fait bénéficier de trois garanties:

1. du droit de rétention de l'immeuble vendu, lorsque la vente a été faite sans terme, ou lorsque l'acheteur est tombé en faillite ou en déconfiture, dans les cas où un délai de paiement lui a été accordé;
2. du droit de demander la résolution du contrat de vente pour le non-paiement du prix de vente;
3. d'un privilège sur l'immeuble vendu.

C'est cette dernière mesure que nous examinerons ci-après.

464 *Quand ce privilège est-il accordé?*

Il prend naissance chaque fois qu'il y a vente d'un immeuble, soit en pleine propriété, soit de l'usufruit ou de la nue-propriété d'un immeuble.

La question de savoir si la concession d'une servitude ou la vente de la mitoyenneté d'un mur peut bénéficier également de ce privilège est controversée. La jurisprudence est assez réticente pour faire jouir les vendeurs de tels droits réels du privilège en question.

La jurisprudence est cependant d'accord pour admettre ce privilège en cas d'échange d'un immeuble avec soulte. Il garantit, dans ce cas, le paiement de la soulte. Il en est de même en cas de dation en paiement d'un immeuble, quand la valeur de celui-ci est supérieure à la dette.

Par contre, ce privilège est refusé au donateur d'un immeuble, quand la donation est grevée d'une charge. Il en est de même du cas de vente de réméré (droit de rachat du vendeur d'un immeuble).

OBJET DU PRIVILÈGE

Le privilège porte sur l'immeuble vendu. Il comprend également les immeubles par destination, aussi longtemps qu'ils n'ont pas été aliénés. Le privilège s'étend également aux améliorations apportées à un immeuble.

CRÉANCE GARANTIE ET DURÉE DU PRIVILÈGE **465**

Le privilège garantit le paiement du prix de vente. Cette créance comprend non seulement le prix principal, mais également les intérêts et les charges accessoires, à condition qu'elles soient mentionnées à l'acte de vente et qu'elles soient à supporter par l'acheteur. Ces charges consistent principalement dans les frais d'acte et dans les honoraires du notaire. Le privilège du vendeur d'immeuble dure aussi longtemps que le prix de vente garanti n'a pas été payé. Lorsqu'il est stipulé à l'acte de vente que le prix sera payé, en tout ou en partie, à un tiers, par exemple, à un créancier du vendeur, c'est ce tiers qui bénéficie du privilège, car cette sûreté est attachée à la créance du prix (cf. privilège visé par l'article 2103 - sub 2).

RANG DU PRIVILÈGE **466**

Le privilège du vendeur l'emporte sur toutes les hypothèques nées du chef du vendeur, même sur celles qui ont une date antérieure à la vente. Il est cependant primé par l'hypothèque légale occulte du Trésor public.

Cette priorité, par rapport aux hypothèques inscrites sur un immeuble, n'est toutefois assurée que pour autant que ce privilège immobilier a été porté à la connaissance des tiers par la publicité.

Normalement, les privilèges immobiliers sont publiés par leur inscription au Bureau du conservateur des hypothèques. Il n'en est pas ainsi du privilège du vendeur.

En effet, comme la vente d'immeubles est déjà sujette à transcription, le législateur a jugé superflu d'imposer aux parties encore une inscription du privilège en question, ce qui ferait double emploi avec cette transcription.

En conséquence, la transcription du contrat de vente de l'immeuble vaut inscription du privilège du vendeur, pour autant que ce dernier s'est réservé ce privilège dans le contrat de vente.

Afin d'éviter la nécessité de parcourir tout l'acte de vente pour rechercher si le vendeur s'est réservé le privilège en question, l'article 2108 oblige le conservateur des hypothèques à extraire du contrat de vente l'indication relative à la créance du vendeur et d'en faire d'office inscription sur son registre.

Quand faut-il faire la transcription pour conserver le privilège? **467**

La réponse à cette question doit être nuancée, suivant que l'immeuble est encore entre les mains de l'acheteur ou que celui-ci l'a aliéné.

1er cas: L'immeuble appartient toujours à l'acheteur

Dans cette hypothèse, aucun délai n'est exigé par la loi pour transcrire cette acquisition. Le vendeur peut donc, en principe, transcrire à n'importe quel moment la vente de son immeuble, pour opposer son privilège aux créanciers de l'acheteur.

Il y a cependant deux événements qui empêchent toute inscription de privilèges ou d'hypothèques sur un immeuble. Ce sont la faillite de l'acheteur ou sa mort, suivie de l'acceptation de sa succession sous bénéfice d'inventaire. Nous reviendrons sur ces deux empêchements d'inscrire un privilège ou une hypothèque, lorsque nous parlerons des règles régissant l'inscription des hypothèques (cf. numéro 539).

Nous voudrions cependant signaler, qu'en pratique, la transcription d'une vente immobilière ne tarde guère à s'opérer. En effet, étant donné que seuls des actes authentiques (ou administratifs) sont admis à la transcription, la rédaction d'un acte de vente d'un immeuble doit se faire par notaire. Or, ce dernier ne manquera guère de transcrire, dès que possible, un acte de vente qu'il a documenté. Il est d'ailleurs obligé légalement de transcrire cet acte dans les deux mois, qui suivent le dernier jour du délai fixé pour l'enregistrement. Le notaire engagerait donc sa responsabilité, s'il n'opérait pas, dans le délai légal requis, la transcription d'un acte de vente qu'il a reçu.

2e cas: L'acheteur a aliéné l'immeuble

Dans ce cas, cette aliénation doit être transcrite par le nouvel acquéreur pour être opposable aux tiers. Lorsque ce dernier a transcrit son acte d'achat, le premier vendeur est-il privé de son privilège?-

Logiquement, il devrait en être ainsi, car on ne saurait inscrire un privilège sur l'immeuble d'une personne, que si elle en est encore propriétaire. Or, en l'occurrence, le second vendeur a perdu la propriété de son immeuble à l'égard des tiers, dès le moment où le nouvel acquéreur a transcrit son acte d'acquisition.

Une telle situation pourrait conduire à des insécurités dans les transactions immobilières. Il suffirait à l'acquéreur d'un immeuble, dont le prix n'a pas encore été payé, de hâter la revente de cet immeuble et, en connivence avec le nouvel acheteur, de transcrire cette revente pour priver le vendeur initial de son privilège.

Pour écarter une telle manoeuvre, la loi modifiée du 18 avril 1910 sur le régime hypothécaire permet au vendeur initial de faire inscrire encore son privilège après la transcription de la nouvelle vente.

Cette loi lui a en effet accordé un délai de 45 jours, à partir de la nouvelle transcription, pour pouvoir encore inscrire son privilège du vendeur et primer en conséquence les créanciers du nouvel acquéreur.

468 *LE PRIVILÈGE DES COPARTAGEANTS*

L'article 2103-3° accorde un privilège aux "cohéritiers sur les immeubles de la succession pour la garantie des partages faits entre eux et des soultes ou retour de lots; pour la garantie des indemnités dues en application de l'article 924-3, les immeubles donnés ou légués sont assimilés aux immeubles de la succession".

FONDEMENT DE CE PRIVILÈGE

Il a pour but de garantir l'exécution des obligations de chaque copartageant à l'égard des autres. Ce privilège fait partie des mesures de protection que le Code civil a prévues pour assurer l'égalité entre copartageants.

Ces mesures sont:

1. le droit pour le copartageant, évincé par un tiers d'un bien mis dans son lot, de poursuivre ses copartageants en garantie et de se faire indemniser par eux (article 884),
2. le droit pour chaque copartageant de demander la rescision du partage, pour le cas où il serait lésé de plus d'un quart quant à la valeur du lot lui attribué.

Les deux mesures précitées ont pour objet d'*établir* l'égalité entre cohéritiers.

Le privilège a pour but de *maintenir* cette égalité, en assurant l'exécution des obligations, naissant entre cohéritiers du fait du partage.

A QUI APPARTIENT CE PRIVILÈGE? **469**

A lire l'article 2103-3, on serait tenté d'admettre que ce privilège n'est accordé qu'aux cohéritiers, c'est à dire aux héritiers se partageant une succession.

Or, l'article 2109, qui traite également de ce privilège, l'accorde aux cohéritiers et aux copartageants, donc à toutes les personnes qui sont dans l'indivision, quelle qu'en soit l'origine. Le privilège s'applique donc également au partage d'une communauté entre époux, à celui d'un immeuble commun à plusieurs personnes, ou à la liquidation d'une société comprenant des immeubles.

CRÉANCES GARANTIES PAR LE PRIVILÈGE **470**

Le privilège garantit toutes les créances que le copartageant peut acquérir contre ses copartageants, par l'effet d'un partage ou d'un acte équivalent à un partage.

La loi du 15 juin 1984 a ajouté à ces créances "les indemnités dues en application de l'article 924-3". Ledit article est libellé comme suit "Les dons et les legs particuliers faits à un successible ou à des successibles conjointement, qui excèdent la quotité disponible, peuvent être respectivement retenus ou réclamés en totalité par les gratifiés, quel que soit l'excédent, sauf à récompenser les cohéritiers en moins prenant ou en argent".

Pour la portée en détail de cet article, nous renvoyons le lecteur à notre ouvrage "Successions et Donations", numéros 132 et 133.

Outre l'indemnité visée par l'article 924-3, les créances suivantes sont garanties par le privilège du copartageant:
- les soultes ou retour de lots, destinés à compenser les inégalités, ressortant du partage fait en nature. Il faut y ajouter les diverses indemnités se dégageant de la gestion des biens de l'indivision assurée par l'un des héritiers (fruits des biens indivis, indemnité d'occupation d'un tel bien).
- la créance du prix de l'immeuble vendu aux enchères, lorsque c'est l'un des cohéritiers qui s'en est rendu adjudicataire. Dans ce cas, en effet, l'adjudication publique constitue une opération de partage. Lorsque, par contre, l'immeuble a été acquis par un non-héritier, les copropriétaires de l'immeuble vendu sont garantis pour le paiement du prix de vente par le privilège du vendeur.
- la créance de garantie pour cause d'éviction, au cas où l'un des copartageants a été évincé par un tiers d'un des biens mis dans son lot.

471 BIENS GREVÉS DU PRIVILÈGE

Le privilège du copartageant porte sur les immeubles mis dans le lot des copartageants dont son bénéficiaire est créancier. Toutefois, l'étendue du privilège varie suivant la nature de la créance. Nous distinguerons à cet égard entre quatre cas différents.

a) Adjudication d'un immeuble indivis au profit d'un copartageant

Dans ce cas, le privilège porte sur l'immeuble licité et non sur les autres immeubles mis dans le lot de l'adjudicataire dans le cadre du partage. L'immeuble vendu à l'adjudication publique suffit en effet à garantir les créances des copartageants, puisque celles-ci ne représentent que la valeur de cet immeuble, diminuée de la quote-part revenant à l'adjudicataire.

b) Garantie pour cause d'éviction

Si l'un des copartageants a été évincé d'un bien mis dans son lot, il a un recours en garantie contre tous les autres copartageants. La perte que subit l'héritier évincé doit se répartir entre tous les copartageants, dont chacun doit supporter sa part. Le copartageant évincé a un privilège sur tous les immeubles mis dans les lots de ses copartageants.

c) Soulte ou retour de lot

Il convient de distinguer à cet égard entre deux hypothèses.

aa) la soulte est due par tous les copartageants à l'un d'eux. Le privilège de ce dernier porte alors sur tous les immeubles mis dans le lot des copartageants débiteurs.

bb) la soulte est due par un copartageant à un autre. Dans ce cas, en principe, le privilège s'étend seulement sur les immeubles mis dans le lot du copartageant, débiteur de la soulte.

Toutefois, lorsque ce dernier est insolvable au moment du partage, le créancier de la soulte peut agir en garantie contre les autres copartageants sur base de l'article 884. Ce cohéritier aura partant privilège sur tous les immeubles attribués à ses copartageants, non pas à titre de créancier de la soulte, mais à titre de créancier de la garantie.

d) Indemnité visée par l'article 924-3

Le privilège porte dans ce cas sur les immeubles donnés à l'héritier réservataire ou au conjoint survivant, qui n'est pas obligé de rapporter ces immeubles à la succession, mais qui doit une indemnité à la masse successorale.

Le paiement de cette indemnité est garanti par le privilège des héritiers réservataires sur le ou les immeubles, ayant fait l'objet de la donation ou du legs.

Inscription du privilège du copartageant **472**

Ce privilège ne peut être opposé aux créanciers du copartageant débiteur que pour autant qu'il a fait l'objet d'une inscription au Bureau de la conservation des hypothèques. Cette inscription doit être faite dans les soixante jours, soit du partage, soit de la licitation d'un immeuble indivis, lorsque l'un des cohéritiers s'en est rendu acquéreur.

Lorsque ce privilège a été inscrit dans le délai légal de soixante jours, il prime tous les privilèges et hypothèques, qui grèvent l'immeuble du chef du débiteur, à l'exception toutefois des privilèges généraux visés par l'article 2101, jouant en cas d'insuffisance du mobilier, ainsi que de l'hypothèque légale occulte du Trésor public et du privilège de l'assureur pour la prime d'assurance relative à un immeuble.

Si le privilège du copartageant n'a pas été inscrit dans les soixante jours susvisés, il peut encore l'être utilement. Il perd, dans ce cas, toutefois son rang de priorité et dégénère en une simple hypothèque. Il ne prendrait donc rang, à l'égard des tiers, que du jour de son inscription.

LE PRIVILÈGE DES ARCHITECTES, ENTREPRENEURS, MAÇONS ET AUTRES OUVRIERS SUR LA PLUS-VALUE DONNÉE À UN IMMEUBLE PAR DES TRAVAUX DE CONSTRUCTION **473**

Ce privilège n'est pratiquement plus en application. Il comporte en effet un gros désavantage. Un architecte ou un entrepreneur, qui n'accepterait une commande de construire ou de transformer un immeuble qu'à la condition qu'il puisse inscrire auparavant sur celui-ci un privilège, garantissant son paiement, ne se verrait probablement pas accorder ce marché.

Ce privilège est par ailleurs assez laborieux à mettre en œuvre. Il nécessite en effet la rédaction de deux procès-verbaux, qui doivent être établis par un expert nommé par le président du Tribunal civil et qui sont à inscrire au Bureau de la conservation des hypothèques.

Le premier de ces procès-verbaux est destiné à constater l'état des lieux avant le commencement des travaux de construction. Il doit être inscrit avant que ces travaux ne soient commencés, sinon le privilège ne naît pas.

Le second procès-verbal a pour but de constater la plus-value procurée à l'immeuble par la nouvelle construction ou transformation. Le privilège porte en effet uniquement sur cette plus-value.

Ce deuxième procès-verbal est dressé après la réception des travaux et doit être inscrit dans les quinze jours de la réception de l'ouvrage construit ou transformé.

LE PRIVILÈGE DE LA SÉPARATION DES PATRIMOINES

474 Généralités

Ce privilège est accordé aux créanciers d'une succession par rapport aux héritiers de celle-ci.

Quand un héritier accepte une succession purement et simplement, les biens dont il hérite, se confondent avec son propre patrimoine et deviennent le gage tant des créanciers de la succession que de ses propres créanciers.

Cette confusion de patrimoines constitue un danger pour les créanciers de la succession et des légataires. En effet, si l'héritier est insolvable, ces créanciers et légataires courent le risque de ne pas toucher l'intégralité de leurs créances, par suite du concours des créanciers personnels de l'héritier sur ces mêmes biens.

Pour écarter ce concours de deux catégories de créanciers, le Code civil accorde aux créanciers de la succession et aux légataires le droit de demander la séparation du patrimoine du défunt d'avec celui de l'héritier. Cette mesure a pour effet que les créanciers de la succession et les légataires sont payés sur le patrimoine héréditaire par préférence aux créanciers personnels de l'héritier. Ce bénéfice porte tant sur les meubles que sur les immeubles laissés par le défunt.

475 *Cas où la séparation des patrimoines s'opère de plein droit*

En règle générale, la séparation des patrimoines doit être demandée par les créanciers et légataires au plus tard au moment où le prix de vente des biens héréditaires est sur le point d'être distribué.

Cependant, d'après une jurisprudence bien établie, cette séparation des patrimoines existe, de plein droit, dans deux cas:

1. lorsque le défunt a été déclaré en faillite;
2. lorsque l'héritier accepte la succession sous bénéfice d'inventaire.

En effet, aux termes de l'article 802 numéro 2, cette forme d'acceptation de la succession empêche la confusion des biens provenant de la succession avec ceux appartenant aux héritiers.

BÉNÉFICIAIRES DE CE PRIVILÈGE **476**

Il s'agit des créanciers de la succession et des légataires.

1. Les créanciers de la succession

Ce sont avant tout les créanciers chirographaires, qui sont les principaux intéressés par la séparation des patrimoines, alors qu'ils ne disposent d'aucune sûreté réelle pour garantir leurs créances.

Cependant, même des créanciers ayant inscrit une hypothèque sur l'un des immeubles du défunt, ont, dans certains cas, intérêt à se prévaloir d'un privilège immobilier, plutôt que d'une hypothèque. En effet, ils risquent d'être primés par l'un des privilèges que des lois spéciales ont créés postérieurement à la promulgation du Code civil (cf. numéros 478 à 481).

D'autre part, une hypothèque garantit seulement le paiement des intérêts pour une période de trois ans, quand il y a lieu à des mesures d'exécution sur l'immeuble grevé d'une hypothèque. Par contre, le privilège de la séparation des patrimoines donne aux créanciers de la succession un droit de préférence, opposable aux créanciers de l'héritier, pour la totalité des intérêts dus par le défunt.

2. Les légataires

Ceux-ci peuvent également invoquer la séparation des patrimoines pour empêcher que les créanciers personnels de l'héritier n'absorbent l'actif successoral, qui doit servir à payer leurs legs.

Les légataires, bénéficiaires de la séparation des patrimoines, sont uniquement les légataires à titre particulier de sommes d'argent. En effet, les légataires de biens corporels deviennent propriétaires des objets légués au jour du décès du testateur. Les biens, faisant l'objet de ces legs, ne peuvent donc pas être saisis par les créanciers de la succession.

Quant aux légataires universels ou à titre universel, ce sont de véritables héritiers. Ils ne sont donc pas en droit d'invoquer la séparation des patrimoines.

477 FORMALITÉS REQUISES POUR CONSERVER LE PRIVILÈGE

L'article 2111, ainsi que l'article 4 de la loi modifiée du 18 avril 1910 sur le régime des hypothèques, prévoient que les créanciers de la succession et les légataires de sommes d'argent conservent le bénéfice de la séparation des patrimoines par l'inscription de leur privilège au Bureau de la conservation des hypothèques. Cette inscription doit se faire dans les six mois de l'ouverture de la succession.

Les dispositions légales précitées ajoutent, qu'avant l'expiration de la période sus-visée, aucune hypothèque ne peut être établie sur les biens successoraux par les héritiers ou leurs représentants, au préjudice des créanciers successoraux et des légataires de sommes d'argent.

Le privilège de la séparation des patrimoines, qui n'a pas été inscrit dans les six mois de l'ouverture de la succession, ne perd pas ses effets, mais dégénère en hypothèque, prenant rang seulement à compter du jour de son inscription.

478 *PRIVILÈGES IMMOBILIERS CRÉÉS POSTÉRIEUREMENT AU CODE CIVIL*

Parmi ces privilèges, il y a lieu de citer les suivants.

1. Privilège des associations syndicales

Pour l'exécution des travaux de drainage, la loi du 28 décembre 1883 (articles 31 à 35) a créé un privilège immobilier au profit:

1. des syndicats, pour le recouvrement des frais d'établissement, de la taxe d'entretien et des prêts ou avances faits par eux;
2. des prêteurs, pour le remboursement des prêts faits à des syndicats.

Le privilège porte sur les terrains compris dans le périmètre d'une association syndicale. Il est assimilé, quant à son rang, à celui de l'article 2103-4 (privilège des architectes et entrepreneurs). Ledit privilège ne prend date qu'au jour de son inscription. Il se rapproche donc assez d'une hypothèque légale.

479 *2. Privilège de l'Etat sur les biens des comptables publics*

Ce privilège est prévu par la loi du 5-15 septembre 1807 relative aux droits du Trésor public sur les biens des comptables.

Le privilège porte sur les immeubles acquis, à titre onéreux, par les comptables au service de l'Etat, postérieurement à leur nomination. Il grève de même les biens meubles de ces comptables.

Nous verrons au numéro 499 que l'Etat a également une hypothèque légale sur certains immeubles des comptables en question.

3. Privilège de l'Etat sur les immeubles du condamné **480**

(loi du 5-15 septembre 1807 relative au mode de recouvrement des frais de justice au profit du Trésor public en matière criminelle, correctionnelle et de police)

Pour le recouvrement de ces frais de justice, le Trésor public dispose d'un privilège sur les meubles et effets mobiliers du condamné.

Le Trésor public jouit de même d'un privilège sur les immeubles du condamné. Ce privilège doit être inscrit dans les deux mois à dater du jour du jugement de condamnation. A défaut d'inscription dans ce délai, ce privilège se transforme en une simple hypothèque.

L'article 4 de cette loi fixe le rang de ce privilège par rapport aux autres privilèges et hypothèques.

4. Privilège des compagnies d'assurance sur les immeubles assurés **481**

Nous avons déjà relevé, en examinant les privilèges mobiliers, que l'assureur a un privilège sur les biens meubles assurés, pour garantir le paiement de la prime d'assurance, relative à la période, pendant laquelle il a couvert effectivement le risque.

Ce privilège existe également, avec le même but, quand le bien assuré est un immeuble. Ledit privilège a été créé, comme il vient déjà d'être signalé, par la loi du 27 juillet 1997 sur le contrat d'assurance.

Si, quant au fond, ce privilège ne donne pas lieu à critique, il n'en est pas de même en ce qui concerne la disposition légale prévoyant qu'il est dispensé de toute inscription.

Après la réforme opérée dans le régime des privilèges et hypothèques par la loi du 10 avril 1910, qui a dispensé un seul privilège de la formalité de l'inscription, à savoir celui des frais de justice, la loi du 27 juillet 1997 précitée en a créé un deuxième, celui de l'assureur. Faut-il redouter que le législateur récidive à l'avenir et créera de nouveaux privilèges dispensés d'inscription?

Si, normalement, un arriéré de primes d'assurances portant sur deux ans, ne comporte généralement pas de grosses sommes, il peut en être différemment pour certaines grandes firmes exploitant des fabriques, qui, en raison des risques qu'elles présentent, doivent payer de substantielles primes d'assurance.

Il peut donc y avoir une désagréable surprise pour d'autres créanciers d'une faillite. Cela est d'autant plus le cas, que le privilège de l'assureur range immédiatement après celui des frais de justice.

LES HYPOTHÈQUES

482 Généralités

Après avoir analysé les différentes catégories de privilèges, il est indiqué d'en faire de même en ce qui concerne les hypothèques.

L'hypothèque est un droit réel accessoire attaché à une créance et grevant un immeuble. Elle donne au créancier, non payé à l'échéance, le droit de saisir l'immeuble en quelques mains qu'il se trouve (*droit de suite*) et de se faire payer par *préférence* sur le prix de vente.

L'hypothèque est un mode de crédit assez pratique, puisqu'elle permet à une personne, propriétaire d'un immeuble, d'emprunter une somme d'argent, représentant un pourcentage élevé de la valeur de ce dernier, sans perdre pour autant la jouissance de cet immeuble et le droit de l'aliéner.

Le fonctionnement du système hypothécaire présuppose néanmoins une double publicité:

a) celle des aliénations de la propriété immobilière et des autres droits réels (usufruit, servitudes). En effet, un prêteur, avant de consentir un prêt garanti par une hypothèque, doit s'assurer au préalable que l'emprunteur, qui lui offre une hypothèque sur un immeuble, en est effectivement propriétaire. Ce prêteur doit de même connaître les charges grevant cet immeuble (par exemple, les servitudes et les baux de longue durée).

b) le fonctionnement du crédit hypothécaire présuppose de même la publicité des privilèges et hypothèques qui grèvent un immeuble. On comprend donc sans problème que, plus il y a de privilèges et d'hypothèques occultes, donc dispensés d'inscription, plus grand sera le risque du créancier hypothécaire de ne pas rentrer dans ses fonds en cas d'insolvabilité de l'emprunteur.

TRAITS CARACTÉRISTIQUES DE L'HYPOTHÈQUE

Ceux-ci sont au nombre de trois:
1. l'hypothèque est un droit réel accessoire,
2. elle est un droit réel immobilier,
3. elle constitue un droit indivisible.

1. L'hypothèque est un droit réel accessoire   483

L'hypothèque, qui est destinée à garantir une créance, présuppose l'existence de cette créance, dont elle est destinée à assurer le paiement.

Toutefois, cette créance ne doit pas nécessairement exister au moment où naît l'hypothèque. Celle-ci peut précéder la créance. En effet, les établissements de crédit inscrivent généralement l'hypothèque sur l'immeuble de leur emprunteur, avant de lui avancer les fonds.

Dans ce cas, l'hypothèque existe et prend rang au jour de son inscription, c'est à dire même avant que l'emprunteur ait bénéficié de l'emprunt.

Du fait que l'hypothèque est un droit accessoire à une créance, il s'en suit qu'elle subit le sort de cette créance. Si cette dernière est annulée, l'hypothèque disparaît. Elle prend donc fin, lorsque la créance est éteinte par le paiement ou par tout autre mode d'extinction.

2. L'hypothèque est un droit réel immobilier   484

En effet, sauf quelques rares exceptions, l'hypothèque ne peut être constituée que sur des immeubles.

Le caractère immobilier de l'hypothèque n'empêche pas qu'elle suit le sort de la créance et qu'elle passe avec celle-ci au légataire de cette créance ou à son cessionnaire, ni encore que l'hypothèque tombe, avec la créance qu'elle garantit, en communauté de biens existant entre époux.

Tout en suivant le sort de la créance, à laquelle elle est attachée, l'hypothèque conserve son caractère immobilier.

3. L'hypothèque constitue un droit indivisible   485

Cette indivisibilité présente un avantage notable pour le créancier hypothécaire.

Normalement, quand un débiteur meurt, en laissant plusieurs héritiers, sa dette se divise, de plein droit, entre ces derniers. Le créancier ne peut poursuivre chacun d'eux que pour sa part héréditaire. Il a donc devant lui autant de débiteurs que d'héritiers. Si l'un d'eux est insolvable, le créancier ne peut pas réclamer la part de celui-ci aux autres héritiers.

L'hypothèque supprime le risque d'insolvabilité d'un héritier, grâce à son indivisibilité. En effet, l'action hypothécaire, à la différence de l'action personnelle d'un créancier, ne se divise pas. L'immeuble hypothéqué répond toujours de la totalité de la dette. Chaque fraction de l'immeuble garantit, le paiement de la dette totale.

Deux hypothèses peuvent se présenter quand une personne, ayant hypothéqué un de ses immeubles, meurt.

1. L'immeuble hypothéqué est mis dans le lot de l'un des cohéritiers. Ce dernier, bien qu'il ne soit tenu personnellement que d'une quote-part de la dette, sera obligé, comme détenteur de l'immeuble hypothéqué, pour la totalité de la dette, quitte à demander à ses cohéritiers le remboursement de leur part dans cette dette successorale.
2. L'immeuble est partagé entre les cohéritiers, et une fraction de celui-ci est mis dans le lot de chacun d'eux. Un tel partage s'applique normalement aux immeubles non bâtis (terrains). Malgré cette division, chaque fraction de l'immeuble doit répondre, dans ce cas, de l'intégralité de la dette, et le créancier hypothécaire peut, grâce à son action hypothécaire, demander à chaque héritier le paiement de toute la dette garantie par l'hypothèque.

Une autre application de l'indivisibilité de la créance hypothécaire est donnée, lorsque plusieurs immeubles sont hypothéqués pour sûreté de la même dette. Le créancier hypothécaire peut alors poursuivre la saisie de chacun des immeubles pour la valeur totale de la créance.

Il ne faudrait cependant pas conclure de l'indivisibilité de la dette hypothécaire qu'une hypothèque doit nécessairement s'étendre à la totalité d'un immeuble, et qu'on ne peut pas en grever seulement une part indivise. Tel n'est pas le cas. Ainsi, un cohéritier peut hypothéquer sa part de copropriété dans les immeubles héréditaires. Lorsque plus tard, l'un des immeubles, qu'il a grevé dans la limite de sa quote-part héréditaire, est mis dans son lot, l'hypothèque ne va pas frapper la totalité de l'immeuble concerné.

Cette hypothèque restera telle qu'elle a été créée. Elle ne grèvera donc l'immeuble que pour la quote-part héréditaire de l'héritier dans cet immeuble, donc pour la moitié, le tiers.........Le créancier hypothécaire ne peut en conséquence se faire payer que sur la partie du prix de l'immeuble, correspondant à la quote-part indivise de l'immeuble, qui lui a été donné en garantie.

486 BIENS SUR LESQUELS PEUT PORTER UNE HYPOTHÈQUE

L'article 2118 dispose que seuls sont susceptibles d'hypothèque:
- les biens immeubles qui sont dans le commerce, et leurs accessoires réputés immeubles;
- l'usufruit des mêmes biens et accessoires, pendant le temps de sa durée.

Il résulte de cet article que tous les droits immobiliers ne peuvent pas faire l'objet d'une hypothèque.

Peuvent seuls être hypothéqués les immeubles, qui sont dans le commerce. Cette règle est logique. En effet, l'hypothèque aboutit, en cas de non-paiement volontaire de la dette qu'elle garantit, à la vente forcée de l'immeuble grevé. Les immeubles, qui ne sont pas susceptibles d'être aliénés, ne peuvent donc pas être grevés non plus d'une hypothèque.

BIENS NON SUSCEPTIBLES D'HYPOTHÈQUE **487**

Cette exclusion s'applique avant tout aux immeubles appartenant au domaine public de l'Etat. De tels immeubles ne peuvent pas être hypothéqués, n'étant pas susceptibles d'aliénation.

Quant aux biens relevant du domaine privé de l'Etat, ils sont bien aliénables. Toutefois, ces immeubles ne sauraient être saisis. On peut donc conclure que ces biens, qui, ne pouvant pas être expropriés, ne sont pas susceptibles non plus d'une hypothèque. Quel serait en effet l'avantage pour un créancier d'être garanti par une hypothèque si, ne pouvant saisir le bien grevé, il devrait attendre que son débiteur veuille bien le vendre?

Ne sont pas non plus susceptibles d'une hypothèque, les immeubles appartenant à des particuliers, qui sont frappés d'inaliénabilité. Ce sont notamment ceux faisant l'objet d'une substitution fidéicommissaire, et ceux frappés d'une clause d'inaliénabilité limitée dans le temps, tant que dure cette interdiction de vendre, imposée le plus souvent par une donation ou un testament.

IMMEUBLES NE POUVANT PAS ÊTRE HYPOTHÉQUÉS ISOLÉMENT **488**

Il s'agit des immeubles par destination, des servitudes et de la mitoyenneté d'un mur constituant une clôture entre deux propriétés.

Quant aux immeubles par destination, ils ne peuvent pas être saisis séparément des immeubles auxquels ils sont attachés. En effet, ils peuvent être détachés facilement de ces immeubles par la vente et perdent alors leur caractère immobilier.

En ce qui concerne la mitoyenneté d'un mur ou les servitudes, ces droits ne peuvent pas être séparés de l'immeuble auquel ils se rapportent. Ils ne peuvent dès lors ni être saisis, ni être vendus aux enchères, indépendamment de cet immeuble.

Les droits précités ne sont cependant pas totalement exclus de la constitution d'une hypothèque. Ils sont seulement exclus d'une hypothèque principale.

L'hypothèque, constituée sur un immeuble, s'étend aux immeubles par destination, qui y sont placés, ainsi qu'aux servitudes grevant cet immeuble. Cette hypothèque englobe également la mitoyenneté d'un mur adjoint à celui-ci.

Qu'arriverait-il, si l'un de ces biens, ou droits, venait à être détaché de l'immeuble hypothéqué? La réponse à cette question dépend de la nature des éléments détachés.

Si le propriétaire sépare d'un immeuble grevé un immeuble par destination, ce dernier perd son caractère immobilier et cesse d'être affecté de l'hypothèque.

Le créancier hypothécaire ne peut plus exercer son droit de suite contre l'acquéreur de cet élément vendu. Mais, tant que le prix de vente reste dû par l'acheteur, le créancier hypothécaire peut invoquer son droit de préférence sur ce prix, afin de se faire payer avant les autres créanciers de son débiteur.

Si le propriétaire d'un immeuble cède à son voisin la mitoyenneté du mur bâti sur la limite du fonds, ou consent au rachat de la servitude qu'il a sur la propriété voisine, ces actes d'aliénation ne sont pas opposables aux créanciers hypothécaires inscrits sur l'immeuble. En effet, ces actes d'aliénation sont sujets à transcription et ne sauraient primer l'hypothèque inscrite antérieurement sur l'immeuble principal.

489 IMMEUBLES POUVANT ÊTRE HYPOTHÉQUÉS À TITRE PRINCIPAL

Ce sont les immeubles suivants:

1. les immeubles par nature,
2. l'usufruit des immeubles,
3. la nue-propriété des immeubles,
4. l'emphytéose et le droit de superficie.

1. Immeubles par nature

Tous les immeubles par nature, bâtis ou non bâtis, sont susceptibles d'une hypothèque.

De même, le propriétaire des constructions édifiées sur un terrain appartenant à autrui peut hypothéquer celles-ci. Cependant, une telle hypothèque est soumise à certains aléas. Elle disparaît en effet avec le droit du propriétaire qui a constitué l'hypothèque.

Nous avons vu, à plusieurs endroits de cet ouvrage, que le propriétaire du fonds, sur lequel ont été édifiées ces constructions, peut forcer, dans certains cas, le propriétaire de celles-ci à les enlever. Dans un tel cas, une hypothèque, grevant ces éléments, disparaîtrait en même temps. Aussi, un créancier hypothécaire, avant d'accorder un prêt hypothécaire sur de tels investissements, est-il bien avisé de demander un certain nombre de garanties au propriétaire du fonds.

2. Usufruit des immeubles

L'usufruitier d'un immeuble peut également hypothéquer son usufruit. Toutefois, l'hypothèque s'évanouit par la cessation de l'usufruit, qui intervient au plus tard au décès de l'usufruitier. Aussi, en pratique, des hypothèques conventionnelles constituées sur l'usufruit d'un immeuble, devraient être plutôt rares.

3. Nue-propriété des immeubles

Contrairement à ce qui est le cas pour une hypothèque constituée sur un usufruit, celle portant sur la nue-propriété d'un immeuble présente un avantage indéniable. En effet, elle porte dans ce cas sur un droit perpétuel. Quand l'usufruitier meurt, l'hypothèque constituée sur la nue-propriété de cet immeuble s'étend, de plein droit, à la pleine propriété de celui-ci.

4. Emphytéose et droit de superficie

Dans ces cas également, l'hypothèque ne saurait durer qu'aussi longtemps que le bail emphytéotique et le droit de superficie restent en application. Nous pouvons donc à cet endroit répéter ce que nous avons dit sur les constructions érigées sur un fonds appartenant à un autre propriétaire.

IMPOSSIBILITÉ D'HYPOTHÉQUER DES MEUBLES 490

De par leur nature, les meubles se prêtent mal à être grevés d'une hypothèque. En effet, ce qui constitue la valeur d'une hypothèque, c'est que le créancier peut saisir le bien grevé en quelques mains qu'il se trouve, pour le vendre et se faire payer, par préférence, sur son prix de vente.

Or, ces conditions ne sont, en règle générale, pas remplies en ce qui concerne les meubles. En effet, ceux-ci changent assez souvent de propriétaire et cela généralement sans formalités, alors que parfois il n'est même pas dressé d'écrit pour documenter ce transfert.

Par ailleurs, l'acquéreur d'un bien mobilier est le plus souvent protégé par la règle de l'article 2279 ("En fait de meubles, la possession vaut titre"). En conséquence, l'hypothèque mobilière serait pour le créancier une garantie sans beaucoup d'efficacité.

EXCEPTIONS 491

Néanmoins, il existe certaines exceptions à la règle que les biens meubles ne sont pas susceptibles d'hypothèque.

En effet, les navires et les aéronefs peuvent être hypothéqués, en suivant une procédure spéciale.

La raison d'être de ces exceptions est que les navires et avions sont des biens d'une très grande valeur, dont l'acquisition doit généralement se faire sur base d'un crédit consenti par un établissement financier. Les avions et navires ne font, par ailleurs, pas l'objet d'aliénations fréquentes. Ils ont d'autre part généralement un endroit d'attache stable.

Notre pays connaît un régime d'hypothèque fluviale, organisé par la loi du 14 juillet 1966 sur l'immatriculation des bâteaux de navigation intérieure et l'hypothèque fluviale.

D'autre part, l'hypothèque maritime est régie par la loi du 9 novembre 1990 ayant pour objet la création d'un registre public maritime luxembourgeois.

Il existe par ailleurs une hypothèque aérienne, prévue par la loi du 29 mars 1978 concernant la reconnaissance des droits sur l'aéronef.

Les hypothèques mobilières précitées présentent un certain nombre d'analogies avec les hypothèques de droit commun, notamment par le fait que les premières citées doivent également être inscrites auprès du conservateur des hypothèques au moyen d'un bordereau spécial.

ASSIETTE DE L'HYPOTHÈQUE

On entend par assiette, dans le contexte d'une hypothèque, les biens immobiliers que celle-ci est susceptible de grever.

Il convient à cet égard de distinguer entre l'hypothèque légale, c'est à dire celle créée par une loi, et l'hypothèque conventionnelle, qui est celle ayant été convenue entre le créancier hypothécaire et son débiteur.

492 HYPOTHÈQUE LÉGALE

En ce qui concerne l'hypothèque légale, c'est la loi qui fixe, en général, cette assiette, en déterminant les immeubles sur lesquels elle peut porter, ou qui fixe du moins fixe le cadre général, suivant lequel une hypothèque légale peut affecter les immeubles d'une personne (par exemple, l'hypothèque légale du mineur ou du majeur incapable porte sur les immeubles du tuteur de cet incapable (cf. numéro 496).

Dans certains cas, l'hypothèque légale a un caractère général, c'est à dire qu'elle grève l'ensemble des immeubles d'une personne. Une telle hypothèque générale existe heureusement seulement dans certains cas limités.

Le cas classique de l'hypothèque générale est l'hypothèque légale du Trésor public sur les immeubles du contribuable, pour garantir le paiement de ses impôts. En plus, une telle hypothèque est encore occulte, c'est à dire qu'elle est dispensée d'inscription, du moins pendant une période limitée.

HYPOTHÈQUE CONVENTIONNELLE

Cette hypothèque ne peut frapper que des immeubles que le propriétaire possède au jour de la constitution d'hypothèque. Elle doit, par ailleurs, porter sur des immeubles spécialement désignés.

Il convient notamment de préciser quels sont exactement les éléments d'un immeuble qui sont affectés à la garantie de la créance hypothécaire. Il existe à cet égard deux règles essentielles.

1. L'hypothèque frappe tous les accessoires de l'immeuble grevé

Ainsi, l'hypothèque grève les immeubles par destination, qui sont placés dans l'immeuble, du moins aussi longtemps qu'ils n'en ont pas été séparés par une aliénation (cf. numéro 488 ci-avant).

L'hypothèque s'étend également aux servitudes actives que l'immeuble grevé possède sur un autre fonds. En ce qui concerne les fruits naturels, produits par l'immeuble affecté d'une hypothèque, ils font partie intégrante de cet immeuble, tant qu'ils n'ont pas encore été récoltés ou, suivant l'expression du Code civil, tant qu'ils pendent encore par branches et racines.

Du moment que ces fruits sont récoltés, ils cessent d'être le gage des créanciers hypothécaires. Si l'immeuble hypothéqué a fait l'objet, avant la récolte, d'une saisie immobilière, les fruits sont immobilisés, c'est à dire qu'ils sont affectés, par préférence, au paiement des créances hypothécaires, à compter de la transcription de la saisie immobilière auprès du Bureau de la conservation des hypothèques.

2. L'hypothèque s'étend à toutes les améliorations survenues à l'immeuble hypothéqué

Cette règle résulte de l'article 2133. Elle s'applique aux constructions élevées sur un terrain hypothéqué, de même aux servitudes actives acquises à l'immeuble. Il est indifférent que ces améliorations aient été faites par le débiteur lui-même, ou par un tiers acquéreur de l'immeuble.

Toutefois, dans ce dernier cas, l'article 2175 permet aux tiers, qui a fait ces améliorations, de réclamer le remboursement des frais exposés par lui, jusqu'à concurrence de la plus-value que ces améliorations ont apportée à l'immeuble.

Toutefois, l'hypothèque ne s'étend pas aux nouvelles acquisitions, qui augmentent l'étendue du fonds grevé. Ainsi, l'hypothèque ne porte pas, par exemple, sur les nouvelles parcelles achetées, qui sont ajoutées à celles déjà grevées.

C'est sur la base de cette idée que l'hypothèque, constituée sur sa part indivise par un copropriétaire, qui devient plus tard propriétaire de l'immeuble en entier, ne s'étend pas à la totalité de cet immeuble.

494 LES DIVERSES ESPÈCES D'HYPOTHÈQUES

Aux termes de l'article 2116, l'hypothèque est légale, ou judiciaire, ou conventionnelle.

L'hypothèque légale est celle qui résulte de la loi.

L'hypothèque judiciaire est celle qui résulte des jugements ou actes judiciaires.

L'hypothèque conventionnelle est celle qui dépend des conventions et de la forme extérieure des actes et des contrats.

Ces définitions des différentes catégories d'hypothèques sont données par l'article 2117.

Nous examinerons, dans les chapitres ci-après, ces trois catégories d'hypothèques.

LES HYPOTHÈQUES LÉGALES

Le Code civil, dans son article 2121, tel qu'il a été modifié par la loi du 6 février 1975, a prévu deux hypothèques légales:

1. celle des mineurs et des interdits sur les biens de leur tuteur ou administrateur légal,
2. celle de l'Etat, des communes et des établissements publics sur les biens des receveurs et administrateurs comptables.

495 *Suppression de l'hypothèque légale de la femme mariée*

L'article 2121 initial connaissait encore l'hypothèque légale de la femme mariée sur les biens du mari. Cette hypothèque légale a été abrogée par la loi du 4 février 1974 portant réforme des régimes matrimoniaux. Cette hypothèque avait perdu sa raison d'être par le fait que la loi du 12 décembre 1972 sur les droits et devoirs des époux et la loi du 4 février 1974 sus-visée ont reconnu aux femmes mariées la pleine capacité juridique et leur ont conféré les mêmes droits qu'à leur mari.

A la suite de la loi du 4 février 1974, l'hypothèque précitée ne peut plus être inscrite par des femmes, mariées après l'entrée en vigueur de cette loi.

Pour les femmes mariées avant l'entrée en vigueur de la loi du 4 février 1974, cette dernière, leur avait laissé un délai de six mois, à compter de son entrée en vigueur, pour inscrire cette hypothèque, afin de garantir des créances nées sous l'ancien régime matrimonial.

Les hypothèques légales inscrites sous ce dernier régime continuent à garder leurs effets.

1. L'hypothèque légale des mineurs et des interdits

Le régime de cette hypothèque a été sensiblement modifié par la loi 6 février 1975, qui a réformé fondamentalement la tutelle, tant des mineurs que des majeurs incapables.

Cette loi a également adapté le régime hypothécaire de ces personnes et a modifié les articles 11 et 13 de la loi du 18 avril 1910 sur le régime hypothécaire, qui traite précisément de cette hypothèque légale.

Personnes protégées par cette hypothèque   **496**

L'hypothèque en question vise deux catégories de personnes:
1. les enfants mineurs;
2. les interdits, qu'on qualifie désormais d'incapables majeurs.

Les mineurs bénéficient d'une hypothèque légale, non seulement lorsqu'une tutelle a été ouverte, mais également s'il y a lieu à administration légale sous contrôle judiciaire, dans les conditions définies par l'article 389-2.

En ce qui concerne les incapables majeurs, ils ne bénéficient d'une hypothèque légale que s'il y a ouverture d'une tutelle. La loi parle en effet seulement de l'inscription d'une hypothèque légale sur les biens du tuteur d'un incapable majeur.

Un majeur en curatelle ne bénéficie donc pas d'une hypothèque légale sur les biens de son curateur. Cela est logique, alors que la personne placée sous curatelle n'est pas représentée dans la gestion de son patrimoine par le curateur, mais il agit lui-même assisté, au besoin, de son curateur.

Modalités d'inscription de cette hypothèque   **497**

L'inscription de l'hypothèque légale des mineurs et des majeurs en tutelle ne se fait pas automatiquement, quand il y a ouverture d'une tutelle.

D'ailleurs, cette inscription présuppose que le tuteur désigné soit propriétaire d'un immeuble. Il est d'autre part requis que le mineur ait une fortune tant soit peu appréciable.

L'article 13 de la loi modifiée du 18 avril 1910 prévoit d'ailleurs une alternative à cette hypothèque. C'est le dépôt, par le tuteur, de valeurs mobilières qui constituent, aux yeux du conseil de famille, une garantie suffisante pour les biens du mineur.

C'est le conseil de famille qui décide s'il y a lieu d'inscrire une hypothèque sur les immeubles du tuteur. Dans ce cas, il détermine l'import de la somme, pour laquelle l'hypothèque est inscrite et les immeubles qu'elle doit grever. Ce conseil de famille doit montrer une grande circonspection avant de requérir une telle hypothèque. En effet, il n'est déjà pas facile de trouver une personne disposée à assurer une charge tutélaire, en principe gratuite. L'attrait pour une telle fonction devrait encore diminuer si le tuteur, acceptant à la rigueur cette mission délicate, voyait encore son immeuble grevé d'une hypothèque au profit de son pupille.

Quand il s'agit d'un mineur placé sous administration légale, c'est le juge des tutelles qui prend la décision au sujet de l'inscription éventuelle d'une hypothèque légale.

Comme déjà indiqué, la décision au sujet de l'inscription d'une hypothèque ne doit pas nécessairement être prise dès l'ouverture de la tutelle. Celle-ci peut encore se faire au cours de la tutelle. Il peut en être ainsi, si le mineur ne possède pas de fortune notable à l'ouverture de la tutelle, mais qu'il fait un héritage postérieurement.

D'autre part, une hypothèque, une fois inscrite, ne doit pas être maintenue sans modification. Si cette inscription dépasse le montant nécessaire pour garantir la conservation de la fortune de l'incapable, le tuteur ou l'administrateur légal, a le droit de demander que l'inscription prise soit réduite. Elle peut même être rayée, s'il est reconnu que cette radiation ne présente pas de danger pour l'incapable.

498 *Personnes tenues de requérir l'inscription*

L'inscription de cette hypothèque est requise par le greffier du Tribunal d'arrondissement compétent pour la tutelle ou l'administration légale. Elle doit être inscrite dans les quinze jours de la délibération du conseil de famille, ou de l'ordonnance du juge des tutelles. Les frais d'inscription sont à charge du pupille.

En cas de tutelle, le subrogé tuteur est tenu, sous sa responsabilité personnelle, de veiller à ce que l'inscription soit valablement prise.

Il existe légalement un dernier délai pour inscrire une hypothèque légale concernant des incapables.

L'article 16 de la loi modifiée du 18 avril 1910 prévoit en effet que, s'il n'est pas satisfait aux prescriptions de l'article 11 de cette loi, donc si aucune décision n'a été prise par le conseil de famille, ou par le juge des tutelles, ou si, malgré une telle décision, aucune inscription n'a été faite, le mineur devenu majeur, ou l'interdit relevé de son incapacité ou, le cas échéant, leurs héritiers ou ayants cause, peuvent requérir une telle inscription.

Si les personnes précitées n'ont pas pris inscription dans l'année qui suit la cessation de la tutelle, leur hypothèque est éteinte.

499 **2. L'hypothèque légale de l'Etat et des établissements publics sur les biens de leurs comptables**

Nous avons déjà vu que l'Etat a un privilège sur les meubles de ses comptables, et un privilège sur les immeubles acquis, à titre onéreux par ces personnes, postérieurement à leur nomination.

Ces garanties au profit du Trésor public ont encore été complétées par la loi du 5-15 septembre 1807, relative aux droits du Trésor public sur les biens des comptables. Cette loi a institué une hypothèque légale sur les immeubles de ces derniers, qui leur appartenaient avant leur nomination, et sur les immeubles, acquis à titre gratuit postérieurement à cette nomination.

Cette hypothèque légale doit être inscrite auprès du Bureau de la conservation des hypothèques. Elle prend rang à partir de la date de son inscription.

3. L'hypothèque légale du légataire particulier   **500**

Cette hypothèque résulte des dispositions de l'article 1017, qui dispose que: "Ils (les héritiers) seront tenus hypothécairement pour le tout, jusqu'à concurrence de la valeur des immeubles de la succession, dont ils seront détenteurs". Cette obligation vise l'acquittement des legs.

Les légataires bénéficiant de cette hypothèque, sont les légataires de sommes d'argent, qui peuvent invoquer également le privilège de la séparation des patrimoines, que nous avons examiné sous le numéro 474 ci-avant.

L'hypothèque légale est conférée aux légataires en question, en garantie de la délivrance de leur legs. Elle leur est accordée contre les héritiers légaux et les légataires universels et à titre universel. Cette hypothèque porte sur tous les immeubles de la succession et doit être inscrite sur ces immeubles. Elle prend rang à compter de son inscription.

4. L'hypothèque légale du Trésor public pour le recouvrement des impôts directs   **501**

Cette hypothèque est prévue par la loi du 27 novembre 1933 concernant le recouvrement des contributions directes, des droits d'accises sur l'eau-de-vie et des cotisations d'assurance sociale, telle que cette loi a été modifiée par l'arrêté grand-ducal du 29 octobre 1946.

Nous avons déjà vu que le Trésor public bénéficie d'un privilège général sur les meubles du contribuable (cf. numéro 453).

Il s'agit en l'occurrence d'une hypothèque générale occulte, pouvant causer maintes surprises aux créanciers hypothécaires, comptant sur leur hypothèque inscrite sur un ou plusieurs immeubles de leur débiteur pour se faire rembourser leur créance.

L'hypothèque légale au profit du Trésor public prend cours à partir de la naissance de la créance fiscale. Elle cesse ses effets le 31 décembre de la troisième année qui suit la naissance de la dette d'impôts. Ainsi, quant à la créance d'impôt pour l'exercice fiscal 1994, l'hypothèque occulte a cessé ses effets le 31 décembre 1997.

Après cette date, les immeubles du contribuable sont libérés de l'hypothèque légale du Trésor public pour les impôts redus pour l'exercice 1994. Mais, entretemps est née la dette fiscale pour l'exercice 1995, de sorte que les immeubles libérés, en ce qui concerne les impôts à payer pour l'année 1994, restent grevés pour ceux redus pour l'exercice 1995. Le même jeu continue pour les exercices fiscaux postérieurs à 1995.

Par ailleurs, ce que nous avons dit des impôts à payer pour l'année 1994, qui ne sont plus garantis par l'hypothèque sur les immeubles du contribuable à partir du 1er janvier 1998, n'est vrai qu'en partie. En effet, l'article 2 de la loi du 27 novembre 1933 permet au fisc de continuer à grever, pendant deux ans encore, les immeubles du contribuable pour les créances résultant de l'exercice fiscal en cause, en l'occurrence l'année 1994, en inscrivant son hypothèque légale avant le 31 décembre de l'année à la fin de laquelle l'hypothèque légale, dispensée d'inscription, doit s'éteindre, en l'occurrence avant le 31 décembre 1997. Dans ce cas, cette hypothèque légale expirera seulement le 31 décembre 1999.

Si, malgré les garanties visées plus haut, l'Administration fiscale n'a pas encore obtenu le paiement de sa créance, après que l'hypothèque légale examinée ci-dessus a perdu ses effets, le fisc dispose encore du droit d'inscrire une hypothèque quasi-judiciaire, que nous commenterons, en examinant les hypothèques judiciaires.

Le même système existe également au profit de l'Administration de l'enregistrement et des domaines pour le recouvrement de la taxe sur la valeur ajoutée (articles 83 et 84 de la loi modifiée du 12 février 1979 concernant la taxe sur la valeur ajoutée).

502 **5. Hypothèque légale garantissant le paiement des droits de succession et des droits de mutation par décès**

A part un privilège général sur tous les biens meubles laissés par le défunt, le Trésor public, par l'intermédiaire de l'Administration de l'enregistrement et des domaines, dispose aussi d'une hypothèque légale dispensée d'inscription, sur tous les immeubles laissés par le défunt au Grand-Duché de Luxembourg.

Cette hypothèque a pour but d'assurer le paiement des droits de succession et des droits de mutation par décès pour la succession concernée.

Ce privilège mobilier et cette hypothèque légale sont éteints, sauf exception, au dernier jour du douzième mois qui suit celui, dans lequel expire le délai fixé pour la présentation de la déclaration de succession. Ce délai est généralement de six mois à compter du décès du de cujus.

503 **6. Hypothèque légale pour le recouvrement des droits d'accises sur les alcools**

La perception de ces droits d'accises se fait par l'Administration des douanes.

En ce qui concerne les sûretés réelles, dont dispose cette Administration pour le paiement des droits d'accises dus, il convient de distinguer entre les alcools fabriqués au Grand-Duché de Luxembourg et les alcools importés.

A. Alcools importés

A part un privilège général sur tous les meubles, appartenant au redevable du droit d'accises sur l'alcool importé, l'Administration dispose d'une hypothèque générale sur tous les immeubles du débiteur de la taxe.

Cette hypothèque légale est soumise à inscription. Il ne s'agit donc pas d'une hypothèque occulte du genre de celles que nous avons traitées sous les deux points précédents.

B. Alcools fabriqués au Grand-Duché de Luxembourg

L'Administration des douanes dispose également, pour les droits d'accises dus sur les alcools indigènes, d'un privilège général sur les meubles du débiteur du droit d'accises. Ce privilège cesse ses effets à la fin de la deuxième année qui suit celle de la naissance de la créance.

L'Administration dispose, par ailleurs, d'une hypothèque légale sur les immeubles du distillateur, valable jusqu'à la quatrième année, qui suit celle de la naissance de la créance, et jusqu'à concurrence du montant des droits d'accises nés ou à naître, qui a été évalué à l'inscription.

Cette hypothèque légale doit être inscrite au Bureau de la conservation des hypothèques. Elle s'applique à partir de son inscription.

7. Hypothèque légale des institutions de la sécurité sociale

504

Il s'agit en l'occurrence des diverses caisses de maladie et de pension, de l'Association d'assurance contre les accidents et de la Caisse nationale des allocations familiales.

Ces institutions disposent, en règle générale, du même privilège et de la même hypothèque légale que le Trésor public pour le recouvrement des impôts directs. Ces sûretés réelles garantissent le paiement des cotisations de sécurité sociale, y compris celles dues pour l'assurance-dépendance, et des amendes d'ordre à payer par les employeurs ou par les assurés. Cette hypothèque légale est également dispensée d'inscription, dans les mêmes conditions que celle dont bénéficie le Trésor public en matière d'impôts.

En ce qui concerne l'énonciation de ces sûretés réelles par les lois constitutives des différents organismes de la sécurité sociale, on retrouve souvent le texte ci-après:

"Le recouvrement (des cotisations et amendes d'ordre) s'opérera et se poursuivra dans les mêmes formes et avec les mêmes privilèges dispensés d'inscription que ceux des impôts directs, mais avec le droit de priorité pour ces derniers".

Certaines dispositions légales chargent même de façon directe l'Administration des contributions du recouvrement forcé des cotisations de sécurité sociale.

505 **8. Hypothèque légale des diverses chambres professionnelles**

Cette hypothèque est prévue par l'article 3 avant-dernier alinéa de la loi modifiée du 4 avril 1924 portant création de chambres professionnelles à base élective. Ce texte est libellé comme suit:

"En cas de non-paiement (des cotisations, taxes, droits ou primes), le recouvrement des arriérés pourra être effectué par les chambres professionnelles elles-mêmes ou par l'administration des contributions dans les mêmes formes et avec les mêmes privilèges et hypothèques que ceux des impôts directs, mais avec le droit de priorité pour ces derniers et les cotisations des assurances sociales".

Ces diverses contributions aux chambres professionnelles sont garanties par ladite hypothèque pour trois ans, étant donné qu'elles se prescrivent par ce délai.

506 **9. Hypothèque légale du syndicat à l'encontre de chaque propriétaire d'un lot dans un immeuble à appartements**

Cette hypothèque légale a été créée par l'article 24 de la loi du 16 mai 1975 portant statut de la copropriété des immeubles bâtis. L'hypothèque légale garantit le paiement des créances de toute nature du syndicat à l'encontre de chaque copropriétaire, qu'il s'agisse d'une provision ou d'un paiement définitif.

Pour pouvoir inscrire cette hypothèque, le syndic doit avoir adressé au copropriétaire débiteur une mise en demeure de payer la dette devenue exigible.

Cette hypothèque doit être inscrite et prend rang à compter de son inscription. Celle-ci ne peut cependant pas être faite pour une créance remontant à plus de cinq ans.

507 **10. Hypothèque légale garantissant le remboursement de diverses aides ou prestations de l'Etat**

L'Etat accorde un certain nombre d'aides, comme, par exemple, les aides au logement ou des prestations, dont notamment celles accordées par le Fonds national de solidarité.

Les aides au logement, accordées à des particuliers ou à des réalisateurs d'ensemble, sont soumises à l'observation, par leurs bénéficiaires, de certaines conditions. En cas de non-respect de celles-ci, l'Etat peut demander la restitution de ces aides. Pour garantir ce remboursement, le Ministère du logement a le droit d'inscrire une hypothèque légale sur l'immeuble ayant bénéficié de l'aide au logement.

Les prestations faites par le Fonds national de solidarité doivent être remboursées dans certaines conditions. Il en est ainsi notamment, si le bénéficiaire revient à meilleure fortune, (par exemple, il fait un héritage,) ou s'il meurt. Dans ce dernier cas, sa succession doit rembourser les prestations touchées par le bénéficiaire d'une pension FNS (RMG), sous déduction d'un certain abattement. Le comité-directeur du Fonds national de solidarité est en droit d'inscrire une hypothèque légale sur l'immeuble appartenant, ou ayant appartenu, au bénéficiaire de ces prestations.

11. L'hypothèque légale de la masse sur les biens du failli **508**

Cette hypothèque est prévue par l'article 487 alinéa 3 du Code de commerce, dont les dispositions sont les suivantes:

"Ils (les curateurs) seront tenus, en outre, de prendre inscription au nom de la masse des créanciers sur les immeubles du failli, dont ils connaîtront l'existence. L'inscription sera reçue sur un simple bordereau, énonçant qu'il y a faillite et relatant la date du jugement, par lequel ils auront été nommés".

L'HYPOTHÈQUE JUDICIAIRE

Généralités **509**

Cette hypothèque est réglée par l'article 2123.

Suivant cet article, l'hypothèque judiciaire peut résulter de deux situations:

1. des jugements, soit contradictoires, soit par défaut, définitifs ou provisoires, en faveur de celui qui les a obtenus;
2. des reconnaissances ou vérifications, faites en jugement, des signatures apposées à un acte obligatoire sous seing privé.

En ce qui concerne ce dernier cas, on peut se demander comment une disposition pareille peut continuer à figurer au Code civil.

On peut illustrer son caractère anachronique à l'aide d'un exemple. Une personne prête à une autre 500.000.- francs, prêt documenté par un acte sous seing privé. Avant l'échéance de la dette, le créancier assigne son débiteur en justice, même en l'absence de contestations, en vérification de signature. Le tribunal rend un jugement qui, s'il n'y a pas eu contestation de la part du débiteur, est un jugement de reconnaissance de signature. Néanmoins, un tel jugement confère une hypothèque judiciaire. On voit donc les possibilités qu'un créancier bien avisé peut tirer d'une disposition légale aussi abstruse.

Heureusement, une loi du 3 septembre 1807 est venue tempérer quelque peu les effets surprenants d'une telle disposition légale. Cette loi a décidé que le créancier, qui poursuivrait son débiteur en reconnaissance d'obligation sous signature privée avant l'échéance ou l'exigibilité de la créance, ne pourrait prendre une inscription hypothécaire sur un immeuble de son débiteur en vertu de ce jugement, qu'à défaut de paiement de l'obligation après son échéance et son exigibilité.

La meilleure solution serait encore de supprimer cette disposition anachronique.

HYPOTHÈQUE JUDICIAIRE RÉSULTANT D'UN JUGEMENT DE CONDAMNATION

510 Caractère de cette hypothèque

L'hypothèque judiciaire a lieu de plein droit, c'est à dire qu'elle résulte nécessairement du jugement, sans que celui-ci ne doive le spécifier expressément.

L'hypothèque judiciaire est indépendante de la volonté des juges, en ce sens que ceux-ci ne sauraient ni la supprimer, ni en modifier l'étendue. Elle est donc une forme d'hypothèque légale. Elle est, dans tous les cas, soumise à inscription et ne peut porter que sur des immeubles spécialement désignés dans le bordereau d'inscription.

511 Utilité de l'hypothèque judiciaire

L'hypothèque judiciaire constitue l'une des pièces essentielles de notre système de liquidation des biens du débiteur en déconfiture, c'est à dire celui devenu insolvable.

Dans la mesure où cette insolvabilité concerne un non-commerçant, il n'existe pas de système légal organisé de liquidation des biens d'un tel débiteur. L'hypothèque judiciaire constitue en conséquence une protection assez efficace des créanciers chirographaires. Du moment que leur débiteur ne paie pas ses dettes échues, ils peuvent l'assigner en justice et obtenir un jugement de condamnation. Ils inscrivent, sur base de ce jugement, une hypothèque sur un ou plusieurs immeubles de leur débiteur. Ils obtiennent ainsi un rang de préférence par rapport à ses autres créanciers chirographaires, ne bénéficiant pas d'une telle hypothèque.

On pourrait critiquer le fait que cette hypothèque privilégie les créanciers les plus pressés, ou mieux placés pour connaître la situation précaire de leur débiteur. Elle désavantage les créanciers moins diligents ou plus mal renseignés sur sa situation financière.

Cette critique est partiellement fondée. Mais le plus grave reproche doit être adressé à l'absence d'une liquidation collective organisée d'une personne en déconfiture et entraînant nécessairement la conséquence que le paiement est le prix de la course, c'est à dire que les créanciers les plus pressés passent avant les autres.

Décisions judiciaires emportant hypothèque judiciaire **512**

L'hypothèque judiciaire découle de tout jugement de condamnation. Il est donc requis qu'il y ait une décision rendue par un tribunal au sujet d'une contestation portée devant lui.

Il faut de plus que ce jugement comporte une condamnation, c'est à dire qu'il constate une obligation à charge de l'une des parties en cause et lui ordonne de l'exécuter. Ainsi, un jugement rejetant purement et simplement la demande, n'emporte évidemment pas hypothèque judiciaire. De même, des jugements ordonnant une enquête ou une expertise, ou statuant sur une question de compétence, ne donnent pas lieu à une hypothèque.

Pour que le jugement de condamnation comporte une hypothèque judiciaire, le caractère de ce jugement n'est pas relevant. Il n'est donc pas requis qu'il s'agisse d'un jugement définitif ne pouvant plus être remis en cause.

Ainsi, un jugement provisoire entraîne cette hypothèque (exemple, ordonnance des référés condamnant un débiteur au paiement d'une provision, ou accordant une pension alimentaire à une femme mariée). Peu importe également qu'il s'agisse d'un jugement contradictoire ou d'un jugement par défaut. Au cas où la décision judiciaire intervenue est réformée par une décision postérieure, cette réformation entraîne l'anéantissement de l'hypothèque judiciaire, inscrite sur base du premier jugement.

Les jugements d'expédient, c'est à dire ceux rendus entre deux parties qui sont d'accord entre elles et veulent faire constater cet accord par le tribunal, emportent également hypothèque judiciaire, dans la mesure où l'une des parties est condamnée à exécuter une obligation.

Peu importe également la juridiction dont émane le jugement, qu'il s'agisse d'un tribunal civil, du juge de paix ou d'un tribunal administratif.

Quant aux jugements rendus à l'étranger, ils comportent seulement hypothèque judiciaire s'ils ont été déclarés exécutoires au Grand-Duché de Luxembourg par un tribunal luxembourgeois.

Les décisions arbitrales n'emportent hypothèque judiciaire que lorsqu'elles sont revêtues de l'ordonnance du tribunal.

Cas dans lesquels une hypothèque judiciaire **513**
ne peut plus être inscrite, malgré un jugement de condamnation

Ces cas sont au nombre de deux.

1. *La faillite* du débiteur, contre lequel un jugement de condamnation a été obtenu.

Dans ce cas, les créanciers du failli perdent le droit d'exercer contre lui des poursuites individuelles. Leurs intérêts sont, à partir du jugement de faillite, représentés par le curateur. Un créancier qui a donc obtenu un jugement de condamnation avant la faillite et qui n'a pas inscrit l'hypothèque judiciaire avant le prononcé de celle-ci, ne peut plus l'inscrire à partir du jour du prononcé de la faillite.

2. En cas de *mort* du débiteur, lorsque ses héritiers ont accepté sa succession sous bénéfice d'inventaire. Cette interdiction résulte de l'article 2146 alinéa 2, qui s'applique également aux hypothèques judiciaires.

La raison d'être de cette prohibition est, qu'en cas d'acceptation d'une succession sous bénéfice d'inventaire, la loi organise, d'une façon assez rudimentaire il est vrai, la liquidation du patrimoine du défunt, de sorte qu'un créancier ne doit plus pouvoir se procurer un avantage par rapport aux autres.

514 La quasi-hypothèque judiciaire du Trésor public

Nous avons vu sous le numéro 501 ci-avant que le Trésor public a, pour le paiement des impôts directs, une hypothèque légale, dispensée d'inscription, pendant les trois premières années de la naissance de la dette fiscale. Par ailleurs, l'Administration des contributions peut encore inscrire une hypothèque pour la même créance après ce délai, hypothèque qui est valable pendant deux années supplémentaires.

Là ne s'arrêtent cependant pas les sûretés réelles du fisc pour recouvrer les impôts pour une année fiscale déterminée.

En effet, l'arrêté grand-ducal du 29 octobre 1946, qui a modifié la loi du 27 novembre 1933, permet encore à l'Administration des contributions d'inscrire une espèce d'hypothèque judiciaire. Le texte correspondant de l'arrêté grand-ducal du 29 octobre 1946 est le suivant:

"Si le droit d'inscription de l'hypothèque légale est éteint, l'Administration des contributions pourra, en vertu de la contrainte rendue exécutoire, requérir l'inscription d'une hypothèque, qui prendra rang à partir de la date de son inscription".

Notons que l'article 84 de la loi modifiée du 12 février 1979 concernant la taxe sur la valeur ajoutée, prévoit les mêmes dispositions en ce qui concerne la taxe sur la valeur ajoutée sauf que, dans ce cas, l'administration requérante est l'Administration de l'enregistrement et des domaines.

L'HYPOTHÈQUE CONVENTIONNELLE

Généralités

Ainsi que le nom l'indique, l'hypothèque conventionnelle est celle, sur la création de laquelle un créancier hypothécaire et son débiteur se sont mis d'accord. Cette hypothèque est destinée à assurer l'exécution de l'obligation du débiteur, généralement, celle de rembourser le prêt que lui a accordé ce créancier.

L'hypothèque conventionnelle permet un mode de crédit assez commode. Elle rend possible à un débiteur de se procurer un capital, qui est fonction de la valeur de son ou de ses immeubles qu'il donne en hypothèque, pour garantir au créancier le remboursement de sa dette. Le débiteur ne perd pour autant, ni sa propriété sur l'immeuble hypothéqué, ni la jouissance de celui-ci.

Obligations de gestion imposées par le créancier hypothécaire — 515

Dans l'acte d'obligation, qui prévoit la constitution de l'hypothèque, le créancier impose généralement à son débiteur un certain nombre d'obligations en ce qui concerne la jouissance portant sur son immeuble. Ainsi, il l'oblige à en jouir en bon père de famille, à l'entretenir convenablement et à l'assurer contre les risques qui peuvent l'affecter. Il peut aussi se faire déléguer le paiement du loyer, au cas où l'immeuble grevé est loué.

Le créancier se ménage généralement une sanction pour le cas où le débiteur ne respecterait pas ses engagements en rapport avec la jouissance de son immeuble. Cette sanction est la dénonciation du prêt. Dans ce cas, tout le capital emprunté deviendrait exigible, ce qui mettrait le débiteur dans une situation pénible.

Lorsque le créancier a inscrit son hypothèque, surtout si elle est première en rang, le créancier court uniquement le risque d'être primé, en tout ou en partie, par certains créanciers privilégiés et par certaines hypothèques légales occultes.

Aliénation d'un immeuble hypothéqué — 516

Le débiteur peut aliéner son immeuble grevé d'une hypothèque, sans causer de préjudice au créancier hypothécaire. En effet, juridiquement, l'hypothèque suit l'aliénation de l'immeuble et oblige donc également le nouvel acquéreur de celui-ci.

En pratique, quand un débiteur vend son immeuble hypothéqué, l'acquéreur ne veut pas être gêné par une telle hypothèque. Il désire acquérir l'immeuble libre de toute sûreté réelle.

Aussi, en cas de vente d'un immeuble hypothéqué, le notaire veille à ce que le créancier hypothécaire soit remboursé par préférence (sous réserve des créanciers privilégiés pouvant le primer) sur le prix de vente de l'immeuble. Dans ce cas, le créancier remboursé accorde normalement mainlevée de son hypothèque, qui est en conséquence éteinte.

Pour le cas où le créancier hypothécaire ne serait pas entièrement remboursé, il consentirait tout au plus à réduire son hypothèque au montant restant dû. Le tiers acquéreur deviendrait donc propriétaire d'un immeuble hypothéqué au profit du créancier primitif, en admettant toutefois qu'il soit d'accord à acquérir l'immeuble dans ces conditions.

517 Création de nouveaux droits réels par le propriétaire de l'immeuble grevé d'une hypothèque

Ce débiteur, continuant à rester propriétaire de son immeuble, est en droit de créer sur celui-ci de nouveaux droits réels, par exemple, le rachat d'une servitude, la vente de la mitoyenneté d'une clôture, ou la constitution d'une nouvelle hypothèque.

La création de tels droits réels est valable. Toutefois, ceux-ci ne sont pas opposables au créancier hypothécaire, qui a inscrit son hypothèque antérieurement sur le même immeuble. En effet, ces nouveaux droits réels, devant être transcrits pour être opposables aux tiers, ne sauraient primer une hypothèque inscrite avant la transcription de ces droits réels.

Le créancier hypothécaire, tant que l'hypothèque reste inscrite, pourrait obliger l'acquéreur à lui payer une deuxième fois le prix de la mitoyenneté ou du rachat de la servitude, si cet acquéreur avait, de façon imprudente, payé le vendeur de ce droit réel, sans offrir ce prix au créancier hypothécaire.

518 Création de nouvelles hypothèques

Il arrive parfois qu'un propriétaire consent plus d'une hypothèque sur son immeuble. Ces secondes ou troisièmes hypothèques sont valables.

Elles ne peuvent évidemment pas primer celle du créancier premier inscrit. En cas de vente forcée de l'immeuble, le créancier, bénéficiant seulement d'une 2e hypothèque, ne sera donc payé sur le prix de vente que si celui-ci a servi à désintéresser complètement le premier créancier hypothécaire inscrit.

Néanmoins, la constitution d'hypothèques postérieures en rang peut présenter un intérêt pour ces créanciers. En effet, lorsque la première hypothèque disparaît, par suite du paiement de la dette qu'elle garantit, la seconde hypothèque passe en premier rang. D'autre part, le bénéficiaire d'une seconde hypothèque peut offrir au premier créancier inscrit de lui rembourser la totalité de la dette. Si ce dernier est d'accord avec ce remboursement, il renonce à son hypothèque, et le créancier, qui bénéficie d'une seconde hypothèque, sera subrogé dans les droits du créancier hypothécaire premier inscrit.

CONDITIONS LÉGALES REQUISES DANS LA PERSONNE DU DÉBITEUR POUR CONSTITUER UNE HYPOTHÈQUE

Deux conditions sont exigées dans son chef:

1. il faut qu'il soit propriétaire d'un immeuble,
2. il faut qu'il soit capable d'aliéner.

1. Le débiteur doit être propriétaire d'un immeuble

519

Il est évident qu'une personne ne peut pas constituer une hypothèque, si elle n'est pas propriétaire d'un immeuble. On peut à cet égard faire un rapprochement avec la vente d'un immeuble par un vendeur non-propriétaire. Cette vente est nulle. Il y a néanmoins une différence assez sensible entre ces deux situations. En cas de vente de la chose d'autrui, on est en présence d'une nullité relative, qui ne peut être invoquée que par l'acheteur et qui tombe si le vendeur devient ultérieurement propriétaire de l'immeuble en question.

Par contre, il y a nullité absolue en cas de constitution d'une hypothèque sur un immeuble n'appartenant pas au constituant. Cette nullité peut donc être invoquée par tout intéressé et elle n'est pas susceptible de disparaître, même si plus tard le constituant d'hypothèque devient propriétaire de l'immeuble hypothéqué.

La constitution d'hypothèque par un propriétaire sous condition suspensive ou sous condition résolutoire

520

En considérant ce qui a été exposé sous le numéro précédent, on peut se poser la question si le propriétaire d'un immeuble sous condition suspensive ou sous condition résolutoire peut constituer une hypothèque sur un tel immeuble. En effet, dans les deux cas, la propriété de l'immeuble est affectée d'une condition, pouvant avoir pour effet que le constituant de l'hypothèque ne devient jamais propriétaire, ou qu'il perd ce droit de propriété au cours de la période de validité de l'hypothèque.

Néanmoins, cette question a été tranchée favorablement pour ces propriétaires sous condition. L'article 2125 prévoit en effet que: "Ceux qui n'ont sur l'immeuble qu'un droit suspendu par une condition, ou résoluble dans certains cas, ou sujet à rescision, ne peuvent consentir qu'une hypothèque soumise aux mêmes conditions ou à la même rescision".

La faculté d'hypothéquer son droit, ainsi accordée au propriétaire sous condition suspensive, n'a rien de contraire à la prohibition d'hypothéquer les biens à venir, visée par l'article 2129 alinéa 2. En effet, si la condition se réalise, le constituant sera réputé avoir été propriétaire au jour où il a hypothéqué l'immeuble.

Cependant, si le droit de propriété du constituant était affecté d'une cause de résolution qui se produit sans effet rétroactif, comme la résolution d'une donation immobilière pour ingratitude du donataire, l'hypothèque consentie par le propriétaire, dont le droit est résolu, ne serait pas anéantie. Cette conséquence résulte d'ailleurs de l'article 958, qui traite de la révocation de la donation pour cause d'ingratitude.

521 *Hypothèque constituée par le ou les copropriétaires d'un immeuble indivis*

Un tel propriétaire peut hypothéquer la part indivise (la moitié, le tiers) qu'il détient dans la propriété indivise. Le sort final de cette hypothèque dépendra de la façon suivant laquelle prendra fin l'indivision relative à l'immeuble en question.

Si ce dernier est, lors d'une aliénation, acquis par un non-héritier, l'hypothèque reste, en règle générale, valable et continue à grever la quote-part initiale de cet immeuble.

Si, par contre, l'immeuble est mis dans le lot d'un copropriétaire autre que celui qui a hypothéqué sa quote-part, l'hypothèque disparaît en raison de l'effet déclaratif du partage. En effet, cet immeuble est alors censé n'avoir jamais été dans l'indivision, mais avoir appartenu dès le début au cohéritier attributaire.

Si, finalement, l'immeuble est acquis par le constituant de l'hypothèque lui-même, celle-ci est définitivement consolidée. Cet acquéreur pourrait même, pendant l'indivision, grever l'immeuble au-delà de sa quote-part dans celui-ci, donc même dans son intégralité, pour le cas où il en deviendrait propriétaire exclusif par suite du partage. Une telle stipulation ne serait pas contraire aux dispositions interdisant d'hypothéquer des biens à venir, puisque, dans ce cas encore, jouerait l'effet déclaratif du partage.

522 *Hypothèque consentie par un propriétaire apparent*

La définition du propriétaire apparent a été donnée aux numéros 210 et suivants ci-avant. L'hypothèque consentie par un tel propriétaire est une exception à la règle que l'hypothèque constituée par un non-propriétaire est nulle.

La jurisprudence admet en effet la validité des aliénations et des constitutions de droits réels consenties par une personne passant, aux yeux des tiers, pour être le véritable successeur du défunt, ou même par un propriétaire apparent possédant en vertu d'un juste titre, c'est à dire un titre régulier.

523 **2. Le débiteur doit être capable d'aliéner**

Pour pouvoir constituer une hypothèque, il faut non seulement être propriétaire d'un immeuble, mais encore être capable de l'aliéner.

En effet, hypothéquer un immeuble peut comporter parfois des conséquences aussi graves que celles de l'aliéner. Car, si le débiteur ne respecte pas les engagements, résultant de l'acte d'obligation ayant créé l'hypothèque, le créancier hypothécaire peut procéder à la vente forcée de l'immeuble.

Il suit donc que le représentant légal d'un mineur, ou celui d'un majeur incapable, ne peut pas seul consentir une hypothèque sur un immeuble appartenant à la personne à protéger.

Le tuteur nécessite ainsi l'autorisation du conseil de famille (article 457). L'administrateur légal sous contrôle judiciaire d'un mineur a besoin de l'autorisation du juge des tutelles (article 389-6). Le majeur en curatelle nécessite l'assistance de son curateur pour constituer une hypothèque (article 510).

Toutefois, par exception, le mineur émancipé qui a été autorisé à faire le commerce, peut hypothéquer un immeuble, sans avoir besoin d'une autorisation.

Hypothèque constituée par une caution réelle 524

Etre propriétaire d'un immeuble et être capable de l'aliéner sont les deux conditions nécessaires et suffisantes pour constituer une hypothèque. Il n'est donc pas exigé pour la validité d'une hypothèque que celui qui la constitue, soit le débiteur de l'obligation garantie par l'hypothèque, même si tel est généralement le cas. Il arrive qu'un tiers consent à donner son immeuble en garantie pour permettre à une autre personne de contracter un emprunt. Tel est le cas, si cette dernière n'a pas d'immeuble, ou si celui-ci est déjà grevé d'une hypothèque au profit du même créancier, qui exige une sûreté réelle supplémentaire.

Généralement, ce sont des proches parents du débiteur qui sont prêts à donner leur immeuble en hypothèque, pour permettre à leur descendant d'accéder à la propriété immobilière, ou pour emprunter le capital nécessaire à son établissement.

On appelle ces tiers non débiteurs, des cautions réelles. A la différence de la caution personnelle, la caution réelle ne s'oblige pas personnellement sur tous ses biens. Elle affecte seulement un ou plusieurs immeubles à la sûreté de la créance contractée par le débiteur.

Le créancier ne peut donc, si ce débiteur est insolvable, poursuivre que les immeubles hypothéqués.

La caution réelle n'est qu'un débiteur accessoire, qui ne doit payer que dans le cas où le débiteur principal fait défaut. De cette règle découlent les deux conséquences suivantes:

1. Quand la caution réelle a payé le créancier, elle est subrogée dans les droits de ce dernier contre les tiers détenteurs d'immeubles hypothéqués à la dette;
2. la caution réelle peut invoquer l'article 2037 pour repousser la poursuite des créanciers, quand la subrogation aux droits, hypothèques et privilèges du créancier ne peut plus, par le fait du ou des créancier(s), se faire en faveur de la caution.

525 FORME DU CONTRAT D'HYPOTHÈQUE

Un tel contrat doit être passé devant un notaire. Cette exigence résulte de l'article 2127. Toutefois, contrairement à ce qui est annoncé audit article, l'acte peut être dressé par un notaire unique. Des témoins ne sont pas non plus requis.

L'intervention obligatoire du notaire pour rédiger un acte d'obligation comportant la constitution d'une hypothèque, est amplement justifiée. En effet, ce notaire doit examiner des questions en rapport avec l'origine de la propriété (le constituant est-il véritablement propriétaire de l'immeuble qu'il veut grever d'une hypothèque?) et des questions de capacité de la ou des personnes qui veulent constituer cette hypothèque. Par ailleurs, les problèmes en rapport avec des hypothèques sont d'une telle complexité qu'il est essentiel qu'ils soient traités par une personne ayant une qualification et une expérience professionnelles.

Lorsque le constituant de l'hypothèque n'apparaît pas lui-même à l'acte de constitution, mais y est représenté par un mandataire, il est requis que ce mandat soit également rédigé dans la forme authentique.

Sanction du défaut d'un acte notarié

Le contrat d'hypothèque rédigé sous forme d'un acte sous seing privé est nul, d'une nullité absolue. Serait également nul, le contrat passé devant notaire, mais par un mandataire tenant son pouvoir d'un acte sous seing privé.

La jurisprudence admet toutefois que la nullité est couverte par le dépôt de l'acte constitutif sous seing privé entre les mains d'un notaire. La constitution d'hypothèque devient dans ce cas valable à dater du dépôt. Mais, il en est ainsi seulement au cas où ce dépôt se fait du consentement des deux parties.

EXCEPTIONS À LA NÉCESSITÉ D'UN ACTE NOTARIÉ

La principale exception est celle relative à certains prêts consentis par la Banque et Caisse d'Epargne de l'Etat.

En effet, cette dernière est autorisée à passer elle-même, par l'intermédiaire de fonctionnaires désignés à cet effet, des actes d'obligation comportant constitution d'hypothèque.

D'autre part, il est admis, en vertu du principe de l'équivalence de l'acte administratif et de l'acte authentique, que des actes administratifs dressés par des fonctionnaires de l'Etat, dans la limite de leur compétence, peuvent comporter la constitution d'une hypothèque au profit de l'Etat.

Finalement, il résulte des dispositions légales prévoyant leur création, que les hypothèques fluviales, maritimes ou celles sur les aéronefs ne sont pas soumises à l'obligation de l'intervention d'un notaire.

AUTRES EXIGENCES QUANT À LA FORME DE L'ACTE D'HYPOTHÈQUE   **526**

L'article 2128 exige que l'acte constitutif d'hypothèque soit passé au Grand-Duché de Luxembourg. Les contrats conclus en pays étrangers ne peuvent pas donner lieu à constitution d'hypothèque sur les biens situés au Grand-Duché.

Ledit article prévoit bien une exception à cette exigence, en faisant référence à des dispositions légales contraires, ou à des traités internationaux. Malheureusement, il n'existe à ce jour ni loi, ni traité international, dérogeant à l'exigence visée par l'article 2128. Deux autres exigences fondamentales sont, d'autre part, requises pour la validité d'une hypothèque. Elles sont visées respectivement par les articles 2129 et 2132.

Le premier de ces articles exige que l'acte constitutif d'hypothèque doive, à peine de nullité, déclarer spécialement la nature et la désignation de chacun des immeubles, sur lesquels le débiteur consent hypothèque. L'article 2132 exige également, sous peine de nullité, que la créance, pour laquelle l'hypothèque est consentie, doive être individualisée, c'est à dire qu'il est nécessaire d'indiquer la cause de cette créance (généralement un emprunt) et d'en énoncer le montant.

Ces deux exigences sont connues sous la notion de spécialité de l'hypothèque. Nous examinerons ci-après les conditions d'application de cette règle.

LA SPÉCIALITÉ DE L'HYPOTHÈQUE

CHAMP D'APPLICATION   **527**

Le principe de la spécialité concerne toutes les hypothèques qui sont soumises à inscription. Il ne s'applique évidemment pas aux hypothèques légales occultes, dont bénéficient les administrations fiscales chargées de la perception des impôts directs, des droits de succession, et de la taxe sur la valeur ajoutée, ainsi que les organismes de la sécurité sociale et les chambres professionnelles pour le recouvrement des cotisations sociales.

En ce qui concerne les autres hypothèques légales, comme celle des mineurs et des majeurs incapables, sur les biens de leur tuteur, ou celle de l'Etat sur les biens de leurs comptables, la règle sur la nature et la situation des immeubles à hypothéquer est à respecter.

Quant à la spécification de la cause et à l'individualisation de la créance, l'article 2153, tel qu'il a été modifié par la loi du 6 février 1975, y déroge sur certains points pour les hypothèques visées à l'alinéa précédent. En effet, le numéro 3 de cet article prévoit qu'il convient d'indiquer: "la nature des droits à conserver et le montant de la valeur quant aux objets déterminés, sans être tenu de la fixer quant à ceux, qui sont conditionnels, éventuels ou indéterminés".

Les hypothèques judiciaires sont, comme les hypothèques conventionnelles, soumises au régime de la double spécialité, tant des créances à garantir par l'hypothèque, que des immeubles que celle-ci doit affecter.

528 SPÉCIALITÉ DE LA CRÉANCE HYPOTHÉCAIRE

C'est la plus importante des deux règles précitées en rapport avec la spécialité de l'hypothèque.

Il est en effet essentiel de connaître exactement la nature et le montant de cette créance, garantie par l'hypothèque.

En effet, si cette obligation n'existait pas, et si les immeubles étaient hypothéqués pour garantir toutes les créances susceptibles de naître au profit d'un créancier hypothécaire, sans aucune restriction, le crédit du débiteur serait anéanti dès la première hypothèque qu'il consentirait. En raison d'une telle incertitude, aucun créancier ultérieur ne serait plus d'accord à lui accorder un emprunt.

L'individualisation de la créance doit être faite tant dans l'acte constitutif que dans le bordereau d'inscription.

Dans l'acte constitutif d'hypothèque, le notaire doit indiquer la cause de la créance (prêt, constitution d'une rente viagère, ou indemnisation d'un préjudice subi par le créancier hypothécaire).

Ensuite, il convient d'énoncer le chiffre de cette créance et la date de sa naissance. Dans la mesure où le montant de la créance n'est pas encore déterminé au moment de l'acte constitutif, le notaire doit l'évaluer.

529 SPÉCIALITÉ DU GAGE HYPOTHÉCAIRE

L'acte constitutif d'hypothèque doit non seulement donner des indications précises sur la nature de la créance et son montant chiffré, mais également sur la nature et la situation des immeubles qui sont grevés par l'hypothèque. Chacun de ces immeubles doit être nominativement soumis à l'hypothèque.

Comment doit-il être satisfait à la spécialité du gage hypothécaire?

La loi exige deux indications nécessaires sur les immeubles à hypothéquer, à savoir, la nature et la situation de ceux-ci.

On entend par nature ou espèce d'un immeuble, les principales qualités qui le caractérisent, comme, par exemple, bâti, non bâti, terre cultivable, jardin, vigne.

La situation comprend la commune où l'immeuble se trouve et le numéro cadastral, sous lequel il est inscrit. Si plusieurs immeubles sont hypothéqués, il faut fournir les indications précitées pour chacun de ceux-ci. Ainsi, une indication, telle que "tous les immeubles que X possède dans la commune Y" ne serait pas une indication suffisante.

Les deux règles sur la spécialité de la créance à garantir, et des immeubles à grever, ont un caractère impératif. Il s'en suit que le non-respect de ces règles comporte la nullité du contrat hypothécaire. Cette nullité est absolue et peut partant être invoquée par tout intéressé, donc par le débiteur lui-même et ses ayants cause, ou par les créanciers hypothécaires de rang postérieur.

INTERDICTION D'HYPOTHÉQUER LES BIENS À VENIR **530**

L'interdiction d'hypothéquer des biens, dont on n'est pas encore propriétaire au moment de constituer une hypothèque, est la conséquence de la règle de la spécialité.

D'autre part, cette règle peut être vue également en relation avec l'interdiction de former des pactes sur succession future (cf. "Successions et Donations", numéros 61 à 63). En effet, quand une personne voudrait grever d'une hypothèque un immeuble, dont elle n'est pas, ou pas encore, propriétaire, il s'agit le plus souvent d'un descendant, qui compte hériter prochainement d'un ou de plusieurs immeubles dans la succession de ses parents.

L'interdiction sus-visée a un caractère absolu et vise toutes les hypothèques. Ainsi, serait nulle la constitution d'une hypothèque faite sur un immeuble que le constituant se propose d'acquérir, et sous la condition qu'il l'acquerra.

Exceptions **531**

La règle commentée ci-dessus souffre néanmoins deux exceptions, énumérées par le Code civil dans ses articles 2130 et 2131.

L'article 2130 a le libellé suivant: "Néanmoins, si les biens présents et libres du débiteur sont insuffisants pour la sûreté de la créance, il peut, en exprimant cette insuffisance, consentir que chacun des biens qu'il acquerra par la suite y demeure affecté à mesure des acquisitions".

Ce texte paraît, à première vue, lever à nouveau l'interdiction d'hypothéquer des biens à venir. Car généralement les personnes, qui seraient tentées d'hypothéquer des biens, qui entreront seulement dans leur patrimoine, sont celles dont les biens présents sont insuffisants. Néanmoins, il n'en est pas ainsi, car l'exception sus-visée est à interpréter restrictivement.

L'article 2130, en posant la condition que les immeubles, dont le constituant d'hypothèque est propriétaire, ne sont pas suffisants pour garantir la sûreté de la créance, suppose nécessairement que le débiteur soit déjà propriétaire d'immeubles, mais d'immeubles insuffisants, soit par leur valeur, soit par le fait qu'ils sont déjà grevés d'hypothèque.

Il est par ailleurs exigé par l'article 2130 que cette insuffisance d'immeubles soit documentée dans l'acte constitutif d'hypothèque, avec le droit pour le créancier de pouvoir hypothéquer des immeubles à venir, au fur et à mesure qu'ils entrent dans le patrimoine du débiteur.

Du moment qu'une telle clause figure au contrat constitutif d'hypothèque, la possibilité d'hypothéquer des immeubles à venir est ouverte de façon assez large. Le débiteur peut, dans ce cas, s'engager à hypothéquer non seulement tel ou tel immeuble qu'il espère acquérir, mais tous les immeubles, dont il deviendra propriétaire, donc notamment ceux dont il va hériter de ses parents.

La deuxième exception est contenue à l'article 2131, qui vise l'hypothèse que les immeubles présents assujettis à l'hypothèque ont péri ou ont subi des dégradations, de manière qu'ils soient devenus insuffisants pour la sûreté du créancier. Dans ce cas, ledit article permet au créancier hypothécaire, soit de demander immédiatement le remboursement de la créance, soit d'obtenir un supplément d'hypothèque. Si le créancier consent à cette seconde alternative, et que les immeubles présents du débiteur sont déjà tous grevés, ce dernier peut donner en hypothèque ses biens à venir.

532 *Effets de l'hypothèque sur les biens à venir*

Une telle hypothèque reste évidemment soumise à la règle sur la spécialité des immeubles à grever. Chacun des biens que le débiteur va acquérir, sera affecté à l'hypothèque, au fur et à mesure de son acquisition.

En d'autres termes, chaque fois que le débiteur acquiert un immeuble, le créancier doit inscrire une hypothèque sur celui-ci, s'il entend se constituer une sûreté réelle sur cet immeuble. Cette hypothèque ne grèvera l'immeuble qu'à partir de la date de son inscription.

PROCÉDURE D'INSCRIPTION DES PRIVILÈGES ET HYPOTHÈQUES

533 Généralités

Nous avons examiné, sous les numéros 332 et suivants, la procédure en rapport avec la transcription des aliénations immobilières et de celle des autres droits réels.

L'inscription des privilèges et hypothèques présente beaucoup d'analogies avec la transcription.

En effet, le fonctionnaire qui s'occupe de l'une et de l'autre publicité, est le conservateur des hypothèques. En règle générale, les deux publicités s'effectuent auprès du même bureau de la conservation des hypothèques.

Les mêmes registres qui servent à la transcription, et que nous avons examinés au numéro 347 s'appliquent également en matière d'inscription des privilèges et hypothèques.

Finalement, les prescriptions de la loi du 26 janvier 1953 sur la désignation des personnes et des biens dans les actes à transcrire ou à inscrire au bureau des hypothèques, sont aussi applicables aux contrats portant constitution d'une hypothèque.

Nous pouvons en conséquence nous dispenser d'examiner une nouvelle fois ces prescriptions, pour nous limiter à étudier les aspects spécifiques des inscriptions hypothécaires.

Nous examinerons quelles sont les personnes pouvant procéder à cette inscription, les documents à présenter à cet égard au conservateur des hypothèques, les mentions devant figurer dans ces documents et, finalement, quelle est la mission du conservateur des hypothèques.

PERSONNES POUVANT REQUÉRIR L'INSCRIPTION D'UNE HYPOTHÈQUE OU D'UN PRIVILÈGE **534**

C'est le créancier hypothécaire ou privilégié qui requiert cette inscription. Il peut également confier cette mission à un mandataire.

En fait, c'est généralement le notaire, qui a rédigé l'acte d'obligation comportant la constitution de l'hypothèque, qui se charge d'inscrire celle-ci.

Ces inscriptions se font au bureau de la conservation des hypothèques dans l'arrondissement dans lequel sont situés les immeubles soumis à inscription.

Nous examinerons au numéro 539 quels sont les événements empêchant qu'une inscription hypothécaire puisse encore se faire. Les frais en rapport avec l'inscription hypothécaire sont à charge du débiteur.

DOCUMENTS À PRÉSENTER POUR PROCÉDER À L'INSCRIPTION

Ces documents sont de deux sortes. Ils sont spécifiés par l'article 2148.

L'alinéa 1er de cet article est libellé comme suit: "Pour opérer l'inscription, le créancier présente par lui-même, soit par un tiers, au conservateur des hypothèques, l'original en brevet ou une expédition authentique du jugement ou de l'acte qui donne naissance au privilège ou à l'hypothèque.

Il y joint deux bordereaux écrits sur papier timbré........".

Titre générateur du privilège ou de l'hypothèque **535**

Le créancier hypothécaire doit présenter au conservateur des hypothèques, en premier lieu, le titre générateur de l'hypothèque ou du privilège immobilier. Quand il s'agit d'une hypothèque conventionnelle, le créancier présente normalement une expédition du contrat constatant la naissance de l'hypothèque, dressé par le notaire.

Dans le cas d'une hypothèque judiciaire, le créancier soumet une expédition du jugement constatant condamnation du débiteur.

Pour l'hypothèque légale du mineur ou de l'incapable majeur, l'inscription est à solliciter par le greffier du Tribunal des tutelles. Celui-ci présente, suivant le cas, la décision du conseil de famille quand il y a eu ouverture d'une tutelle, soit l'ordonnance du juge des tutelles, quand l'inscription est requise au profit d'un mineur placé sous administration légale judiciaire (cf. numéro 469 et suivants ci-dessus).

Pour inscrire le privilège du vendeur, nous rappelons que le vendeur d'un immeuble n'a qu'à faire transcrire son titre d'acquisition. L'inscription du privilège est opérée d'office par le conservateur des hypothèques.

Pour certains privilèges ou hypothèques, il est possible que le créancier ne dispose pas d'un acte authentique documentant l'existence, à son profit, de l'hypothèque légale ou du privilège qu'il veut faire inscrire. Cela peut être le cas pour l'hypothèque légale du légataire, ou pour le privilège de la séparation des patrimoines au profit des créanciers héréditaires ou des légataires. Dans ces cas, ces créanciers n'ont pas à indiquer le titre duquel résulte l'hypothèque ou le privilège.

C'est ainsi que la Cour Supérieure de Justice a décidé dans un arrêt du 18 mai 1928 (Pas. 11, page 285) que "si l'hypothèque dérive, non d'un titre, mais de la loi, l'inscription ne doit rien contenir quant à la date et la nature du titre de créance". Cette décision judiciaire a été prise en rapport avec l'inscription de l'hypothèque légale du légataire.

536 *Bordereaux d'inscription*

Comme nous l'avons déjà souligné, le créancier doit présenter deux bordereaux d'inscription au conservateur des hypothèques.

Il s'agit en l'occurrence d'un formulaire timbré, qui est mis à la disposition des créanciers par l'Administration de l'enregistrement et des domaines. Contrairement au contrat comportant l'hypothèque, qui est à dresser obligatoirement par un notaire, cette exigence n'existe pas pour le bordereau. Cependant, en pratique, du moins pour les hypothèques conventionnelles, ces bordereaux sont établis par le notaire, ce qui se recommande d'ailleurs, étant données les prescriptions légales strictes régissant cette inscription.

L'article 2148 mentionne les exigences qui doivent être respectées dans un tel bordereau. Celles-ci se rapportent aux qualités du créancier hypothécaire et du débiteur, à la nature du titre, au montant pour lequel l'inscription est prise, ainsi qu'à la nature et à la situation des immeubles, sur lesquels l'hypothèque est à inscrire.

Dans ce dernier contexte, la loi du 22 avril 1985 a ajouté à l'article 2148 un alinéa 2148-1, qui a trait aux inscriptions hypothécaires prises sur les immeubles soumis au statut de la copropriété. Ce nouveau texte prévoit que, pour les besoins de leur inscription, les privilèges et hypothèques portant sur des lots d'un tel immeuble, sont réputés ne pas grever la quote-part des parties communes comprise dans ces lots.

Le texte ajoute cependant que "les créanciers inscrits exercent leurs droits sur ladite quote-part, prise dans sa consistance au moment de la mutation, dont le prix forme l'objet de la distribution; cette quote-part est tenue pour grevée des mêmes sûretés que les parties privatives et de ces seules sûretés".

En ce qui concerne les créances qui sont garanties par l'inscription hypothécaire, nous signalons que les exigences, prescrites pour le contrat ayant constitué l'hypothèque, doivent être respectées également dans le bordereau. Ces créances doivent donc être chiffrées avec leurs accessoires, tels que les frais d'acte. Les créances, dont le montant n'est pas encore fixé au moment de la constitution de l'hypothèque (par exemple, l'indemnité résultant d'un préjudice tel qu'un accident), doivent être évaluées.

Pour les créances conditionnelles, il faut faire mention de cette condition dans le bordereau. Si une créance est seulement éventuelle, il convient de l'indiquer dans le bordereau. Il faut mentionner également la date d'échéance de la créance. Il est exigé aussi de faire une évaluation des intérêts, tant de ceux échus que de ceux à échoir plus tard.

Rôle du conservateur des hypothèques **537**

Son rôle peut être qualifié de passif. Ce fonctionnaire doit se borner à vérifier si les deux bordereaux, qu'on lui soumet, contiennent les indications légalement exigées.

Pour le reste, son rôle est défini par l'article 6 de la loi modifiée du 18 avril 1910 sur le régime hypothécaire, qui prévoit ce qui suit: "Le jour même du dépôt, le conservateur portera sur le bordereau déposé le numéro d'ordre, la date du dépôt, le volume, ainsi que le numéro sous lequel il aura été inscrit au registre de dépôt prévu par la loi du 25 mars 1896 et certifiera avoir fait l'inscription au pied de l'autre bordereau qui sera restitué au requérant".

Les pièces retenues en dépôt sont reliées en un volume, dans l'ordre dans lequel elles se trouvent inscrites au registre de dépôt.

SAUVEGARDE DES INTÉRÊTS PAR L'INSCRIPTION HYPOTHÉCAIRE **538**

Normalement, les créances garanties par une hypothèque produisent des intérêts. La question se pose alors dans quelle mesure le paiement des intérêts est sauvegardé par l'inscription hypothécaire. Cette question présente un intérêt en cas de vente forcée d'un immeuble hypothéqué, si le prix de vente n'est pas suffisant pour désintéresser tous les créanciers hypothécaires et privilégiés.

A cet égard, il convient de distinguer entre les intérêts déjà échus au jour de l'inscription et ceux qui seront dus postérieurement à celle-ci.

Le problème des intérêts déjà échus lors de l'inscription se présente rarement dans le cas d'hypothèques conventionnelles. En effet, le créancier hypothécaire n'accordera normalement le prêt à l'emprunteur qu'après avoir inscrit son hypothèque, de sorte que des intérêts n'ont pas encore couru au moment de l'inscription. La question se présente donc essentiellement pour les hypothèques judiciaires et certaines hypothèques légales.

Pour que les intérêts déjà échus au jour de l'inscription puissent être couverts par l'hypothèque inscrite, une double condition doit être réalisée. Il faut, en premier lieu, que la créance indique le principe et le taux des intérêts à payer. Il est requis, en second lieu, que le montant total des intérêts dus au jour de l'inscription figure au bordereau d'inscription.

En ce qui concerne les intérêts, qui vont échoir seulement après l'inscription hypothécaire, la réponse est donnée par l'article 2151, qui prévoit que "le créancier inscrit pour un capital produisant intérêt ou arrérages, a le droit d'être colloqué pour trois années seulement au même rang d'hypothèque que pour son capital, sans préjudice des inscriptions particulières à prendre, portant hypothèque à compter de leur date, pour les arrérages autres que ceux conservés par la première inscription".

En d'autres termes, en cas de vente forcée de l'immeuble hypothéqué, un créancier hypothécaire arrivant en rang utile touche, de plein droit, le montant restant dû de sa créance et les intérêts des trois années, suivant immédiatement l'inscription de son hypothèque. Le créancier doit, après trois ans, renouveler son inscription pour les intérêts ultérieurs.

Dans la mesure où les intérêts n'ont pas été régulièrement payés à leur échéance, le créancier hypothécaire devra, au début de la quatrième année, faire une nouvelle inscription pour garantir le paiement de ses intérêts pour les trois prochaines années.

539 JUSQU'À QUEL MOMENT PEUT-ON ENCORE INSCRIRE UNE HYPOTHÈQUE?

Nous visons essentiellement l'inscription d'une hypothèque conventionnelle. En effet, pour l'inscription des privilèges et de certaines hypothèques légales, la loi modifiée du 4 avril 1910 sur le régime hypothécaire, ou certaines lois spéciales, ont fixé le délai utile d'inscription.

En principe, le créancier hypothécaire peut inscrire son hypothèque aussi longtemps que son débiteur reste propriétaire de l'immeuble grevé et qu'il ne l'a pas aliéné.

Toutefois, même si le débiteur est resté propriétaire de l'immeuble grevé, il existe certains événements, dont la survenance empêche l'inscription d'une hypothèque. Ces événements sont visés par l'article 2146. Il s'agit de deux cas:

1. la faillite du débiteur,
2. l'acceptation de la succession du débiteur sous bénéfice d'inventaire.

1. Faillite du débiteur

Dans le cas de *faillite* du débiteur commerçant, l'article 447 du Code de commerce déclare "nuls et sans effet, relativement à la masse, lorsqu'ils auront été faits par le débiteur depuis l'époque déterminée par le tribunal comme étant celle de la cessation de ses paiements ou dans les dix jours, qui auront précédé cette époque, toute hypothèque conventionnelle ou judiciaire sur les biens du débiteur pour dettes antérieurement contractées".

2. Acceptation de la succession du débiteur sous bénéfice d'inventaire

En règle générale, le décès du débiteur n'enlève pas aux créanciers hypothécaires le droit d'inscrire encore leur hypothèque.

Cette règle ne s'applique cependant plus, lorsque la succession de ce débiteur est acceptée sous bénéfice d'inventaire. Dans ce cas, des hypothèques consenties par ce dernier ne peuvent plus être inscrites. La raison d'être de cette disposition est que, dans le cas d'acceptation de la succession sous bénéfice d'inventaire, le Code civil organise une liquidation collective, il est vrai assez rudimentaire, des biens du débiteur décédé. Il y a donc intérêt à maintenir un minimum d'égalité entre les créanciers de la succession, en interdisant désormais de nouvelles causes de préférence.

Inscription d'une hypothèque en cas d'aliénation d'un immeuble grevé **540**

Le créancier hypothécaire peut encore inscrire une hypothèque sur un immeuble aliéné, tant que cette aliénation n'a pas encore été transcrite. En effet, le débiteur qui a vendu son immeuble en reste propriétaire, à l'égard des tiers, jusqu'au moment où l'acheteur a transcrit son acquisition. A partir de cette transcription, le vendeur n'est plus propriétaire de son immeuble à l'égard des tiers, et cet immmeuble ne saurait plus être grevé d'une hypothèque consentie avant son aliénation.

Nous rappelons que cette règle n'existe pas pour l'inscription de certains privilèges et de certaines hypothèques légales, qui peuvent encore être inscrits dans un certain délai après cette aliénation (cf. article 4 de la loi modifiée du 18 avril 1910 sur le régime hypothécaire).

Inscription et transcription faites le même jour **541**

Il peut arriver, bien que ce fait devrait être rare, qu'un créancier hypothécaire inscrit son hypothèque le même jour où l'acheteur de l'immeuble transcrit son acquisition. Lequel des deux sera préféré dans ce cas?

La loi du 18 avril 1910 précitée a réglé ce cas comme suit: Sera préférée la partie qui, d'après le registre des dépôts que le conservateur des hypothèques est obligé de tenir aux termes de l'article 2200, aura la première remis entre les mains de ce fonctionnaire les pièces à rendre publiques.

C'est donc la priorité de mention au registre des dépôts qui décide si l'hypothèque primera la transcription ou vice-versa.

RENOUVELLEMENT DÉCENNAL DES INSCRIPTIONS HYPOTHÉCAIRES

Généralités

Les inscriptions hypothécaires ne gardent pas leur validité pendant un temps indéterminé. Cet effet n'est notamment pas lié directement à la durée de validité de la créance que l'hypothèque est destinée à assurer.

Aux termes de l'article 2154, "Les inscriptions conservent l'hypothèque et le privilège pendant dix ans, à compter du jour de leur date; leur effet cesse, si ces inscriptions n'ont été renouvelées avant l'expiration de ce délai".

542 BUT DE LA PÉREMPTION D'HYPOTHÈQUE

Elle facilite, en premier lieu, les recherches du conservateur des hypothèques dans ses registres. Si on lui demande un état des inscriptions sur les immeubles d'une personne déterminée, il n'a pas à remonter à plus de dix ans pour constater si un tel immeuble est grevé. En second lieu, le délai de la péremption de l'hypothèque dispense souvent le débiteur de faire, à ses frais, la radiation d'une inscription hypothécaire, garantissant une dette qu'il a complètement remboursée, lorsque cette inscription a plus de dix ans de date.

La péremption constitue donc un mode automatique de radiation de l'hypothèque. Elle s'applique à tous les privilèges et hypothèques qui doivent être inscrits, à moins qu'une loi spéciale ne dispense un créancier hypothécaire d'un renouvellement d'hypothèque.

543 EFFETS DU NON-RENOUVELLEMENT D'HYPOTHÈQUE DANS LE DÉLAI LÉGAL

Une hypothèque, qui n'a pas été renouvelée après dix ans d'inscription, perd son rang. En cas de réinscription après ce délai, l'hypothèque prend rang seulement à partir de la date de sa nouvelle inscription. Ainsi, un créancier hypothécaire premier inscrit peut perdre son rang au profit d'un créancier qui, auparavant, rangeait derrière lui.

En ce qui concerne le privilège du vendeur, s'il est bien inscrit d'office par le conservateur des hypothèques, son renouvellement, après dix ans d'existence, appartient au vendeur lui-même. S'il n'a pas procédé à cette mesure, ce privilège a cessé d'exister. D'autre part, si un créancier hypothécaire a négligé de renouveler son hypothèque dans le délai légal, il ne peut même plus inscrire une nouvelle hypothèque pour garantir son ancienne créance, si entretemps le débiteur est tombé en faillite ou s'il est mort et que sa succession a été acceptée sous bénéfice d'inventaire.

L'inscription en renouvellement des privilèges et hypothèques vaut seulement comme inscription primaire, si elle ne contient pas l'indication précise de l'inscription renouvelée.

Toutefois, il n'est pas nécessaire d'y rappeler les autres inscriptions précédentes (article 10 alinéa 1er de la loi modifiée du 10 avril 1910 sur le régime hypothécaire).

Finalement, il y a lieu de signaler que le délai de dix ans se compte de jour à jour. Ce délai commence à courir le lendemain du jour où l'inscription a été prise et se termine à la fin du dernier jour des dix ans révolus. L'inscription prise le 1er juillet 1988 doit donc être renouvelée au plus tard le 1er juillet 1998. Si cette date est un dimanche ou un jour férié, le délai de renouvellement expire la veille.

Il y a lieu de signaler cependant que certaines inscriptions hypothécaires sont exemptées du renouvellement. C'est ainsi que la Caisse d'Epargne est dispensée du renouvellement d'hypothèque pour les prêts aux logements qu'elle accorde aux particuliers. Cette inscription est valable pendant la durée effective du prêt accordé. De même, les inscriptions prises au nom des mineurs et des incapables majeurs sont dispensées de renouvellement jusqu'à l'expiration de l'année qui suivra la cessation de l'incapacité de ces personnes.

JUSQU'À QUAND FAUT-IL RENOUVELER LES INSCRIPTIONS? 544

Ce renouvellement est nécessaire tant que le privilège ou l'hypothèque n'ont pas produit leur effet, c'est à dire tant que le droit du créancier ne s'est pas transformé en un droit sur le prix de l'immeuble grevé. Cette transformation s'opère par la vente, soit volontaire, soit forcée, de l'immeuble. Mais, en règle normale, le renouvellement de l'hypothèque peut devenir inutile, parce que le débiteur a remboursé entièrement sa dette avec les accessoires.

LA RADIATION ET LA RÉDUCTION DES INSCRIPTIONS   545
HYPOTHÉCAIRES

La radiation a pour but de constater qu'une inscription hypothécaire doit être considérée comme n'existant plus.

La radiation s'effectue par le conservateur des hypothèques, qui mentionne en marge de l'inscription que celle-ci est rayée en vertu d'un acte de mainlevée, ou en vertu d'un jugement, documents dont il indique la date.

LA RADIATION

Il existe deux sortes de radiations:
1. la radiation volontaire,
2. la radiation judiciaire.

A) *La radiation volontaire*

Celle-ci s'applique lorsque le créancier consent à donner mainlevée de l'inscription. Il le fait généralement lorsqu'il a touché le montant intégral de sa créance et des accessoires.

Deux conditions sont requises pour la validité de la mainlevée:
1. Il faut que le créancier soit capable de consentir à la radiation.
2. Il est exigé que l'acte de mainlevée soit rédigé devant notaire.

ad 1): La capacité requise dans le chef du créancier pour consentir à la mainlevée varie suivant que celle-ci est consentie après le paiement de la créance, ou sans que ce paiement ait eu lieu.
Dans le premier cas, la capacité requise est celle de recevoir des capitaux et d'en donner décharge. Ainsi, le tuteur d'un incapable peut accorder cette mainlevée, sans l'autorisation du conseil de famille. Si, par contre, la radiation intervenait, sans qu'il y ait paiement intégral de la créance, la capacité requise est celle de disposer tant de l'hypothèque que de la créance, dont elle est la garantie.
Dans ce cas, il faudrait au tuteur l'autorisation du conseil de famille, et à une personne placée sous curatelle, l'assistance de son curateur.

ad 2): L'article 2158 exige que ceux qui requièrent la radiation d'une hypothèque, doivent déposer au bureau du conservateur des hypothèques l'expédition de l'acte authentique portant consentement du créancier à cette radiation, ce qui implique nécessairement la rédaction d'un acte notarié. Cet acte peut être passé en brevet, et l'original est, dans ce cas, déposé au bureau du conservateur (article 7 de la loi modifiée du 18 avril 1910).

B) *La radiation judiciaire*

Elle est nécessaire, si le créancier ne consent pas à accorder la radiation volontaire. Dans ce cas, le débiteur, qui entend obtenir la radiation, doit s'adresser à la justice.

L'article 2160 détermine les cas dans lesquels le juge peut ordonner la radiation judiciaire de l'hypothèque. Le principal de ces cas est évidemment celui du paiement intégral de la créance, avec ses accessoires, par le débiteur.

Tout intéressé peut demander au tribunal d'ordonner la radiation d'une hypothèque dont, en premier lieu, le débiteur, ainsi que d'autres créanciers de ce dernier. La demande est portée devant le tribunal dans le ressort duquel l'inscription a été prise, donc devant le tribunal de la situation de l'immeuble grevé.

Quand la radiation est-elle opérée? **547**

Suivant l'article 2157, il faut présenter au conservateur des hypothèques un jugement coulé en force de chose jugée. Il doit donc s'agir d'un jugement en dernier ressort, ou d'un jugement contre lequel les délais d'appel et d'opposition sont expirés, sans qu'un tel recours ait été interjeté.

Alors qu'on peut inscrire une hypothèque sur base d'un jugement qui n'est pas encore définitif, une hypothèque inscrite ne saurait être rayée en cas d'opposition du créancier hypothécaire, que sur base d'un jugement coulé en force de chose jugée. L'article sus-visé part donc de l'hypothèse qu'une radiation prématurée pourrait causer préjudice au créancier inscrit.

LA RÉDUCTION DES INSCRIPTIONS HYPOTHÉCAIRES **548**

Dans certains cas, le Code civil ou des lois postérieures permettent au débiteur de demander que le montant de la créance énoncée dans l'inscription soit réduit.

Nous avons déjà vu que le tuteur, sur l'immeuble duquel une hypothèque a été inscrite au profit d'un incapable, peut demander, soit la radiation de cette hypothèque, si elle n'est plus nécessaire, soit la réduction, dans la mesure où le montant pour lequel elle est inscrite, dépasse la somme pour laquelle la responsabilité du tuteur peut être engagée.

De même, l'hypothèque légale du Trésor, frappant les immeubles d'un comptable au service de l'Etat, peut être réduite à la demande du Ministre des finances.

La jurisprudence a de même décidé que l'hypothèque légale du légataire, ayant un caractère général, comme portant sur tous les immeubles de la succession, peut être réduite par le tribunal si elle dépasse l'envergure du legs.

En ce qui concerne les hypothèques conventionnelles, la réduction n'est pas possible pour des créances qui résultent directement d'un acte d'obligation. Pour ces créances, le montant pour lequel le créancier peut prendre inscription hypothécaire, est fixé d'un commun accord des parties. Le débiteur ne peut donc pas demander ultérieurement une diminution de cette somme.

Il en est autrement des créances non conventionnelles qui, par leur nature, sont conditionnelles, éventuelles ou indéterminées.

Nous avons vu au numéro 528 qu'on peut inscrire des créances de cette nature, à condition qu'on fasse, dans l'inscription, une évaluation du montant de la créance à garantir par l'hypothèque. A défaut d'une telle évaluation, cette inscription est nulle.

Dans la mesure où le débiteur estime que cette évaluation a été faite à un montant excessif, il peut s'adresser au tribunal pour faire réduire le montant pour lequel l'inscription a été prise.

Le juge doit alors arbitrer cet excès "d'après les circonstances, les probabilités des chances et les présomptions de fait, de manière à concilier les droits vraisemblables du créancier avec l'intérêt du crédit raisonnable à conserver au débiteur".

Le jugement, accordant une réduction d'hypothèque, doit être présenté au conservateur des hypothèques pour être mentionné en marge de l'inscription initiale.

EXTINCTION DES PRIVILÈGES ET HYPOTHÈQUES

Cette extinction peut s'opérer de deux façons différentes:
1. Par *voie accessoire*, donc en même temps que s'éteint la créance dont l'hypothèque garantit le paiement.
2. Par *voie principale*, en laissant subsister la créance garantie.

549 1. Extinction par voie accessoire

C'est évidemment la forme la plus courante d'extinction des hypothèques. Si la créance garantie est remboursée, l'hypothèque n'a plus de raison d'être.

La condition requise est évidemment que cette créance soit payée dans sa totalité. Aussi longtemps qu'une fraction de celle-ci reste due, l'hypothèque ou le privilège subsistent et ne sauraient pas être amoindris. Ainsi, le débiteur ne pourrait pas demander une réduction de cette hypothèque. C'est une conséquence de la règle déjà commentée de l'indivisibilité de l'hypothèque.

550 2. Extinction par voie principale

Dans quelques rares cas, l'hypothèque ou le privilège peuvent s'éteindre, bien que la dette garantie ne soit pas encore remboursée totalement.

Le Code civil cite à son article 2180 trois cas, dans lesquels il y a extinction de l'hypothèque par voie principale.

551 a) *La renonciation du créancier à son hypothèque*

Une telle renonciation est évidemment rare. Il existe néanmoins une situation dans laquelle un créancier hypothécaire peut avoir intérêt à renoncer à son hypothèque. Elle concerne le concordat préventif de faillite. En effet, aux termes de l'article 513 du Code de commerce, les créanciers hypothécaires n'ont le droit de prendre part au vote sur les opérations relatives au concordat que s'ils ont renoncé à leur hypothèque ou à leur privilège.
Les deux autres hypothèses visées à l'article 2180, à savoir, la purge et la prescription libératoire, ne présentent plus une très grande actualité.

La *purge* est la procédure par laquelle un tiers, détenteur de l'immeuble hypothéqué, non personnellement tenu par la dette garantie, peut s'affranchir de cette hypothèque, en offrant aux créanciers hypothécaires de leur payer le prix de vente de l'immeuble qu'il a acquis.

La *prescription spécifique* d'un immeuble hypothéqué peut s'opérer quand cet immeuble est aux mains d'un tiers détenteur. Dans ce cas, lorsque celui-ci a prescrit la propriété de l'immeuble, il a également acquis la prescription extinctive de l'hypothèque qui le grève.

Il existe d'autres cas d'extinction de l'hypothèque à titre principal, non visés par l'article 2180. Il s'agit des cas suivants:

1. le défaut d'inscription ou de renouvellement d'une hypothèque en temps utile,
2. l'annulation de l'acte constitutif d'hypothèque,
3. la résolution du droit de propriété du constituant,
4. la perte de l'immeuble sur lequel a porté l'hypothèque.

Bénéficiaires de l'indemnité d'assurance relative à un immeuble hypothéqué qui est sinistré **552**

En rapport avec la perte visée sub 4. ci-dessus, il se pose un problème quant à l'indemnité d'assurance qui est due pour le dédommagement du chef de l'immeuble sinistré, grevé d'une hypothèque. Dans la mesure où l'indemnité d'assurance est entièrement affectée à la remise en état dudit immeuble, les créanciers, ayant un privilège ou une hypothèque sur celui-ci, ne subissent pas de dommage. Leur gage, à savoir l'immeuble grevé, est entièrement sauvegardé et conserve sa valeur.

Qu'arrive-t-il si l'assuré décide de ne pas reconstruire, en tout ou en partie, son immeuble sinistré? Dans ce cas, il y a évidemment le danger que l'assuré touche l'indemnité d'assurance, qu'il l'affecte à d'autres fins et diminue ainsi le gage de ses créanciers hypothécaires.

La solution à la question soulevée à l'alinéa précédent est donnée par l'article 70 de la loi du 27 juillet 1997 sur le contrat d'assurance.

Le paragraphe 1er de cet article prévoit, à ce sujet, les dispositions suivantes: "Dans la mesure où l'indemnité due à la suite de la perte ou de la détérioration d'un bien n'est pas entièrement appliquée à la réparation ou au remplacement de ce bien, elle est affectée au paiement des créances privilégiées ou hypothécaires, grevant le bien assuré, selon le rang de chacune d'elles".

Dans la mesure donc où l'assuré est en droit de toucher une somme d'argent, non affectée aux dépenses de remise en état de son immeuble, l'assureur doit vérifier si ce dernier est grevé d'un privilège ou d'une hypothèque. Si tel est le cas, il n'a pas le droit de payer l'indemnité à l'assuré, mais il doit réserver cette somme aux créanciers privilégiés ou hypothécaires. Il a donc l'obligation de se mettre en rapport avec ces derniers pour le paiement de l'indemnité d'assurance, en prenant soin de payer ces derniers suivant le rang qu'a leur privilège ou hypothèque.

553 *Privilèges ou hypothèques non inscrits*

L'assureur doit-il également tenir compte des privilèges ou hypothèques non inscrits, soit qu'il s'agisse d'hypothèques occultes (fisc, organismes de sécurité sociale), soit de privilèges ou d'hypothèques devant être inscrits, mais qui, au moment où l'assureur s'apprête à payer l'indemnité d'assurance, ne l'ont pas encore été?

Il eût été rigoureux d'obliger l'assureur de faire des recherches, notamment auprès du fisc ou des institutions de sécurité sociale, pour détecter si ces instances sont en droit de faire valoir une hypothèque dispensée d'inscription sur l'immeuble endommagé par un sinistre assurable. Aussi appartient-il aux instances précitées de prendre l'initiative, en faisant opposition auprès de la compagnie d'assurance en question, au paiement de l'indemnité à l'assuré, qui a encore des dettes d'impôts ou de cotisations sociales.

Si l'assureur n'a donc pas été touché à temps par une opposition de la part des administrations fiscales ou des établissements d'assurances sociales, le paiement qu'il a effectué entre les mais de l'assuré, est libératoire pour lui.

554 *Protection des créanciers hypothécaires contre la suspension ou la résiliation du contrat d'assurance portant sur l'immeuble hypothéqué*

En cas de non-paiement de la prime d'assurance par l'assuré, l'assureur peut, après avoir respecté la procédure prescrite par la loi, suspendre ou même résilier le contrat d'assurance. Ces suspension ou résiliation sont opposables aux créanciers hypothécaires ou privilégiés. Il en est de même d'une réduction du montant de l'assurance décidée par l'assuré.

De telles mesures peuvent léser les intérêts de ces créanciers. En effet, au cas où l'immeuble hypothéqué est détruit par un sinistre, ils perdent la majeure partie de leur gage.

L'article 70 paragraphe 3 de la loi du 27 juillet 1997 sur le contrat d'assurance contient à cet effet une mesure de sauvegarde dans l'intérêt de ces créanciers.

Ce texte prévoit, en effet, que si l'un des créanciers hypothécaires ou privilégiés a avisé l'assureur de l'existence de son droit de préférence par lettre recommandée, la suspension, la réduction ou la résiliation ne seront opposables à ce créancier qu'à l'expiration du délai d'un mois à compter de la notification, que l'assureur lui en fait par lettre recommandée à la poste.

Ce créancier est ainsi informé de la possibilité de perdre du moins, en partie, son gage hypothécaire pour défaut de paiement de la prime d'assurance par le débiteur. Pour empêcher cet aléa, il est loisible au créancier d'éviter la suspension ou la résiliation du contrat d'assurance, en payant, en lieu et place de l'assuré, cette prime, éventuellement avec les intérêts et frais de recouvrement judiciaire.

EXERCICE DE L'ACTION HYPOTHÉCAIRE

Généralités **555**

Nous entendons par cette notion, la procédure entamée par le créancier hypothécaire contre le débiteur, qui ne satisfait pas à ses obligations nées du contrat et garanties par une hypothèque. Cette action se réalise par la vente forcée de l'immeuble hypothéqué.

Nous savons que ce créancier dispose d'un droit de suite (droit de saisir l'immeuble entre les mains d'un tiers) et d'un droit de préférence sur la distribution du prix, résultant de la vente forcée de l'immeuble hypothéqué, quitte à être primé, le cas échéant, par des créanciers privilégiés ou hypothécaires ayant un rang de priorité.

De nos jours, le droit de suite a perdu beaucoup de son intérêt. En effet, en raison de la publicité des privilèges et hypothèques, à quelques exceptions près, un tiers acquéreur est averti de l'inscription d'un privilège ou d'une hypothèque sur l'immeuble qu'il se propose d'acquérir. Il n'achètera donc un tel immeuble qu'à une double condition:

1. que le prix, qu'il est disposé à payer, soit suffisant pour désintéresser tous les créanciers hypothécaires,
2. que ce prix soit payé directement à ces créanciers et que ceux-ci consentent en conséquence à donner mainlevée de leur hypothèque.

Il appartient au notaire, chargé de la rédaction de l'acte de vente portant sur l'immeuble grevé, de veiller à ce que le tiers acquéreur obtienne l'immeuble libre de toute hypothèque. Le notaire doit effectuer également des recherches au sujet des hypothèques occultes, susceptibles de grever l'immeuble vendu.

LE DROIT DE PRÉFÉRENCE DU CRÉANCIER HYPOTHÉCAIRE **556**

Ce créancier a, en vertu de son hypothèque, le droit d'être payé avant tous les créanciers chirographaires de son débiteur. Ce paiement préférentiel suppose la vente de l'immeuble grevé, généralement une vente forcée, c'est à dire une vente ne résultant pas de la libre initiative du propriétaire, mais de celle du ou des créanciers hypothécaires.

Normalement, le créancier hypothécaires qui veut se faire payer sur le prix de vente de l'immeuble hypothéque, devrait procéder à la saisie immobilière de celui-ci, avec toute la procédure compliquée, telle qu'elle est organisée par la loi modifiée du 2 janvier 1889. En pratique cependant, cette loi ne trouve plus une application régulière.

La loi du 2 janvier 1889 a en effet permis d'appliquer, sous certaines conditions que nous allons examiner au numéro suivant, une procédure plus expéditive et moins coûteuse pour procéder à la vente d'un immeuble grevé, quand le débiteur n'est plus en mesure de faire face à ses obligations assumées à l'égard du créancier hypothécaire.

Il s'agit en l'occurrence de la procédure, qu'on est convenu de qualifier de *voie parée* et dont nous examinerons ci-après les conditions d'application.

557 LA PROCÉDURE DE LA VOIE PARÉE

Elle est prévue et ses conditions d'application sont fixées par les articles 71 et suivants de la loi modifiée du 2 janvier 1889, qui ont été repris au nouveau Code de Procédure civile sous les articles 879 et suivants. Elle s'applique seulement quand l'hypothèque a été consentie dans le cadre d'un contrat. Mais elle est devenue pratiquement une clause de style dans tous les contrats comportant constitution d'une hypothèque. En général, on y trouve un texte libellé comme suit: "A défaut de stricte exécution des obligations contractées par la partie débitrice envers l'établissement prêteur........,celui-ci est autorisé, de plein droit, sans préjudice de toute autre voie légale, de faire vendre l'immeuble hypothéqué par le ministère d'un notaire de son choix, pour se faire payer.........,conformément aux articles 71 et suivants de la loi modifiée du 2 janvier 1889 sur la saisie immobilière, sans suivre les formes légales pour la saisie immobilière".

En pratique, un créancier hypothécaire, répondant à certaines conditions et respectant une procédure déterminée, peut donc procéder à une vente libre de l'immeuble grevé.

558 *Conditions d'application de cette procédure*

Certaines conditions doivent être respectées par le créancier hypothécaire. Il faut que la clause de voie parée ait été stipulée dans un contrat authentique. En fait, elle figure, comme nous l'avons vu, dans tous les actes d'obligation comportant constitution d'une hypothèque. Il est exigé, en second lieu, que le créancier hypothécaire, qui stipule cette clause, soit le créancier premier inscrit sur l'immeuble. Il doit être fait mention de cette clause également dans le bordereau d'inscription de l'hypothèque.

Avant de procéder à la vente de l'immeuble grevé, le créancier hypothécaire est obligé d'adresser au débiteur un commandement, c'est à dire une ultime sommation de payer sa dette. La vente ne pourra avoir lieu que trente jours après la signification par exploit d'huissier du commandement. Elle se fera dans la forme ordinaire et usitée pour les ventes volontaires. Cette vente doit avoir été annoncée au moins quinze jours à l'avance dans un ou plusieurs journaux et au moyen d'affiches.

Le cahier des charges, dressé par le notaire chargé de la vente, indique le jour de la vente et contient délégation du prix de vente aux créanciers inscrits.

La jurisprudence a tiré certaines conséquences du fait que la vente effectuée par la voie parée ne constitue pas une vente forcée. Ainsi, les parties peuvent librement fixer les conditions de cette vente, sous le respect évidemment des exigences prévues par l'article 879 précité (arrêt de la Cour Supérieure de Justice du 30 mars 1936, Pas. 14, page 200). D'autre part, ni l'adjudication, ni le procès-verbal d'adjudication n'ont le caractère de décision judiciaire. La vente par voie parée n'est pas à considérer comme faite par autorité de justice, mais constitue une vente volontaire, dans la forme et dans son principe (Trib. Lux. 8 janvier 1946, Pas. 14, page 232).

Extension de la procédure de la voie parée **559**

D'après son essence, la voie parée ne s'applique qu'aux hypothèques conventionnelles. En effet, comme il vient d'être signalé, elle doit être stipulée dans le contrat d'obligation. Elle ne peut donc pas trouver application en ce qui concerne les hypothèses judiciaires ou légales ou les privilèges immobiliers.

Les créanciers précités, qui entendent réaliser les biens immobiliers de leur débiteur, doivent donc procéder à la saisie immobilière des ces immeubles grevés. Celle-ci débute également par un commandement. Ensuite, la saisie immobilière doit être transcrite au Bureau de la conservation des hypothèques. Toutefois, les créanciers ont la possibilité de procéder ensuite à la vente libre des immeubles grevés. Deux conditions sont à cet égard requises. Il faut que tous les intéressés soient maîtres de leurs droits. Par "intéressés", au sens de l'article 72 de la loi précitée (article 880 NCPC), on entend le poursuivant, le saisi, ainsi que tous les créanciers inscrits. En second lieu, une demande judiciaire est requise. Cette demande est à présenter par les intéressés, sous forme de requête, au président du tribunal de la situation du ou des biens grevés qu'il s'agit de faire vendre. Ce juge pourra alors ordonner la vente libre, en régler le mode et la publicité et renvoyer devant le notaire pour y procéder. Cette ordonnance n'a pas besoin d'être signifiée et n'est susceptible ni d'opposition ni d'appel.

Distribution aux créanciers hypothécaires du prix de vente de l'immeuble **560**

La vente de l'immeuble grevé, à l'initiative du ou des créanciers hypothécaires, a pour but de leur permettre de se faire payer sur le prix de vente réalisé. La question se pose donc comment ces créanciers peuvent toucher leur créance.

Ceci ne soulève pas de problème, lorsque le créancier hypothécaire, qui a fait vendre l'immeuble, est le seul créancier bénéficiant d'une hypothèque sur celui-ci (nous faisons dans ce contexte abstraction d'éventuelles hypothèques occultes au profit du fisc et des institutions de la sécurité sociale).

Il n'existe pas de problème non plus, s'il y a plusieurs créanciers inscrits et si le prix réalisé lors de la vente de l'immeuble hypothéqué, suffit à payer toutes les créances garanties par les privilèges ou les hypothèques.

Des problèmes surgissent évidemment, lorsque le prix de vente de l'immeuble grevé est insuffisant pour payer l'entièreté de la dette.

La loi a dû régler cette question, alors qu'il n'y a pas, en règle générale, de grand espoir que les créanciers inscrits arrivent à s'entendre à l'amiable sur cette épineuse question. Cette répartition se fait dans le cadre d'une procédure spéciale, dénommée "procédure d'ordre".

561 LA PROCÉDURE D'ORDRE

Cette procédure est réglée en détail par les articles 889 à 918 du nouveau Code de procédure civile.

La qualification de cette procédure indique qu'elle a pour objectif exclusif le classement des créanciers.

La procédure d'ordre est de la compétence exclusive du tribunal civil de la situation des biens hypothéqués. Cette procédure est dirigée par un juge désigné périodiquement par arrêté grand-ducal et qui est qualifié de juge-commissaire aux ordres.

La procédure d'ordre est caractérisée par une grande complexité et une indéniable lenteur. Son examen dépasse le cadre du présent ouvrage. Nous nous limitons donc à en donner quelques indications très générales.

En vue de faciliter, dans une certaine mesure, d'arriver à un accord entre les créanciers se disputant leurs parts dans le prix de vente des immeubles hypothéqués, le Code de procédure civile a prévu *une procédure d'ordre à l'amiable*.

Le principe de l'ordre à l'amiable est celui d'une concertation entre les créanciers inscrits que doit tenter de réaliser le juge-commissaire aux ordres. Si cette tentative réussit, ce qui suppose l'accord de tous les créanciers inscrits, le juge rend une ordonnance de règlement amiable. Cette ordonnance constitue un acte juridictionnel et non un simple contrat entre créanciers.

Si un accord n'intervient pas entre ces créanciers, le juge constate cet échec dans un procès-verbal et ouvre alors l'*ordre judiciaire* qui, aux termes d'une minutieuse procédure, aboutit alors à un règlement imposé aux créanciers.

Le règlement amiable et le règlement judiciaire ont l'autorité de la chose jugée et produisent les mêmes effets. Leur exécution donne lieu à la délivrance, à chaque créancier, d'un bordereau de collocation revêtu de la formule exécutoire. Sur base de ce document, les créanciers peuvent se faire payer par le détenteur des fonds provenant de la vente du ou des immeubles grevés, la part leur reconnue dans ce prix.

INDEX ALPHABÉTIQUE

(Les chiffres renvoient aux numéros en marge du texte)

A

Abandon
- de mitoyenneté   127, 128
- de propriété   179
- du fonds servant   416

Abus de droit (propriété)   8, 9

Accession
- artificielle   35 à 40
- immobilière   37 ss.
- mobilière   30, 31
- naturelle   30 à 34

Action confessoire
- usufruit   375
- servitude   425

Action en revendication   355 ss.

Actions possessoires
- capacité   279
- compétence   279
- complainte   275
- conditions d'ouverture   275 à 277
- non-cumul du possessoire et du pétitoire   280 ss.
- dénonciation de nouvel œuvre   276
- domaine   273
- personnes protégées   278
- pouvoir   282
- prescription   279
- procédure   279
- propriété   272, 273
- réintégrande   277
- servitudes   426
- trouble possessoire   275
- usufruit   375

Aéronefs   26, 491

Agriculture
- loi successorale agricole   108
- remembrement des biens ruraux   109 à 112

Alluvion   32

Aménagement du territoire   102

Animaux
- accession   31

Apparence
    voir propriété apparente

Arbre, arbuste
- distance légale   69 ss.
- mitoyenneté   135

Association   116

Assurance
    voir privilèges

Avulsion   32

B

Bail emphytéotique
    voir emphytéose

Biens
- communs   114
- communaux   120
  - ° domaine public   117
  - ° domaine privé   116

Bonne foi
- droits aux fruits
  voir possession
- propriété mobilière   313
- prescription   302

Bornage
- action en bornage   60
- amiable   60
- capacité   64
- caractère   60
- compétence   61
- définition   60
- frais judiciaires   66
- opérations   65

Branches   69 ss.

Brevet d'invention   11, 383 395

C

Cadastre   174, 175, 365

Carrière   22, 28, 380

Caution
    voir usufruit

Choses
- communes
  voir propriété collective
- consomptibles   373
- hors du commerce   118

Clôture
    voir mitoyenneté

Complainte
    voir action possessoire

Condition
    voir propriété conditionnelle

Confusion
- servitudes   432
- usufruit   395,-6.

Construction
- avec matériel d'autrui   36
- sur sol d'autrui   37 ss.
- de bonne foi   39, 40
- de mauvaise foi   38
- droit de rétention
  du constructeur   46
- empiétement sur
  le fonds d'autrui   48
- indemnisation
  de l'auteur   38 à 40
- emphytéote   44
- fermier   42
- locataire   42
- mandataire   45
- usufruitier   45

Contrats
- acquisition de la propriété   318 ss.
- acquisition des servitudes   417 ss.
- acquisition de l'usufruit   374-2

Contre-lettre
    voir propriété apparente

Copropriété
- parties communes
  à plusieurs immeubles
  voir indivision, mitoyenneté

Cour commune
    voir servitudes

Cours d'eau
- législation   56, 57
- non navigables ni flottables   55, 56
- riverains - droits   56, 57

Créances
- comparaison avec les droits réels   1
- usufruit des créances
  voir usufruit

D

Déchéance (usufruit)   396

Délai
    voir prescription acquisitive

Démembrement de la propriété	369 et ss.
Dénonciation de nouvel œuvre voir actions possessoires	
Destination du père de famille voir possession	
Détention précaire voir possession	
Droit de préférence	443, 556
Droits réels	
– accessoires	3
– acquisition par contrat	318 ss., 374-2, 417
– caractères	2
– définition	1
– énumération	4
– immobiliers	4
– possession	253

E

Eaux voir cours d'eau	
– écoulement	50
– étangs et lacs	55
– pluviales	50
– sources	51
Egoût des toits	50
Emphytéose	
– définition	437
– constructions	438
– droits de l'emphytéote	438
– extinction	440
– nature juridique	437
– obligations de l'emphytéote	439
Enclave	80 ss.
En fait de meubles, la possession vaut titre	
– bonne foi	313
– conditions	312, 313
– fondement	308
– meubles corporels	311
– meubles incorporels	311
– perte	314
– possession	312
– présomption de titre	307, 313
– preuve	309
– revendication des meubles	314
– sens de la règle	307
– titres au porteur	311
– vol	314
Enrichissement sans cause	399
Equivoque voir possession	
Error communis facit jus	215
Etang	55
Exhaussement (mur mitoyen)	126
Extinction (non-extinction)	
– de la propriété	177 ss.
– des servitudes	429 ss.
– de l'usufruit	393 ss.

F

Fouilles	101
Fruits	
– acquisition par le possesseur de bonne foi	268
– acquisition par le propriétaire	22
– civils	23
– définition	22
– industriels	22
– naturels	22
– usufruit	380 à 382

G

Gibier	31

H

Habitation (droit d')	401 ss.
Haie	75
Haute futaie	380
Hypothèques	
– acceptation d'une succession	

sous bénéfice d'inventaire		539
– accessoire		483
– aliénation de l'immeuble hypothéqué		516
– assurance		552
– aéronef		491
– biens à venir		532
– biens susceptibles d'hypothèque		486, 531
– biens non susceptibles d'hypothèque		487, 488, 530
– bordereau d'inscription		536
– capacité		523
– caution réelle		524
– comptable public		499
– conservateur des hypothèques		536, 537
– contributions directes		501, 514
– créanciers		555 ss.
– création de nouveaux droits réels		517
– débiteur principal		524
– droit de préférence		556
– droit de superficie		489
– emphytéose		489
– extinction de dette		549
– extinction d'hypothèque		549, 550
– faillite		513, 539
– femme mariée		495

Hypothèques (espéces d')
– aérienne		491
– fluviale		491
– judiciaire		509 ss.
– légale		495 ss.
– des chambres professionnelles		505
– du Trésor public		501 à 503
– du syndicat des copropriétaires		506
– du Fonds national de solidarité		507
– légataire particulier		500
– des majeurs en tutelle		496 ss.
– des mineurs		496 ss.
– masse de la faillite		508
– de la sécurité sociale		504

I

Ile, Ilôt	33

Immeuble
– indivis	521
– inscription (d'une hypothèque et d'un privilège)	533 ss.
– intérêts	538
– légataire	500
– notaire	525, 534
– nue-propriété	489
– ordre (procédure d')	561
– par destination	493
– par nature	489
– propriétaire apparent	522
– radiation	545, 546
– saisie-immobilière	556 et ss.
– servitude	493, 517
– spécialité	527 ss.
– subrogation	518
– susceptible d'hypothèque	489
– usufruit	489
– vente forcée	556 et ss.
– voie parée (clause de)	557, 558

Impenses	47, 399

Immeubles à construire

° *contrat de réservation* 227
– avance de prix	229
– conclusion	228
– engagements des parties	229

° *contrat de vente définitif*
– annexes obligatoires	233
– autorisations administratives	230
– conditions préalables	230
– constat de parfait achèvement	236
– exécution pratique de la garantie d'achèvement	239
– forme du contrat de vente	229 s. b)
– forme de la garantie d'achèvement	238
– forme de la garantie de remboursement	240
– garantie d'achèvement (objet)	238
– garantie de remboursement (objet)	240
– liberté de choix des parties entre les deux formes de garantie	242
– mentions obligatoires du contrat de vente	231
– notice descriptive	234
– plan de construction	234
– règlement de copropriété	235

° *domaine d'application de la loi du 28 décembre 1976* 222
° *objet de la loi du 28 décembre 1976* 221
° *vente en l'état futur d'achèvement*

- définition 224 bis
- distinction avec la vente à terme 225, 226
- formalités pour constater l'achèvement 236
- paiement du prix 226
° *vente à terme*
- définition 223
- différence avec la vente en l'état futur d'achèvement 225
- formalités pour constater l'achèvement de l'immeuble 224
- moment du transfert de propriété 223
- paiement du prix de vente 224

° *vices de construction*
- défauts de conformité 244
- définitions 243
- garanties légales assurées à l'acheteur 245, 246 bis, 248
- régime de la garantie 246, 248
- vices de construction apparents 245, 246
- vices de construction cachés 246 bis, 247, 248

Inaliénabilité (clause d') 217, 218
voir propriété inaliénable

Indivisibilité
voir servitudes

Indivision 114

J

Jonction des possessions
voir possession

L

Lac 55

Limitation du droit de propriété
voir propriété

M

Maisons divisées par appartements
° *appropriation individuelle des lots* 140
- distinction entre parties communes et parties privatives 145
- division de l'immeuble en lots 139
° *assemblée générale des copropriétaires* 148 ss.
- adhésion des copropriétaires 148
- bureau 151
- compétence 149
- convocation 150
- délibérations 151 -3
- liste des présences 151 -2
- procès-verbal 152
- recours contre les décisions 153
- tenue de l'assemblée 151
° *cadastre vertical*
- approbation par l'assemblée générale 175
- objet 173
- procédure à suivre 174
- recours 175
- régime applicable aux immeubles divisés après le 1er avril 1989 176
° *charges communes* 167 ss.
- définition 167
- débiteurs 168
- modification de la répartition 171
- répartition entre les copropriétaires 169
- répartition par décision judiciaire 172
° *conseil syndical* 158 ss.
- attributions 159
- nomination et remplacement 158
- responsabilité 159 s. 4
- révocation 159 s. 3
° *décisions à l'assemblée générale* 162 ss.
- majorité simple 163
- majorité absolue 164
- majorité des copropriétaires représentant les trois quarts de la totalité des voix 165
- unanimité 166
° *division de l'immeuble en lots* 139
° *domaine d'application de la législation* 138
- application dans le temps 142
° *parties communes* 144, 145
- définition 144
- droit de disposition 161 -1
- droit de jouissance et d'usage 161 -2
- droit du copropriétaire 161
° *parties privatives*
- définition 143
- droit de disposition 160 s. 1
- droit de jouissance et d'usage 160 s. 2-3
° *syndic*

– choix	157 -1
– durée du mandat	157 s. 2
– nomination	155
– pouvoirs	156
– rémunération	157 s. 3
– responsabilité	157 s. 4
– révocation	157 s. 5

° *syndicat des copropriétaires*
– mission et pouvoirs 147
– statut juridique 146

Meubles
voir En fait de meubles, la possession vaut titre

Mitoyenneté
– abandon	127, 128
– acquisition	123
– convention	123
– copropriétaires	128
– droits	133
– obligations	127
– définition	122
– entretien	127
– prescription	123
– présomption	130, 131
– preuve	129
– prix de la cession	126
– vue, ouverture	77 ss.

N

– Navires 26, 491, 525
– nue-propriété voir usufruit

O

– Occupation temporaire 277

– Ouverture 77 ss.

– **Ouvrage**
voir construction

P

Passage (droit de) 80 ss.
– actions possessoires	274 ss.
– assiette du passage	83
° cessation	85
– changement de l'assiette	84
– conditions d'existence	80
– enclave	80 ss.
– exceptions	81
– indemnité	83, 86
– modalités d'exercice	83, 84
– nature du passage	82
– prescription	82, 86

Pâture (vaine) 67

Perpétuité de la propriété
voir propriété

Personne morale
– biens communaux	120
– de droit privé	116
– de droit public	117

Perte de la propriété 178

Plantations
– distances	69 ss.
– sur sol d'autrui	37 ss.

Possession
– acquisition	255, 256
– actions possessoires voir ce mot	
– animus	254
– bonne foi voir En fait de meubles, la possession vaut titre	
– complainte	275
– corpus	254
– définition	249
– dénonciation de nouvel oeuvre	276
– destination du père de famille	72, 421 ss.
– détention précaire	258 ss.
– droits réels	253
– effets	265 ss.
– équivoque	264
– fruits, acquisition	268
– par intermédiaire	256
– jonction	294, 304
– justification	250
– objet	253
– perte	257
– présomption	260
– preuve	260 ss.
– réintégrande	277
– rôle	251, 252
– titre (interversion de)	261 ss.
– vices	264

Prescription acquisitive
– abrégée 300 ss.

– actes de pure faculté ou de simple tolérance	288
– biens susceptibles	
- non susceptibles	
- d'usucapion	287
– bonne foi	302
– caractère facultatif	297
– combinaison (des deux prescriptions)	304
– conditions	300
– définition	283
– délai	289
– domaine public	287
– droits susceptibles	287
– effets	295
– faculté	297
– fondement	283
– force majeure	293 s. b)
– interruption civile	292
– interruption naturelle	291
– jonction	294
– justification	284
– possession: caractères	253, 254
– renonciation	298, 299
– rétroactivité	296
– servitudes	418
– suspension	293
– titre (juste)	301
– nul	301
– putatif	301
– usufruit	374

Prescription extinctive
– propriété	
- principe de perpétuité	177
– servitudes	434
– usufruit	395

Preuve
– de la mitoyenneté	129
– de la propriété immobilière	360 ss.
– de la propriété mobilière	309

Privilèges
– différence avec l'hypothèque	444
– nature	445

Privilèges généraux mobilières 446 ss.
– chambres professionnelles	455
– classement	457
– extension aux immeubles	452
– fourniture de substances au débiteur	451
– frais de dernière maladie	449
– frais funéraires	448
– frais de justice	447
– nature	445
– organismes de sécurité sociale	455
– salaires et traitements	450
– superprivilège	450
– Trésor public	453

Privilèges spéciaux immobiliers
– architecte et entrepreneur	473
– copartageant	468 ss.
– délai d'inscription	467, 472, 473,
– énumération	462
– prêteur de denier	462
– séparation des patrimoines	474 ss.
– vendeur d'immeubles	463

Privilèges spéciaux mobiliers 456 ss.
– assureur	456 -4
– classement	457, 459
– choses mises dans le patrimoine du débiteur	456 -2
– concours avec privilèges mobiliers généraux	460
– constitution de gage expresse ou tacite	456 -1

Produits
– définition	22
– usufruit	380

Propriété
– attributs	21 ss.
– caractère absolu	19
– inaliénable	217
– individuelle	8 et 9
– perpétuelle	177
– perte	178
– renonciation	179

Propriété apparente
– bonne foi	215, 216
– contre-lettre	210 -2
– définition	210
– effets à l'égard de tiers de mauvaise foi	216 -b)
– erreur commune	211, 215
– règlement de comptes entre vrai propriétaire et propriétaire apparent	216
– relations entre le vrai propriétaire et le propriétaire apparent	212
– simulation	210
– validité des actes faits par le propriétaire apparent	215

Propriété conditionnelle
- *condition résolutoire*   203
- effets si la condition se réalise   207
- effets si la condition
  ne se réalise pas   206
- situation des propriétaires
  pendente conditione   204
- *condition suspensive*   203
- effets si la condition se réalise   209
- effets si la condition
  ne se réalise pas   206
- situation des propriétaires
  pendente conditione   205
- rétroactivité de la condition   203

R

**Responsabilité dans
les rapports de voisinage**   8,9

Revendication
- immobilière   355 ss.
- domaine de l'action   356
- effets   356 s. 2
- meubles   314
- procédure   356
- règlement de compte   357-359

S

Salubrité publique   100

Sécurité publique   100

Servitudes
- action:
  négatoire   428
  possessoire   426
- apparentes ou
  non apparentes   412, 419
- assiette   428
- caractères   405
- classification   410
- confusion   432
- continues   411 s. b), 419
- conventionnelles   411, 414 ss.
- définition   405
- destination du père
  de famille   421, 422
- discontinues   411 s. b)
- d'écoulement des eaux   49 ss., 410
- établissement   413 ss.
- étendue   423
- fait de l'homme   414
- exercice   423, 424
- extinction   429 ss.
- fixité   424
- fonds assujettis   405
- perte   431
- impossibilité d'exercice   430
- indivisibilité   406
- légales   410, 413
- modification   425
- nature juridique   406
- négatives   412
- non-usage   433 ss.
- obligations, distinction   408
- ordre public   414
- perpétuité   406
- positives   412 s. d)
- prescription:
  acquisitive   418
  extinctive   419
- rurales   411
- titre   417 ss.
- urbaines   411
- usucapion
  voir prescription
- usufruit, distinction   407
- utilité   409
- d'utilité publique   88 ss.
  caractère et régime

Simulation
voir propriété apparente

Société
- commerciale   116

Source
- propriété   51
- restrictions   52 à 54
- servitudes   54

Subrogation réelle   178

Superficie (droit de)   442

Suspension
voir prescription acquisitive

Syndic
voir maisons divisées
par appartements

Syndicat (des copropriétaires)
voir maisons divisées
par appartements

T

Titre (juste titre)
  voir prescription acquisitive
  – au porteur 311

**Transcription des droits
réels immobiliers**
  – actes administratifs 344
  – actes authentiques 344
  – actes sous seing privé 344
  – actes constitutifs d'antichrèse 335
  – actes constatant cession
    de loyer ou de fermage 337
  – actes équipollents à partage 334
  – actes de partage 334
  – actions en résolution
    ou en rescision 342
  – autres actes à transcrire 339
  – baux d'une durée supérieure
    à 9 ans 336
  – clauses résolutoires 340, 341
  – conservateur des hypothèques 345
  – créanciers 340, 341
  – décisions judiciaires
    au profit d'un époux 338
  – défaut de transcription 351
  – délai de la transcription 346
  – demande en annulation,
    en rescision ou en résolution 342
  – donations 350 à 352
  – effets de la transcription 348
  – forme des actes à transcrire 344
  – généralités 332
  – généralisation
    de la transcription 333
  – jugements tenant lieu
    de convention 338
  – information des tiers 347
  – mauvaise foi 349
  – mention en marge 343
  – notaire 340
  – personnes protégées 349
  – procédure de la transcription 345
  – registre de dépôt 347
  – registre à souche 347
  – renonciation à un droit 333
  – tables alphabétiques 347
  – tiers 347, 349, 352

**Transfert instantané
de la propriété** 326 ss.
  – anomalie de la règle 331
  – conditions d'application 329
  – conséquences 328
  – non-applicabilité à l'égard des tiers 330

Transmissibilité de la propriété
  voir inaliénabilité (clauses d')

Troubles à la possession 354

U

Urbanisme 102

Usage (droit d') 401 ss.

Usucapion
  voir prescription acquisitive

Usufruit
  – abus de jouissance 396
  – action confessoire 371
  – action en délivrance 375
  – action possessoire 375
  – améliorations 399
  – avantages économiques 370-2
  – argent 373
  – baux 384
  – bois 380
  – caractères:
    ° réel 370
    ° viager 370
  – carrière 373
  – caution 377
    ° dispense 377
    ° sanction 377
  – cession 384
  – charges 389
  – choses consomptibles
  – comptes 399, 400
  – consolidation 395
  – constitution 374
  – constructions 400
  – conventionnel 374
  – coupes (arbres) 380
  – créances 383
  – décès 394
  – définition 370
  – désavantage économique 370 s. 3
  – dettes 390
  – dommages-intérêts 386, 388
  – droits de l'usufruitier 379 ss.
  – droits du nu-propriétaire 391
  – durée 394
  – état des immeubles 376
  – expropriation pour cause
    d'utilité publique 181, 185
  – extinction
    ° causes 393
    ° effets 397

- fonds de commerce 383 s. d)
- fruits civils:
  distinction avec les produits 380
- fruits industriels 380
  modes d'acquisition 381, 382
- fruits naturels 381
- impôts 389
- inconvénients 370 s. 3
- indemnités 398, 399
- inventaire 376
  ° défaut (sanction) 376
  ° dispense 376
- jouissance 380
- légal 374
- louage (distinction) 371
- mine 380
- mort de l'usufruitier 394
- non-usage 395
- obligations du nu-propriétaire 392
- obligations de l'usufruitier: 376 ss.
  ° en début d'usufruit 376, 377
  ° en cours d'usufruit 387 à 390
  ° en fin d'usufruit 397, 398
- obligations du nu-propriétaire 392
- personne morale 394 s. 2
- perte de la chose 395
- prescription acquisitive 374
- produits 380
- propriété industrielle 383
- quasi-usufruit 373
- renonciation 395 s. 5
- rente viagère 383
- réparations d'entretien 389
- restitution 397, 398
- subrogation réelle 395
- taxes 389
- terme 394
- testament 374 s. 2
- usage 379
  non-usage 395 s. 2
- valeurs mobilières 383

Usus 22

V

Valeurs mobilières
voir usufruit

Vices
voir possession

Visibilité (servitudes de) 89

Voirie (servitudes de) 89

Voisinage
- responsabilité dans les rapports 8, 9
- restrictions au caractère absolu de la propriété dans l'intérêt des propriétés voisines 59 ss.

Vues
voir ouverture et distances

Z

Zones protégées 94, 95
Zones vertes 94

PARU CHEZ LE MÊME ÉDITEUR:

Raymond & Monique WATGEN
SUCCESSIONS ET DONATIONS
1997, format 165 x 240 mm, broché, 384 pages   ISBN: 2-87974-021-5

Le livre traite de tous les aspects importants des successions ab intestat (ordre légal et options des héritiers, contribution au passif successoral, indivision et partage), des donations, ainsi que des testaments (conditions de validité, la révocation et la nullité des testaments).

Georges KRIEGER
LE BAIL COMMERCIAL
1997, format 165 x 240 mm, broché, 206 pages   ISBN: 2-87974-022-3

Le présent recueil n'est pas seulement un outil de travail pour les juristes, mais également le manuel de référence pour toutes les agences immobilières, fiduciaires, bailleurs et commerçants, locataires de leur immeuble de commerce.

Georges KRIEGER
LA COPROPRIÉTÉ
3ième édition 1999, revue et augmentée
format 165 x 240 mm, broché, 240 pages   ISBN: 2-87974-034-7

Cette nouvelle édition, mise à jour et augmentée de quelques 50 pages, se penche particulièrement sur les problèmes qui pourraient naître au sein d'une copropriété, mais traite également du rôle du conseil syndical et des pouvoirs des syndics.

Marc FEYEREISEN
LE DROIT DU TRAVAIL AU GRAND-DUCHÉ DE LUXEMBOURG
reliure mobile en reluskin, impression or au dos   ISBN: 2-87974-011-8

Ouvrage à feuillets mobiles concernant la législation du travail au Grand-Duché de Luxembourg. Destiné aux Praticiens, cette édition offre un mnde de consultation clair et rapide. Une actualisation périodique maintient la valeur de l'ouvrage.

Jeannot KRECKÉ & Mars Di BARTOLOMEO
LA DÉCLARATION D'IMPÔT - GUIDE PRATIQUE
édition 1999, format 165 x 240 mm, broché, 200 pages   ISBN: 2-87974-031-2

Ce guide s'adresse aux salariés, locataires, frontaliers, entraineurs, collaborateurs de journaux, retraités, etc... et suit le formulaire de la déclaration pour l'impôt sur le revenu. Les autres attirent l'attention des contribuales sur la façon la plus appropriée de remplir leur déclaration annuelle.

Roland BISENIUS
L'ASSURANCE DU PARTICULIER
4ième édition 1998, revue, augmentée et mise à jour, 368 pages   ISBN: 2-87974-026-6

En passant par le droit du contrat d'assurance et les assurances de dommages et de personnes, l'auteur donne un aperçu simple et surtout pratique des branches d'assurances commercialisées sur le marché local. Le livre est à la fois un manuel de référence pour le particulier et un recueil pour le professionnel et tous ceux qui souhaitent rentrer dans le monde d'assurances.

Tous nos ouvrages sont en vente chez les libraries spécialisés ou à défaut directement par correspondance auprès de l'éditeur:

EDITIONS PROMOCULTURE
b.p. 1142   L-1011 Luxembourg,   Tél.: 48 06 91,   Fax: 40 09 50
E-Mail: promoculture@ibm.net,   C.C.P. Luxbg. N° 87236-33

Toute reproduction d'un extrait quelqconque de cet ouvrage,
par quelque procédé que ce soit, et notamment par photocopie,
est strictement interdite!

© Editions Promoculture®   ISBN: 2-87974-032-0